팔리는 블로그&
SNS 글쓰기
with 챗GPT

누구나 프로처럼, 생활 AI
팔리는 블로그&SNS 글쓰기 with 챗GPT
콘텐츠 아이디어부터 이미지까지, 하루 30분으로 1일 1 포스팅 가능한 AI 활용법

초판 1쇄 발행 2025년 12월 5일

지은이 홍순성 / **펴낸이** 임백준
펴낸곳 한빛미디어 / **주소** 서울시 서대문구 연희로2길 62 콘텐츠2부
전화 02-325-5544 / **팩스** 02-336-7124
등록 1999년 6월 24일 제2017-000058호 / **ISBN** 979-11-7579-000-1 93000

총괄 이복연 / **책임편집** 홍성신 / **기획·편집** 이희영 / **교정** 고란희
디자인 표지 윤혜원 내지 박정우 / **전산편집** 다인
영업마케팅 송경석, 김형진, 장경환, 조유미, 한종진, 이행은, 고광일, 성화정, 김한솔, 전차은 / **제작** 박성우, 김정우

한빛미디어는 한빛앤(주)의 IT 출판 브랜드입니다.

이 책에 대한 의견이나 오탈자 및 잘못된 내용은 출판사 홈페이지나 아래 이메일로 알려주십시오.
파본은 구매처에서 교환하실 수 있습니다. 책값은 뒤표지에 표시되어 있습니다.

한빛미디어 홈페이지 www.hanbit.co.kr / 이메일 ask@hanbit.co.kr

Published by HanbitN, Inc. Printed in Korea
Copyright © 2025 홍순성 & HanbitN, Inc.

이 책의 저작권은 홍순성과 한빛앤(주)에 있습니다.
저작권법에 의해 보호를 받는 저작물이므로 무단 복제 및 무단 전재를 금합니다.

지금 하지 않으면 할 수 없는 일이 있습니다.
책으로 펴내고 싶은 아이디어나 원고를 메일(writer@hanbit.co.kr)로 보내주세요.
한빛앤(주)는 여러분의 소중한 경험과 지식을 기다리고 있습니다.

팔리는 블로그 & SNS 글쓰기 with 챗GPT

홍순성 지음

한빛미디어

들어가며

처음 블로그를 시작했을 때 어디서부터 손을 대야 할지 몰라 막막했습니다. 무엇을 주제로 삼아야 할지, 어떻게 글을 써야 할지조차 알 수 없었습니다. 몇 줄의 글을 올리면서도 '과연 누가 이 글을 읽어줄까?'라는 의문이 따라다녔습니다. SNS도 마찬가지였습니다. 짧은 글과 이미지를 함께 올려야 한다는 건 알았지만, 어떻게 독자와 연결할지는 감이 잡히지 않았습니다.

그러나 작은 기록을 꾸준히 이어가면서 글쓰기는 점차 편안해졌습니다. 댓글 하나, 공감 표시 하나가 쌓이며 내 글이 누군가에게 닿고 있다는 확신이 생겼고, 단순한 기록을 넘어 소통의 장으로 바뀌었습니다. 이 경험은 제 글쓰기 습관을 바꾸어 놓았고, 블로그와 SNS가 제 삶의 중요한 플랫폼으로 자리 잡게 되었습니다.

그러다 챗GPT의 등장은 제 글쓰기 방식을 크게 바꿨습니다. 예전에는 글감을 찾고 문장을 다듬는 데 오랜 시간이 걸렸지만, 이제는 AI가 어떤 글을 쓸지 아이디어를 제안하고, 제목을 변주하며, SNS에 맞는 짧은 글을 정리해주는 조력자 역할을 합니다. 중요한 것은 여전히 글을 쓰는 사람의 목소리와 방향이지만, AI는 과정을 더 빠르고 효율적으로 이어가도록 돕는 동반자가 되었습니다.

지금 저는 블로그와 SNS를 넘어 책을 집필하고 전자책을 발간하며, 온라인·오프라인 강의를 통해 더 많은 사람과 연결되고 있습니다. 글쓰기는 단순히 개인 작업이 아니라, 커뮤니티를 형성하고 새로운 배움을 공유하는 과정으로 확장되었습니다. 같은 관심사를 가진 사람들이 모여 서로 배우고 응원하는 장을 만드는 것, 이것이 블로그와 SNS가 제게 준 가장 큰 선물입니다.

이 책은 이러한 경험을 바탕으로, AI를 활용해 블로그와 SNS 글쓰기를 더 쉽고 체계적으로 이어가는 방법을 담았습니다. 주제 발굴, 제목 만들기, 이미지 생성, 요약과 해시태그까지 실전에서 바로 적용할 수 있는 프롬프트와 팁을 정리했습니다. 여러분은 이 과정을 통해 시행착오를 줄이고 자신만의 글쓰기 리듬을 만들어 갈 수 있을 것입니다.

마지막으로 강조하고 싶은 메시지는 단순합니다. 블로그와 SNS 글쓰기는 누구나 시작할 수 있는 여정이며, AI는 그 길을 함께 걷는 든든한 동반자입니다. 이 책이 독자 여러분에게 단순한 가이드북을 넘어 글쓰기라는 길을 함께 나누는 대화로 기억되기를 바랍니다.

— 홍순성

이 책의 구성

이 책은 총 6개의 부로 구성되어 있으며, 챗GPT 기반 글쓰기, 이미지 제작, 채널 운영까지 이어지는 흐름을 단계적으로 따라갈 수 있도록 설계했습니다.

1부에서는 글쓰기 환경의 변화와 AI 활용 원리를 소개하고, 2~5부에서는 플랫폼별 글쓰기와 실전 예제를 통해 적용 방법을 정리했습니다. 마지막 6부에서는 기록을 채널로 확장하고 지속 가능한 구조로 만드는 전략을 제시했습니다.

1부 글쓰기, 이제는 AI의 시대에서는 글쓰기 환경이 AI 중심으로 변화하는 흐름을 다룹니다. 블로그, SNS, 뉴스레터 등 다양한 플랫폼에서 콘텐츠가 소비되는 방식과 생성형 AI가 글쓰기 구조에 미치는 영향을 설명합니다. 또한 글쓰기, 기획, 채널 운영이 하나의 시스템으로 연결되는 과정을 제시하고, 글쓰기를 '생산'보다 '설계' 중심으로 바라보는 관점을 강조합니다.

2부 챗GPT로 글쓰기 프로세스 완성하기에서는 챗GPT를 활용해 글쓰기 전체 프로세스를 구조화하는 방법을 살펴봅니다. 초안 작성, 문장 다듬기, 문단 구성, SEO 반영, 소제목 설계, 도입부 작성 등 글의 기반을 만드는 핵심 과정을 다룹니다. 글쓰기 문서 규칙(문장 길이, 문단 구성, 키워드 배치)을 기준으로 챗GPT가 글쓰기 각 단계를 어떻게 지원하는지 명확하게 정리합니다.

3부 챗GPT로 나만의 글쓰기 확장하기에서는 개별 창작자에게 맞는 글쓰기 규칙을 설계하는 과정을 다룹니다. 문서 규칙 설정, 톤·스타일 정립, 프롬프트 템플릿 구축, 반복 작업 자동화 등 개인화된 글쓰기 확장 방식을 설명합니다. 챗GPT를 단순한 글 생성 도구가 아니라 사고 확장을 돕는 파트너로 활용하는 전략 역시 제시합니다.

4부 블로그를 위한 챗GPT 실전 예제에서는 블로그 운영에 필요한 실전 예제를 중심으로 구성했습니다. 리뷰형, 정보형, 리스트형 등 다양한 유형의 글을 생성하고 다듬기 위한 실습용 프롬프트를 제공하고 초안 생성부터 내용 보강, 최종 구조 정리까지의 흐름을 다룹니다. 또한 대표 이미지, 썸네일 제작을 위한 이미지 프롬프트를 포함해 글과 이미지가 결합된 콘텐츠 제작 방식도 설명합니다.

5부 SNS를 위한 챗GPT 실전 예제에서는 인스타그램 · 페이스북 · 카카오톡 등 SNS 플랫폼에 최적화된 작성 방식을 다룹니다. 짧은 문장 구성, 감정 · 리듬 조정, 카드 뉴스 제작, 홍보 이미지 구성 등 SNS 메시지의 특징을 설명합니다. 플랫폼별 문장의 톤과 구조 차이를 예제로 보여 주어 즉시 적용할 수 있는 활용 방식을 제시합니다.

6부 지속 가능한 나만의 채널 만들기에서는 축적된 글을 자산으로 전환하고, 장기적으로 확장하는 전략을 다룹니다. 주제 묶기, 글의 흐름 구성, 독자 반응 기반 확장, 전자책 · 강의 · 워크숍 등 파생 콘텐츠를 개발하는 방법을 정리합니다. 한 편의 글을 작성하는 데서 끝나는 것이 아니라 지속 가능한 창작 구조로 발전시키는 과정이 핵심입니다.

부록에서는 블로그 · SNS 글쓰기, 제목 생성, 카드 뉴스 · 썸네일 이미지 제작, 채널 운영에 필요한 프롬프트를 제공합니다. 바로 활용할 수 있는 실전 중심 템플릿으로 구성하여 창작 과정 전체를 지원합니다.

목차

들어가며   4
이 책의 구성   6

1부 글쓰기, 이제는 AI의 시대

01장 당신의 블로그, SNS가 작심삼일로 끝나는 이유
- 작심삼일로 끝나는 이유   19
- 멈추지 않는 글쓰기, 답은 '수익화'다   22
- 채널 운영 초기에 도움이 되는 5가지 팁   23
- 지속적인 블로그 & SNS 운영하는 방법   26

02장 유능한 새로운 펜, 챗GPT
- 빈 화면을 채우는 힘, 챗GPT와 시작하기   29
- AI 시대, '나'를 위한 글쓰기가 중요한 이유   34

03장 콘텐츠 제작을 위한 파트너, 챗GPT와 친해지기
- 챗GPT라는 파트너의 역할   39
- 챗GPT와 함께하는 글쓰기 3단계 여정   41

- AI와 함께하는 음성 글쓰기, 생활 속 글쓰기의 시작   46
- 챗GPT의 메모리 기능 활용하기   48
- 메모리 기능을 활용한 개인 맞춤 글쓰기 환경   53

04장 챗GPT가 잘하는 것과 못하는 것

- 챗GPT는 어떻게 글을 생성하는가   57
- AI와 인간의 균형   61
- Q&A AI를 블로그 & SNS 운영 도구로 활용할 때 주의할 점과 팁을 알려 주세요!   62
- 인터뷰 1인 기업가의 AI 직원 사용법   65

2부 챗GPT로 글쓰기 프로세스 완성하기

05장 아이디어 도출 및 주제 설정하기

- 아이디어 도출 및 주제 설정을 위한 3단계   71
- 막막한 글쓰기의 길을 여는 역질문 활용법   78
- Q&A 글의 길이와 톤은 어떻게 조절할 수 있나요?   81

06장 초안 만들고 글의 흐름 세우기

- 초안을 작성하는 2가지 방식   85
- 주제만으로 초안 작성하기   87
- 메모만으로 초안 작성하기   91
- Why, What, How 원하는 답을 얻는 가장 확실한 방법   99
- 생각을 글로 정리하는 가장 단순한 공식   101

07장 초안을 단계별로 수정하며 다듬기

- 초안을 다듬는 5단계 ... 111
- 초고보다 더 풍부하게 또는 매끄럽게 수정하기 ... 113
- 초고의 형태를 다듬는 3가지 방법 ... 125
- Q&A AI 글이 너무 기계적으로 느껴진다면? ... 130

08장 피드백을 반영하고 글 완성하기

- 원고 피드백과 개선 작업하기 ... 133
- 원고 윤문 작업하기 ... 138
- 원고 제목 작성하기 ... 140
- 서론/결론 작성 프롬프트 ... 142
- 인터뷰 마케팅/브랜딩을 위한 전략적 파트너로서의 AI ... 144

3부 챗GPT로 나만의 글쓰기 확장하기

09장 나만의 문서 규칙 작업하기

- 글쓰기 문서 규칙과 스타일 ... 153
- 문서 규칙 세우는 법 ... 159
- 운영하는 채널에 맞는 문서 규칙 ... 162

10장 나만의 글쓰기 스타일 심기

- 나만의 글쓰기 스타일 작업 방법 ... 169
- 다양한 작가의 글쓰기 스타일 적용하는 법 ... 176
- 다양한 작가 스타일로 글을 확장하는 방법 ... 180

11장 상황별 프롬프트 설계와 활용

- 프롬프트, 상황에 따라 달라지는 글쓰기 방식   187

12장 아이디어부터 포스팅까지, 자동화 루틴

- 아이디어에서 포스팅까지, 글쓰기 자동화 3단계   193
- 아이디어가 원고로 바뀌는 순간, 질문으로 시작하는 글쓰기   196

13장 일관된 콘텐츠를 만드는 방법, 챗GPT 프로젝트 & 메모리

- 프로젝트 & 메모리 활용하기   207
- 인터뷰 강의, 학습 그리고 창작 파트너로서 AI 활용 백서   212

4부 블로그를 위한 챗GPT 실전 예제

14장 클릭을 부르는 블로그 주제 발굴과 제목 만들기

- 챗GPT로 주제 발굴하기   219
- 매력적인 제목 짓기   224
- 발행 전 반드시 점검해야 할 3가지 질문   229

15장 리뷰, 정보, 칼럼 3가지 글 유형 자동화하기

- 리뷰 쓰기   233
- 정보 글 쓰기   235
- 칼럼 쓰기   237
- 리뷰 유형 자동화하기   239

16장 글을 돋보이게 하는 요약 · 목차 · 해시태그 자동 생성하기

- 글 요약, 목차, 해시태그 생성하기 … 247

17장 대표 이미지 & 썸네일 만들기

- 이미지 생성 프롬프트의 구조 … 253
- 글을 돋보이게 하는 이미지 3가지 스타일 … 255
- 기본적인 대표 이미지 생성하기 … 259
- 텍스트 포함된 썸네일 생성하기 … 263
- Q&A AI로 만든 이미지는 저작권 문제가 없나요? … 266

18장 삽화 생성하기

- 글의 전달력을 높이는 삽화 스타일 3가지 … 269
- 일관성 있는 캐릭터와 스타일 만드는 방법 … 273
- Q&A 이미지를 생성할 때마다 톤과 색감이 달라요! … 279

19장 유입률을 높이는 SEO 글쓰기 실전 가이드

- SEO에 최적화된 글을 쓰는 5가지 방법 … 281
- 인터뷰 스피치 라이터의 AI와 협업하는 방법 … 289

5부 SNS를 위한 챗GPT 실전 예제

20장 SNS 글쓰기, AI와 함께 시작하기

- 인스타그램 글, 이렇게 하면 더 읽힌다 … 297

- 문서 규칙으로 완성하는 전략적 인스타그램 글쓰기   299
- 문서 규칙을 활용한 게시글 생성하기   302

21장 페이스북 글쓰기, AI와 함께 시작하기

- 짧은 글부터 장문 칼럼까지, 페이스북 글쓰기 전략   309
- 문서 규칙으로 완성하는 페이스북 전략적 글쓰기   311
- 페이스북에서 정보성 글을 효과적으로 쓰는 방법   316
- 페이스북 프로페셔널 모드, 개인 브랜딩의 새로운 기회   321

22장 SNS 홍보 이미지 만들기

- SNS 홍보 기본 포스터 제작하기   327
- 프롬프트 템플릿 기반 홍보 포스터 만들기   329
- 레이아웃 기반 SNS 홍보 포스터 만들기   333

23장 스토리·릴스용 짧은 문구와 이미지 세트 만들기

- 제품·서비스 홍보용 스토리 이미지 만들기   339
- 이벤트·세미나 안내용 피드 이미지 만들기   343

24장 SNS 팔로워와 소통하는 댓글 · DM 생성하기

- 유형 ① 즉시 반응형   347
- 유형 ② 맞춤형 응답   349
- 유형 ③ 브랜드 일관성   351
- 인터뷰 네이버 여행 인플루언서의 챗GPT 사용법   353

6부 지속 가능한 나만의 채널 만들기

25장 꾸준함을 만드는 자동 글쓰기 시스템 만들기

- 1단계. 글이 자동으로 이어지는 시스템 만들기 … 359
- 2단계. 작은 목표로 루틴을 강화하는 실행 시스템 … 362
- 3단계. 반응을 기록해 성장하는 개선 루프 구축하기 … 365
- Q&A 매일 꾸준히 글쓰는 방법이 궁금해요! … 369

26장 데이터를 활용한 독자 반응 분석·예측하기

- 1단계. 데이터로 지난 반응 분석하기 … 373
- 2단계. 공통된 성공 패턴 도출하기 … 377
- 3단계. 반응 패턴을 반복·변형해 활용하기 … 382

27장 내 채널을 수익으로 연결하는 법

- 1단계. 광고 수익 모델 적용하기 … 385
- 2단계. 제휴 마케팅 연계하기 … 388
- 3단계. 자체 판매 가능한 콘텐츠 상품화하기 … 390
- Q&A 어떻게 콘텐츠가 수익이 되나요? … 392
- 인터뷰 AI로 강의, 브랜딩, 콘텐츠까지! 스타 AI 강사의 AI 활용법 … 395

부록

부록 A 아이디어 발굴부터 포스팅까지, 바로 써먹는 프롬프트

- 아이디어 발굴과 기획 … 401

- 원고 작성　　　　　　　　　　　　　　　　404
- 원고 다듬기　　　　　　　　　　　　　　　407
- 원고 점검과 피드백　　　　　　　　　　　　410
- 책·콘텐츠 기획　　　　　　　　　　　　　　413
- 글 확장과 변환　　　　　　　　　　　　　　416
- 블로그용 원고　　　　　　　　　　　　　　419
- 인스타그램, 유튜브 등 다양한 플랫폼용 원고　　422
- 독자 반응·데이터 분석　　　　　　　　　　　425
- 트렌드·스토리텔링·브랜딩 글쓰기　　　　　　428

부록 B 썸네일부터 카드 뉴스까지, 바로 써먹는 이미지 프롬프트

- 대표 이미지　　　　　　　　　　　　　　　433
- 카드 뉴스　　　　　　　　　　　　　　　　435
- 썸네일　　　　　　　　　　　　　　　　　438
- 행사·강의·홍보 포스터　　　　　　　　　　　442
- 삽화　　　　　　　　　　　　　　　　　　445
- 캐릭터 생성　　　　　　　　　　　　　　　449

부록 C 콘텐츠 자동화를 위한 필수 AI 도구 추천

- 기획 & 협업　　　　　　　　　　　　　　　455
- 글쓰기 & 원고 자동화　　　　　　　　　　　456
- 이미지 & 디자인　　　　　　　　　　　　　458
- AI PPT & 콘텐츠 디자인　　　　　　　　　　460

- 영상 제작 & 편집 … 462
- 음성 & 음악 … 465
- 배포 & 자동화 … 467
- 글쓰기 & 원고 보조 … 468
- AI 검색 & 리서치 … 469

찾아보기 … 470

1부
글쓰기, 이제는 AI의 시대

01장

당신의 블로그, SNS가
작심삼일로 끝나는 이유

누구나 한 번쯤 블로그나 SNS를 시작해본 경험이 있을 것입니다. 며칠은 열정적으로 사진을 올리고 글을 쓰지만, 어느 순간 피로감이 밀려오고 손이 멈춥니다. 이 현상은 의지의 문제가 아니라 구조의 문제입니다. 꾸준함을 가능하게 하는 시스템이 없다면, 열정은 금세 사라집니다. 글쓰기의 지속성은 감정이 아니라 설계의 결과이며, 꾸준함은 기술처럼 훈련될 수 있습니다.

이 장은 '왜 글쓰기가 작심삼일로 끝나는가'를 해부하고, 꾸준함을 만들어 내는 구체적 시스템을 다룹니다. 글감 고갈, 피로감, 성과 부재 같은 반복되는 장벽을 분석하고, 이를 극복하기 위한 루틴과 수익화 전략을 제시합니다. 여러분은 이 장을 통해 '꾸준한 글쓰기의 동력은 어디서 오는가'를 깨닫고, 스스로 지속 가능한 글쓰기 시스템을 설계하는 방법을 배우게 됩니다.

👍 작심삼일로 끝나는 이유

어떤 목표를 가지고 블로그나 SNS를 시작해본 적 있나요? 며칠 동안은 사진도 정리하고, 글도 쓰고, 좋아요와 공유 하나에도 기뻐하면서 즐겁게 운영하지만, 어느 순간 글쓰기가 부담으로 바뀌고 결국 멈춘 경험이 있지 않나요? 아마 많은 사람이 고개를 끄덕일 것입니다.

실제로 국내 조사에 따르면 블로그 운영자의 절반 이상이 3개월을 넘기지 못하고 활동을 중단합니다. 특히 초보자일수록 아이디어 고갈, 시간 부족, 성과 부재로 포기하기 쉽습니다. 누군가는 '의지가 약해서'라고 생각하지만, 사실 이것은 개인 문제가 아니라 많은 사람이 겪는 공통된 현상입니다. 한 회사원은 동료와 함께 블로그를 시작했지만 두 달 만에 동료는 멈추고 본인은 꾸준히 이어갔습니다. 차이는 의지가 아니라 글쓰기를 이어갈 수 있는 '시스템을 갖췄는가'에 있었습니다.

블로그와 SNS는 누구나 시작할 수 있지만 꾸준히 이어가는 사람은 많지 않습니다. 처음에는 열정적으로 계획을 세우고 글감을 메모장에 적어두기도 합니다. 하지만 며칠이 지나면 글쓰기가 버거워지고, 결국 멈추게 됩니다. 문제는 글쓰기 능력이 아니라 꾸준히 이어갈 수 있는 동력과 시스템의 부재에 있습니다. 그렇다면 왜 이런 현상이 반복될까요?

글감이 바닥나는 순간, 멈추게 된다

누구나 시작한 지 첫 주에는 하고 싶은 이야기가 넘쳐납니다. 소소한 일상, 여행, 업무 경험 등 다양한 글감이 떠오르지만, 시간이 지나면 "오늘은 무슨 주제로 쓸까?"라는 막막함이 밀려옵니다. 이때 대부분의 문제 원인은 글감을 찾는 방식에 있습니다. 즉흥적으로 주제를 정하다 보면 금세 고갈되기 마련입니다. 특히 트렌드와 무관한 일상 글은 검색 노출이나 반응이 약해지면 그만큼 의욕이 떨어집니다. 글감은 단순히 머릿속에서 찾는 것이 아니라 분석과 조사, 경험 목록화로 주제를 확보해야 합니다. 키워드 분석 도구 같은 도구를 활용해 독자들의 관심사를 조사하고 '주제 뱅크'를 만드는 것이 좋습니다. 이는 단순히 높은 조회수를 얻기 위함이 아니라 꾸준히 글을 쓰기 위한 동력이 됩니다.

글쓰기가 피로해진다

두 번째 장벽은 글쓰기 피로감입니다. 막상 주제를 정해도 글이 잘 풀리지 않을 때가 있습니다. 문장이 어색하거나 반복적인 표현만 떠오르면 스스로의 글에 자신감이 없어지고 자연스럽게 손이 멈춥니다. 이런 상황이 반복되면 채널을 운영하는 것은 스트레스로 변합니다.

문제는 대부분 '완벽하게 쓰려는 습관'에 있습니다. 초안부터 완성본까지 한 번에 쓰려고 하면 피로가 쌓일 수밖에 없습니다. 실제로 글을 잘 쓰는 사람들은 초안을 가볍게 적고 여러 번 고치며 완성도를 높입니다. 피로감을 줄이려면 '처음부터 완벽해야 한다'는 부담을 내려놓고, 초안부터 빠르게 적는 것이 필요합니다.

성과가 보이지 않을 때 동력이 꺼진다

많은 사람이 채널 운영을 그만두는 또 다른 이유는 결과가 바로 나타나지 않기 때문입니다. 글을 몇 편 올려도 조회수가 늘지 않고, 댓글이나 공유가 없으면 '아무도 궁금해하지 않을 이야기를 혼자 쓰고 있나'라는 의문이 듭니다.

사실 블로그와 SNS는 성과가 눈에 보이기까지 시간이 필요합니다. 검색 엔진에 노출되려면 일정한 기간 동안 충분한 게시글이 쌓여야 하고, 팔로워도 꾸준한 활동이 있어야 늘어납니다. 그러나 이 기간을 버티지 못하고 중도에 멈추는 경우가 많습니다. 성과는 나지 않지만 이 초반 시기가 이후 조회수와 팔로워를 크게 늘리는 데 필요한 데이터를 축적하는 시기입니다. 실제로 많은 블로거가 몇 개월 동안 방문자가 없다가 쌓아 둔 글 덕분에 특정 기간 이후 검색 유입이 폭발적으로 느는 경험을 합니다. 즉, 초반의 성과 부재는 실패가 아니라 성장의 준비 과정입니다. 어떤 주제가 반응을 얻는지, 어떤 표현이 클릭을 유도하는지 경험이 쌓이면 나중에 큰 자산이 됩니다.

👍 멈추지 않는 글쓰기, 답은 '수익화'다

블로그와 SNS를 운영하면서 마주하게 되는 가장 큰 난관은 꾸준함을 지키는 일입니다. 단순한 의지나 열정만으로는 오래가지 못합니다. 꾸준함을 가능하게 만드는 핵심은 '시스템'과 '동기'이며, 이때 수익화 관점이 중요한 역할을 합니다.

저는 블로그 운영 초기부터 다른 글과 더불어 전자책·온라인 강의·기업 강의 관련 글을 정기적으로 올렸습니다. 그 결과 전자책 판매가 꾸준히 이어졌고, 온라인 강의 수강생도 확보할 수 있었습니다. 특히 기업 강의는 블로그 글을 본 담당자가 직접 연락을 주면서 성사되었는데, 이는 광고 수익보다 훨씬 큰 결과로 이어졌습니다. 블로그가 단순한 취미 공간을 넘어, 실제 수익과 기회가 만들어지는 통로가 된 경험이었습니다.

많은 사람이 블로그를 포기하는 이유는 글쓰기가 성과와 연결되지 않는다고 느끼기 때문입니다. 하지만 작은 수익 모델을 설정하는 것만으로도 동력은 달라집니다. 제품 리뷰 제휴, 전자책 발간, 강의, 컨설팅 등이 대표적인 예입니다. 글쓰기가 단순한 기록이 아니라 경험과 지식을 활용해 경제적 가치를 만들어 내는 과정으로 확장되는 순간 꾸준함은 유지됩니다.

처음부터 큰 수익을 목표로 하기보다는, 소액이라도 보상을 경험하는 것이 중요합니다. 작은 성취는 글쓰기를 지탱하는 강력한 힘이 되고, 기록은 '가치 교환의 경험'으로 변합니다. 결국 꾸준함을 지속하는 가장 효과적인 방법은 시스템과 루틴에 수익화라는 작은 성취를 더하는 것입니다. 이것이 멈추지 않는 글쓰기를 가능하게 하는 답입니다.

👍 채널 운영 초기에 도움이 되는 5가지 팁

많은 사람이 채널 운영을 시작할 때 가장 먼저 고민하는 것은 '무슨 글을 쓸까'입니다. 그러나 더 중요한 질문은 따로 있습니다. '어떻게 하면 꾸준히 이어갈 수 있을까'입니다. 주제 선택은 일시적인 고민일 뿐, 지속성은 채널을 오래 살아 있게 만드는 핵심입니다. 초반에 이 부분을 잡아 두면 중도에 멈추지 않습니다. 꾸준함을 만드는 기본 습관은 다음 5가지로 정리할 수 있습니다.

① 첫 글은 가볍게 시작하기

많은 사람이 첫 글부터 완성도를 높이려 합니다. 그러나 처음부터 명작을 쓰겠다는 목표는 오히려 큰 부담이 됩니다. 첫 글은 단순히 '시작했다'는 기록이면 충분합니다. 채널을 시작하게 된 이유나 최근 관심 있는 주제를 간단히 적는 정도도 괜찮습니다. 중요한 것은 첫 글을 업로드했다는 경험 자체가 첫 성취로 남는다는 점입니다. 이는 이후 글쓰기를 이어가는 힘이 됩니다.

② 카테고리 먼저 만들기

글이 쌓이면 주제 관리가 어려워집니다. 초반부터 카테고리를 정해 두면 효율적으로 글을 이어갈 수 있습니다. 여행, 독서, 업무 팁처럼 3~4개의 큰 카테고리를 잡아 두면 글감이 정리되고, 독자도 채널의 흐름을 한눈에 이해할 수 있습니다. 예를 들어, 여행, 책, 일상이라는 3가지 카테고리만 있어도 이후 글이 자연스럽게 분류되어 관리가 쉬워집니다.

③ 짧은 글도 꾸준히 올리기

어느 정도 분량을 채워야 한다는 부담 때문에 시작조차 못 하는 경우가 많습니다. 하지만 초반에는 분량이 중요하지 않습니다. 500~1000자의 짧은 글이라도 괜찮습니다. 중요한 것은 글을 꾸준히 쓰고 올린다는 사실입니다. 짧은 글이 쌓이면 채널은 살아 있는 공간이 됩니다. 분량은 이후에 차차 늘리는 것도 가능합니다.

④ 작은 반응도 기록으로 남기기

처음에는 성과가 잘 보이지 않아 지치기 쉽습니다. 이럴 때는 댓글 하나, 조회수 소폭 증가 같은 작은 반응을 기록해 두는 것이 도움이 됩니다. 이는 다음 글을 쓰는 동력이 됩니다. 눈에 띄지 않는 변화라도 기록해두면 나중에 자신감을 되찾는 계기가 됩니다.

⑤ 혼자 쓰지 말고 교류하기

채널은 혼자 글을 쓰는 공간이 아닙니다. 다른 채널에 댓글을 남기거나 서로 교류하면 그만큼 팔로워도 늘고, 채널을 보는 시야도 확장됩니다. 중요한 것은 '읽히는 경험'을 쌓는 것입니다. 누군가 반응해준다는 사실이 글을 쓰는 즐거움과 동력을 만들어 줍니다. 이러한 교류는 채널을 '혼자 쓰는 일기장'에서 '함께 나누는 공간'으로 바꿔 줍니다.

이처럼 운영 초기에는 작은 습관을 쌓는 것이 핵심입니다. 완성도를 높이려 하기보다 시작과 지속에 집중하는 것, 여기에 챗GPT 같은 AI 도구를 더하면 꾸준함은 훨씬 쉬워집니다. 작은 실천이 결국 블로그 성장을 이끄는 힘이 됩니다.

실천 체크리스트

- ✓ **첫 글 올리기**: 오늘 바로 500자 정도로 시작 기록 작성하기
- ✓ **카테고리 설정하기**: 관심사 중심으로 3~4개 큰 틀 만들기
- ✓ **짧은 글 쓰기**: 분량과 관계없이 주 2~3편 꾸준히 올리기
- ✓ **작은 성과 기록하기**: 댓글·조회수 등 눈에 띄는 변화를 메모하기
- ✓ **교류 습관 들이기**: 하루 한 번은 다른 블로거, 채널 운영자와 소통하기

👍 지속적인 블로그 & SNS 운영하는 방법

블로그와 SNS를 오래 운영하는 비밀은 특별한 재능이 아니라 작은 습관에 있습니다. 저 역시 몇 번의 중단을 겪으면서 결국 기록을 이어가는 방법을 찾아야 한다는 사실을 깨달았습니다. 그 핵심은 **기록 - 확장 - 성과 관리**라는 글쓰기 루틴을 만드는 것이었습니다. 그 과정에서 정착한 3가지 습관을 소개합니다.

① 꾸준하게 메모하기

글감은 떠올리려고 자리 잡았을 때만 떠오르지 않습니다. 오히려 이동 중이나 일상 속에서 번뜩이는 생각이 글의 씨앗이 됩니다. 중요한 것은 그 순간을 놓치지 않는 것입니다. 저는 언제든 기록할 수 있도록 모바일과 PC 어디서나 연결되고 데이터가 흩어지지 않도록 심플 노트 같은 앱을 주로 활용합니다. 또, 이동 중 긴 생각이 떠오를 때는 구글 음성 입력을 활용해 말로 기록하기도 합니다. 짧게 남긴 문장이 의외로 깊이 있는 글감으로 발전하기도 합니다. 이렇게 쌓인 메모는 지속성을 유지하는 가장 기본적인 토대가 됩니다.

② 메모를 챗GPT로 확장하기

메모가 쌓였다면 이제는 글로 발전시켜야 합니다. 단순한 단어나 짧은 문장이라도 챗GPT를 활용하면 하나의 글로 확장할 수 있습니다. 예를 들어 "점심에 먹은 국수, 맛이 깊다."라는 메모를 입력하면 챗GPT는 "오늘 점심의 국수는 단순한 한 끼를 넘어…"처럼 문단으로 확장한 글을 제안합니다. 이 과정에서 단편적인 생각이 매력적인 글로 바뀌고, 간단한 주제라도 다양한 관점이 더해집니다. 때로는 경험을 덧붙여 스토리화하면 별것 아닌 일상 소재가 인사이트 있는 한 편의 글이 되기도 합니다. 중요한 것은 메모를 단순히 쌓아 두는 것이 아니라, 챗GPT와 협업해 확장하는 습관을 만드는 것입니다.

③ 단계별 목표 설정하기

채널 운영을 포기하는 가장 흔한 순간은, 성과가 보이지 않을 때입니다. 이때 지치지 않으려면 단계별 목표가 필요합니다. 처음부터 큰 수익을 기대하기보다 작은 목표를 세우는 것이 효과적입니다. 예를 들어, '하루 방문자 100명/한 달 방문자 3000명' 같은 목표를 정하고, 미세한 변화라도 조금씩 상승하는 과정을 눈으로 확인하면 동기 부여가 됩니다.

또, 하나의 채널에만 의존하지 말고 작성한 글을 여러 채널에 공유하면서 방문 경로를 넓히는 것도 변화를 크게 만드는 방법입니다. 예를 들어 블로그에 포스팅한 글의 링크를 인스타그램에도 업로드하고 브런치에도 공유하는 식으로 루트를 다양화하는 것입니다. 이렇게 다양한 루트를 통해 독자를 유입하면 성과가 조금씩 눈에 보이고 운영 동력이 유지됩니다.

02장

유능한 새로운 펜, 챗GPT

글쓰기를 시작할 때 가장 먼저 마주하는 것은 '무엇을 어떻게 쓸 것인가'라는 막연함입니다. 즉, 글쓰기의 어려움은 유려한 문장이 아니라 '시작'에 있음을 깨닫게 됩니다. 챗GPT는 이 막연함을 구체적 구조로 바꾸는 유능한 도구입니다. 몇 가지 키워드만 입력하면 주제와 흐름을 제안하고, 손쉽게 첫 문장을 쓸 수 있습니다. 글의 시작이 두렵지 않을 때 비로소 창작의 진입 장벽은 크게 낮아집니다.

이 장은 챗GPT가 글쓰기의 출발점을 어떻게 단단히 세우는지 살펴봅니다. 키워드 설정, 초안 확장, 표현 다듬기 등 실질적인 활용 단계를 구체적으로 제시합니다. 이를 통해 독자는 'AI를 통해 글의 구조를 설계하고 자신만의 목소리를 강화하는 방법'을 배우게 됩니다. 챗GPT는 문장을 대신 쓰는 도구가 아니라, 글쓰기를 시작하게 만드는 촉진제입니다. 이 장을 읽고 나면 누구나 빈 화면 앞에서 망설이지 않고 글을 시작할 수 있게 됩니다.

👍 빈 화면을 채우는 힘, 챗GPT와 시작하기

글쓰기를 어렵게 만드는 것은 글감을 찾는 일이 아니라 막상 글을 시작하기 위해 빈 화면을 마주하는 순간입니다. 이는 많은 창작자가 한 번쯤 경험해본 빈 페이지 공포Blank page fear라고 합니다. 실제『뉴욕 타임스The New York Times』는 한 기사에서 이 두려움을 줄이는 데 챗GPT가 효과적이라고 보도했습니다.

챗GPT는 알아서 모든 글을 대신 써 주는 만능 도구가 아닙니다. 여러분의 아이디어를 글로 구현하는 과정에서 첫걸음을 가볍게 내딛도록 돕는 '유능한 펜'에 가깝습니다. 아이디어를 정리하는 데 시간을 허비하거나 첫 문장을 고르느라 멈출 필요가 없습니다. 챗GPT를 활용하면 주제에 맞는 방향을 제안받고, 이를 토대로 글의 흐름을 자연스럽게 이어갈 수 있습니다. 시작의 부담을 줄이는 것이 꾸준한 글쓰기를 가능하게 합니다. 첫걸음을 쉽게 뗄 수 있다면 글쓰기에 대한 두려움은 줄고 꾸준함은 이어집니다. 채널 운영에서 가장 중요한 것이 꾸준함이라면, 챗GPT는 그 꾸준함을 가능하게 만드는 든든한 파트너입니다.

키워드를 활용한 주제 잡기

챗GPT는 출발점을 제시하고, 글의 뼈대를 잡아 주며, 표현을 풍부하게 바꿔 주는 역할을 합니다. 덕분에 글쓰기는 혼자만의 싸움이 아니라, 함께 만들어가는 협업의 과정이 됩니다. 챗GPT는 몇 가지 키워드만 입력하면 주제와 구조를 제안합니다. 예를 들어 "서울 주말 데이트 코스"라는 키워드를 넣으면, 챗GPT는 ① 준비 과정 ② 장소 추천 ③ 경험 후기 ④ 꿀팁 같은 흐름을 보여 줍니다. 초보자는 막막함 대신 선택지를 받게 되고, 첫 문장을 쓰기가 훨씬 수월해집니다. 핵심은 '키워드 입력의 구체성'입니다. 장소 이름만 입력하기보다 "서울 데이트 코스 + 비 오는 날 + 대학생"처럼 맥락을 덧붙이면 더 정교한 구조를 제시합니다.

키워드를 활용한 주제 잡기 프롬프트

오늘 블로그 글 주제를 위한 아웃라인을 제안해주세요. 키워드는 [서울, 주말, 데이트 코스]입니다. 글의 소제목 구조와 각 항목 설명을 포함해주세요.

1. 서론: 주말 데이트, 왜 서울인가
주말 데이트를 서울에서 하면 좋은 이유—도심 속 접근성, 다양한 선택지, 대중교통 이용의 편리성 등을 간단히 언급
글에서 다룰 코스의 개요와 글을 읽은 다음 기대할 수 있는 것 소개

2. 아침 산책 & 브런치 코스
소제목: "도심 속 여유로움 — 아침 산책 + 브런치"
설명: 서울 도심에서 여유롭게 시작하는 데이트. 예컨대 한적한 골목길이나 강변 산책 후 감성 카페에서 브런치. 날씨 좋을 때 특히 추천
팁: 사람이 붐비기 시작하기 전에 방문하기, 브런치 카페 예약 또는 웨이팅 예상하기

3. 감성 체험 & 사진 스팟 코스
소제목: "사진도 찍고 기억도 남기기 — 감성 장소 탐방"
설명: 서울 곳곳에 있는 멋진 뷰나 감성 카페, 전시 공간 등을 활용한 데이트. 예컨대 야경 명소나 디자인 감각 있는 카페 등이 있음
팁: 스마트폰 외 보조 배터리 챙기기, 인기 장소라면 포토존에서 자리 경쟁 있을 수 있음

4. 로맨틱 식사 & 야경 코스
소제목: "해 질 무렵부터 밤까지 — 로맨틱 식사 + 야경"
설명: 하루 데이트의 하이라이트로서, 일몰 시각 맞춰 전망 좋은 장소 혹은 한강변 등에서 식사 후 야경 산책. 서울에는 야경 명소가 많아 데이트 분위기 살리기 좋음
팁: 해 지는 시간대 확인해 두기, 식사 장소는 예약하거나 웨이팅 예상 다양함

5. 날씨/상황별 대안 코스
소제목: "비 오거나 더울 때는 이렇게!"
설명: 야외 활동이 불편한 날(비·덥·추)에는 실내 데이트 코스를 선택하는 것도 좋아. 예컨대 복합문화공간, 실내 식물원, 아쿠아리움 등이 있음
팁: 미세먼지/비 예보 확인하고 실내 코스로 미리 계획하기

6. 마무리 & 다음 주말을 위한 팁
설명: 오늘 제안한 코스를 요약하고, 독자가 자신의 취향대로 코스를 변형해볼 수 있다는 점 강조
멘트: 다음 주말에는 어떤 주제로 데이트해볼까? 예고 정도로 끝맺기

초안을 빠르게 확장하는 도구

아이디어는 있지만 문장으로 풀지 못해 멈출 때가 많습니다. 이때 챗GPT를 활용하면 짧은 메모가 문단으로 확장됩니다. 예를 들어 "부산 여행에서 먹은 해산물"이라는 메모 한 줄을 입력하면, 챗GPT는 장소, 분위기, 음식, 맛, 추천 이유를 담은 500자 초안을 제시합니다. 사용자는 여기에 자신의 경험을 덧붙이고 어색한 부분만 수정하면 됩니다. 중요한 점은 초안을 완성본으로 보지 않고 뼈대 잡기 단계로 활용하는 것입니다. 초안이 준비되면 글은 이미 절반 이상 완성된 것이나 다름없습니다.

메모를 초안으로 확장하기

아래 메모를 블로그용 초안으로 500자 내외로 확장해주세요.
각 문단은 자연스럽게 이어지도록 구성해주세요.
[메모: 부산 여행에서 먹은 해산물]

부산 여행의 가장 큰 즐거움은 단연 '바다와 해산물'이다. 바다를 바라보며 먹는 음식은 그 자체로 여행의 완성처럼 느껴진다. 도착하자마자 향한 곳은 자갈치 시장이

었다. 활기찬 상인들의 목소리 사이로 싱싱한 생선과 조개, 문어가 가득했고, 그중에서도 눈에 띄는 건 통통한 전복이었다. 즉석에서 손질해주는 회 한 접시를 받아 들고, 초장에 살짝 찍어 먹으니 바다 향이 입안 가득 퍼졌다.

저녁에는 해운대 근처 포장마차 거리로 향했다. 바닷바람을 맞으며 먹는 조개구이는 또 다른 매력이 있었다. 숯불 위에서 익어가는 조개의 향과 버터의 고소함이 어우러져 그 어떤 고급 레스토랑 부럽지 않았다. 옆 테이블 사람들과 자연스레 건배를 나누며 부산 특유의 자유로운 분위기를 만끽했다.

짧은 여행이었지만, 신선한 해산물 덕분에 부산의 맛과 온도를 제대로 느낄 수 있었다. 단순히 먹는 경험이 아니라, 바다의 도시가 건네는 인사처럼 따뜻하고 생생한 순간이었다.

표현과 창의성을 확장하는 보조자

오랫동안 비슷한 카테고리에서 글을 쓰다 보면 표현이 단조로워지고 글이 밋밋해지기 마련입니다. 챗GPT를 활용하면 같은 의미도 다양한 표현으로 바꿀 수 있습니다. 예를 들어 "맛있다."는 "신선한 재료의 풍미가 입안에 퍼졌다."로, "좋았다."는 "편안하면서도 활력이 느껴지는 공간이었다."로 표현할 수 있습니다. 이런 표현 확장은 단순히 문장을 바꾸는 것을 넘어, 새로운 어휘와 문체를 배우는 학습 효과까지 줍니다.

단조로운 표현을 생생하게 바꾸는 예시

아래 자주 쓰는 표현을 더 구체적이고 생생하게 바꿔 주세요.
블로그 글에 어울리는 문장 3가지씩 제안해주세요.
[자주 쓰는 표현: 맛있다, 좋았다, 즐거웠다]

🍴 맛있다 → 더 구체적인 표현
- 첫입에 바다 향이 퍼지며 입안이 단숨에 시원해졌다.
- 씹을수록 고소함이 진해져서 숟가락을 멈출 수가 없었다.
- 입에 넣자마자 녹아내리듯 부드럽고, 그 여운이 길게 남았다.

> 🔒 **좋았다 → 더 생생한 표현**
> - 햇살이 따뜻하게 내려앉은 순간, 그냥 그 자리에 머물고 싶었다.
> - 바람이 살짝 스치는데, 마음까지 맑아지는 기분이었다.
> - 사진보다 눈으로 보는 풍경이 훨씬 더 깊게 다가왔다.
>
> 😊 **즐거웠다 → 감정이 느껴지는 표현**
> - 시간 가는 줄 모르고 웃다 보니 어느새 해가 지고 있었다.
> - 사소한 이야기에도 웃음이 터져 나와 하루가 금세 가버렸다.
> - 오랜만에 '아, 이래서 여행을 하는구나' 싶은 순간이었다.

채널 운영에서 가장 중요한 것은 꾸준함입니다. 챗GPT가 뼈대를 세우고, 사람이 경험과 감각을 더할 때 글은 살아납니다. 이제 글쓰기를 두려워할 필요가 없습니다. 새로운 도구를 손에 쥔 지금, 우리는 언제든 빈 화면을 채우고 더 풍부한 글을 완성할 수 있습니다.

👍 AI 시대, '나'를 위한 글쓰기가 중요한 이유

지금 우리는 글쓰기를 피할 수 없는 시대를 살고 있습니다. 정보와 지식은 넘쳐나지만, 자신의 생각을 정리하는 사람은 많지 않습니다. 글은 사고를 명확히 하고 타인과 연결하는 도구입니다. 블로그와 SNS도 결국 글쓰기를 중심으로 운영됩니다. 사진과 영상이 주목받지만, 그 뼈대를 이루는 것은 글입니다.

효율은 높이고 무게는 줄이는 글쓰기

저 역시 블로그를 시작했을 때 아이디어는 많았지만 막상 문장을 만들려 하면 손이 멈추고, 표현은 어색했습니다. 그래서 늘 시간이 부족했고 미완성 글만 쌓였습니다. 그러나 챗GPT를 활용하면서 상황이 달라졌습니다. 주제를 정리하고 흐름을 잡아 주는 과정 덕분에 글쓰기가 훨씬 가벼워졌고, 블로그 운영을 이어가 전자책 발간으로까지 확장할 수 있었습니다.

챗GPT의 강점은 글쓰기 전 과정에서 드러납니다. 주제가 막막할 때는 키워드를 제안하고, 초안이 필요할 때는 빈 화면을 빠르게 채워 줍니다. 예를 들어 "부산 여행, 해운대, 회식"이라고 입력하면 여행 동선·장소 소개·음식 후기가 포함된 구조가 제시됩니다. 사용자는 여기에 경험과 사진을 덧붙이기만 하면 됩니다. 표현 보완도 가능합니다. 반복적으로 쓰던 "맛있다."는 표현을 "입안 가득 신선한 풍미가 퍼졌다."처럼 바꿔줍니다. 즉, 챗GPT는 글을 대신 쓰는 도구가 아니라 시작과 확장을 돕는 파트너입니다. 이 효과는 연구로도 확인되었습니다. MIT 연구진은 2023년 진행된 한 연구를 통해 '챗GPT를 활용한 그룹이 과제 수행 시간은 40% 줄고, 결과물 품질은 평균 18% 향상되었다'고

보고했습니다.

🔗 science.org/doi/10.1126/science.adh2586

효율성 상승뿐만 아니라 활용 범위도 넓어지고 있습니다. 저 역시 블로그 글을 작성할 때만 챗GPT를 주로 사용했으나 지금은 회의 기록, 이메일, 업무 문서, 강의 교안 작성에도 활용합니다. 곧 블로그에 개인 카테고리를 추가해 전문적인 글뿐 아니라 일상의 경험도 공유할 예정입니다. 이는 글쓰기가 단순한 정보 전달을 넘어, 자신의 정체성과 목소리를 드러내는 활동임을 보여 줍니다.

스스로를 성장시키고 보듬는 글쓰기

꾸준한 글쓰기는 지금도 가장 효과적인 성장 방법입니다. 챗GPT는 그 과정을 지탱하는 든든한 조력자입니다. 블로그 운영을 넘어 개인 성장과 새로운 기회를 열어 주는 열쇠, 그것이 글쓰기와 AI의 결합이 만들어 내는 힘입니다.

많은 사람이 스트레스를 줄이기 위해 운동, 명상, 취미 활동을 찾습니다. 그러나 가장 가까이 있지만 간과하는 효과적인 방법은 바로 글쓰기입니다. 머릿속에 가득한 생각을 글로 풀어내는 순간, 감정은 정돈되고 불안은 줄어듭니다. 글은 단순한 기록을 넘어 자기 감정을 다루는 안전한 공간이자 치유의 도구가 됩니다. 글은 단순히 기분을 푸는 수단을 넘어, 나 자신을 되돌아보는 거울 역할을 합니다. 글을 쓰는 동안 우리는 어떤 부분이 힘들었는지, 무엇이 나를 지치게 했는지 구체적으로 마주하게 됩니다. 이런 과정은 문제를 피하지 않고 정면으로 바라보게 하고, 다시 일어설 힘을 만들어 줍니다.

AI 시대에 글쓰기가 어떻게 스트레스 해소와 성찰의 길이 되는지 3가지 측면에서 살펴보겠습니다.

첫째, 머릿속에 감정이 쌓이면 무겁게만 느껴집니다. 그러나 글로 적는 순간, 그 감정은 바깥으로 빠져나옵니다. 단순히 "나는 화가 났다."라고 쓰는 것만으로도 마음이 한결 가벼워집니다. 예를 들어 직장에서 갈등이 있었던 하루를 글로 적으면 막연한 분노가 구체적인 사건과 이유로 정리됩니다. 이는 감정을 억누르는 것이 아니라 있는 그대로 드러내면서도 통제 가능한 상태로 만드는 과정입니다.

저 역시 불면증에 시달릴 때 매일 자기 전 일기를 썼습니다. 그날 있었던 일과 불편했던 감정을 솔직히 적으니 머릿속이 한결 가벼워지고 잠들기가 쉬워졌습니다. 글은 생각을 밖으로 끌어내어 정리할 수 있게 해주며, 혼란을 줄이고 다음 날을 시작할 힘을 줍니다.

둘째, 글은 타인과 연결되는 다리 역할을 합니다. 힘들 때는 나만 세상에서 고립된 것처럼 느껴집니다. 그러나 블로그나 SNS에 글을 남기면 의외의 반응이 찾아옵니다. 짧은 댓글 하나, 따뜻한 공감의 메시지는 위로가 됩니다.

저 또한 블로그에 글을 꾸준히 올리며 독자와의 교류가 큰 힘이 되었습니다. 글을 쓰는 과정에서 이미 마음이 정리되었지만, 다른 사람이 내 글을 읽고 반응할 때 '내 경험이 의미 있다'는 확신이 생기기 때문입니다. 글쓰기는 개인적 치유를 넘어 사람과 사람을 연결하는 다리로 기능합니다.

셋째, 글은 성찰의 거울이 됩니다. 고민을 마음에만 담아두면 같은 자리를 맴돕니다. 그러나 글로 쓰면 문제는 구체화되고, 해결의 실마리가 보입니다. 예를 들어 일이 힘든 이유를 글로 적다 보면 단순히 일이 많아서가 아니라 우선순위를 정하지 못해 생긴 혼란임을 발견할 수 있습니다. 글쓰기는 문제의 본질을 직면하게 하고, 스스로 답을 찾는 과정이 됩니다.

실제로 미국 듀크 통합의학센터의 올리버 글라스Oliver Glass 교수 팀은 트라우마 환자에게 6주간 표현적 글쓰기를 실시하자 참가자 전원이 스트레스와 우울 증상이 감소하는 현상을 발견하기도 했습니다.

🔗 pubmed.ncbi.nlm.nih.gov/30712734

이처럼 글쓰기는 단순한 취미가 아니라 마음을 비우고, 타인과 연결되며, 나를 성찰하는 도구입니다. 오늘 한 줄 기록이 내일의 회복과 성장을 위한 밑거름이 됩니다. 지금 떠오르는 생각을 글로 적는 순간, 이미 치유와 성찰은 시작됩니다.

03장

콘텐츠 제작을 위한 파트너, 챗GPT와 친해지기

'콘텐츠를 제작한다'는 것은 기획부터 배포까지 이어지는 긴 여정을 관리하는 일입니다. 주제를 정하고, 초안을 만들고, 각 채널에 맞게 콘텐츠를 조정하는 일은 생각보다 복잡하고 반복적입니다. 많은 사람이 이 긴 과정을 혼자 감당하다가 중도에 멈춥니다. 문제는 능력이 아니라 시스템입니다. 꾸준함을 가능하게 하는 도구가 없다면, 열정은 금세 소모됩니다. 이제 그 공백을 채우는 새로운 파트너가 등장했습니다. 바로 챗GPT입니다.

이 장은 챗GPT가 콘텐츠 제작 과정 전반에서 어떻게 협업 파트너가 되는지를 다룹니다. 아이디어 발굴, 초안 작성, 표현 보완, 형식 변환 등 실제 제작 흐름에 챗GPT를 결합하는 방법을 구체적으로 제시합니다. 이를 통해 여러분은 '혼자 쓰는 글쓰기'에서 '함께 완성하는 글쓰기'로 전환되는 경험을 하게 됩니다. 챗GPT는 속도를 높이는 도구를 넘어, 꾸준함을 유지하게 하는 시스템이자 창작의 지속성을 지탱하는 협력자입니다. 이 장을 읽고 나면, 여러분의 콘텐츠 제작 방식은 분명 달라질 것입니다.

👍 챗GPT라는 파트너의 역할

꾸준한 콘텐츠 업데이트와 채널 성장에는 주제 관리, 일정 조율, 채널별 맞춤 활용 등 다양한 과정과 관리가 필요합니다. 이를 혼자 감당하는 대신 이제는 새로운 협업 도구를 곁에 둘 수 있습니다. 바로 챗GPT입니다. 챗GPT가 파트너로서 어떤 역할을 할지 하나씩 살펴보겠습니다.

콘텐츠의 리듬 유지하기

챗GPT의 가장 큰 장점은 작업 흐름이 끊어지지 않게 이어준다는 것입니다. AI 등장 이전에는 자료 조사, 글 구조 잡기, 수정 단계마다 도구를 바꾸거나 생각을 위해 멈춰야 했지만 챗GPT는 그 틈을 최소화합니다. 작업이 흐름을 타면 완성 속도는 빨라지고, 집중력도 유지됩니다. 즉, 블로그와 SNS 운영에 가장 중요한 요소인, 꾸준히 이어갈 수 있는 리듬을 유지시키는 데 챗GPT는 큰 도움이 됩니다.

하나의 콘텐츠를 다양한 플랫폼에서 활용하기

또 하나 주목할 점은 콘텐츠 활용의 확장성입니다. 이전에는 전문가가 필요했던 재가공 작업이 이제는 누구나 가능하게 되었습니다. 예를 들어, 블로그에 포스팅한 2000자의 글을 챗GPT로 요약해 뉴스레터용으로 300자로 줄이고, 다시 5문장 카드 뉴스로 변환해 인스타그램에 올릴 수 있습니다.

심지어 각 문장에 어울리는 이미지까지 챗GPT에서 곧장 생성할 수 있습니다.

이처럼 하나의 콘텐츠가 다른 플랫폼으로 확장되면서 도달 범위는 넓어지고, 제작자는 반복 작업에서 벗어납니다.

개인의 창작 역량 보완하기

챗GPT는 개인의 창작 역량을 보완하는 도구이기도 합니다. 모두가 전문 작가처럼 글을 쓸 수는 없지만, 챗GPT를 활용하면 누구나 일정 수준 이상의 글을 생산할 수 있습니다. 표현의 단조로움, 글쓰기 속도의 한계, 구조 잡기의 어려움은 챗GPT와 협업하면 크게 줄어듭니다. 덕분에 초보자도 시작할 수 있고, 숙련자도 더 많은 양을 안정적으로 만들어 낼 수 있습니다.

지속적 콘텐츠 생산하기

무엇보다 중요한 것은 꾸준하게 콘텐츠를 생성하기 위한 동반자라는 점입니다. 블로그와 SNS 운영에서 가장 힘든 부분은 시작이 아니라 지속입니다. 챗GPT는 제작자가 지쳐 멈추려는 순간에도 다음 단계를 제안하고, 새로운 형식을 보여 주며 흐름을 이어가게 합니다. 결국 콘텐츠 제작은 혼자 버티는 일이 아니라, 협업이 될 때 비로소 꾸준히 가능해집니다.

챗GPT는 단순히 대신 글을 써 주는 도구가 아닙니다. 콘텐츠 제작 전 과정을 단순화하고, 하나의 아이디어를 다양한 갈래로 확장시키며, 제작자가 멈추지 않고 꾸준히 이어가도록 돕는 파트너입니다. 무엇보다 혼자가 아니라는 확신이 꾸준함의 가장 큰 원천이 됩니다.

👍 챗GPT와 함께하는 글쓰기 3단계 여정

블로그를 위한 글쓰기는 한 번에 완성되지 않습니다. 주제를 찾고, 글의 뼈대를 세우고, 표현을 다듬고, 여러 채널에 맞게 변환하는 일련의 과정이 필요합니다. 그러나 이 과정을 혼자 감당하면 부담이 커지고 금세 지치기 쉽습니다. 바로 여기서 챗GPT가 중요한 역할을 합니다. 아이디어 발굴부터 초안 완성 그리고 확장까지 이어지는 흐름 속에서 챗GPT는 든든한 파트너가 되어 줍니다.

① 시작의 부담을 줄이는 아이디어 발굴

블로그 운영에서 가장 큰 장벽은 "무슨 글을 써야 할지" 모른다는 점입니다. 많은 사람이 빈 화면 앞에서 막막함을 느끼곤 합니다. 챗GPT는 이 순간에 유용한 아이디어 도구가 됩니다. 예를 들어 "여름철 블로그 글감"이라는 키워드를 입력하면, 챗GPT는 "여름 휴가지 추천 TOP5" "폭염 속 건강 관리법" "여름철 가성비 패션 아이템" 같이 구체적이고 독자가 관심 가질 만한 주제를 제안합니다. 단순히 제목에 그치지 않고 글의 흐름을 짜주기도 합니다. 중요한 것은 입력하는 키워드의 구체성입니다. "여행"이라고만 입력할 때보다 "부산 2박 3일 가족 여행 코스"처럼 구체적인 맥락을 포함하면 훨씬 더 유용한 제안을 얻을 수 있습니다.

블로그 글감을 빠르게 발굴하는 프롬프트

 블로그 글 주제를 추천해주세요. 키워드는 "부산 2박 3일 가족 여행 코스"입니다. 주제별 소제목과 간단한 설명까지 포함해주세요.

① "첫째 날: 바다와 도시의 만남"
- 오전에는 해운대 해변처럼 넓은 백사장과 도심 빌딩이 어우러지는 장소에서 여유롭게 시작
- 오후에는 바다 뷰 카페나 전망 좋은 산책로를 걸으며 아이들과 함께 사진도 찍기 좋음
- 저녁엔 가족 모두가 편안하게 즐길 수 있는 맛집이나 숙소 근처 야경 코스로 마무리

② "둘째 날: 체험 + 자연 힐링"
- 오전엔 케이블카나 전망대 같은 색다른 체험거리(예: 송도 해상 케이블카)
- 오후엔 숲길이나 해변 산책로에서 자연을 만끽하며 잠시 느긋한 시간을 갖기 좋음
- 저녁엔 숙소 근처에서 가족끼리 "오늘 하루 어땠나" 이야기 나누며 여유롭게 보내기

③ "셋째 날: 문화와 맛으로 마무리"
- 오전엔 박물관이나 예술 마을 등 가족 모두가 가볍게 즐길 수 있는 문화 공간 방문
- 점심 이후엔 시장이나 해산물 식당에서 지역 맛집 경험을 넣어 "부산 왔구나" 느낌 살리기
- 마지막으로 떠나기 전 숙소 체크아웃 후 카페에서 디저트 or 바닷가 카페에서 여유롭게 마무리

② 빈 화면을 빠르게 채우는 초안 작성

주제를 정했다 하더라도, 실제 글쓰기로 옮겨가는 과정에서 많은 사람이 멈칫합니다. 첫 문장을 쓰기까지 오래 걸리고, 초안 완성에는 몇 시간이 소요되기도 합니다. 이때 챗GPT는 빈 화면을 빠르게 채워주는 가교 역할을 합니다.

예를 들어, "부산 여행, 해운대, 회식"이라는 세 단어만 입력해도 챗GPT는 첫날 저녁 회식 장소로 찾은 해운대의 활기찬 분위기, 음식 맛, 이동 동선까지 포

함한 초안을 생성합니다. 블로거는 이 초안을 바탕으로 경험과 사진을 덧붙이면 되므로 작성 시간이 크게 줄어듭니다. 다만 초안은 완성본이 아니라 뼈대일 뿐입니다. 챗GPT가 제공한 구조와 문장을 그대로 두지 말고, 개인적 경험·느낌·세부 묘사를 더하는 것이 완성도를 높이는 비결입니다.

키워드 중심으로 초안을 자동 생성하는 프롬프트

아래 키워드와 구성을 활용해 500자 분량의 블로그 포스트의 초안을 작성해주세요.
키워드: 부산, 해운대, 가족 여행
구성: 장소 분위기 → 음식 특징 → 이동 동선 → 마무리 소감

부산 여행의 설렘은 언제나 바다에서 시작된다. 이번엔 가족과 함께한 2박 3일 여행. 첫날 저녁은 해운대 근처에서 회식 겸 저녁 식사를 하기로 했다. 바다를 따라 걷다 보면 아이들은 파도에 환호하고, 부모님은 그 모습을 보며 미소 짓는다. 노을이 물드는 해운대의 풍경은 그 자체로 완벽한 여행의 시작이었다.

들어간 식당은 바다를 바로 앞에 둔 횟집이었다. 통유리창 너머로 반짝이는 파도와 불빛이 어우러져 분위기가 한층 포근했다. 상 위에는 광어, 우럭, 연어가 한가득 올라왔고, 아이들은 초장보다 간장 와사비에 찍은 회의 쫄깃한 식감을 신기해했다. 부모님은 따뜻한 매운탕 국물에 만족스러운 미소를 지으셨다.

식사 후에는 가족이 함께 해운대 해변을 걸었다. 밤바람이 살짝 차가웠지만, 손을 맞잡고 걷는 그 시간만큼은 따뜻했다. 바다 소리와 웃음소리가 섞여 흘러나오는 길 위에서, 모두가 같은 생각을 했을 것이다. "이래서 가족 여행이 참 좋다."

③ 완성도를 높이고 채널을 넓히는 수정과 확장

챗GPT는 교정과 확장 과정에서 강력한 기능을 발휘합니다. 예를 들어 "맛있다."라는 표현을 요청하면 "신선한 해산물의 풍미가 입안 가득 퍼졌다."처럼 더 생생한 문장으로 바꿔줍니다. "좋았다."라는 단조로운 표현도 "편안하면서

도 활력이 느껴지는 공간이었다."로 변환됩니다.

또, 챗GPT는 블로그에 올린 글을 다른 채널용으로 변환하는 데도 효과적입니다. 긴 글에서 핵심만 추려 인스타그램 캡션으로 바꾸거나, 목차와 요약을 자동 생성해 뉴스레터에 활용할 수 있습니다. 예를 들어, 2000자 블로그 글 → 300자 뉴스레터 요약 → 50자 인스타그램 캡션처럼 한 번 작성한 글을 다양한 채널로 재활용할 수 있도록 변환이 가능합니다.

블로그 글을 가지고 여러 채널로 확장하는 프롬프트

아래 블로그 글을 인스타그램용 홍보 캡션(50자 이내)과 뉴스레터 요약(300자 내외)으로 변환해주세요.
[블로그 글]
부산 여행의 설렘은 언제나 바다에서 시작된다. 이번엔 가족과 함께한 2박 3일 여행. 첫날 저녁은 해운대 근처에서 회식 겸 저녁 식사를 하기로 했다. 바다를 따라 걷다 보면 아이들은 파도에 환호하고, 부모님은 그 모습을 보며 미소 짓는다. 노을이 물드는 해운대의 풍경은 그 자체로 완벽한 여행의 시작이었다.

들어간 식당은 바다를 바로 앞에 둔 횟집이었다. 통유리창 너머로 반짝이는 파도와 불빛이 어우러져 분위기가 한층 포근했다. 상 위에는 광어, 우럭, 연어가 한가득 올라왔고, 아이들은 초장보다 간장 와사비에 찍은 회의 쫄깃한 식감을 신기해했다. 부모님은 따뜻한 매운탕 국물에 만족스러운 미소를 지으셨다.

식사 후에는 가족이 함께 해운대 해변을 걸었다. 밤바람이 살짝 차가웠지만, 손을 맞잡고 걷는 그 시간만큼은 따뜻했다. 바다 소리와 웃음소리가 섞여 흘러나오는 길 위에서, 모두가 같은 생각을 했을 것이다. "이래서 가족 여행이 참 좋다."

📷 **인스타그램용 홍보 캡션(50자 이내)**
해운대의 밤, 가족과 함께라 더 따뜻했던 부산 여행 🐟♡

📄 **뉴스레터 요약(300자 내외)**
부산 여행의 시작은 언제나 바다에서. 가족과 함께한 2박 3일 여행 중 첫날 저녁,

> 해운대 바닷가 앞 횟집에서 회식 겸 식사를 즐겼다. 창밖으로 반짝이는 파도와 불빛, 상 위에 가득한 신선한 회와 따뜻한 매운탕이 하루의 피로를 녹여주었다. 식사 후에는 가족이 함께 해운대 해변을 걸으며 밤바람과 파도 소리를 즐겼다. 아이들의 웃음과 부모님의 미소가 어우러진 그 순간, 모두의 마음속엔 같은 말이 떠올랐다.
> "이래서 가족 여행이 참 좋다."

이처럼 아이디어 발굴, 초안 작성, 교정과 확장까지 챗GPT는 콘텐츠 제작 전 과정을 함께하는 파트너입니다. 글쓰기를 혼자 끌고 가는 고된 작업에서 벗어나, 꾸준히 이어갈 수 있는 협업 도구로 활용하는 것이 핵심입니다.

👍 AI와 함께하는 음성 글쓰기, 생활 속 글쓰기의 시작

글쓰기를 시작하려면 책상 앞에 앉아야 한다는 고정 관념이 여전히 남아 있습니다. 그러나 지금은 방식이 달라지고 있습니다. 특히 음성 인식 AI 기능이 발전하면서 직접 입력하는 대신 목소리로 입력하는 방식이 자리 잡고 있습니다. 이 기능을 활용하면 글쓰기를 생활 속에서 자연스럽게 이어갈 수 있게 만드는 새로운 출발점이 됩니다.

음성 입력의 가장 큰 장점은 즉시성입니다. 산책길이나 버스 안, 운동 중에도 스마트폰으로 생각을 텍스트로 변환할 수 있습니다. 아이디어가 떠오르는 순간을 붙잡을 수 있으니 글쓰기는 특별한 시간이 아니라 일상의 연장이 됩니다. 구글 음성 입력이나 네이버 메모 앱을 활용하면 짧은 기록이 텍스트로 저장되고, 이를 초안으로 발전시킬 수 있습니다. 저 역시 출퇴근길에 떠오른 생각을 3~5분간 말로 남겨 두고 이를 글로 다듬는 과정을 반복했습니다. 통화하듯 자연스럽게 말할 수 있어 주변의 시선도 크게 의식하지 않아도 됩니다.

물론 음성으로 작성한 초안은 거칠고 불필요한 표현이 많습니다. 이때 또 한번 AI 도구를 활용하면 글의 구조를 정리하고 문장을 매끄럽게 다듬을 수 있습니다. 자주 사용하는 프롬프트는 템플릿을 만들어 두면 효율성은 더욱 높아집니다. 예컨대 "이 음성 기록을 1000자 블로그 초안으로 정리해주세요." 또는 "불필요한 표현을 줄이고 사례를 보강해주세요." 같은 요청을 반복적으로 활용하면, 짧은 메모가 안정적인 글의 뼈대로 발전합니다. AI 피드백이 결합되면서 초안은 점차 완성도 있는 글로 다듬어지고, 기록이 글로 변하는 과정은 훨씬 가벼워집니다.

음성 입력은 시작의 장벽을 낮추고, AI는 초안을 다듬어 완성도를 높입니다. 여기에 블로그나 SNS 공개와 독자의 반응이 더해지면, 글은 단순한 기록을 넘어 대화로 확장됩니다. 작은 글이 쌓이고 반응이 축적되면서 콘텐츠는 매거진이나 책으로 발전하기도 합니다. 중요한 것은 거창한 결심이 아니라 작은 습관을 꾸준히 반복하는 일입니다. 오늘의 한 줄 기록이 내일 더 큰 창작으로 이어지는 출발점이 되는 것입니다.

👍 챗GPT의 메모리 기능 활용하기

챗GPT는 사용자와의 채팅 중 유용한 정보를 기억해 사용자 맞춤형 답변을 제공하는 **메모리**Memory 기능을 제공합니다. 이 기능을 프롬프트를 템플릿화하는 데 활용하면 글쓰기가 한결 더 수월해집니다.

메모리를 저장하는 방법은 크게 2가지입니다. 첫 번째는 [개인 맞춤 설정 → 메모리]에 직접 저장할 내용을 관리하는 방법입니다.

챗GPT의 [개인 맞춤 설정 → 메모리] 기능

두 번째는 간단하게 챗GPT와 채팅 창에서 메모리 저장을 요청하는 방법입니다.

메모리에 저장하기

 메모리에 [원고 초안 템플릿]을 저장해주세요.

[원고 초안 템플릿]
- 글은 서론 – 본론 – 결론 구조로 구성해주세요.
- 각 항목은 본론에 포함시키고, 하나의 문단으로 확장해주세요.
- 서론에서는 주제를 간단히 소개하고, 결론에서는 핵심 메시지를 다시 강조해주세요.
- 문단은 3~5줄 이내로 구성하고, 문장이 자연스럽게 이어지도록 정리해주세요.
- 의미와 핵심은 그대로 유지하면서 서술형으로 다듬어 주세요.

이렇게 저장한 메모리를 활용하려면 간단하게 채팅 창에서 다음과 같이 불러오기를 요청하면 됩니다.

메모리 불러오기

 메모리에 저장된 [원고 초안 템플릿]을 불러오세요.

 다음은 메모리에 저장된 [원고 초안 템플릿]이에요.

[원고 초안 템플릿]
글은 서론 – 본론 – 결론 구조로 구성해주세요.
각 항목은 본론에 포함시키고, 하나의 문단으로 확장해주세요.
서론에서는 주제를 간단히 소개하고, 결론에서는 핵심 메시지를 다시 강조해주세요.
문단은 3~5줄 이내로 구성하고, 문장이 자연스럽게 이어지도록 정리해주세요.
의미와 핵심은 그대로 유지하면서 서술형으로 다듬어 주세요.

저장된 메모리는 [개인 맞춤 설정 → 메모리 관리]에서 직접 확인할 수 있습니다.

[저장된 메모리 기록]

11월 5일, 오전 1:37

11월 5일, 오전 1:37　　　　　　　　　　　　　　현재 버전

Uses a [원고 초안 템플릿] for 글쓰기. Template details:
- 글은 서론-본론-결론 구조로 구성.
- 각 항목은 본론에 포함시키고, 하나의 문단으로 확장.
- 서론에서는 주제를 간단히 소개하고, 결론에서는 핵심 메시지를 다시 강조.
- 문단은 3~5줄 이내로 구성하고, 문장이 자연스럽게 이어지도록 정리.
- 의미와 핵심은 그대로 유지하면서 서술형으로 다듬음.

또는 채팅 창에 다음 프롬프트로 저장된 메모리 전체 리스트를 확인할 수 있습니다.

저장된 메모리 확인하기

 저장된 메모리 전체 리스트를 보여 주세요.

 현재 메모리에 저장된 정보는 다음과 같아요.

[원고 초안 템플릿]
글은 서론-본론-결론 구조로 구성
각 항목은 본론에 포함시키고, 하나의 문단으로 확장
서론에서는 주제를 간단히 소개하고, 결론에서는 핵심 메시지를 다시 강조
문단은 3~5줄 이내로 구성하고, 문장이 자연스럽게 이어지도록 정리
의미와 핵심은 그대로 유지하면서 서술형으로 다듬음

저장된 메모리는 다음과 같은 프롬프트를 활용해 채팅 창에서 쉽게 관리할 수 있습니다.

메모리 중복 확인

 메모리에 중복으로 저장된 내용이 있다면 알려 주세요.

특정 메모리 삭제

 메모리에서 [항목명] 지워 주세요.

중복된 메모리 삭제

 중복된 [항목명] 삭제해주세요.

 메모리에 저장된 28번 금지어 규칙을 삭제해주세요.

이외에 다음과 같은 프롬프트로 메모리를 활용할 수 있습니다.

메모리 저장 관련

- "이 내용을 기억해주세요."
- "이 정보를 메모리에 저장해주세요."
- "앞으로 이렇게 해주세요."
- "이 템플릿을 저장해주세요."
- "내 정보로 저장해주세요."
- "이걸 기본 설정으로 기억해주세요."

메모리 조회 관련

- "지금 저장된 메모리를 보여 주세요."
- "저장된 메모리 전체 리스트를 보여 주세요."
- "전에 저장해 둔 템플릿을 불러와 주세요."
- "이전에 저장한 [원고 초안 템플릿]을 보여 주세요."

메모리 삭제·수정 관련

- "이 정보를 잊어 주세요."
- "이전에 저장한 [원고 초안 템플릿]을 삭제해주세요."
- "저장된 정보 중 일부를 수정해주세요."
- "모든 메모리를 초기화해주세요."

👍 메모리 기능을 활용한 개인 맞춤 글쓰기 환경

챗GPT의 메모리 기능을 활용하면, 글쓰기 문서 규칙과 스타일을 저장해 두고 새로운 글을 요청할 때마다 자동으로 적용할 수 있습니다. 매번 같은 설명을 반복하지 않아도 '내가 원하는 방식'을 유지할 수 있는 것이 가장 큰 장점입니다.

챗GPT 메모리는 글쓰기의 설계도와 같습니다. 예를 들어 "한 문단 3~5줄, 한 문장 20단어 이내, 추측 표현 금지"라는 규칙을 저장해 두면, 이후 원고 초안을 요청할 때도 이 기준이 그대로 반영됩니다. 덕분에 글이 길어지거나 여러 번 수정해도 문체와 구조가 흔들리지 않습니다.

글쓰기를 시작하기 전 자주 사용하는 문서 규칙과 스타일을 메모리에 저장합니다. 이후에는 단순히 "원고 초안을 작성해주세요."라고 요청해도 결과물이 자동으로 규칙을 따릅니다. 문서 규칙과 스타일은 블로그, 책, SNS 등 원하는 채널에 맞춰 구성할 수 있습니다.

채널별 문서 규칙 특성

- 블로그: SEO 키워드, 도입부 후킹, 결론의 실천 포인트까지 일관 반영
- 책 원고: 서론–본론–결론 구조와 금지어 관리 안정적 유지
- SNS: 짧고 직관적인 문장, 모바일 줄 바꿈 자동 반영

예를 들어 블로그 문서 규칙은 다음과 같이 작성해 둘 수 있습니다.

블로그 문서 규칙 예시

1. 문체와 톤
- 표준어 사용, 서술형 중심
- 단정형 문장 유지(추측성·완곡 표현 배제)
- 독자와 가까운 어조, 질문·공감형 문장 적극 활용

2. 문장·문단 구성
- 문장 20단어 이내
- 문단: 3~5줄 이내, 한 문단 = 한 메시지
- 짧은 문장 비중 높여 가독성 확보

3. 도입부 규칙
- 첫 문장: 질문형 또는 공감 유도형("혹시 이런 경험 있으신가요?")
- 둘째 문장: 주제와 독자 상황을 연결("블로그 글쓰기도 마찬가지입니다…")
- 셋째 문장: 글의 핵심 메시지를 간결하게 제시
- 검색 유입을 고려해 핵심 키워드를 도입부에 포함

4. 구글 SEO 반영 규칙
- 키워드 배치
  - 제목, 도입부, 본문 중간, 결론에 주요 키워드 자연스럽게 삽입
  - 중복 과잉은 피하고 맥락에 맞게 3~5회 배치
- 소제목(H2, H3) 활용
  - 검색 키워드를 포함한 소제목으로 본문 구분
- 메타 설명(요약)
  - 2~3문장으로 본문 핵심 요약, 키워드 포함
- 내부/외부 링크
  - 본문 내에서 관련 글이나 참고 자료를 연결
- 리스트·불릿 사용
  - 핵심 정보를 한눈에 보기 쉽게 정리

5. 금지어·표현 점검(글쓰기 점검 문서 연동)
- 금지어: '혁신적인', '획기적인', '창의적인', '완벽한', '최고의' 등 근거 없는 과장 표현
- 모호한 부사: '간편하게', '쉽게', '빠르게', '매우', '굉장히' 등

- 비단정적 표현: '~할 수 있습니다' → '~한다'
- 여유 표현: '전반적으로 볼 때', '일반적으로 말하면' → 삭제

6. 글 전개 흐름
- 서론: 문제 제기 + 공감 + 키워드 포함
- 본론: 사례, 데이터, 경험, 분석(소제목 활용)
- 결론: 핵심 메시지 재강조 + 독자 실천 포인트 제시 + 키워드 포함

7. 활용 기준
- 블로그 글은 가볍게 읽히되 정보 밀도 유지
- 불필요한 수식어·중복 표현 제거
- 결론부는 독자가 실천할 수 있는 질문·제안으로 마무리
- SEO 최적화 요소를 글 흐름에 자연스럽게 녹여내기

> **TIP** 나만의 문서 규칙과 글쓰기 스타일에 대한 자세한 내용은 '3부 챗GPT로 나만의 글쓰기 확장하기'에서 다룹니다.

이렇게 문서 규칙을 알려 주고 메모리에 저장해 두면 이후 키워드나 원하는 주제만 입력하고 문서 규칙에 맞춰 초안을 쉽게 작성할 수 있습니다. 이처럼 메모리는 일관된 톤과 규칙을 지켜 주는 개인 비서와 같습니다. 이 기능을 활용하면 글쓰기의 품질이 흔들리지 않고, 매번 챗GPT에 어떤 작업을 어떻게 할지 설명해야 하는 번거로움도 줄어듭니다. 자신만의 규칙을 정리해 메모리에 저장해 보세요. 글쓰기 과정이 한층 가볍고 안정적으로 변할 것입니다.

04장

챗GPT가 잘하는 것과 못하는 것

챗GPT는 강력한 도구지만, 만능 열쇠는 아닙니다. 어떤 일을 맡겨야 속도를 낼 수 있고, 어떤 영역은 직접 개입해야 하는지 기준을 세워야 효율적으로 사용할 수 있는 도구입니다. 이 장은 AI에 대한 막연한 기대를 걷어내고, 실제 운영에서 도움이 되는 사용 범위를 명확히 그리는 데 목적이 있습니다.

먼저 챗GPT가 문장을 만드는 작동 원리를 간단히 짚어본 뒤, 잘하는 영역(정보 정리·구성·표현 변주)과 빈틈이 생기기 쉬운 영역(시의성·개인 경험·감각 묘사)을 구체적으로 다룹니다. 마지막으로 블로그 현장에서 쓸 수 있는 역할 배치와 보완 루틴을 제안해, 속도는 AI에, 신뢰와 감정은 사람에게 맡기는 실전 운용법을 정리하겠습니다.

👍 챗GPT는 어떻게 글을 생성하는가

챗GPT는 대규모 언어 모델Large Language Model(LLM)의 원리에 기반해 작동합니다. 즉, 인터넷과 책, 기사 등 방대한 텍스트 데이터를 학습하며 언어의 패턴과 구조를 익혔습니다. 사용자가 주제를 입력하면 이를 분석해 맥락을 이해하고 이 다음에 가장 자연스럽게 이어질 단어를 계산합니다. 단어 하나가 아니라 여러 후보 중 가장 적절한 표현을 확률적으로 선택하며, 이런 과정을 반복해 한 문장, 한 단락, 나아가 전체 글을 완성해 갑니다.

쉽게 말해, 챗GPT는 언어의 확률 지도를 갖고 있습니다. 이 지도에는 단어와 문장이 어떤 순서로 이어지는지, 글의 전개가 어떻게 흐르는지가 담겨 있습니다. 사용자가 "여름철 건강 관리"라는 주제를 입력하면, 학습 과정에서 함께 등장했던 개념들(무더위, 탈수, 자외선, 음식 관리)을 불러옵니다. 이어서 글의 구조를 예측합니다. 서론에서는 "여름철 건강 관리가 중요한 이유"를 설명하고, 본론에서는 "수분 섭취, 식습관, 운동, 생활 습관" 같은 세부 항목을 나열합니다. 결론에서는 "종합적인 조언과 마무리"를 덧붙이는 방식입니다.

여기서 중요한 점은 챗GPT가 기존 글을 그대로 가져오지 않는다는 사실입니다. 매번 새로운 계산을 통해 문장을 생성하기 때문에 같은 주제를 입력해도 결과는 달라집니다. 어떤 단어를 강조할지, 어떤 예시를 포함할지는 그 순간의 예측에 따라 달라지는 것이죠.

따라서 챗GPT의 글쓰기는 단순한 자동화가 아니라 창의적 생성 과정이라 할 수 있습니다. 이미 존재하는 문장을 복사하는 것이 아니라, 학습한 패턴을 바탕으로 즉석에서 새로운 문장을 조립하기 때문에 사용자는 마치 대화를 나누듯 원하는 글을 얻는 경험을 하게 됩니다.

이 원리를 이해하면, 챗GPT가 잘하는 영역과 부족한 영역이 왜 갈리는지 알 수 있습니다. 이어서 그 차이를 구체적으로 살펴보겠습니다.

챗GPT가 잘하는 것들 - 정보, 구조, 표현

챗GPT의 가장 큰 강점은 정보를 빠르게 정리하고 구조화하는 능력입니다. 글을 쓰려면 먼저 자료를 모으고 정리해야 하는데, 이 과정에서 많은 시간이 소요됩니다. 챗GPT는 방대한 학습 데이터를 바탕으로 이 단계를 크게 단축해줍니다. 예를 들어 "인공지능의 장점과 단점"이라는 주제를 입력하면, 장점과 단점을 항목별로 나눠 깔끔하게 정리해줍니다. 단숨에 글의 뼈대를 확보할 수 있어 글쓰기가 한결 수월해집니다.

정보 정리에 이어, 두 번째로 두드러지는 강점은 글의 흐름을 잡아 주는 구조화 능력입니다. 예를 들어 "봄맞이 여행 블로그 글"이라는 주제를 제시하면 "서론 - 여행을 준비한 이유, 본론 - 준비 과정, 여행지 소개, 느낀 점, 꿀팁, 결론 - 정리와 소감" 같은 흐름을 제안합니다. 이런 구조는 글의 길잡이가 되고, 전체 균형을 유지하는 데에도 유용합니다.

마지막으로 챗GPT는 표현을 다양화하는 데 강점을 발휘합니다. 글을 쓰다 보면 단조로운 표현을 반복하기 쉽습니다. 그러나 챗GPT는 같은 의미를 다양한 문장으로 바꿔 제안합니다. 예를 들어 "맛있다."는 "입안 가득 신선한 풍미가 퍼졌다."로, "좋았다."는 "편안하면서도 활력이 느껴지는 공간이었다."로 확장됩니다.

즉, 챗GPT는 정보 정리, 글의 구조화, 표현 확장이라는 3가지 영역에서 탁월한 강점을 보입니다. 이를 통해 글쓰기 기본기를 보완할 수 있고, 반복 작업에 쓰는 시간을 줄여 더 깊은 내용에 집중할 수 있습니다. 정보를 모으고, 뼈대를 세우고, 표현을 풍부하게 만드는 힘. 이 3가지가 챗GPT를 꾸준한 콘텐츠 제작의 든든한 파트너로 만들어 줍니다.

챗GPT가 잘하지 못하는 것들 – 최신성, 경험, 감각

아무리 뛰어난 도구라도 만능은 아닙니다. 챗GPT 역시 강점이 뚜렷한 만큼 분명한 한계도 있습니다. 이를 이해하고 활용 범위를 구분하는 것이 효율적 사용의 출발점입니다.

첫째, 최신 정보에 대한 약점입니다. 챗GPT는 학습 시점까지의 데이터에 기반하기 때문에 이후의 사실이나 최근 소식은 반영하지 못합니다. 예를 들어 "이번 주말 서울에서 열리는 축제 일정"을 물으면 과거 정보를 근거로 답하거나 불확실한 내용을 만들어 낼 수 있습니다. 또는 단순히 정보를 찾을 수 있는 링크를 제공하기도 합니다. 따라서 시의성을 요구하는 질문은 반드시 공식 홈페이지나 뉴스 자료로 확인해야 하며, 챗GPT의 답변은 참고용으로만 활용해야 합니다.

둘째, 개인의 경험과 감정을 대신할 수 없습니다. 여행에서 느낀 설렘, 첫 창업의 긴장감, 발표 직전의 두근거림 같은 감정은 오직 본인만 표현할 수 있습니다. 챗GPT는 매끄러운 문장을 제시할 수 있지만, 실제 경험이 담기지 않으면 독자에게 진정성을 주기 어렵습니다. 글에서 독자가 공감하는 부분은 결국 '나만의 이야기'인데, 이는 AI가 결코 대체할 수 없는 영역입니다.

셋째, 감각적 묘사의 한계입니다. 예를 들어 맛집 리뷰를 작성한다면 챗GPT는 "음식이 신선했다." 같은 일반적 표현은 잘 만들어 내지만 "갓 잡은 조개의 짭짤한 바다 향이 씹을수록 퍼졌다." 같은 생생한 표현은 경험자가 직접 써야 가능합니다. 촉감, 향, 소리 등 오감을 활용한 디테일은 실제 체험에서만 나오는 것이기 때문입니다.

결국 챗GPT가 만드는 글은 매끄럽고 읽기 좋지만, 사람의 경험과 감각이 빠지면 공허하게 느껴질 수 있습니다. 최신성·경험·감각은 인간만이 채울 수 있는 요소며, 이 약점을 인식하고 보완할 때 비로소 챗GPT는 진정한 협업 도구가 됩니다.

👍 AI와 인간의 균형

챗GPT를 제대로 활용하려면 강점과 한계를 구분하고, 역할을 어떻게 나눌지를 정하는 것이 중요합니다. AI와 사람은 서로 다른 장점을 가진 만큼 균형 있게 협업할 때 가장 좋은 결과가 나옵니다.

우선 챗GPT는 아이디어 발굴과 초안 구성에서 강점을 보입니다. 주제 키워드만 입력해도 글의 뼈대가 나오기 때문에 작성자는 빈 화면 앞에서 헤매는 시간을 줄일 수 있습니다. 그러나 글을 완성하려면 사람의 손길이 반드시 필요합니다. 예를 들어 맛집 블로그 글을 작성할 때, 챗GPT가 기본 구조를 만든 뒤 작성자가 직접 찍은 사진과 개인적인 후기를 더해야 진정성이 살아납니다. 독자가 공감하는 지점은 바로 이런 '경험의 흔적'입니다.

표현 선택에서도 협업은 중요합니다. 챗GPT가 다양한 문장을 제안하면 그중 자신만의 어투와 리듬에 맞는 것을 취사선택해야 합니다. 그대로 쓰면 기계적으로 느껴지지만, 선택과 조율을 거치면 표현의 폭이 넓어집니다.

이상적인 협업 방식은 챗GPT가 글의 다리를 놓고, 사람이 그 위를 걸어가며 글을 완성하는 것입니다. AI는 빠른 구조화와 표현 확장을 담당하고, 사람은 경험과 감각으로 진정성을 보완합니다. 두 요소가 함께할 때 글은 단순한 정보 전달을 넘어, 독자가 공감하고 신뢰할 수 있는 콘텐츠로 거듭납니다.

AI와 인간은 경쟁하는 관계가 아닙니다. 서로의 부족함을 채워 주는 파트너입니다. 챗GPT의 강점을 극대화하고, 사람이 경험과 개성을 더할 때 글은 훨씬 더 풍부하고 설득력 있는 콘텐츠로 완성됩니다. 이것이 앞으로 우리가 지향해야 할 새로운 글쓰기 방식입니다.

Q&A   AI를 블로그 & SNS 운영 도구로 활용할 때 주의할 점과 팁을 알려 주세요!

블로그나 SNS 운영을 막 시작했다면 누구나 비슷한 고민을 합니다. 무엇을 써야 할지, 어떻게 써야 할지 막막한 순간이 많지만 이 시기를 잘 넘기면 글쓰기는 점점 '습관'으로 자리 잡습니다. AI는 이 막막한 시기를 통과하게 해주는 유용한 도구입니다. 이 도구를 채널 운영에 유용하게 쓰기 위한 10가지 팁을 다음과 같이 정리할 수 있습니다.

첫째, 글쓰기는 시작이 가장 어렵습니다. 완벽하게 쓰려 하기보다 하루 한 문단이라도 써보는 것이 중요합니다. '잘 쓰는 사람'보다 '꾸준히 쓰는 사람'이 결국 더 멀리 갑니다. AI를 활용하면 첫 문단의 진입 장벽을 낮출 수 있습니다. 예를 들어 "오늘의 생각을 정리해주세요."라고 입력하면 초안이 만들어지고, 그 문장을 자신의 언어로 다듬을 수 있습니다. AI는 시작을 열어 주는 도구이지, 완성본을 대신 쓰는 존재가 아닙니다.

둘째, 소재는 멀리 있지 않습니다. 일상에서 본 장면, 대화 중 떠오른 생각, 기사나 SNS의 한 줄 반응 속에도 글의 씨앗이 숨어 있습니다. AI에 "최근 내 주제와 관련된 트렌드를 정리해주세요."라고 요청하면 아이디어를 확장하거나 정리할 수 있습니다. 단, AI의 제안을 그대로 옮기지 말고 자신의 경험과 시각을 더해야 글이 살아납니다.

셋째, 문체는 글의 목적과 플랫폼에 따라 달라집니다. 블로그라면 정보 중심의 설명형 문체가, 인스타그램이라면 감정이 섞인 대화형 문체가 어울립니다. AI에게

"이 문단을 인스타그램 톤으로 바꿔 주세요."라고 요청하면 리듬과 어조를 실험할 수 있습니다. AI는 다양한 버전의 문체를 연습할 수 있는 훌륭한 훈련 파트너입니다.

넷째, AI가 쓴 글의 표절 문제는 '활용 방식'에 달려 있습니다. 생성된 문장을 그대로 복사해 사용하는 것은 위험하지만, 직접 편집하고 경험을 더하면 저작권 문제 없이 자신만의 글로 완성할 수 있습니다. AI 초안에 감정과 사례를 덧입히면 안전하면서도 자연스러운 결과물이 됩니다.

다섯째, 맞춤법과 문법 교정은 이제 AI가 손쉽게 도와줍니다. 챗GPT, 네이버 글쓰기 도구 등은 단순한 철자 교정을 넘어 문장의 흐름까지 분석합니다. 예를 들어 "이 문장이 자연스럽지 않은 이유를 알려 주세요."라고 입력하면 문장 구조와 어순을 함께 제안합니다. AI가 구조를 다듬고, 사람이 의미를 결정할 때 글의 완성도가 높아집니다.

여섯째, 문장이 어색하게 느껴질 때는 AI의 '읽기 시뮬레이션'을 활용합니다. 직접 소리 내어 읽는 것도 좋지만, AI에게 "이 문장이 어색한 이유를 분석해주세요."라고 요청하면 문장의 리듬이 드러납니다. 그 결과를 참고해 문장을 자르거나 순서를 조정하면 훨씬 자연스러운 호흡을 만들 수 있습니다.

일곱째, 글이 길어질 때는 '한 문단 = 한 메시지' 원칙을 지켜야 합니다. AI에게 "이 글을 문단별 메시지 단위로 나눠 주세요."라고 요청하면 논리적 단위를 쉽게 파악할 수 있습니다. 이후 각 문단의 핵심만 남기면 구조가 단단해지고, 독자의 피로감도 줄어듭니다.

여덟째, 이미지는 글의 내용을 시각적으로 보완하는 수단입니다. 이미지 생성 AI(챗GPT, 미드저니, 파이어플라이 등)을 활용하면 글의 메시지에 맞는 시각 요소를 만들 수 있습니다. 단, 생성된 이미지는 상업적 사용 여부와 라이선스를 반드시 확인해야 합니다. 이미지는 글의 '장식'이 아니라 '의미를 시각화하는 언어'로 사용해야 합니다.

아홉째, 독자의 반응이 없다고 해서 글이 실패한 것은 아닙니다. AI 분석 도구를 활용하면 독자의 반응 패턴을 객관적으로 확인할 수 있습니다. 예를 들어 "지난달 반응이 좋았던 글의 공통점을 분석해주세요."라고 요청하면 조회수, 댓글, 체류 시간 등 데이터를 통해 개선 방향을 찾을 수 있습니다. AI는 감정이 아닌 데이터로 글의 성장 방향을 제시합니다.

열 번째, 글쓰기를 포기하고 싶을 때는 완벽주의를 내려놓아야 합니다. AI를 활용하면 초안 작성 시간을 단축할 수 있고, 글의 출발을 자동화할 수 있습니다. 그러나 완성도는 여전히 사람의 몫입니다. AI가 구조를 세우고, 사람이 온기를 더할 때 글은 비로소 자신만의 목소리를 갖습니다.

글쓰기의 핵심은 꾸준함과 단순함입니다. AI는 글쓰기의 부담을 덜어 주는 도구지만, 생각을 대신하지는 않습니다. 매일 조금씩 쓰고, 자주 고치며, 경험을 더하는 과정 속에서 글은 점점 자신을 닮아갑니다. AI의 도움을 받되, 문장은 언제나 인간의 온기 위에서 완성된다는 것을 기억해야 합니다.

인터뷰 1인 기업가의 AI 직원 사용법

이름: 정진호

활동 채널

- 블로그: jvibeschool.com/blog
- 페이스북: facebook.com/jinho.jung

Q. 간략하게 자기소개와 AI를 업무에 어떻게 활용하고 있는지 알려 주세요.

A. J비주얼스쿨 대표 정진호입니다. 12년째 1인 기업을 운영하고 있습니다.

AI를 이용해 주로 하는 작업은 자연어를 이용해 코드를 생성하는 바이브 코딩Vibe coding입니다. 개인적으로 필요한 소소한 유틸리티(PDF 도구, 동영상 다운로드, QR 코드 생성 등)를 만들어서 사용하고, 최근에는 비영리 단체를 위한 작은 웹 서비스를 개발하고 있습니다.

그래픽 서머리 작업에도 AI를 활용합니다. 예를 들어 2시간짜리 강연에서 텍스트를 추출한 다음, AI로 A4 2장 분량으로 요약하고 이를 한 장의 그래픽 서머리로 시각화하는 작업입니다. 드로잉은 아이패드를 이용해 전부 직접 작업하고 있습니다.

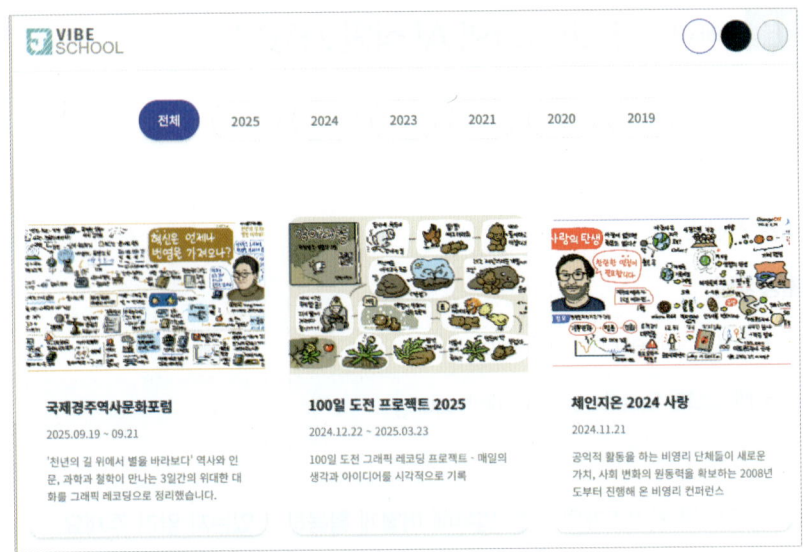

AI를 활용한 그래픽 서머리 작업물(출처: jvibeschool.com/grgallery)

Q. AI를 활용하는 과정에서 겪은 시행착오나 나만의 팁이 있다면 소개해주세요.

A. AI는 무조건 시간을 들여서 많이 사용해보는 것이 가장 좋습니다. 계속해서 시행착오를 거치다 보면 자신만의 사용 방법을 터득하게 되기 때문입니다. 얼마 전까지만 해도 프롬프트 엔지니어링Prompt Engineering이라는 프롬프트를 위한 대화 기술이 대두되기도 했지만, 지금은 일상에서 대화를 나누듯 편안하게 원하는 것을 요청해도 비교적 쉽게 원하는 결과를 얻을 수 있습니다. 어느새 프롬프트 엔지니어링이라는 단어도 의미가 퇴색된 단어가 되고 말았네요.

하지만 작업의 100%를 AI에 의존하지는 않습니다. 특히 글을 쓸 때는 작업물에 따라 80:20 법칙을 적용하고 있습니다. 예를 들어 지원서, 이력서 등과 같이 개인적인 정보가 필요한 글은 80%를 제가 쓰고, 20% 정도 AI의 도움을 받아서 품질을 높이는 작업을 합니다. 반대로 객관적이고 일반적인 정보, 노하우 등을 정리하는 글은 AI로 80% 정도 글을 쓰고, 제가 20% 정도 가다듬어 품질을 높이는 과정을 거칩니다.

Q. 주로 어떤 AI를 사용하나요?

A. 일반적인 작업은 **젠스파크**Genspark를 가장 많이 사용합니다. 덕분에 갈수록 검색 엔진에서 검색하는 경우가 줄어들고 있습니다. 코딩은 UI가 편한 **커서**Cursor를 주로 이용합니다. AWS Amazon Web Services에 서버를 구축했는데 커서를 이용해 서버를 직접 관리할 수 있어 정말 편하더군요. 최근에는 프로토타입으로 다이내믹 HTML 웹 페이지를 제작하고, 본격적인 웹 서비스로 개발을 진행 중입니다. 개발을 떠난 지 15년이 되었지만, AI 덕분에 비교적 수월하게 진행하고 있습니다.

AI는 궁극의 창작 도구입니다. 지나치게 빠른 발전 속도에 피곤함을 느낄 수도 있지만 계속해서 무언가를 만들 수 있다는 것이 바로 AI의 매력입니다.

2부

챗GPT로
글쓰기 프로세스 완성하기

05장

아이디어 도출 및 주제 설정하기

글쓰기는 누구에게나 필요한 능력이지만, 막상 시작하려 하면 첫 줄조차 쉽게 나오지 않을 때가 많습니다. 아이디어를 어떻게 잡아야 할지, 주제를 어디까지 좁혀야 할지 고민하다 보면 시간만 흘러가고 결국 글쓰기를 미루게 됩니다. 이처럼 시작 단계의 막막함이 많은 사람을 가로막는 가장 큰 이유입니다.

이 장에서는 AI를 활용한 글쓰기 프로세스를 다룹니다. 아이디어 발굴부터 주제 확정, 초안 작성, 다듬기까지 전 과정을 단계별로 정리합니다. 특히 챗GPT 같은 도구는 글쓰기의 가장 큰 장벽인 '시작하기'를 가볍게 넘게 해주며, 글의 구조와 톤을 안정적으로 유지할 수 있는 방법도 함께 제시합니다. 이를 통해 독자는 글쓰기를 막막하게 느끼는 대신, 주제를 빠르게 정하고 방향을 단단히 잡는 법을 배우게 됩니다. 초안 작성과 수정 과정을 루틴으로 만들어 두면 글쓰기는 즉흥적인 작업이 아니라 반복 가능한 체계가 됩니다.

이 장의 핵심은 'AI를 어떻게 활용해 글쓰기 과정을 효율화할 것인가'입니다. 각 단계별 프롬프트와 실제 사례를 통해 여러분은 글을 더 빠르고 명확하게 완성하는 방법을 익힙니다. 이 과정은 단순한 기술 습득을 넘어 자신의 글쓰기 습관을 점검하고 성장시키는 기회가 될 것입니다.

👍 아이디어 도출 및 주제 설정을 위한 3단계

글쓰기에 익숙한 사람에게도 아이디어를 떠올리고 초안으로 발전시키는 과정은 큰 부담이 됩니다. 실제로 많은 사람이 글을 포기하는 순간은 표현 단계가 아니라 주제 선정 단계라는 점에서 출발의 중요성을 알 수 있습니다.

글쓰기의 출발점은 '무엇을 쓸 것인가'를 명확히 정하는 일입니다. 주제가 모호하면 조사와 집필이 지연되고, 초안 작성도 시작하지 못한 채 동력이 꺼져버립니다. 반대로 주제가 분명하면 이후 과정이 훨씬 수월해집니다. 결국 주제 선정은 단순한 선택이 아니라 글 전체의 방향을 결정하는 핵심 과정입니다.

AI를 활용하면 이 과정은 더 단순하고 빠르게 진행됩니다. 특히 브레인스토밍, 자료 조사, 타깃 독자 분석을 한 흐름으로 묶어 짧은 시간 안에 처리할 수 있습니다. 예를 들어 "신상 무선 이어폰 리뷰 글"이라는 키워드를 입력하면 음질·배터리·착용감·디자인·가성비 등 다양한 리뷰 포인트를 제시하고, 각 항목별 개요까지 보여 줍니다. 이때 제품 사진, 매뉴얼, 제조사 스펙 표 같은 자료를 함께 첨부하면 글의 신뢰성과 완성도가 높아집니다. 주제를 단순히 나열하는 것이 아니라 독자가 확인할 수 있는 근거를 제공하는 방식으로 글을 풍성하게 만들 수 있습니다. 며칠이 걸리던 탐색 과정이 몇 분 안에 끝나고, 주제 설정도 전략적으로 접근할 수 있습니다.

구분	기존 글쓰기	AI 글쓰기
출발점	개인 경험, 독서, 주변 사건에 의존	키워드 입력만으로 연관 아이디어와 주제 제안
주제 확장	메모와 브레인스토밍으로 제한적 확장	트렌드·검색 패턴 반영, 다양한 관점의 주제 자동 확장
구조화	글의 흐름과 구성을 직접 설계	아웃라인·소제목 구조 자동 제시, 빠른 틀 완성
장점	창작의 자유, 개인적 독창성	속도·일관성·확장성 확보

기존 글쓰기와 AI 글쓰기의 차이점

핵심은 **발상 → 검증 → 구체화** 단계를 반복하는 것입니다. 먼저 가능한 한 많은 아이디어를 발굴하고, 이후 시장성·독창성·실행 가능성 같은 기준으로 필터링하며 실행 가능한 주제로 압축합니다. 마지막으로 독자와 메시지를 검증해 방향성을 확정하고, 예상되는 리스크를 점검하면 준비 과정은 체계적으로 완성됩니다. 특히 제품 리뷰 글은 실제 촬영한 사진이나 사용자 매뉴얼에서 인용한 정보가 신뢰를 강화하는 요소가 되므로, 이 단계에서 함께 고려하면 글의 설득력이 높아집니다. 주제를 정하는 순간 글의 속도와 방향은 이미 절반 이상 결정됩니다.

아이디어 발굴부터 초안을 완성하기까지는 크게 3단계로 나눌 수 있습니다. 각 단계에서 챗GPT를 어떻게 활용할 수 있는지 자세히 살펴보겠습니다.

1단계. 아이디어 탐색 — 주제 풀을 넓히고 가능성 확인하기

글쓰기는 "무엇을 쓸까?"라는 질문에서 출발합니다. 그러나 막상 글로 연결하려 하면 공백만 남는 경우가 많습니다. 처음부터 완벽한 주제를 찾기보다 여러 아이디어를 가볍게 떠올리고 다듬는 과정에서 글의 방향이 잡히고 힘이 생깁니다.

AI는 이 과정을 훨씬 가볍게 만들어 줍니다. 챗GPT는 주어진 키워드만으로 짧은 시간 안에 10~20개의 주제를 제안합니다. 예를 들어 "신상 무선 이어폰 리뷰 글"이라는 키워드를 입력하면 음질, 배터리, 착용감, 디자인, 가성비 같은 다양한 리뷰 포인트가 정리됩니다. 이렇게 폭넓은 후보를 확보한 뒤 실행 가능한 주제를 고르는 방식은 탐색 과정을 효율적으로 만듭니다.

하지만 모든 아이디어가 글로 발전할 수 있는 것은 아닙니다. 따라서 시장성(얼마나 관심을 끌 수 있는가), 독창성(차별화된 시각을 담을 수 있는가), 실행 가능성(자료는 충분한가, 시간 안에 완성할 수 있는가) 같은 기준이 필요합니다. 챗GPT에 "각 주제를 3가지 기준으로 평가해주세요."라고 요청하면 점수화된 표를 얻을 수 있고, 이를 바탕으로 실행 가능한 포인트를 3~5개로 압축할 수 있습니다. 예를 들어 이어폰의 배터리는 시장성이 높고 자료 확보도 쉬운 반면, 디자인 차별성은 평가 기준에 따라 점수가 달라질 수 있습니다.

아이디어 탐색 단계 흐름

① **아이디어 수집**: AI에 리뷰 포인트 범위를 제시하고 가능한 한 많은 후보 확보

② **조건 추가**: 대상 독자나 사용 상황 같은 조건을 붙여 목록을 축소

③ **평가·정렬**: 시장성, 독창성, 실행 가능성 기준으로 점수화 후 상위 포인트만 남기기

④ **프롬프트 활용 예**
- "신상 무선 이어폰 리뷰 글에서 다룰 수 있는 포인트 15개를 제안해주세요."(→ 폭넓은 후보 확보)
- "이 목록에서 직장인 소비자가 가장 궁금해할 포인트만 추려 주세요."(→ 특정 독자 조건 추가)

- "남은 포인트를 시장성, 독창성, 실행 가능성 기준으로 각각 10점 만점으로 평가하고, 표로 정리해주세요."(→ 실행 가능한 주제 선별)

아이디어 탐색의 핵심은 양에서 질로 이동하는 습관입니다. 가능한 한 많은 후보를 모은 뒤 기준에 따라 걸러내고 압축하는 과정을 반복하면 글의 출발은 한층 안정적이 됩니다. AI는 이 전 과정을 빠르고 명확하게 지원하며, 글을 시작하는 부담을 덜어주고 다음 단계로 나아갈 뚜렷한 방향을 제시합니다.

2단계. 주제 확정 — 메시지와 독자에 맞게 구체화하기

아이디어 탐색에서 몇 개의 리뷰 포인트를 남겼다면, 이제는 그중 하나를 구체적으로 다듬어야 합니다. 이 과정은 단순히 무엇을 쓸지를 정하는 것이 아니라 왜 이 리뷰를 쓰는지, 누구를 대상으로 하는지, 어떤 자료를 근거로 할지를 명확히 정하는 단계입니다. 방향이 불분명하면 글 전체가 흔들리고 독자와 연결되지 못합니다. 반대로 이 과정에서 주제를 단단히 잡아 두면 집필 전반이 훨씬 수월해집니다.

첫 번째는 핵심 메시지 도출입니다. 주제를 한 문장으로 압축하면 글의 중심이 흐트러지지 않습니다. 예를 들어 "신상 무선 이어폰을 사용해본 실제 경험을 통해 대학생 소비자가 가장 궁금해하는 착용감과 배터리 성능을 검증한다."라는 메시지는 대상(대학생)과 효과(구매 판단 근거)를 분명히 보여 줍니다.

두 번째는 독자 분석입니다. 리뷰 글은 결국 독자를 위한 것이므로 대상 독자를 좁히는 것이 핵심입니다. 같은 무선 이어폰 리뷰라도 대학생은 가성비와 배터리, 직장인은 통화 품질과 멀티태스킹 기능, 음악 애호가는 음질과 호환성을 중시합니다.

세 번째는 자료와 트렌드 분석입니다. 주제가 좋아 보여도 누구나 흔히 다룬 주제라면 차별성을 확보하기 어렵습니다. 반대로 오래된 모델에 대한 관점이라면 시의성을 잃습니다. 따라서 최근 3~5년간의 무선 이어폰 기술 동향과 신제품 출시 흐름을 확인하는 것이 중요합니다. 예를 들어 ANC(액티브 노이즈 캔슬링, 주변 소음 차단 기능) 성능의 발전, 블루투스 호환성 개선, 배터리 지속 시간 향상 같은 변화는 반드시 짚어야 합니다. 실제로 한 리뷰 블로거는 챗GPT가 정리해준 연도별 기능 개선 현황을 인용해 글을 작성했고, 독자들로부터 "정보 흐름이 한눈에 들어온다"는 반응을 얻었습니다.

이처럼 주제를 확정하는 단계는 글의 중심 메시지, 독자, 자료 3가지를 모두 연결하는 과정입니다. 이 과정을 거치면 글의 방향성과 설득력이 크게 강화됩니다. 주제 확정 단계는 다음과 같은 흐름으로 진행됩니다.

주제 확정 단계

① **핵심 메시지**: 주제를 한 문장으로 압축해 대상 독자와 기대 효과 포함

② **독자 분석**: 연령·직업·관심사·문제점·기대 효과 기준으로 독자 정의

③ **자료·트렌드 검토**: 최근 3~5년 동향과 향후 전망을 반영해 시의성과 차별성 확보

④ **프롬프트 활용 예**

- "선택한 주제 [주제명]을 바탕으로, 대상 독자와 기대 효과를 포함한 한 문장의 핵심 메시지를 작성해주세요."

- "[주제명] 주제를 가장 필요로 하는 주요 독자층을 분석해주세요. 연령, 직업, 관심사, 겪는 문제, 기대 효과를 포함해주세요."

- "[주제명]과 관련된 최근 5년간 무선 이어폰 기술 동향과 향후 3년 전망을 표로 정리해주세요. 각 연도별 주요 변화와 트렌드도 함께 포함해주세요."

3단계. 초안 준비 — 실행 계획과 리스크 점검하기

아이디어와 메시지, 독자 분석까지 마쳤다면 이제는 본격적으로 초안을 준비해야 합니다. 이 단계는 단순히 주제를 정하는 것이 아니라, 글이 실제로 완성될 수 있도록 실행 계획을 세우고 예상되는 리스크를 미리 점검하는 과정입니다.

먼저 **자료 확보와 저작권 검토**가 필요합니다. 관련된 정보가 충분한지, 인용 시 법적 문제가 없는지 반드시 확인해야 합니다. 예를 들어 "신상 무선 이어폰 리뷰 글"을 준비한다면 제조사가 제공하는 공식 스펙 표, 사용자 매뉴얼, 언론 보도 자료 같은 1차 출처가 확보되어야 합니다. 단순히 온라인 쇼핑몰의 상품 설명을 옮기는 대신, 신뢰할 수 있는 자료를 기반으로 글을 구성해야 무게감이 생깁니다.

다음으로 **독자 범위와 실행 가능성**을 점검해야 합니다. 주제가 지나치게 넓으면 글이 산만해지고, 반대로 너무 좁으면 독자의 관심을 끌기 어렵습니다. 예를 들어 "무선 이어폰 리뷰"라는 큰 주제를 다루기보다 "대학생을 위한 가성비 중심 신상 무선 이어폰 리뷰"처럼 대상과 상황을 구체화하면 조사와 집필이 수월해지고 독자와의 연결도 명확해집니다.

AI를 시뮬레이션 도구로 활용하면 예상되는 난관과 해결책을 미리 확인할 수 있습니다. 예를 들어 "리뷰 포인트 20개와 각 포인트의 중요도, 비교 가능성, 자료 확보 용이성"을 요청하면 곧바로 상위 3개 포인트(배터리, 착용감, 통화 품질)로 범위를 좁힐 수 있습니다. 또는 예상 목차와 독자 관심 포인트를 받아 하루 만에 기획을 마무리하며 집필 동력을 확보할 수 있습니다.

마지막으로 **집필 계획과 목차 설계**가 필요합니다. AI에 "초기 목차 5개 항목과 예상 집필 기간"을 요청하면 구체적인 구조와 소요 기간이 제시됩니다. 이를 토대로 집필 일정을 세우면 막연한 구상이 실제 프로젝트 계획으로 바뀝니다.

집필 준비 단계는 다음 흐름으로 진행됩니다.

집필 준비 단계

① **자료와 저작권**: 필요한 자료 확보와 인용 문제 사전 점검
② **독자 범위**: 대상 독자를 구체화하고 실행 가능한 주제로 좁히기
③ **난관 대비**: 예상되는 문제와 해결책을 AI에게 요청해 실행 계획에 반영
④ **목차·일정**: 초기 목차와 예상 집필 기간을 시뮬레이션해 계획 구체화
⑤ **프롬프트 활용 예**

- "선택한 주제 [신상 무선 이어폰 리뷰 글]을 집필할 때 예상되는 난관과 해결책을 5가지씩 제시해주세요."

- "주제 [신상 무선 이어폰 리뷰 글] 집필에 필요한 주요 자료와 저작권 검토 사항을 체크리스트로 정리해주세요."

- "주제 [신상 무선 이어폰 리뷰 글]을 바탕으로 5개 항목의 초기 목차를 작성해주세요."

- "이 목차를 기준으로 집필 예상 기간을 2주 단위로 나누어 시뮬레이션해주세요."

👍 막막한 글쓰기의 길을 여는 역질문 활용법

글을 쓸 때 가장 먼저 떠오르는 질문은 "무엇을 쓸까?"입니다. 하지만 이 질문만으로는 답이 모호해 방향을 잡기 어렵습니다. 이럴 때 질문을 반대로 던지는 역질문을 활용하면 글의 초점이 분명해지고, 새로운 관점이 열립니다. 역질문은 주제를 좁히고 시야를 확장하는 효과적인 방법입니다.

예를 들어 "이 무선 이어폰의 장점은 무엇일까?"라고 묻는다면 스펙 나열에 머물 수 있지만, "이 이어폰을 쓰지 않았을 때 어떤 불편이 생길까?"라고 바꾸면 글은 문제 해결 중심으로 전환됩니다. 독자는 자신의 경험과 맞닿은 글에 더 쉽게 공감합니다.

리뷰 글쓰기도 마찬가지입니다. 흔히 "이 이어폰을 추천하는 이유는 무엇인가?"라는 질문은 단순 장점 나열로 흐르기 쉽습니다. 그러나 "사람들이 이 이어폰을 망설이는 이유는 무엇일까?"라고 묻는 순간 글은 '구매를 주저하게 하는 요인 분석 → 설득 포인트 제시'라는 구조를 갖습니다. 또 "이 이어폰을 쓰면 일상이 어떻게 달라질까?"라고 묻는다면 장기적 가치와 경험을 강조하는 글로 발전할 수 있습니다. 같은 제품이라도 질문 하나가 글의 방향과 무게를 바꿉니다.

일반 질문 예시

 이 무선 이어폰의 장점은 무엇인가요?

자유로운 이동
선이 없어 걸리적거림 없이 자유롭게 움직일 수 있습니다. 운동이나 이동 중에도 편하게 사용할 수 있는 것이 큰 장점입니다.

간편한 휴대성과 착용감
작고 가벼운 디자인으로 휴대가 간편하며, 귀에 편하게 착용할 수 있습니다. 이어팁 교체나 충전 케이스로 언제 어디서나 쉽게 활용할 수 있습니다.

다양한 기능 지원
노이즈 캔슬링, 터치 컨트롤, 음성 명령 지원 등 다양한 첨단 기능을 통해 더 편리한 사용 환경을 제공합니다.

역질문 예시

무선 이어폰을 쓰지 않았을 때 어떤 불편이 생길까요?

이동의 제약
유선 이어폰은 선이 얽히거나 걸릴 수 있어 움직임이 제한됩니다. 특히 운동이나 이동 중에는 선이 옷이나 가방에 걸려 불편함을 느낄 수 있습니다.

휴대의 번거로움
선이 길고 엉키기 쉬워 보관이 어렵습니다. 가방이나 주머니에 넣었다가 꺼낼 때마다 선이 꼬여 스트레스를 받을 수 있습니다.

기기 연결의 불편함
이어폰 단자가 없는 최신 스마트폰의 경우, 별도의 젠더나 어댑터를 사용해야 합니다. 이로 인해 연결 과정이 번거롭고, 어댑터를 잃어버릴 위험도 있습니다.

어떤 역질문을 해야 할지 막막하다면 역질문을 만들어 달라고 요청할 수 있습니다.

역질문 생성 프롬프트 예시

 [신상 무선 이어폰 리뷰 글]에 대해 사람들이 일반적으로 갖는 질문은 무엇인가요? 그리고 그 질문을 반대로 뒤집어 새로운 관점의 질문 5개를 만들어 주세요.

 왜 많은 소비자가 이 이어폰을 구매하지 않는가?
사용 중 가장 불편한 점은 무엇인가?
가격 대비 만족도를 떨어뜨리는 요소는 무엇인가?
경쟁 제품과 비교했을 때 부족한 점은 무엇인가?
이 이어폰을 쓰지 않으면 어떤 경험을 잃게 되는가?

이렇게 도출된 질문을 기반으로 글을 전개하면, 독자는 단순한 제품 소개가 아니라 자신의 고민과 연결된 해답을 찾는 경험을 얻게 됩니다.

역질문은 독자의 관점에 닿아 있기 때문에 글은 자연스럽게 문제 해결형 구조로 확장됩니다. 글의 초점을 압축하고, 사고의 폭을 넓히며, 독자의 공감을 끌어내는 강력한 도구입니다. 리뷰가 막연하게 흐른다고 느낄 때는 스스로에게 "이 제품을 쓰지 않으면 어떤 문제가 남을까?"라고 되물어 보세요. 그 한 줄의 역질문이 글쓰기의 나침반이 되어 시작에서 결론까지 흔들림 없이 이끌어 줄 것입니다.

이 방법을 실전에 적용하면 더 분명해집니다. 글을 쓰다 보면 같은 주제를 반복하거나 초점이 단조로워질 때가 많은데, 이럴 때 역질문 프롬프트를 활용하면 새로운 관점이 열립니다.

Q&A 글의 길이와 톤은 어떻게 조절할 수 있나요?

글의 길이와 톤을 조절하는 핵심은 **플랫폼의 리듬에 맞추는 것**입니다. 같은 주제라도 어디에 글을 포스팅하느냐에 따라 문장 구조와 어조는 달라져야 합니다. 플랫폼마다 독자가 기대하는 읽기 속도와 감정의 밀도가 다르기 때문입니다. 즉, 글의 품질은 길이가 아니라 리듬에서 결정되며, 각 플랫폼의 리듬을 읽는 감각이 곧 글쓰기의 균형 감각입니다.

블로그에서는 정보 중심의 분석형 톤이 적합합니다. 글자 수는 1000~1500자 내외로 유지하고, 사례, 데이터, 경험을 균형 있게 배치합니다. 핵심은 독자가 '정보를 얻는다'는 느낌을 받는 것입니다. 서론에서는 문제를 제시하고, 본문에서는 구체적인 근거를 제시하며, 결론에서는 실천 가능한 제안을 덧붙이면 완성도 높은 글이 됩니다.

블로그의 분량과 톤: 정보 중심 분석형

- **톤**: 분석적·정보 중심
- **분량**: 1000~1500자
- **구조**: 서론–본론–결론
- **핵심 포인트**: 문제 제시 → 근거 제시 → 실천 제안
- **목적**: 독자가 유용한 정보를 얻었다는 만족감 제공

인스타그램 글쓰기는 완전히 다른 리듬을 가집니다. 짧고 감각적인 표현이 중심이며, 전체 분량은 300자 이내가 적당합니다. 핵심 문장은 2줄 안에 담고, 문단마다 줄 바꿈을 적용해 시각적 여백을 줍니다. 글의 목적은 정보를 전달하기보다 감정과 공감을 이끌어 내는 데 있습니다. 즉, '전달'보다 '느낌'이 중심이 되어야 하며, 이미지와 문장이 하나의 메시지를 이루어야 합니다.

인스타그램의 분량과 톤: 감정 중심 공감형

- **톤**: 감각적·감정 중심
- **분량**: 300자 이내
- **구조**: 2줄 핵심 문장 + 여백 있는 짧은 단락
- **핵심 포인트**: 느낌·공감 중심 메시지, 이미지와 문장 결합
- **목적**: 정보 전달보다 감정과 분위기 전달

페이스북 글쓰기는 친근하면서도 논리적인 어조가 어울립니다. 분량은 500~800자 내외로, 질문형 문장으로 시작해 공감을 유도하고 본문에서는 간결한 사례나 정보를 제시합니다. 마무리에서는 댓글, 공유, 저장 등 독자의 참여를 유도하는 문장을 더합니다. 한 문장 안에서도 말하듯 써야 공감이 이어지고, 짧은 문장과 줄 바꿈을 적절히 섞어 리듬을 만들어야 합니다.

페이스북의 분량과 톤: 친근한 논리형

- **톤**: 친근하지만 논리적인 대화체
- **분량**: 500~800자
- **구조**: 질문형 도입 → 사례·정보 → 참여 유도
- **핵심 포인트**: 짧은 문장과 줄 바꿈으로 리듬감 유지
- **목적**: 공감과 참여(댓글·공유·저장) 유도

좋은 글의 기준은 길이가 아니라 호흡입니다. 글을 줄이는 것이 목적이 아니라, 불필요한 문장을 덜어내고 핵심만 남기는 것이 조절의 시작입니다. 길이보다 중요한 건 호흡이고, 톤보다 중요한 건 리듬입니다. 플랫폼마다 어울리는 리듬을 읽어내는 사람, 그가 결국 '읽히는 글'을 쓰는 사람입니다.

06장

초안 만들고 글의 흐름 세우기

첫 문장을 시작하는 부담을 낮추는 가장 좋은 방법은 메모와 키워드로 생각의 조각을 모아 구조로 변환하는 것입니다. 이 과정에서 챗GPT는 흩어진 단서를 아웃라인과 문단 뼈대로 정리해 흐름을 잡아 줍니다. 시작이 정리되면 에너지는 문장보다 판단과 사례에 집중됩니다.

이 장은 키워드 → 구조화 → 초안 → 개인화 순서로 초안을 설계하는 절차를 설명합니다. 동일한 주제를 스펙형, 경험형, 가이드형으로 시뮬레이션해 톤과 구성을 비교 선택하는 방법을 다룹니다. 또, AI 초안을 그대로 쓰지 않고, 실제 경험과 근거로 구체성·진정성을 덧입히는 편집 규칙을 제시합니다. 그런 다음 주제 중심 방식과 메모 중심 방식을 상황에 맞게 선택하는 결정 기준을 정리합니다. 이 장을 통해 여러분은 초안 속도를 높이면서도 메시지 선명도를 유지하는 루틴을 익히게 됩니다.

👍 초안을 작성하는 2가지 방식

글을 시작할 때 챗GPT를 활용하는 방법은 크게 2가지로 나눌 수 있습니다. 하나는 주제 중심으로 구조화된 틀을 세우는 방식이고, 다른 하나는 간단한 메모(초기 구상 메모)를 확장하는 방식입니다. 글의 성격과 필요에 따라 원하는 방식을 선택할 수 있으며, 각각의 장단점이 분명합니다.

주제 중심 방식은 글의 기본 뼈대를 미리 설정하는 방법입니다. 대상 독자, 출력 포맷, 글 구조, 톤과 스타일, 분량을 명확히 정리해 두면 초안 단계에서 글의 방향성이 안정적으로 유지됩니다. 예를 들어 블로그 글을 작성한다면 '친근한 어조, 800자 내외, 서론 - 본론 - 결론 구조' 같은 요소를 미리 지정할 수 있습니다. 이렇게 하면 챗GPT는 단순히 문장을 이어 붙이는 수준을 넘어 글 전체를 체계적으로 구성합니다.

메모 중심 방식은 훨씬 가볍고 빠릅니다. 몇 줄의 키워드만 제공해도 챗GPT가 이를 문장과 문단으로 확장해 초안을 완성해줍니다. 예를 들어 "AI 글쓰기, 아이디어, 속도, 표현 다양성"이라는 메모만 입력해도 이를 기반으로 블로그 글이나 SNS 게시물로 발전할 수 있습니다. 짧은 메모로 시작해도 금세 한 편의 글로 확장할 수 있어, 빠른 초안 작성이나 아이디어 탐색 단계에서 특히 유용합니다.

메모 중심 방식을 꾸준히 활용하면 개인의 생각과 의도가 글 속에 자연스럽게 녹아듭니다. 단순히 기계적으로 나열된 문장이 아니라, 작성자의 시각과 톤이 살아 있는 글로 발전하는 것이 특징입니다. 예를 들어 한두 줄로 남긴 메모가 초안 속에서 풍부한 문단으로 확장될 때, 작성자의 경험과 목소리가 함께 담겨 더욱 설득력 있는 글이 됩니다.

두 방식의 차이를 정리하면 다음과 같습니다.

구분	주제 중심 방식	메모 중심 방식
접근 방식	체계적, 계획적	자유롭고 즉흥적
준비 과정	구조·톤·분량 사전 설정	키워드만 입력
작성 속도	다소 느림(정확성 중시)	빠름(아이디어 중심)
적합한 글 형태	블로그·리포트·칼럼	SNS·짧은 에세이·아이디어 초안
주요 효과	글의 일관성·완성도 확보	글의 자연스러움·개성 강화

두 방식의 주요 차이점 요약

즉, 주제 중심 방식은 체계적인 틀을 제공하고, 메모 중심 방식은 가볍게 시작해 글의 가능성을 넓히는 장점을 줍니다. 글을 쓰는 목적과 상황에 따라 두 방식을 적절히 선택하면, 초안 단계부터 진정성 있고 설득력 있는 글을 완성할 수 있습니다.

👍 주제만으로 초안 작성하기

주제가 정해졌다면 곧바로 문장을 쓰기보다 기본 틀부터 세우는 것이 좋습니다. 틀이 명확하면 챗GPT 역시 방향을 잃지 않고, 빠르게 일관성을 갖춘 초안을 작성합니다. 이 단계에서 정해 둘 요소는 대상 독자, 출력 형식, 글 구조, 톤·스타일, 분량 5가지입니다.

- **대상 독자**: 글의 대상 독자 설정(예: 대학생, 교수, 일반 독자, 실무자) → 독자에 따라 사례·어휘·설명 깊이가 달라집니다.
- **출력 형식**: 결과물 형태 지정(리포트, 블로그, 발표 원고, SNS 글) → 같은 내용도 포맷에 맞춰 구성과 길이가 달라집니다.
- **글 구조**: 글의 흐름 선택(서론 – 본론 – 결론, 3단락, Q&A, 체크리스트) → 구조를 명시하면 초안 품질이 안정됩니다.
- **톤·스타일**: 어조와 분위기 정의(공식적, 친근한, 학술적, 간결) → 톤 지침이 없으면 문장이 들쭉날쭉해집니다.
- **분량**: 분량 가이드(예: 500~600자, 1000자 내외) → 분량을 지정하면 불필요한 확장이 줄어듭니다.

이 틀을 실제로 적용할 때는 다음 체크리스트로 검증하면 좋습니다.

체크리스트

- ✓ 목표와 독자에 맞는가?
- ✓ 구조가 매끄러운가?(도입 – 전개 – 정리)
- ✓ 톤·분량 지침을 지켰는가?
- ✓ 주장마다 근거·예시·행동 팁이 있는가?

주제만으로 초안을 작성할 때 최소한의 조건만으로 간단한 초안을 얻기 위한 빠른 초안형 프롬프트와 구조화된 초안을 얻을 수 있는 구조화 방식 프롬프트 2가지가 있습니다. 예시를 통해 각 프롬프트로 생성한 초안의 특징을 살펴보겠습니다.

빠른 초안형 프롬프트

빠르게 글의 기본 뼈대를 잡고 싶을 때 적합합니다. 최소한의 조건만으로 간단한 초안을 얻을 수 있어 아이디어 정리나 초반 글감 탐색에 유용합니다.

빠른 초안형 프롬프트 예시

주제: 신상 무선 이어폰 리뷰
구조: 서론 – 본론 – 결론 구조, 800자 내외
톤: 친근하면서 정보 전달이 명확하게

신상 무선 이어폰을 기다려온 사람이라면 가장 먼저 궁금한 건 실제 사용감일 겁니다. 광고에서 강조하는 기능이 많아도, 막상 손에 쥐었을 때 느껴지는 차이는 따로 있죠. 이번에 출시된 모델은 디자인부터 사용 편의성까지 여러 면에서 변화를 보여 주고 있습니다. 개봉 순간부터 '이번에는 뭔가 달라졌다'는 인상을 주기에 충분했습니다.
실제로 사용해보니 가장 크게 와닿는 부분은 착용감과 배터리였습니다. 오래 착용해도 귀에 압박이 거의 없고, 운동할 때도 안정적으로 고정돼 불안하지 않았습니다. 배터리는 하루 종일 음악을 듣고 통화를 해도 20% 이상이 남아 있었고, 고속 충전 기능 덕분에 짧은 시간 충전만으로도 반나절은 거뜬히 사용할 수 있었습니다. 음질은 중저음이 탄탄하고 고음이 깨끗하게 뻗어 나와, 특히 팝과 힙합 장르에서 강점을 보였습니다. 통화 품질 역시 개선되어 주변 소음을 잘 걸러내 주고, 상대방 목소리도 자연스럽게 전달됐습니다.
물론 아쉬운 점도 있습니다. 가격대가 기존 모델보다 다소 높아졌고, 일부 사용자에게는 터치 제스처가 민감하게 느껴질 수 있습니다. 하지만 전체적인 완성도와 기능 개선 폭을 고려하면 충분히 납득할 만한 수준입니다. 무엇보다 디자인과 사용 편의

> 성, 배터리와 음질에서 보여 준 개선은 '이 정도면 업그레이드할 이유가 있다'는 생각을 하게 만듭니다. 새로운 무선 이어폰을 찾는 사람이라면 이번 모델이 좋은 선택지가 될 수 있을 것입니다.

구조화 방식 프롬프트

글의 완성도를 높이고 독자 친화적인 구조를 만들고 싶을 때 활용합니다. 세부 항목과 대상 독자를 지정하면 초안부터 서론 – 본론 – 결론의 흐름을 갖춘 체계적인 글을 얻을 수 있습니다.

구조화 방식 프롬프트 예시

"신상 무선 이어폰 리뷰 글"이라는 주제로 글을 작성하려 합니다.
다음 규칙에 맞게 자세히 작성해주세요.

주제: 신상 무선 이어폰 리뷰 글
세부 사항:
– 주요 스펙과 실제 사용 경험 소개
– 독자의 흥미를 끄는 리뷰 전개 방식 설명
– 리뷰 작성 시 피해야 할 실수와 효과적인 팁 제시
대상 독자와 목적: 신제품 구매를 고민하는 소비자와 리뷰를 쓰는 블로거. 합리적 판단과 글쓰기 개선에 도움이 될 정보 제공
응답 방식: 서론, 본론, 결론. 원고 길이 1500자 정도

서론
신상 무선 이어폰을 고를 때 독자는 광고 문구보다 실사용 정보를 찾는다. 이번 글은 신제품의 핵심 스펙을 짚고, 실제 사용 관점에서 성능을 점검해 구매 판단에 도움이 되는 정보를 제공한다. 리뷰 전개는 첫인상, 테스트 시나리오와 결과, 경쟁 제품과의 비교, 추천 대상, 한 줄 총평의 흐름으로 구성한다. 스펙 표와 매뉴얼, 직접 촬영한 사진을 함께 제시해 근거를 분명히 한다.

본론
신제품의 핵심 스펙은 드라이버 구조, 지원 코덱(AAC/aptX/LDAC 등), ANC 성능(저주파/인간 음성 차단 수준), 배터리 지속 시간(이어버드/케이스), 무게·방수 등급(IPX)을 중심으로 정리한다. 이어서 테스트 시나리오를 설정한다: 동일 음원·볼륨으로 음질 청취, 출퇴근 지하철·카페·야외 바람 환경에서 ANC와 통화 품질 확인, 2시간 이상 연속 착용으로 압박·고정력 평가, 하루 사용 후 잔량과 충전 시간을 기록한다. 이렇게 얻은 결과를 표·그래프와 함께 정리하면 독자의 이해가 빨라진다.

전개 방식은 독자의 관심을 유지하도록 단계별로 설계한다. ① 개봉·착용 첫인상에서 디자인, 휴대성, 페어링 속도를 간략히 이야기한다. ② 체감 결과를 항목별로 제시한다(음질: 장르별 특징, ANC: 환경별 차단 정도, 통화: 상대방 청취 품질). ③ 동일 가격대 경쟁 모델과 고정된 비교 기준(가격, 코덱, ANC 단계, 배터리, 무게, 앱 지원)을 적용해 장단점을 나란히 보여 준다. ④ 사용자 유형별 추천을 제시한다(통화 많은 직장인, 운동 사용자, 음악 감상 비중이 높은 이용자 등). 마지막에 한 줄 총평으로 핵심 메시지를 압축한다.

피해야 할 실수는 명확하다. 스펙을 나열만 하고 체험 근거가 없는 글, 출처 표기가 없는 차트·인용, 과장된 표현, 서로 다른 조건으로 비교한 결과, 저해상도 사진과 불분명한 측정 방식은 신뢰를 깎는다.

효과적인 팁은 다음과 같다. 동일 조건 테스트(동일 음원·볼륨·기기), 체크리스트 기반 촬영·기록, 스펙 표·매뉴얼·공식 보도자료 링크 첨부, 가격대·사용자 유형별 추천 카드, 경쟁 모델 2~3종과의 표 비교를 한 화면에 배치한다. 리뷰 말미에 '구매 전 체크포인트 5가지'를 제공하면 독자의 의사결정이 빨라진다.

결론
좋은 이어폰 리뷰는 체감 결과 + 근거 자료 + 일관된 비교 기준의 결합이다. 핵심 스펙을 맥락 속에서 해석하고, 동일 조건에서 검증한 데이터를 표·사진과 함께 제시하면 설득력이 생긴다. 독자는 자신의 사용 환경과 예산에 맞는 추천 문장을 필요로 한다. 따라서 한 줄 총평과 사용자 유형별 선택 가이드를 끝에 배치해 결정을 돕는다. 이 구조를 적용하면 신상 무선 이어폰 리뷰는 읽는 재미와 실용성을 동시에 확보한다.

👍 메모만으로 초안 작성하기

글의 출발점은 몇 줄의 간단한 메모만으로 충분합니다. 중요한 것은 완벽한 구조를 미리 세우는 것이 아니라, 작은 단서에서 글을 시작할 수 있다는 자신감입니다. 메모는 단순해 보여도 문장을 이끌어 내는 씨앗이자 글쓰기의 첫 단추가 됩니다.

챗GPT는 이런 메모를 바탕으로 맥락을 보완하고 부족한 연결을 채워 넣어 흐름 있는 초안으로 확장할 수 있습니다. 예를 들어 여름 여행, 부산, 해운대, 회식이라는 단어 4개만 남겨도 여행 일정과 장소 분위기, 음식 경험까지 담긴 초안을 만들 수 있습니다. 신상 무선 이어폰 리뷰 글이라면 블루투스 5.4, 착용감, 배터리, 음질 정도만 입력해도 제품 특징, 사용 후기, 비교 포인트까지 자연스럽게 전개됩니다. 이 방식은 빠르게 글을 시작할 때 유용하며, 쓰는 사람의 심리적 부담을 줄여 줍니다.

그러나 같은 메모라도 조금 더 구조적으로 정리하면 글의 뼈대와 메시지가 더욱 분명해집니다. 문제 제기에서 사례 설명, 해결책 제안으로 이어지는 흐름을 잡으면, 초안은 단순히 문장이 늘어나는 수준을 넘어 체계적인 글로 발전합니다. 이때 챗GPT를 활용하면 전개 순서 제안이나 소제목 생성 같은 기능으로 글을 한층 짜임새 있게 다듬을 수 있습니다.

중요한 것은 메모 자체가 아니라 확장 방식입니다. 같은 단서라도 빠른 초안을 택하면 속도를 얻을 수 있고, 체계적 확장을 선택하면 완성도의 밑그림을 마련할 수 있습니다. 목적과 상황에 따라 두 방식을 적절히 활용함으로써, 작은 메모를 살아 있는 글로 전환할 수 있습니다. 즉, "메모는 방향만, 살은 AI가 붙인다."는 것이 이 방식의 원칙입니다. 이후에는 사람의 경험과 감각을 덧붙여 완성도를 높이면 됩니다.

메모만으로 초안을 작성할 때 짧은 메모만으로 간단한 초안을 얻기 위한 간단 확장 방식과 구조화된 초안을 얻을 수 있는 완성형 방식 프롬프트 2가지가 있습니다. 예시를 통해 각 프롬프트로 생성한 초안의 특징을 살펴보겠습니다.

간단 확장 방식

짧은 메모와 키워드만 있어도 챗GPT는 이를 문단 단위 글로 확장해 초안을 만들어 줍니다. 빠르게 글의 뼈대를 잡을 수 있고, 이후에는 경험과 생각을 덧붙여 자연스럽게 다듬으면 됩니다. 아이디어 단계에서 글을 신속히 시작하고 싶을 때 적합한 방식입니다.

간단 확장 방식 예시

다음 메모를 바탕으로 자연스러운 초안 글을 작성해주세요.
- 각 항목이 문단으로 확장되도록 해주세요.
- 의미는 그대로 살리되, 문장이 이어지도록 전체 맥락을 맞춰 주세요.

[메모]
주제: 신상 무선 이어폰 리뷰 글
구성:
- 기본 스펙 정리, 리뷰 흐름, 경쟁 제품과 비교 포인트는 명확히 구성
- 착용감, 배터리 지속 시간, 음질 테스트 같은 제품 경험을 구체적으로 제공
- 첫 문장이나 독자의 관심을 끌어오는 도입부 중요 포인트로 강조
- 사용자 유형별 추천 포인트를 마지막에 덧붙임

새로 출시된 무선 이어폰을 직접 사용해 보았습니다. 디자인과 기능이 눈길을 끌었지만, 실제로 얼마나 만족스러운지 확인하고 싶었습니다. 그래서 스펙을 정리하고, 제 사용 경험을 중심으로 리뷰를 정리했습니다.

이 제품은 최신 블루투스 버전, 방수 등급, 액티브 노이즈 캔슬링 등 기본 스펙이 충실하게 갖춰져 있습니다. 특히 충전 케이스와 이어폰 본체의 크기가 작아 휴대성이 좋다는 점이 눈에 띕니다. 기능만 보면 경쟁 제품들과 견줄 만합니다.

착용감은 장시간 사용에도 귀에 부담이 적었습니다. 이어팁이 안정적으로 밀착되면서도 통증이 없었고, 운동할 때도 쉽게 빠지지 않았습니다. 배터리는 하루 종일 사용해도 무리가 없을 정도로 오래가며, 짧은 충전으로도 상당한 사용 시간을 확보할 수 있었습니다. 음질은 저음이 안정적이고 고음이 선명해, 음악 감상이나 영상 시청에서 몰입감을 높였습니다.

경쟁 제품과 비교했을 때 이 무선 이어폰은 배터리와 착용감에서 더 강점을 보였습니다. 다만 노이즈 캔슬링의 깊이는 프리미엄 라인의 상위 모델보다는 다소 가볍게 느껴질 수 있습니다. 가격대를 고려하면 충분히 균형 잡힌 성능입니다.

마지막으로 사용자 유형별 추천을 정리하겠습니다. 장시간 이동하거나 출퇴근이 잦은 분들에게는 배터리 지속 시간이 큰 장점이 됩니다. 운동을 즐기는 분들에게는 안정적인 착용감이 적합합니다. 음질 중심으로 음악 감상을 원하는 분들에게도 만족스러운 선택이 될 수 있습니다. 전반적으로 합리적인 가격과 균형 잡힌 성능을 찾는 사용자에게 추천할 만한 제품입니다.

완성형 글쓰기 방식

독자 친화적인 흐름과 사례 중심 글쓰기를 구현하기 위해 구조화된 초안을 완성할 수 있는 방식입니다. 서론 – 본론 – 결론의 틀에 개인 경험과 AI가 제안한 아이디어를 섞어 넣으면 완성도가 높아집니다. 글을 직접 독자에게 공개하거나 활용할 때 유용한 방식입니다.

완성형 글쓰기 방식 예시

다음 구조와 메모를 바탕으로 블로그 글을 작성해주세요.

[구조]
- 서론: 주제를 소개하고 질문·사례·경험으로 흥미를 유발해주세요.
- 본론: 메모를 최소 4문장 이상으로 확장하고, 예시·비유·개인적 시각을 포함해주세요.
- 결론: 핵심 메시지를 강조하고, 독자가 얻을 정보나 실천 포인트를 정리해주세요.
- 분량: 최소 1000자 이상으로 작성해주세요. 불필요한 반복은 피하고, 문단 간 흐름이 자연스럽도록 구성해주세요.
- 톤: 블로그 독자에게 친근하면서 명확하게 표현해주세요.

[메모]
주제: 신상 무선 이어폰 리뷰 글
구성:
- 기본 스펙 정리, 리뷰 흐름, 경쟁 제품과 비교 포인트는 명확히 구성
- 착용감, 배터리 지속 시간, 음질 테스트 같은 실제 경험 구체적으로 제공
- 첫 문장이나 독자의 관심을 끌어오는 도입부 중요 포인트로 강조
- 사용자 유형별 추천 포인트를 마지막에 덧붙임

 신상 무선 이어폰 리뷰 - 직접 써본 착용감과 음질 이야기

혹시 새로운 무선 이어폰을 고를 때 가장 먼저 무엇을 보시나요? 어떤 분은 스펙 표를 꼼꼼히 살피고, 또 어떤 분은 실제 사용 후기를 가장 중요하게 생각합니다. 저 역시 최근 출시된 신상 무선 이어폰을 직접 구매해 사용해보았습니다. 단순히 숫자나 광고 문구가 아닌, 실제 경험을 바탕으로 느낀 점을 정리해 공유하려 합니다.
새 제품을 처음 손에 쥐었을 때는 기대와 호기심이 동시에 밀려왔습니다. 과연 이 이어폰이 제가 쓰던 기존 제품과 어떤 차별점을 보여줄지, 또 하루 종일 사용하는 데 불편함은 없는지 직접 확인해보고 싶었습니다.

기본 스펙과 디자인
이 이어폰은 최신 블루투스 5.4 칩셋을 탑재해 연결 안정성이 뛰어나고, 배터리 사용 시간은 최대 7시간 단독 재생, 충전 케이스 포함 시 28시간까지 연장됩니다. 충전은 USB-C 단자를 지원해 요즘 트렌드와 맞습니다. 디자인은 깔끔한 미니멀 스타일로, 귀에 쏙 들어가는 형태라 장시간 착용에도 부담이 적었습니다. 특히 무광 재질이라 지문이나 스크래치가 덜 눈에 띄는 점이 마음에 들었습니다.

착용감과 편의성
이어폰 리뷰에서 착용감은 빼놓을 수 없는 요소입니다. 실제로 3시간 이상 연속 착

용해도 귀가 눌리는 느낌이 거의 없었고, 외부 활동 시에도 안정적으로 고정되었습니다. 조깅을 할 때도 쉽게 빠지지 않아 운동용으로도 충분히 활용할 수 있었습니다. 또 터치 컨트롤 반응 속도가 자연스러워 곡 넘김이나 볼륨 조절이 매끄럽게 이뤄졌습니다.

배터리와 음질 테스트
배터리는 예상보다 만족스러웠습니다. 출퇴근길 1시간 반, 업무 중 간헐적 사용, 저녁 운동까지 포함해 하루 평균 5시간 이상 사용했는데, 이틀은 무리 없이 충전 없이 쓸 수 있었습니다. 음질은 균형 잡힌 중저음을 들려 주면서 보컬 음색이 선명하게 전달되었습니다. 클래식처럼 악기 소리가 많은 음악에서도 분리도가 좋아 답답함이 덜했고, 팟캐스트나 강의 같은 음성 콘텐츠도 명료하게 들렸습니다. 다만 아주 고음 역대에서 살짝 날카롭게 느껴질 수 있어 장르에 따라 호불호가 갈릴 수도 있겠다는 생각이 들었습니다.

경쟁 제품과 비교
비슷한 가격대의 경쟁 모델과 비교했을 때, 이 이어폰은 특히 '착용감'과 '배터리 효율'에서 두각을 보였습니다. 일부 제품이 음질 특화에 집중했다면, 이번 모델은 전체적으로 균형을 잡아 다양한 상황에서 무난하게 사용할 수 있는 점이 강점이었습니다. 가격 대비 성능을 고려하면, 입문자부터 꾸준히 사용할 유저까지 두루 만족할 만한 선택지라고 평가할 수 있습니다.

사용자 유형별 추천 포인트
- 출퇴근 많은 직장인: 안정적 연결과 긴 배터리 지속이 강점
- 운동을 즐기는 사용자: 가벼운 무게와 안정적인 착용감이 유리
- 음악 감상을 중시하는 사람: 중저음과 보컬 선명도를 원하는 경우 적합
- 멀티태스킹이 필요한 학생·프리랜서: 터치 컨트롤과 통화 품질에서 편리함 제공

결론
이번 신상 무선 이어폰은 단순히 스펙만 좋은 제품이 아니라, 실제 사용자의 일상에 얼마나 자연스럽게 녹아드는지가 돋보였습니다. 착용감, 배터리, 음질의 균형이 잘 맞아 다양한 상황에서 만족감을 주었고, 특히 장시간 착용이나 이동이 많은 환경에서 강점을 발휘했습니다. 새로운 무선 이어폰을 찾고 있다면, 자신의 사용 패턴을 먼저 떠올리고 그에 맞는 장점을 확인하는 것이 중요합니다. 이 제품은 그런 고민을 덜어줄 만한 '균형 잡힌 선택'이 될 수 있습니다.

이렇게 만든 초안의 완성도를 높이고 대상 독자에게 더 적합한 원고로 다듬기 위해 다음과 같이 프롬프트로 원고 보완을 요청합니다.

원고 보완 예시

 작성한 초안을 바탕으로 다음 규칙을 모두 정확하게 적용하여 글을 작성해주세요.

- 글의 구조는 서론, 본론, 결론으로 나누되 문서에서는 '서론', '본론', '결론'이라는 단어는 제외해주세요.
- 서론은 글의 첫인상이므로, 독자의 흥미를 끌 수 있는 강렬한 도입부가 필요합니다. 본문에서 다룰 주요 내용을 자연스럽게 소개하면서, 독자가 끝까지 글을 읽도록 유도할 흥미로운 포인트를 포함해주세요.
- 본론에서는 첫째, 둘째, 셋째, 넷째로 소제목을 나누어 작성해주세요. 이때 모든 내용은 서술형으로 작성해주세요.
- 서론에서 본론으로 넘어갈 때, 본론에 적합한 제목을 추가해주세요. 이 제목은 글의 핵심 메시지를 명확하게 전달하면서도 독자의 관심을 끌 수 있는 창의적이고 강렬한 제목으로 제안해주세요.
- 각 소제목에는 적절한 제목을 추천하고, 각 소제목의 내용은 1개의 단락으로 나누어 서술형으로 작성해주세요.
- 결론은 글의 중요한 메시지를 요약하며, 독자에게 강렬하게 남을 수 있도록 구성해주세요.
- 전체적으로 '리뷰를 마무리하며'라는 문구로 제목을 작성하고, 글의 논점을 간결하게 정리하면서 독자에게 핵심 메시지를 효과적으로 전달하는 방식으로 마무리해주세요.

 신상 무선 이어폰 리뷰 – 직접 써본 착용감과 음질 이야기
새로운 무선 이어폰을 고를 때 가장 먼저 확인하는 것은 무엇일까요? 어떤 사람은 스펙 표를 꼼꼼히 살펴보고, 또 어떤 사람은 실제 사용 후기를 더 중시합니다. 저 역시 최근 출시된 신상 무선 이어폰을 직접 구입해 사용해보며 단순한 광고 문구가 아닌 실제 경험을 바탕으로 평가할 필요성을 느꼈습니다. 이 글에서는 직접 사용하면서 확인한 착용감, 배터리, 음질, 경쟁 제품과의 비교 그리고 사용자별 추천 포인트까지 정리해 독자들이 구매 판단에 참고할 수 있도록 했습니다.

일상 속에서 빛나는 균형 잡힌 무선 이어폰

첫째, 기본 스펙과 디자인에서 느낀 안정감입니다.
이 이어폰은 최신 블루투스 5.4 칩셋을 탑재해 연결 안정성이 높고, 최대 7시간 단독 재생과 충전 케이스 포함 시 28시간까지 사용할 수 있습니다. 충전은 USB-C 단자를 지원해 호환성이 좋으며, 디자인은 깔끔한 미니멀 스타일이라 귀에 안정적으로 맞습니다. 특히 무광 재질 덕분에 지문과 스크래치가 잘 보이지 않아 관리가 용이했습니다.

둘째, 착용감과 편의성의 차별화입니다.
실제로 3시간 이상 연속 착용해도 귀에 압박감이 거의 없었고, 외부 활동 중에도 안정적으로 고정되었습니다. 조깅이나 가벼운 운동 시에도 빠지지 않아 활동적인 환경에서도 적합했습니다. 터치 컨트롤의 반응 속도도 만족스러워 곡 넘김이나 볼륨 조절이 매끄럽게 이루어졌다는 점이 돋보였습니다.

셋째, 배터리와 음질에서의 만족감입니다.
출퇴근길, 업무, 운동 등 하루 평균 5시간 이상 사용했음에도 이틀간 충전이 필요하지 않았습니다. 음질은 중저음이 안정적으로 전달되면서 보컬 음색이 선명했고, 악기 소리가 복잡한 음악에서도 분리도가 좋아 답답함이 덜했습니다. 팟캐스트나 강의 같은 음성 콘텐츠도 명확하게 들렸습니다. 다만 고음역대에서는 다소 날카롭게 느껴질 수 있어 장르에 따라 취향 차이가 생길 수 있습니다.

넷째, 경쟁 제품과 사용자별 추천 포인트입니다.
비슷한 가격대의 경쟁 제품과 비교했을 때, 이 이어폰은 특히 착용감과 배터리 효율에서 강점을 보였습니다. 음질 특화 제품과 달리 전체적으로 균형을 유지해 다양한 상황에서 무난하게 사용할 수 있습니다. 특히 다음과 같은 사용자에게 적합합니다.

- 출퇴근이 잦은 직장인: 안정적인 연결과 긴 배터리 지속
- 운동을 즐기는 사용자: 가벼운 무게와 안정적인 착용감
- 음악 감상을 중시하는 사람: 중저음과 보컬 중심 음질에 강점
- 멀티태스킹이 필요한 학생·프리랜서: 터치 컨트롤과 통화 품질에서 편리함

리뷰를 마무리하며
이번 신상 무선 이어폰은 단순히 스펙만 좋은 제품이 아니라, 실제 사용자의 일상

속에 얼마나 자연스럽게 녹아드는지를 보여 주는 사례였습니다. 착용감, 배터리, 음질 모두 균형이 잘 맞아 장시간 사용이나 이동이 많은 환경에서 특히 강점을 발휘했습니다. 새로운 무선 이어폰을 고민하신다면 먼저 자신의 사용 패턴을 떠올려보고, 이 제품의 장점이 그 필요에 맞는지 확인해 보시길 권합니다. 이 이어폰은 다양한 상황에서 두루 만족할 만한 균형 잡힌 선택지가 될 수 있습니다.

👍 Why, What, How
원하는 답을 얻는 가장 확실한 방법

같은 주제라도 지시 방법에 따라 결과물의 수준이 크게 달라집니다. 핵심은 프롬프트를 얼마나 명확하고 구체적으로 설계하느냐에 있습니다.

첫째, 구조화가 필요합니다. AI는 모호한 요구보다 체계적으로 정리된 지시를 더 잘 이해합니다. 먼저 **Why**를 분명히 해야 합니다. 글을 쓰는 목적이나 맥락을 설명하면 AI는 지시의 의도를 정확히 파악할 수 있습니다. 그런 다음 **What**을 제시하는 단계입니다. 무엇을 원하는지 구체적으로 알려 주면, 글의 주제와 범위가 흔들리지 않습니다. 마지막으로 **How**를 덧붙이면 됩니다. 글의 형식이나 조건을 지정하면 AI는 결과물의 구조와 톤을 한 번에 반영할 수 있습니다. 예를 들어 어떤 글을 원하는지(What), 왜 이 글이 필요한지(Why), 글의 구조·길이·어조 같은 조건은 무엇인지(How)를 정리해 요청하면, AI는 지시를 놓치지 않고 원하는 결과를 제공합니다.

둘째, 모호한 표현을 피해야 합니다. AI는 사람처럼 맥락을 유추하지 않습니다. "좋은 글을 써 주세요."라고 요청하면 기준이 애매해 결과가 흐려집니다. 반면, "직장인이 공감할 사례를 포함해 3단락 구조로 작성해주세요."라고 하면 원하는 톤과 구성이 분명해집니다. 또, "간단하게 정리해주세요."는 불분명하지만 "핵심을 리스트 형태로 요약해주세요."라고 지시하면 결과가 구체적이고 읽기 쉽습니다. 추상적 수식어를 명확한 지시어로 바꾸는 습관이 필요합니다.

셋째, 조건은 구체적으로 나누어 제시해야 합니다. 조건을 한 문장에 몰아넣으면 AI가 일부를 놓칠 수 있습니다. 따라서 줄 바꿈이나 불릿으로 항목을 나누어 주는 방식이 가장 효과적입니다.

잘못된 예시

AI 글쓰기 초안 1000자 작성, 블로그용, 독자가 이해하기 쉽게, 3단락으로

개선된 예시

- 주제: AI를 활용한 글쓰기 초안
- 목적: 블로그 게시용
- 글 길이: 1000~1100자 이내
- 대상: 블로그를 시작한 직장인
- 구조: 서론 – 본론(3단락) – 결론
- 문장: 20단어 이내, 문단은 4줄 이내
- 사례: 2개 포함
- 톤: 친근하면서 정보 전달 중심

이처럼 조건을 나누어 쓰면 AI가 모든 요구를 빠짐없이 반영할 가능성이 커집니다.

👍 생각을 글로 정리하는 가장 단순한 공식

앞서 AI에 원하는 답을 얻기 위한 방법인 Why, What, How와 같은 구조적 질문법은 글을 작성할 때도 흐름을 단순하고 명확하게 잡아 줍니다. 이 방식은 초안부터 완성까지 막힘 없이 이어지게 하며, 글의 논리와 전달력을 크게 높입니다.

이 방법에는 3가지 장점이 있습니다. 첫째, 단계가 뚜렷해 글을 빠르게 완성할 수 있습니다. 초안 작성부터 수정·완성까지의 흐름이 정리되어 있어 중간에 멈추지 않고 이어집니다. 둘째, 글의 구조와 전달력이 강화됩니다. 피드백 과정에서 불필요한 반복이 줄어들고, 핵심 메시지가 더욱 명확해집니다. 셋째, 일관된 품질을 유지할 수 있습니다. 문서 규칙과 글쓰기 스타일을 적용하면 보고서, 블로그, SNS 같은 다양한 채널에서도 안정된 톤과 형식을 유지할 수 있습니다.

마음을 움직이는 Why, What, How

글쓰기는 독자의 마음을 움직여야 힘을 갖습니다. 출발점은 독자가 겪는 문제를 짚고, 이 문제가 왜 중요한지 공감을 끌어내는 것입니다. 이후 문제를 설명하고 해결 방법을 제시하면 글은 몰입도를 얻게 됩니다.

Why, What, How를 활용한 예시

- **Why(왜)**: 바쁜 하루에도 생각을 정리하지 않으면 기억은 흐려지고 아이디어는 사라집니다.

- **What(무엇)**: 그래서 글쓰기 습관을 들이지 못하는 사람들이 늘어납니다.
- **How(어떻게)**: 하루 10분만 기록해도 생각이 정리되고, 꾸준히 이어지면 글은 자연스럽게 쌓입니다.

이 방식은 공감을 먼저 얻고 관심을 끌어야 할 때 유용합니다. 블로그나 SNS 글에 특히 적합하며 독자가 공감한 뒤 문제와 해법으로 이어지게 합니다. 이 구조를 이용해 글의 구조를 잡는 프롬프트를 다음과 같이 활용할 수 있습니다.

Why-What-How 글쓰기 구조 프롬프트

"AI 시대, 글쓰기는 필요한가?"라는 주제로 글을 작성해주세요.
구조는 Why → What → How 순서로 구성해주세요.
– Why: 사람들이 글쓰기를 점점 어려워하는 이유와 글쓰기의 중요성을 설명해주세요.
– What: 글쓰기가 AI 시대에 여전히 필요한 이유를 구체적으로 제시해주세요.
– How: 독자가 실천할 수 있는 글쓰기 습관이나 방법을 3가지 제안해주세요.
각 항목은 2~3문단으로 작성해주세요. 전체 글은 블로그에 적합한 톤으로 구성해주세요.

 AI 시대, 글쓰기는 필요한가?

Why: 글쓰기가 점점 어려워지는 이유와 여전히 중요한 이유
요즘 사람들은 글을 쓰는 데 점점 더 부담을 느낍니다. 업무에서는 이메일과 보고서, 일상에서는 SNS와 블로그까지 글을 작성할 기회가 많아졌지만, 막상 자리에 앉으면 어떤 말을 어떻게 풀어야 할지 막막해집니다. 표현력이 부족하다고 느끼거나, 남과 비교하며 위축되는 경우도 흔합니다.
그럼에도 불구하고 글쓰기는 여전히 중요한 능력입니다. 말은 흘러가지만 글은 기록으로 남습니다. 기록은 곧 생각의 흔적이자 타인과 소통하는 도구가 됩니다. 단순한 정보 전달을 넘어, 자신의 생각을 정리하고 세상과 연결되는 과정이 바로 글쓰기입니다. 그래서 글은 시대가 변해도 여전히 필요한 기본기라 할 수 있습니다.

What: AI 시대에도 글쓰기가 필요한 이유

AI는 놀라운 속도로 글을 만들어 낼 수 있습니다. 하지만 그 결과물은 결국 사람이 던진 질문과 맥락 속에서 탄생합니다. 즉, 글쓰기는 단순히 문장을 생산하는 행위가 아니라, 질문을 세우고 관점을 정리하는 사고의 과정입니다. AI가 문장을 대신 쓸 수 있어도, 생각을 대신 정리해주지는 못합니다.

또한, 개인의 개성과 경험은 글을 통해 드러납니다. 같은 주제를 다뤄도 사람마다 다른 이야기가 나오고, 그 차이가 글을 특별하게 만듭니다. AI 시대일수록 인간적인 이야기와 고유한 표현은 더 큰 가치를 가집니다. 결국 글쓰기는 '생각하는 힘'을 유지하고, AI를 더 잘 활용할 수 있는 출발점이 됩니다.

How: 실천할 수 있는 글쓰기 습관 3가지

첫째, 짧게라도 꾸준히 기록하기. 매일 한 문단이라도 쓰는 습관을 들이면 글에 대한 부담이 줄어듭니다. 블로그, 노트, SNS 어디든 상관없습니다. 중요한 건 '완성된 글'이 아니라 '흔적을 남기는 것'입니다.

둘째, 읽은 것과 경험한 것을 정리하기. 단순히 정보를 소비하는 데 그치지 않고, 자신만의 언어로 다시 풀어내 보세요. 기사, 책, 대화 속에서 얻은 생각을 짧게 메모하는 것만으로도 글의 재료가 쌓입니다.

셋째, AI와 협력하기. 글의 초안을 AI에게 맡기고, 자신의 경험과 생각을 덧붙여 완성해 보세요. 도구를 적극적으로 활용하면 글쓰기의 부담은 줄고, 더 깊이 있는 결과물이 나옵니다.

마무리

AI 시대에도 글쓰기는 여전히 필요한가? 답은 분명합니다. 글쓰기는 생각을 정리하고, 세상과 연결되며, 나를 표현하는 가장 기본적인 방법입니다. 도구가 아무리 발달해도, 글은 여전히 나 자신을 드러내는 창입니다. 지금부터라도 작은 글쓰기 습관을 시작해보면 어떨까요?

이렇게 만든 초안의 완성도를 높이고 대상 독자에게 더 적합한 원고로 다듬기 위해 다음과 같이 프롬프트로 원고 보완을 요청합니다.

서론부터 결론까지 흐름을 설계하는 구조화 요청

앞서 작성한 초안을 바탕으로 요청한 주제에 맞게 다음 규칙을 모두 정확하게 적용하여 글을 작성해주세요.

[규칙]
- 글의 구조는 서론, 본론, 결론으로 나누되, 문서에서는 '서론', '본론', '결론'이라는 단어는 제외해주세요.
- 서론은 글의 첫인상이므로, 독자의 흥미를 끌 수 있는 강렬한 도입부가 필요합니다. 본문에서 다룰 주요 내용을 자연스럽게 소개하면서, 독자가 끝까지 글을 읽을 수 있도록 흥미로운 포인트를 포함해주세요.
- 본론에서는 첫째, 둘째, 셋째로 소제목을 나누어 작성해주세요. 이때 모든 내용은 서술형으로 작성해주세요.
- 서론에서 본론으로 넘어갈 때, 본론에 적합한 제목을 추가해주세요. 이 제목은 글의 핵심 메시지를 명확하게 전달하면서도 독자의 관심을 끌 수 있는 창의적이고 강렬한 제목으로 제안해주세요.
- 각 소제목에는 적절한 제목을 추천하고, 각 소제목의 내용은 1개의 단락으로 나누어 서술형으로 작성해주세요.
- 결론은 글의 중요한 메시지를 요약하며, 독자에게 강렬하게 남을 수 있도록 구성해주세요. 따로 제목을 작성하지 말고, 글의 논점을 간결하게 정리하면서 독자께 핵심 메시지를 효과적으로 전달하는 방식으로 마무리해주세요.

 AI 시대, 글쓰기는 여전히 필요한가

우리는 매일 수많은 글을 접하며 살아갑니다. SNS의 짧은 문장부터 업무 보고서, 블로그까지 글은 여전히 우리의 삶과 밀접하게 연결되어 있습니다. 하지만 동시에 많은 사람이 글쓰기를 점점 더 어렵게 느끼고 있습니다. 무엇을 써야 할지 막막하고, 어떻게 표현해야 할지 자신이 없는 경우가 많습니다. 더구나 AI가 글을 대신 써주는 시대가 열리면서 '이제 글쓰기는 필요 없는 것 아닐까?'라는 의문까지 생깁니다. 그러나 바로 이 지점에서 글쓰기의 진짜 의미와 가치를 다시 생각해볼 필요가 있습니다.

생각을 지키는 가장 인간적인 도구
첫째, 글은 생각을 정리하는 과정이다
AI가 아무리 발전해도 인간의 사고를 대신해주지는 못합니다. 글을 쓴다는 것은 단순히 문장을 나열하는 것이 아니라, 내 머릿속에 흩어진 생각을 하나의 맥락으로 정리하는 행위입니다. 글을 쓰는 과정에서 우리는 무엇을 강조하고 무엇을 생략할지 선택하며, 그 과정 자체가 사고를 깊고 명확하게 만듭니다.

생각을 지키는 가장 인간적인 도구
첫째, 글은 생각을 정리하는 과정이다
AI가 아무리 발전해도 인간의 사고를 대신해주지는 못합니다. 글을 쓴다는 것은 단순히 문장을 나열하는 것이 아니라, 내 머릿속에 흩어진 생각을 하나의 맥락으로 정리하는 행위입니다. 글을 쓰는 과정에서 우리는 무엇을 강조하고 무엇을 생략할지 선택하며, 그 과정 자체가 사고를 깊고 명확하게 만듭니다.

둘째, 글은 나만의 개성을 드러낸다
AI가 만들어 내는 글은 효율적이고 매끄럽지만, 인간의 경험과 감정을 고스란히 담아내지는 못합니다. 같은 주제를 다루더라도 내가 직접 쓴 글에는 나만의 시선과 이야기가 녹아듭니다. 독자들은 문장 속에서 정보를 넘어 '사람'을 만납니다. 그래서 글은 단순한 정보 전달이 아니라 관계와 공감을 만들어 내는 도구가 됩니다.

셋째, 글은 AI를 활용하는 출발점이다
AI 시대에 글쓰기를 포기하는 것은 오히려 큰 손해입니다. 좋은 글을 쓰려면 먼저 좋은 질문을 던져야 하고, AI와 협력하기 위해서는 내가 원하는 관점과 메시지를 분명히 알아야 합니다. 글쓰기 능력이 부족하다면 AI의 답변도 피상적일 수밖에 없습니다. 글은 AI를 제대로 활용하기 위한 최소한의 준비이자, 인간이 주도권을 쥐는 방법입니다.

AI 시대에 글쓰기는 더 이상 선택이 아닙니다. 글은 생각을 지키고, 나를 드러내며, 도구를 다루는 힘을 키우는 기본기입니다. 결국 글을 쓴다는 것은 단순히 문장을 적는 일이 아니라, 스스로 사고하는 힘을 유지하고 확장하는 과정입니다. 그러므로 지금 필요한 질문은 "글쓰기가 필요한가?"가 아니라 "나는 오늘 어떤 글을 쓸 것인가?"일 것입니다.

What, Why, How

때로는 감정보다 문제의 본질을 먼저 제시하는 것이 효과적입니다. 문제를 설명하고, 원인을 짚은 다음 해결책을 제시하면 글은 논리적 설득력을 얻게 됩니다.

What, Why, How를 활용한 예시

- **What(무엇)**: 많은 사람이 글을 쓰고 싶어 하지만 꾸준히 이어가지 못합니다.
- **Why(왜)**: 글을 완벽하게 써야 한다는 부담과 시간 부족 때문에 쉽게 포기합니다.
- **How(어떻게)**: 매일 10분만 쓰는 습관을 들이면 부담 없이 시작할 수 있습니다. 짧은 메모라도 꾸준히 기록하면 글쓰기는 생활이 됩니다.

이 방식은 설명과 분석 중심 글에 적합합니다. 보고서나 설명문처럼 체계적 논리가 중요한 글에서 효과적이며, 독자가 문제를 이해하고 이유를 납득한 후 방법을 받아들이도록 돕습니다.

What-Why-How로 사고를 정리하는 프롬프트

"AI 시대, 글쓰기는 필요한가?"라는 주제로 글을 작성해주세요.
구조는 What → Why → How 순서로 구성해주세요.
- What: 현재 사람들이 글쓰기를 잘 이어가지 못하는 현실을 설명해주세요.
- Why: 그 원인이 무엇인지, 특히 AI가 대체할 수 없는 글쓰기의 본질을 중심으로 다뤄 주세요.
- How: 매일 실천할 수 있는 글쓰기 루틴이나 훈련 방법을 3가지 제시해주세요.
각 항목은 2~3문단으로 작성해주세요. 전체 글은 리포트 형식의 설명문 스타일로 구성해주세요.

> **AI 시대, 글쓰기는 필요한가?**
>
> **What: 글쓰기를 이어가지 못하는 현실**
> 오늘날 많은 사람이 글쓰기를 꾸준히 이어가는 데 어려움을 겪고 있다. 블로그, SNS, 업무 보고서 등 글을 쓸 기회는 늘어났지만, 실제로 글을 지속적으로 쓰는 사람은 드물다. 초반에는 의욕적으로 시작하지만 시간이 지날수록 주제 고갈, 표현 부담, 완성도에 대한 불안으로 인해 중단하는 경우가 많다.

이러한 현상은 단순히 개인의 게으름이나 의지 부족의 문제가 아니다. 디지털 환경 속에서 글은 짧고 즉각적인 반응을 불러일으키는 방향으로 소비되며, 긴 호흡의 글쓰기는 점점 소외되고 있다. 결과적으로 많은 사람이 글쓰기를 시작은 하지만 꾸준히 유지하지 못하는 현실에 놓여 있다.

Why: 글쓰기가 여전히 필요한 이유
AI가 글을 대신 작성해주는 시대에 왜 여전히 글쓰기가 필요한가라는 의문이 제기된다. 핵심은 글쓰기가 단순히 문장을 생산하는 기술이 아니라, 사고를 정리하고 자신의 시각을 드러내는 과정이라는 점이다. AI는 정제된 문장을 빠르게 만들어 낼 수 있지만, 글을 통해 드러나는 개인의 맥락과 경험까지 대체하지는 못한다.
또한 글쓰기는 사고의 깊이를 확장한다. 글을 쓰면서 우리는 무엇을 강조하고 무엇을 생략할지 선택한다. 이 과정에서 사고가 구조화되고, 생각의 논리가 다듬어진다. 따라서 글쓰기는 단순히 결과물이 아니라, 사고 훈련이자 자기표현의 본질적 방식이다. AI가 제공하는 편리함에도 불구하고, 글쓰기가 갖는 본질적 가치는 대체되지 않는다.

How: 실천 가능한 글쓰기 루틴
첫째, 매일 짧은 기록을 남기는 습관을 만든다. 긴 글을 쓰겠다는 부담 대신 하루에 한 문단, 혹은 세 줄이라도 기록하는 방식이다. 중요한 것은 분량이 아니라 꾸준함이며, 작은 기록이 쌓여 글쓰기의 기반이 된다.
둘째, 읽은 것과 경험한 것을 정리하는 글쓰기를 시도한다. 책, 기사, 강의, 대화 등에서 얻은 내용을 그대로 소비하는 데서 그치지 않고 자신의 언어로 다시 표현한다. 이는 글감 부족 문제를 해결할 뿐 아니라, 지식을 내 것으로 만드는 효과적인 방법이다.
셋째, AI를 협력 도구로 활용하는 글쓰기를 실천한다. 초안이나 구조를 AI에게 맡기고, 자신의 경험과 해석을 덧붙여 최종 글을 완성한다. 이렇게 하면 글쓰기 부담은 줄고, 사고와 표현은 더 풍부해진다. AI 시대일수록 글쓰기는 인간이 주도권을 지키고 도구를 제대로 활용하기 위한 핵심 훈련이다.

이렇게 만든 초안의 완성도를 높이고 대상 독자에게 더 적합한 원고로 다듬기 위해 다음과 같이 프롬프트로 원고 보완을 요청합니다.

서론부터 결론까지 흐름을 설계하는 구조화 요청

 앞서 작성한 초안을 바탕으로 요청한 주제에 맞게 다음 규칙을 모두 정확하게 적용하여 글을 작성해주세요.

[규칙]
- 글의 구조는 서론, 본론, 결론으로 나누되, 문서에서는 '서론', '본론', '결론'이라는 단어는 제외해주세요.
- 서론은 글의 첫인상이므로, 독자의 흥미를 끌 수 있는 강렬한 도입부가 필요합니다. 본문에서 다룰 주요 내용을 자연스럽게 소개하면서, 독자가 끝까지 글을 읽을 수 있도록 흥미로운 포인트를 포함해주세요.
- 본론에서는 첫째, 둘째, 셋째로 소제목을 나누어 작성해주세요. 이때 모든 내용은 서술형으로 작성해주세요.
- 서론에서 본론으로 넘어갈 때, 본론에 적합한 제목을 추가해주세요. 이 제목은 글의 핵심 메시지를 명확하게 전달하면서도 독자의 관심을 끌 수 있는 창의적이고 강렬한 제목으로 제안해주세요.
- 각 소제목에는 적절한 제목을 추천하고, 각 소제목의 내용은 1개의 단락으로 나누어 서술형으로 작성해주세요.
- 결론은 글의 중요한 메시지를 요약하며, 독자에게 강렬하게 남을 수 있도록 구성해주세요. 따로 제목을 작성하지 말고, 글의 논점을 간결하게 정리하면서 독자께 핵심 메시지를 효과적으로 전달하는 방식으로 마무리해주세요.

 AI 시대, 글쓰기는 필요한가?
스마트폰과 AI가 생활 전반을 장악한 시대, 우리는 수많은 텍스트를 소비하지만 정작 스스로 글을 쓰는 일에는 점점 소극적이 된다. SNS에 짧은 글을 남기는 것조차 버거워하고, 보고서를 작성할 때는 빈 문서 앞에서 손이 멈추곤 한다. 더구나 AI가 몇 초 만에 글을 완성하는 모습을 보면, 글쓰기의 필요성 자체에 의문을 품게 된다. 그러나 이 물음 속에는 역설이 숨어 있다. AI 시대일수록 글쓰기는 오히려 더 본질적인 힘을 지닌다.

글쓰기는 사고를 훈련하는 과정이다
첫째, 생각을 정리하는 힘
많은 사람이 글을 이어가지 못하는 이유는 생각이 정리되지 않기 때문이다. 글을 쓰려면 수많은 정보와 경험을 하나의 흐름으로 묶어야 한다. 이 과정에서 우리는 우선순위를 정하고, 핵심을 가려내며, 자신의 논리를 세운다. 따라서 글은 단순한 기록이 아니라 사고를 훈련하는 과정이며, AI가 대신할 수 없는 인간만의 인지 활동이다.
둘째, 개성과 경험을 담아내는 그릇
AI가 만든 글은 정교하지만 개인의 경험과 감정을 담아내기 어렵다. 같은 주제라도 내가 직접 쓴 글에는 나만의 시선과 뉘앙스가 스며든다. 이는 단순한 정보 전달을 넘어 독자에게 공감을 일으키고, 차별화된 목소리를 만들어낸다. 글쓰기는 결국 '나'를 드러내는 가장 인간적인 도구이며, 이는 AI가 복제할 수 없는 영역이다.
셋째, AI 활용의 출발점
AI 시대에 글쓰기를 포기하는 것은 오히려 역행이다. 좋은 글을 얻기 위해서는 좋은 질문과 뚜렷한 맥락이 필요하다. 이는 곧 글쓰기 능력에서 비롯된다. 내가 원하는 방향을 명확히 제시하지 못한다면, AI의 결과물은 피상적일 수밖에 없다. 글쓰기는 AI와 협력하기 위한 최소한의 기반이자, 도구를 주도적으로 다루는 힘이다.

글쓰기는 더 이상 단순한 기술이 아니다. 그것은 사고를 깊게 만들고, 자신만의 이야기를 전하며, 도구를 올바르게 활용할 수 있는 힘이다. AI가 모든 것을 대신해주는 듯 보이는 지금, 오히려 글은 우리를 가장 인간답게 만들어 주는 행위다. 결국 중요한 질문은 "글쓰기가 필요한가?"가 아니라 "나는 어떤 글을 통해 나를 표현할 것인가?"이다.

이처럼 AI 글쓰기의 성패는 도구의 한계가 아니라 요청자의 설계 방식에 달려 있습니다. 구조화된 지시, 구체적인 표현, 분리된 조건 제시를 습관화하면 원하는 결과에 더 가까워집니다. 프롬프트는 단순한 부탁이 아니라 작업 지시서라는 점을 기억해야 합니다. 작은 차이가 결과물의 품질을 결정합니다.

07장

초안을 단계별로 수정하며 다듬기

AI는 초안을 빠르게 완성해주지만, 그것이 곧바로 완성된 글은 아닙니다. 초안은 시작일 뿐이며, 다듬는 과정에서 비로소 글의 완성도가 결정됩니다. 문장 하나를 정리하고, 문단의 흐름을 바로잡으며, 표현의 깊이를 더하는 과정이 바로 글쓰기의 본질입니다. 이 장에서는 초안을 다듬는 5단계(최소 변경, 연결성 보강, 원고 보강, 피드백·윤문, 문서 규칙·스타일 적용)를 중심으로 글의 완성도를 끌어올리는 체계를 다룹니다.

여러분은 이 장을 통해 수정 과정을 명확한 절차로 전환하는 방법을 익힙니다. 문장 수준의 단순 정리부터 논리 구조 보강, 표현의 자연스러움, 문체 일관성 확보까지 하나의 시스템으로 관리하는 방식입니다. 각 단계마다 적용할 점검 기준과 AI에게 요청할 구체적인 프롬프트 예시를 함께 제시해, 수정 작업을 효율적으로 진행할 수 있습니다. 이 과정을 반복하다 보면 초안은 단순한 문서가 아닌 완성된 메시지로 발전하며, 자신만의 수정 루틴과 품질 기준을 확립하게 됩니다.

👍 초안을 다듬는 5단계

초안을 다듬기 위한 과정은 다음 5단계로 정리할 수 있습니다.

- ① 최소 변경
- ② 연결성 보강
- ③ 원고 보강
- ④ 피드백·윤문
- ⑤ 문서 규칙·스타일 적용

이 흐름을 따라가면 초안의 완성도는 점차 높아져, 마지막에는 독자 친화적인 글로 마무리됩니다.

① 최소 변경

초기 단계에서는 단락이나 문장을 약 20% 정도만 보완해도 충분합니다. 의미를 더 명확히 하고, 흐름을 자연스럽게 만드는 것이 목표입니다. 예를 들어, "핵심은 유지하면서 문장을 간결하게 정리해주세요."라고 요청할 수 있습니다. 이렇게 하면 메시지는 살리되 표현이 더 깔끔해지고, 중복된 문장은 정리됩니다.

② 연결성 보강

AI가 작성한 초안은 문단 간 전환이 매끄럽지 않거나 설명의 앞뒤가 끊기는 경우가 많습니다. 이때는 문단 흐름과 논리 구조를 점검해 달라는 요청이 유용합니다. 필요한 경우 AI가 짧은 연결 문장을 추가해주어 글의 흐름을 안정적으로 이어 줍니다. 예를 들어, '제품의 스펙을 설명한 문단'과 '사용자 경험을 다루는 문단' 사이에 "이제 실제 사용에서 어떤 차이가 있었는지 살펴보겠습니다." 같은 연결 구절을 넣는 방식입니다.

③ 원고 보강

원고 보강 단계에서는 전체 내용의 절반 이상을 새로 추가하거나 수정합니다. 예시와 근거를 확장하고, 불필요한 부분을 줄이며, 글의 구조와 논리를 강화합니다. 예컨대 단순히 "배터리 지속 시간이 길다."라고만 적힌 문단에, 실제 사용 시간, 경쟁 제품과 비교한 수치, 사용자 후기를 덧붙이면 글의 신뢰도와 설득력이 크게 올라갑니다. 이 단계는 글의 완성도를 높이는 핵심 과정입니다.

④ 피드백·윤문

AI와 사람이 함께 다듬은 원고는 외부 피드백을 반영하면서 한층 매끄럽게 발전합니다. 이 단계에서는 문맥을 정리하고 어조를 독자 친화적으로 조율합니다. 예를 들어, 지나치게 기술적인 표현은 풀어서 설명하고, 장황한 부분은 간결하게 줄입니다. 피드백을 통해 글은 더 읽기 편하고 자연스러워집니다.

⑤ 문서 규칙·스타일 적용

마지막 단계에서는 맞춤법, 띄어쓰기, 문단 구성을 꼼꼼히 점검합니다. 또한 글 전체의 톤과 어조를 통일해 전문성과 가독성을 확보합니다. 예를 들어, 모든 문장을 '~합니다'로 마무리하고, 불필요한 부사를 줄이는 규칙을 적용하면 글은 훨씬 일관되고 세련되게 보입니다.

👍 초고보다 더 풍부하게 또는 매끄럽게 수정하기

원고를 다듬는 과정은 글을 완성도로 끌어올리는 핵심 단계입니다. 초안이 괜찮더라도 독자의 눈높이에 맞추려면 표현을 보강하거나 흐름을 정리하는 과정이 필요합니다. 수정 방식은 크게 4가지로 나눌 수 있습니다. 원문을 보강해 밀도를 높이는 보강형 수정과 원문의 색깔을 그대로 두면서 문장을 매끄럽게 다듬는 윤문형 수정, 문단과 문단 사이 흐름을 보완하는 연결 수정 그리고 괄호 프롬프트를 활용해 최소한으로 변경하는 선택형 수정이 있습니다. 필요와 상황에 따라 방식을 선택하면 글의 완성도는 더욱 높아집니다.

보강형 수정, 원문을 더 풍부하고 설득력 있게 다듬기

이 방식은 원고의 기본 뼈대를 유지하면서도 부족한 부분을 보강하고, 전체적인 표현과 흐름을 개선하는 방법입니다. 핵심 메시지는 살리되 새로운 문장을 추가해 설득력과 구체성을 높이고, 중복이나 모호한 표현을 줄여 글의 밀도를 강화합니다. 이 과정에서 원문의 색깔이 일부 달라질 수 있지만, 전체적으로는 더 풍부하고 완성도 높은 글로 발전합니다.

특히 글의 아이디어는 괜찮지만 정보가 부족하거나 독자에게 다소 빈약하게 느껴질 때 적합한 방식입니다. 내용이 부족하면 수정 범위가 커질 수 있지만, 충분한 자료가 제공된다면 일부 보강만으로도 효과를 얻을 수 있습니다.

보강형 수정 프롬프트

 다음 규칙에 따라 [원고]를 자연스럽고 명확하게 다듬어 주세요.
- 핵심 내용은 유지하되, 독자에게 필요한 정보가 부족한 부분은 적절히 보강해주세요.
- 문장의 의미를 분명히 하고, 문단 간 연결이 매끄럽도록 정리해주세요.
- 불필요한 중복이나 모호한 표현은 줄여 주세요.
- 수정되거나 보강된 부분은 굵은 글씨(볼드체)로 표시해주세요.

[원고]

신상 무선 이어폰 리뷰 – 직접 써본 착용감과 음질 이야기

새로운 무선 이어폰을 고를 때 가장 먼저 확인하는 것은 무엇일까? 어떤 사람은 스펙 표를 꼼꼼히 살펴보고, 또 어떤 사람은 실제 사용 후기를 더 중시한다. 나 역시 최근 출시된 신상 무선 이어폰을 직접 구입해 사용해보며 단순한 광고 문구가 아닌 실제 경험을 바탕으로 평가할 필요성을 느꼈다. 이 글에서는 직접 사용하면서 확인한 착용감, 배터리, 음질, 경쟁 제품과의 비교, 그리고 사용자별 추천 포인트까지 정리해 독자들이 구매 판단에 참고할 수 있도록 한다.

일상 속에서 빛나는 균형 잡힌 무선 이어폰
첫째, 기본 스펙과 디자인에서 느낀 안정감
이 이어폰은 최신 블루투스 5.4 칩셋을 탑재해 연결 안정성이 높고, 최대 7시간 단독 재생과 충전 케이스 포함 시 28시간까지 사용 가능하다. 충전은 USB-C 단자를 지원해 호환성이 좋으며, 디자인은 깔끔한 미니멀 스타일이라 귀에 안정적으로 맞는다. 특히 무광 재질 덕분에 지문과 스크래치가 잘 보이지 않아 관리가 용이했다.
둘째, 착용감과 편의성의 차별화
실제로 3시간 이상 연속 착용해도 귀에 압박감이 거의 없었고, 외부 활동 중에도 안정적으로 고정되었다. 조깅이나 가벼운 운동 시에도 빠지지 않아 활동적인 환경에서도 적합했다. 터치 컨트롤의 반응 속도도 만족스러워 곡 넘김이나 볼륨 조절이 매끄럽게 이루어졌다는 점이 돋보였다.
셋째, 배터리와 음질에서의 만족감
출퇴근길, 업무, 운동 등 하루 평균 5시간 이상 사용했음에도 이틀간 충전이 필요하지 않았다. 음질은 중저음이 안정적으로 전달되면서 보컬 음색이 선명했고, 악기 소리가 복잡한 음악에서도 분리도가 좋아 답답함이 덜했다. 팟캐스트나 강의 같은 음성 콘텐츠도 명확하게 들렸다. 다만 고음역대에서는 다소 날카롭게 느껴질 수 있어 장르에 따라 취향 차이가 생길 수 있다.

넷째, 경쟁 제품과 사용자별 추천 포인트
비슷한 가격대의 경쟁 제품과 비교했을 때, 이 이어폰은 특히 착용감과 배터리 효율에서 강점을 보였다. 음질 특화 제품과 달리 전체적으로 균형을 유지해 다양한 상황에서 무난하게 사용할 수 있다. 특히 다음과 같은 사용자에게 적합하다.

- 출퇴근이 잦은 직장인: 안정적인 연결과 긴 배터리 지속
- 운동을 즐기는 사용자: 가벼운 무게와 안정적인 착용감
- 음악 감상을 중시하는 사람: 중저음과 보컬 중심 음질에 강점
- 멀티태스킹이 필요한 학생·프리랜서: 터치 컨트롤과 통화 품질에서 편리함

리뷰를 마무리하며
이번 신상 무선 이어폰은 단순히 스펙만 좋은 제품이 아니라, 실제 사용자의 일상 속에 얼마나 자연스럽게 녹아드는지를 보여 주는 사례였다. 착용감, 배터리, 음질 모두 균형이 잘 맞아 장시간 사용이나 이동이 많은 환경에서 특히 강점을 발휘한다. 새로운 무선 이어폰을 고민한다면 먼저 자신의 사용 패턴을 떠올려보고, 이 제품의 장점이 그 필요에 맞는지 확인해 보길 권한다. 이 이어폰은 다양한 상황에서 두루 만족할 만한 균형 잡힌 선택지가 될 수 있다.

 신상 무선 이어폰 리뷰 – 직접 써본 착용감과 음질 이야기

새로운 무선 이어폰을 고를 때 가장 먼저 확인하는 것은 무엇일까? 어떤 사람은 스펙 표를 꼼꼼히 살펴보고, 또 어떤 사람은 실제 사용 후기를 더 중시한다. 나 역시 최근 출시된 신상 무선 이어폰을 직접 구입해 사용해보며 광고 문구가 아닌 실제 경험이 구매 판단에서 더 중요하다는 것을 확인했다. 이 글에서는 사용 경험을 토대로 착용감, 배터리, 음질, 경쟁 제품과의 비교, 그리고 사용자 유형별 추천 포인트까지 정리해 독자들에게 유용한 판단 기준을 제공하고자 한다.

일상 속에서 빛나는 균형 잡힌 무선 이어폰
첫째, 기본 스펙과 디자인에서 느낀 안정감
이 이어폰은 최신 블루투스 5.4 칩셋을 탑재해 연결 안정성이 높고, 최대 7시간 단독 재생과 충전 케이스 포함 시 28시간까지 사용 가능하다. 충전은 USB-C 단자를 지원해 다양한 기기와 호환성이 뛰어나며 관리가 편리하다. 디자인은 미니멀하고 귀에 안정적으로 밀착되는 형태라 장시간 착용에도 부담이 적었다. 특히 무광 재질 덕분에 지문과 스크래치가 잘 보이지 않아 실사용에 강점을 보였다.

둘째, 착용감과 편의성의 차별화

실제로 3시간 이상 연속 착용해도 귀에 압박감이 거의 없었고, 외부 활동 중에도 안정적으로 고정되었다. 조깅이나 가벼운 운동 시에도 빠지지 않아 활동적인 환경에서도 적합했다. 이어폰의 무게가 가볍고 귓바퀴에 자연스럽게 밀착되는 구조라 장시간 사용에도 편안했다. 터치 컨트롤 반응 속도도 빠르고 직관적이어서 곡 넘김이나 볼륨 조절이 불편하지 않았다.

셋째, 배터리와 음질에서의 만족감

출퇴근길, 업무, 운동 등 하루 평균 5시간 이상 사용했음에도 이틀간 충전이 필요하지 않았다. 이는 동일 가격대 제품 대비 우수한 효율이다. 음질은 중저음이 안정적으로 전달되면서 보컬 음색이 선명했고, 악기 소리가 복잡한 음악에서도 분리도가 뛰어나 답답함이 덜했다. 팟캐스트나 강의 같은 음성 콘텐츠도 또렷하게 들렸다. 다만 고음역대에서는 다소 날카롭게 느껴질 수 있어 재즈나 클래식 같은 고음 중심 장르에서는 호불호가 갈릴 수 있다.

넷째, 경쟁 제품과 사용자별 추천 포인트

비슷한 가격대의 경쟁 제품과 비교했을 때, 이 이어폰은 특히 착용감과 배터리 효율에서 차별화된 강점을 보였다. 일부 제품이 음질에만 집중했다면, 이 모델은 전체적으로 균형을 유지해 다양한 환경에서 무난하게 활용할 수 있다. 특히 다음과 같은 사용자에게 적합하다.

– 출퇴근이 잦은 직장인: 안정적인 연결과 긴 배터리 지속
– 운동을 즐기는 사용자: 가벼운 무게와 안정적인 착용감
– 음악 감상을 중시하는 사람: 중저음과 보컬 중심 음질에서 강점
– 멀티태스킹이 필요한 학생·프리랜서: 터치 컨트롤과 통화 품질로 편리함 확보

리뷰를 마무리하며

이번 신상 무선 이어폰은 단순히 스펙만 뛰어난 제품이 아니라, 실제 사용자의 일상 속에서 얼마나 자연스럽게 녹아드는지를 보여 주는 사례였다. 착용감, 배터리, 음질의 균형이 잘 맞아 장시간 사용이나 이동이 많은 환경에서 특히 만족도가 높았다. 새로운 무선 이어폰을 고민한다면 먼저 자신의 사용 패턴을 떠올리고, 이 제품의 장점이 그 필요와 얼마나 일치하는지 점검해 보길 권한다. 종합적으로 볼 때, 이 이어폰은 다양한 상황에서 두루 활용 가능한 '균형 잡힌 선택지'라 할 수 있다.

윤문형 수정, 원문의 색깔은 그대로, 표현만 더 매끄럽게

이 방식은 원고의 내용과 구조를 그대로 유지하면서, 문장 단위에서 최소한의 교정만 하는 방법입니다. 긴 표현을 간결하게 다듬고 문장 간 흐름을 자연스럽게 이어 주며, 의미 전달을 명확히 만듭니다. 원문의 개성과 색깔은 유지하면서도 읽는 이에게 부드럽고 매끄럽게 다가가도록 합니다. 이미 완성도가 높지만 약간의 어색한 표현이나 흐름만 다듬으면 될 때 적합합니다. 결과적으로 독자가 부담 없이 읽을 수 있는 안정된 글로 완성됩니다.

윤문형 수정 프롬프트

다음 규칙에 따라 [원고]를 최대한 유지하면서 최소한으로 문장을 다듬어 주세요.
- 의미가 명확하게 전달되도록 표현을 간결하게 수정해주세요.
- 문장의 흐름이 자연스럽게 이어지도록 구성해주세요.
- 수정된 부분은 굵은 글씨(볼드체)로 표시해주세요.

[원고 첨부]

신상 무선 이어폰 리뷰 – 직접 써본 착용감과 음질 이야기
새로운 무선 이어폰을 고를 때 가장 먼저 확인하는 것은 무엇일까? 어떤 사람은 스펙 표를 꼼꼼히 살펴보고, 또 어떤 사람은 실제 사용 후기를 더 중시한다. 나 역시 최근 출시된 신상 무선 이어폰을 직접 구입해 사용해보며 광고 문구가 아닌 실제 경험이 구매 판단에서 더 중요하다는 것을 확인했다. 이 글에서는 사용 경험을 토대로 착용감, 배터리, 음질, 경쟁 제품과의 비교, 그리고 사용자 유형별 추천 포인트까지 정리해 독자들에게 유용한 판단 기준을 제공하고자 한다.

일상 속에서 빛나는 균형 잡힌 무선 이어폰
첫째, 기본 스펙과 디자인에서 느낀 안정감
이 이어폰은 최신 블루투스 5.4 칩셋을 탑재해 연결 안정성이 높고, 최대 7시간 단독 재생과 충전 케이스 포함 시 28시간까지 사용 가능하다. 충전은 USB-C 단자를 지원해 다양한 기기와 호환성이 뛰어나며 관리가 편리하다. 디자인은 미니멀하고 귀에 안정적으로 밀착되는 형태라 장시간 착용에도 부담이 적었다. 특히 무광 재질 덕분에 지문과 스크래치가 잘 보이지 않아 실사용에 강점을 보였다.

둘째, 착용감과 편의성의 차별화
실제로 3시간 이상 연속 착용해도 귀에 압박감이 거의 없었고, 외부 활동 중에도 안정적으로 고정되었다. 조깅이나 가벼운 운동 시에도 빠지지 않아 활동적인 환경에서도 적합했다. 이어폰의 무게가 가볍고 귓바퀴에 자연스럽게 밀착되는 구조라 장시간 사용에도 편안했다. 터치 컨트롤 반응 속도도 빠르고 직관적이어서 곡 넘김이나 볼륨 조절이 불편하지 않았다.

셋째, 배터리와 음질에서의 만족감
출퇴근길, 업무, 운동 등 하루 평균 5시간 이상 사용했음에도 이틀간 충전이 필요하지 않았다. 이는 동일 가격대 제품 대비 우수한 효율이다. 음질은 중저음이 안정적으로 전달되면서 보컬 음색이 선명했고, 악기 소리가 복잡한 음악에서도 분리도가 뛰어나 답답함이 덜했다. 팟캐스트나 강의 같은 음성 콘텐츠도 또렷하게 들렸다. 다만 고음역대에서는 다소 날카롭게 느껴질 수 있어 재즈나 클래식 같은 고음 중심 장르에서는 호불호가 갈릴 수 있다.

넷째, 경쟁 제품과 사용자별 추천 포인트
비슷한 가격대의 경쟁 제품과 비교했을 때, 이 이어폰은 특히 착용감과 배터리 효율에서 차별화된 강점을 보였다. 일부 제품이 음질에만 집중했다면, 이 모델은 전체적으로 균형을 유지해 다양한 환경에서 무난하게 활용할 수 있다. 특히 다음과 같은 사용자에게 적합하다.

- 출퇴근이 잦은 직장인: 안정적인 연결과 긴 배터리 지속
- 운동을 즐기는 사용자: 가벼운 무게와 안정적인 착용감
- 음악 감상을 중시하는 사람: 중저음과 보컬 중심 음질에서 강점
- 멀티태스킹이 필요한 학생·프리랜서: 터치 컨트롤과 통화 품질로 편리함 확보

리뷰를 마무리하며
이번 신상 무선 이어폰은 단순히 스펙만 뛰어난 제품이 아니라, 실제 사용자의 일상 속에서 얼마나 자연스럽게 녹아드는지를 보여 주는 사례였다. 착용감, 배터리, 음질의 균형이 잘 맞아 장시간 사용이나 이동이 많은 환경에서 특히 만족도가 높았다. 새로운 무선 이어폰을 고민한다면 먼저 자신의 사용 패턴을 떠올리고, 이 제품의 장점이 그 필요와 얼마나 일치하는지 점검해 보길 권한다. 종합적으로 볼 때, 이 이어폰은 다양한 상황에서 두루 활용 가능한 '균형 잡힌 선택지'라 할 수 있다.

연결형 수정, 문장과 문단 사이의 흐름 보강하기

문장 간 연결성을 보강하는 수정 방식은 글의 논리 흐름이 끊기거나 문단 전환이 부자연스러울 때 유용합니다. 아이디어는 충분하지만 각 단락이 따로 노는 것처럼 보일 때, 독자가 읽으며 맥락이 매끄럽지 않다고 느낄 때 특히 효과적입니다. 이 과정을 통해 글의 전체 흐름을 안정적으로 이어주고, 주제 전달력을 한층 높일 수 있습니다. 또, 문단 간 전환부를 다듬으면 글이 읽히는 리듬이 부드러워지고, 독자는 부담 없이 내용을 따라갈 수 있습니다. 결과적으로 독자의 몰입도가 높아지고, 메시지가 더욱 선명하게 전달되는 글로 완성됩니다.

연결형 수정 프롬프트

다음 원고의 문단 흐름과 논리 구조를 점검해주세요. 각 단락의 핵심이 잘 드러나는지, 연결이 매끄러운지 확인하고 필요한 수정 사항을 제안해주세요.
- 문단 간 전환이 어색한 부분을 찾아 연결 문장을 추가해주세요. 중복된 표현은 정리해주세요.
- 처음과 끝 문장이 글의 주제와 잘 연결되는지 확인하고, 흐름이 어색한 부분이 있다면 조정해주세요.

[원고 첨부]

원고 전체를 검토하며 문단 흐름, 논리 구조, 전환, 중복 표현을 점검했습니다. 다음은 피드백과 수정 제안입니다.

1. 전체 구조 점검
첫 문단(도입부): 글의 주제를 명확히 제시하며 흥미를 유도하고 있음. 다만 "단순한 광고 문구가 아닌 실제 경험을 바탕으로 평가할 필요성을 느꼈다."와 "실제 경험을 바탕으로" 부분이 반복되므로 정리 필요
중간 문단(본론): 스펙-착용감-배터리/음질-비교/추천 순으로 전개되어 체계적임. 다만 각 항목이 독립적으로 나열되어 있어 문단 간 연결 문장이 부족함. '이어서', '또한', '무엇보다' 같은 연결어를 보강하면 흐름이 매끄러워짐

마지막 문단(결론): 핵심 메시지를 잘 정리하고 있음. 그러나 도입부의 "구매 판단에 참고할 수 있도록 한다."와 결론의 "구매 판단" 부분이 의미상 겹치므로 결론에서 더 강렬하게 마무리하는 방향이 좋음

2. 문단별 피드백 및 수정 제안
도입부
원문: "나 역시 최근 출시된 신상 무선 이어폰을 직접 구입해 사용해보며 단순한 광고 문구가 아닌 실제 경험을 바탕으로 평가할 필요성을 느꼈다."
제안: "나 역시 최근 출시된 신상 무선 이어폰을 직접 구입해 사용해보며, 스펙 표와 광고만으로는 알 수 없는 실제 사용 경험이 중요하다는 것을 깨달았다."
→ 반복된 표현을 줄이고 더 명확하게 정리

스펙 문단에서 착용감 문단으로 전환
현재는 단락이 바로 이어지는데, 연결 문장이 없어서 다소 단절적으로 보임
제안: "기본 스펙과 디자인이 안정감을 준다면, 실제 사용에서 가장 먼저 체감되는 요소는 착용감이다."

착용감 문단에서 배터리/음질 문단으로 전환
원문은 "터치 컨트롤…"으로 끝나고 바로 "출퇴근길…"로 시작해 다소 급함
제안: "편안한 착용감과 편의성이 확보된 후에는, 장시간 사용을 뒷받침하는 배터리와 음질이 얼마나 균형 잡혀 있는지가 중요하다."

배터리/음질 문단에서 비교/추천 문단으로 전환
원문은 "호불호가 생길 수 있다."에서 바로 "비슷한 가격대의 경쟁 제품과 비교했을 때"로 넘어감. 연결 문장이 필요.
제안: "이처럼 음질과 배터리 모두 일정 수준 이상을 보여 주었기에, 자연스럽게 경쟁 제품과의 비교가 떠올랐다."

결론
현재 결론은 잘 정리되어 있으나, 도입부와 다소 겹치는 부분이 있음
제안: 마지막 문장을 "결국 이 이어폰은 다양한 상황에서 두루 활용할 수 있는 '균형 잡힌 선택지'로, 일상에 자연스럽게 스며드는 동반자가 될 것이다."로 마무리하면 더 힘 있게 끝남

3. 정리된 수정 포인트

도입부의 반복 표현 정리 → "실제 경험 중요성" 강조

각 항목 사이에 연결 문장 추가 → 스펙→착용감, 착용감→배터리/음질, 배터리/음질→비교/추천

결론에서 도입부와 겹치는 "구매 판단" 표현 정리 → "일상에 스며드는 동반자"로 힘 있게 마무리

앞서 피드백을 반영한 최종 원고를 작성해주세요.

신상 무선 이어폰 리뷰 – 직접 써본 착용감과 음질 이야기

새로운 무선 이어폰을 고를 때 가장 먼저 확인하는 것은 무엇일까? 어떤 사람은 스펙 표를 꼼꼼히 살펴보고, 또 어떤 사람은 실제 사용 후기를 더 중시한다. 나 역시 최근 출시된 신상 무선 이어폰을 직접 구입해 사용해보며, 광고와 스펙만으로는 알 수 없는 실제 경험의 중요성을 실감했다. 이 글에서는 사용 경험을 바탕으로 착용감, 배터리, 음질, 경쟁 제품과의 비교, 그리고 사용자별 추천 포인트를 정리해 구매 판단에 도움이 되는 정보를 제공하고자 한다.

일상 속에서 빛나는 균형 잡힌 무선 이어폰

첫째, 기본 스펙과 디자인에서 느낀 안정감

이 이어폰은 최신 블루투스 5.4 칩셋을 탑재해 연결 안정성이 높고, 최대 7시간 단독 재생과 충전 케이스 포함 시 28시간까지 사용 가능하다. 충전은 USB-C 단자를 지원해 다양한 기기와 호환이 용이하며, 디자인은 미니멀하고 귀에 안정적으로 맞아 장시간 착용에도 무리가 없다. 특히 무광 재질 덕분에 지문과 스크래치가 잘 보이지 않아 실사용에서 편리하다.

둘째, 착용감과 편의성의 차별화

3시간 이상 연속 착용해도 귀에 압박감이 거의 없었고, 외부 활동 중에도 안정적으로 고정되었다. 조깅이나 가벼운 운동 시에도 쉽게 빠지지 않아 활동적인 환경에 적합했다. 이어폰의 가벼운 무게와 귀 구조에 맞춘 설계 덕분에 장시간 사용에도 편안했다. 터치 컨트롤 반응 속도도 빠르고 직관적이어서 곡 넘김이나 볼륨 조절이 자연스럽게 이루어졌다.

셋째, 배터리와 음질에서의 만족감
출퇴근, 업무, 운동 등 하루 평균 5시간 이상 사용했음에도 이틀간 충전이 필요 없었다. 이는 동급 제품 대비 우수한 효율이다. 음질은 중저음이 안정적으로 전달되며 보컬은 선명했고, 악기 소리가 복잡한 음악에서도 분리도가 뛰어나 답답하지 않았다. 팟캐스트나 강의 같은 음성 콘텐츠도 또렷하게 들렸다. 다만 고음역대에서는 다소 날카롭게 느껴질 수 있어 재즈·클래식 등 특정 장르에서는 취향 차이가 생길 수 있다.

넷째, 경쟁 제품과 사용자별 추천 포인트
비슷한 가격대의 경쟁 제품과 비교했을 때, 이 이어폰은 특히 착용감과 배터리 효율에서 강점을 보였다. 음질 특화 제품과 달리 전체적으로 균형이 유지되어 다양한 상황에서 무난하게 활용할 수 있다. 특히 다음과 같은 사용자에게 적합하다.

– 출퇴근이 잦은 직장인: 안정적인 연결과 긴 배터리 지속
– 운동을 즐기는 사용자: 가벼운 무게와 안정적인 착용감
– 음악 감상을 중시하는 사람: 중저음과 보컬 중심 음질에서 강점
– 멀티태스킹이 필요한 학생·프리랜서: 터치 컨트롤과 통화 품질로 편리함 확보

리뷰를 마무리하며
이번 신상 무선 이어폰은 단순히 스펙만 좋은 제품이 아니라, 실제 사용자의 일상 속에서 얼마나 자연스럽게 녹아드는지를 보여 준다. 착용감, 배터리, 음질의 균형이 잘 맞아 장시간 사용이나 이동이 많은 환경에서 특히 강점을 발휘한다. 결국 이 제품은 다양한 상황에서 두루 활용할 수 있는 '균형 잡힌 선택지'이자, 사용자의 라이프 스타일을 편리하게 완성해주는 동반자라 할 수 있다.

선택형 수정, 괄호 프롬프트 활용하기

괄호 프롬프트는 원고 전체를 고치지 않고, 특정 부분만 선택해서 수정하고 싶을 때 유용합니다. 이 방식은 전체 흐름과 톤을 그대로 유지하면서, 세부적인 문장을 정교하게 수정할 수 있다는 장점이 있습니다. 이를 통해 전체 글의 색깔은 살리면서도 세밀한 부분의 완성도를 높이는 수정이 가능합니다.

선택형 수정 프롬프트

 다음 원고에서 괄호 [] 부분에 대해서만 수정해주세요.

- 괄호 이외의 다른 내용은 변경 없이 동일하게 제공해주세요.
- 괄호 안의 내용을 보다 자연스럽고 명확하게 다듬어 주세요.
- 수정한 내용은 굵은 글씨(볼드체)로 표시해주세요.

[원고]
일상 속에서 빛나는 균형 잡힌 무선 이어폰

첫째, 기본 스펙과 디자인에서 느낀 안정감
[글의 첫 번째 단락 끝에는, 무광 재질로 스크래치와 지문에 강한 차별성에 대해, 이 제품만의 특징으로 해서 자연스럽게 덧붙여 주세요 – 이 이어폰은 최신 블루투스 5.4 칩셋을 탑재해 연결 안정성이 높고, 최대 7시간 단독 재생과 충전 케이스 포함 시 28시간까지 사용 가능하다. 충전은 USB-C 단자를 지원해 다양한 기기와 호환이 용이하며, 디자인은 미니멀하고 귀에 안정적으로 맞아 장시간 착용에도 무리가 없다. 특히 무광 재질 덕분에 지문과 스크래치가 잘 보이지 않아 실사용에서 편리하다.]

둘째, 착용감과 편의성의 차별화
3시간 이상 연속 착용해도 귀에 압박감이 거의 없었고, 외부 활동 중에도 안정적으로 고정되었다. 조깅이나 가벼운 운동 시에도 쉽게 빠지지 않아 활동적인 환경에 적합했다. 이어폰의 가벼운 무게와 귀 구조에 맞춘 설계 덕분에 장시간 사용에도 편안했다. [터치 컨트롤의 빠른 반응 속도와 직관적인 조작성을 장점으로 강조해주세요 – 터치 컨트롤 반응 속도도 빠르고 직관적이어서 곡 넘김이나 볼륨 조절이 자연스럽게 이루어졌다.]

셋째, 배터리와 음질에서의 만족감
출퇴근, 업무, 운동 등 하루 평균 5시간 이상 사용했음에도 이틀간 충전이 필요 없었다. 이는 동급 제품 대비 우수한 효율이다. 음질은 중저음이 안정적으로 전달되며 보컬은 선명했고, 악기 소리가 복잡한 음악에서도 분리도가 뛰어나 답답하지 않았다. 팟캐스트나 강의 같은 음성 콘텐츠도 또렷하게 들렸다. 다만 고음역대에서는 다소 날카롭게 느껴질 수 있어 재즈·클래식 등 특정 장르에서는 취향 차이가 생길 수 있다.

일상 속에서 빛나는 균형 잡힌 무선 이어폰
첫째, 기본 스펙과 디자인에서 느낀 안정감

이 이어폰은 최신 블루투스 5.4 칩셋을 탑재해 연결 안정성이 높고, 최대 7시간 단독 재생과 충전 케이스 포함 시 28시간까지 사용할 수 있습니다. 충전은 USB-C 단자를 지원해 다양한 기기와 호환이 용이하며, 디자인은 미니멀하고 귀에 안정적으로 맞아 장시간 착용에도 무리가 없습니다. 특히 무광 재질 덕분에 지문과 스크래치가 잘 보이지 않아 관리가 편리하며, 일상적인 사용 환경에서도 깔끔한 외관을 오래 유지할 수 있다는 점이 이 제품의 차별화된 장점입니다.

둘째, 착용감과 편의성의 차별화

3시간 이상 연속 착용해도 귀에 압박감이 거의 없었고, 외부 활동 중에도 안정적으로 고정되었습니다. 조깅이나 가벼운 운동 시에도 쉽게 빠지지 않아 활동적인 환경에 적합했습니다. 이어폰의 가벼운 무게와 귀 구조에 맞춘 설계 덕분에 장시간 사용에도 편안했습니다. **특히 터치 컨트롤은 반응 속도가 빠르고 조작이 직관적이어서, 곡 넘김과 볼륨 조절이 자연스럽고 매끄럽게 이루어진다는 점에서 편의성이 돋보입니다.**

셋째, 배터리와 음질에서의 만족감

출퇴근, 업무, 운동 등 하루 평균 5시간 이상 사용했음에도 이틀간 충전이 필요 없었습니다. 이는 동급 제품 대비 우수한 효율입니다. 음질은 중저음이 안정적으로 전달되며 보컬은 선명했고, 악기 소리가 복잡한 음악에서도 분리도가 뛰어나 답답하지 않았습니다. 팟캐스트나 강의 같은 음성 콘텐츠도 또렷하게 들렸습니다. 다만 고음역대에서는 다소 날카롭게 느껴질 수 있어 재즈·클래식 등 특정 장르에서는 취향 차이가 생길 수 있습니다.

👍 초고의 형태를 다듬는 3가지 방법

앞서 4가지 수정 방식이 초고의 내용을 수정하는 방법이었다면, 이번에는 초고의 형태를 다듬는 3가지 방법을 살펴보겠습니다.

문장 구조와 형식을 유지하며 다듬기

먼저 글의 형식적 특징을 그대로 보존하면서 문장 흐름만 매끄럽게 다듬는 방식입니다. 줄 바꿈, 문단 구분, 띄어쓰기까지 원문 스타일을 그대로 살려야 할 때 특히 유용합니다. 의미를 새로 더하거나 빼지 않고 문법, 흐름, 리듬만 정리해 읽기 편한 문장으로 만드는 것이 목적입니다. 원문의 개성과 독특한 표현은 그대로 유지하면서도 가독성을 높일 수 있는 방법입니다.

문장 형식 유지하면서 다듬는 프롬프트

 다음 규칙에 따라 [원고]의 어휘와 표현 방식, 톤은 그대로 유지하면서 문장의 흐름과 가독성만 자연스럽게 다듬어 주세요.
- 줄 바꿈, 문단 구분, 스페이스 구조는 절대 변경하지 마세요.
- 의미를 새로 추가하거나 삭제하지 말고, 단순히 문법·흐름·리듬만 정리해주세요.
- 원문의 개성과 독특한 표현은 그대로 보존해주세요.

[원고]
소제목: 착용감과 편의성의 차별화
3시간 넘게 계속 착용했는데 귀가 눌리는 느낌은 거의 없었고,
밖에서 활동할 때도 그냥 안정적으로 붙어 있었다.
조깅이나 가볍게 운동할 때도
쉽게 빠지지 않아서 활동할 때 쓰기 나쁘지 않았다.

이어폰이 가볍고 귀 모양에
맞게 설계된 덕분인지 오래 껴도 꽤 괜찮았다.
터치 컨트롤은 반응이 빠른 편이고
조작도 단순해서 곡 넘기거나 볼륨 조절 같은 게
그럭저럭 잘 되는 편이었다.

소제목: 착용감과 편의성의 차별화
3시간 넘게 계속 착용했는데 귀가 눌리는 느낌은 거의 없었고,
밖에서 활동할 때도 안정적으로 붙어 있었다.
조깅이나 가벼운 운동을 할 때도
쉽게 빠지지 않아 활동할 때 쓰기에 괜찮았다.
이어폰이 가볍고 귀 모양에
맞게 설계된 덕분인지 오래 껴도 편안했다.
터치 컨트롤은 반응이 빠른 편이고
조작도 단순해서 곡 넘기거나 볼륨 조절 같은 것도
무리 없이 잘 되는 편이었다.

원고 분량 조절하기

글이 지나치게 길어 독자가 집중하기 어렵거나, 반대로 너무 짧아 내용이 부족할 때 활용하는 방식입니다. 불필요한 반복은 줄이고 핵심만 압축해 분량을 줄일 수 있으며, 부족할 경우 예시나 설명을 보강해 길이를 늘릴 수 있습니다. 핵심 메시지는 그대로 유지하면서 글의 길이를 목적에 맞게 조정할 수 있어, 보고서나 블로그 글, 책 원고 등 다양한 글쓰기 상황에서 유용합니다.

원고 분량 조절 프롬프트

다음 [원고]를 주어진 글자 수 기준에 맞게 조정해주세요.
- 핵심 메시지는 유지하면서 불필요한 반복은 줄여 분량을 축소해주세요.
- 내용이 부족할 경우 구체적인 예시나 설명을 보강해 분량을 늘려 주세요.
- 최종 결과물은 전체 글자 수의 10% 범위 안에서 조정해주세요.

[원고]
일상 속에서 빛나는 균형 잡힌 무선 이어폰
첫째, 기본 스펙과 디자인에서 느낀 안정감
이 이어폰은 최신 블루투스 5.4 칩셋을 탑재해 연결 안정성이 높고, 최대 7시간 단독 재생과 충전 케이스 포함 시 28시간까지 사용 가능하다. 충전은 USB-C 단자를 지원해 다양한 기기와 호환이 용이하며, 디자인은 미니멀하고 귀에 안정적으로 맞아 장시간 착용에도 무리가 없다. 특히 무광 재질 덕분에 지문과 스크래치가 잘 보이지 않아 실사용에서 편리하며, 외관을 깔끔하게 유지할 수 있다는 점에서 이 제품만의 차별성이 돋보인다.

둘째, 착용감과 편의성의 차별화
3시간 이상 연속 착용해도 귀에 압박감이 거의 없었고, 외부 활동 중에도 안정적으로 고정되었다. 조깅이나 가벼운 운동 시에도 쉽게 빠지지 않아 활동적인 환경에 적합했다. 이어폰의 가벼운 무게와 귀 구조에 맞춘 설계 덕분에 장시간 사용에도 편안했다. 특히 터치 컨트롤은 반응 속도가 빠르고 조작이 직관적이어서 곡 넘김과 볼륨 조절이 매끄럽게 이루어지는 점이 장점으로 꼽힌다.

셋째, 배터리와 음질에서의 만족감
출퇴근, 업무, 운동 등 하루 평균 5시간 이상 사용했음에도 이틀간 충전이 필요 없었다. 이는 동급 제품 대비 우수한 효율이다. 음질은 중저음이 안정적으로 전달되며 보컬은 선명했고, 악기 소리가 복잡한 음악에서도 분리도가 뛰어나 답답하지 않았다. 팟캐스트나 강의 같은 음성 콘텐츠도 또렷하게 들렸다. 다만 고음역대에서는 다소 날카롭게 느껴질 수 있어 재즈·클래식 등 특정 장르에서는 취향 차이가 있을 수 있다.
(765 글자수)

일상 속에서 빛나는 균형 잡힌 무선 이어폰
첫째, 기본 스펙과 디자인에서 느낀 안정감
이 이어폰은 최신 블루투스 5.4 칩셋을 탑재해 연결이 안정적이고, 최대 7시간 단독 재생과 충전 케이스 포함 시 28시간까지 사용 가능하다. 충전은 USB-C 단자를 지원해 다양한 기기와 호환이 쉽다. 디자인은 미니멀하고 귀에 안정적으로 맞아 장시간 착용에도 부담이 없으며, 무광 재질 덕분에 지문과 스크래치가 덜해 깔끔한 외관을 유지할 수 있다.

> 둘째, 착용감과 편의성의 차별화
> 3시간 이상 착용해도 귀에 압박감이 거의 없었고, 외부 활동 중에도 안정적으로 고정되었다. 조깅이나 가벼운 운동 시에도 쉽게 빠지지 않아 활동적인 환경에 적합하다. 무게가 가볍고 귀 구조에 맞춰 설계돼 장시간 사용에도 편안하다. 터치 컨트롤은 반응이 빠르고 조작이 직관적이어서 곡 넘김과 볼륨 조절이 매끄럽게 이루어진다.
> 셋째, 배터리와 음질에서의 만족감
> 출퇴근, 업무, 운동 등 하루 평균 5시간 이상 사용했음에도 이틀간 충전이 필요 없었다. 이는 동급 제품 대비 우수한 효율이다. 음질은 중저음이 안정적으로 전달되며 보컬이 선명하고, 악기 소리가 복잡한 음악에서도 분리도가 뛰어나 답답하지 않았다. 팟캐스트나 강의 같은 음성 콘텐츠도 또렷했다. 다만 고음역대에서는 다소 날카롭게 느껴져 특정 장르에서는 취향 차이가 있을 수 있다.
> (677 글자수)

문장 끝맺음을 존칭으로 통일하기

글의 문장을 어떻게 마무리하느냐에 따라 전체 톤과 분위기가 달라집니다. 책이나 보고서처럼 공식적인 문서에서는 존칭형('~합니다')으로 끝맺으면 전문성과 신뢰감을 높일 수 있습니다. 반대로 블로그나 SNS 글이라면 설명형('~한다')으로 정리해 친근한 느낌을 줄 수 있습니다. 한 문서 안에서 문장 끝맺음 방식을 일관되게 유지하면 글의 톤과 가독성이 한층 안정적입니다.

끝맺음 수정 프롬프트

 다음 원고는 문장 뒷부분을 존칭으로 '합니다'로 마무리하며, 표준어를 일관되게 사용한다. 예를 들어, '한다'는 '합니다'로 변경한다. 이 규칙은 모든 문장 구조와 문맥에 적용한다.
[원고]
일상 속에서 빛나는 균형 잡힌 무선 이어폰
첫째, 기본 스펙과 디자인에서 느낀 안정감
이 이어폰은 최신 블루투스 5.4 칩셋을 탑재해 연결이 안정적이고, 최대 7시간 단독 재생과 충전 케이스 포함 시 28시간까지 사용 가능하다. 충전은 USB-C 단자를 지원해 다양한 기기와 호환이 쉽다. 디자인은 미니멀하고 귀에 안정적으로 맞아 장시간 착용에도 부담이 없으며, 무광 재질 덕분에 지문과 스크래치가 덜해 깔끔한 외관을 유지할 수 있다.

둘째, 착용감과 편의성의 차별화

3시간 이상 착용해도 귀에 압박감이 거의 없었고, 외부 활동 중에도 안정적으로 고정되었다. 조깅이나 가벼운 운동 시에도 쉽게 빠지지 않아 활동적인 환경에 적합하다. 무게가 가볍고 귀 구조에 맞춰 설계돼 장시간 사용에도 편안하다. 터치 컨트롤은 반응이 빠르고 조작이 직관적이어서 곡 넘김과 볼륨 조절이 매끄럽게 이루어진다.

셋째, 배터리와 음질에서의 만족감

출퇴근, 업무, 운동 등 하루 평균 5시간 이상 사용했음에도 이틀간 충전이 필요 없었다. 이는 동급 제품 대비 우수한 효율이다. 음질은 중저음이 안정적으로 전달되며 보컬이 선명하고, 악기 소리가 복잡한 음악에서도 분리도가 뛰어나 답답하지 않았다. 팟캐스트나 강의 같은 음성 콘텐츠도 또렷했다. 다만 고음역대에서는 다소 날카롭게 느껴져 특정 장르에서는 취향 차이가 생길 수 있다.

 일상 속에서 빛나는 균형 잡힌 무선 이어폰

첫째, 기본 스펙과 디자인에서 느낀 안정감

이 이어폰은 최신 블루투스 5.4 칩셋을 탑재해 연결이 안정적이고, 최대 7시간 단독 재생과 충전 케이스 포함 시 28시간까지 사용 가능합니다. 충전은 USB-C 단자를 지원해 다양한 기기와 호환이 용이합니다. 디자인은 미니멀하고 귀에 안정적으로 맞아 장시간 착용에도 부담이 없으며, 무광 재질 덕분에 지문과 스크래치가 덜해 깔끔한 외관을 유지할 수 있습니다.

둘째, 착용감과 편의성의 차별화

3시간 이상 착용해도 귀에 압박감이 거의 없었습니다, 외부 활동 중에도 안정적으로 고정되었습니다. 조깅이나 가벼운 운동 시에도 쉽게 빠지지 않아 활동적인 환경에 적합합니다. 무게가 가볍고 귀 구조에 맞춰 설계돼 장시간 사용에도 편안합니다. 터치 컨트롤은 반응이 빠르고 조작이 직관적이어서 곡 넘김과 볼륨 조절이 매끄럽게 이루어집니다.

셋째, 배터리와 음질에서의 만족감

출퇴근, 업무, 운동 등 하루 평균 5시간 이상 사용했음에도 이틀간 충전이 필요하지 않았습니다. 이는 동급 제품 대비 우수한 효율입니다. 음질은 중저음이 안정적으로 전달되며 보컬이 선명하고, 악기 소리가 복잡한 음악에서도 분리도가 뛰어나 답답하지 않습니다. 팟캐스트나 강의 같은 음성 콘텐츠도 또렷하게 들립니다. 다만 고음역대에서는 다소 날카롭게 느껴져 특정 장르에서는 취향 차이가 생길 수 있습니다.

Q&A AI 글이 너무 기계적으로 느껴진다면?

AI가 쓴 글이 기계적으로 느껴지는 이유는 대부분 문장 리듬과 감정의 결핍 때문입니다. AI가 쓴 초안은 구조적으로는 완벽하지만, 사람의 숨결이 담긴 '호흡'이 부족합니다. 이는 AI가 정확성과 효율성에는 강하지만, 미묘한 감정선과 리듬을 담아내는 데 한계가 있기 때문입니다. 따라서 글을 자연스럽게 만들기 위해서는 기계적인 틀 위에 인간의 리듬과 감정을 덧입히는 과정이 필요합니다.

첫째, 첫 문장을 바꿉니다. 사실을 단순히 전달하는 문장보다는 상황이나 감정, 혹은 질문으로 시작하면 글의 온도가 달라집니다. 예를 들어 "AI 글쓰기는 어렵습니다."라는 문장은 단조롭지만 "AI가 대신 써준 글, 왜 내 말 같지 않다고 느껴질까요?"로 시작하면 독자의 시선이 멈춥니다. 첫 문장은 글의 인상을 결정하는 문장입니다. 독자의 호기심이 움직이는 순간, 글은 이미 살아납니다.

둘째, 경험을 한 줄 더합니다. AI는 사실만 말하지만, 사람은 감정을 표현합니다. "나도 처음엔 이 문체가 너무 차갑다고 느꼈습니다." 이 한 줄이 글의 분위기를 바꿉니다. 그 문장은 독자와 작가 사이의 '온도 차'를 메우는 다리입니다. 작은 공감의 문장 하나가 글 전체에 인간적인 여운을 남깁니다.

셋째, 문장 리듬을 조절합니다. 모든 문장의 길이가 비슷하다면 글은 숨이 막힙니다. 긴 문장 뒤에는 짧은 문장을 두세요. 예를 들어 "AI와 글쓰기에서 결국 중요한 건 리듬입니다. 읽히는 글은 살아 있습니다."처럼 짧은 문장은 여운을 만듭니다. 리듬은 글의 호흡이자 음악입니다. 일정한 템포를 벗어날 때 비로소 생동감이 생깁니다.

넷째, 시점을 '당신'으로 전환하세요. 독자를 직접 부르는 순간, 문체는 생동감을 얻습니다. "이 글을 읽는 당신이라면…" 같은 표현은 독자를 이야기 속으로 초대하는 효과가 있습니다. 문장이 대화로 바뀌는 순간, 글은 '정보'에서 '소통'으로 변합니다.

핵심은 단순합니다. AI가 구조를 만들고, 사람이 온기를 더하는 일. 기계가 틀을 세우면 사람은 그 위에 감정을 입힙니다. AI의 논리와 인간의 리듬이 만날 때, 글은 비로소 살아 숨쉬게 됩니다.

08장

피드백을 반영하고 글 완성하기

글을 완성하는 마지막 단계에서 필요한 것은 피드백과 윤문입니다. 피드백은 단순한 교정이 아니라 글의 의도를 다시 확인하는 과정이며, 윤문은 문장을 정리해 읽히는 글로 바꾸는 기술입니다. 이 장에서는 글을 완성하는 마지막 다듬기 과정의 핵심 원칙과 방법을 다룹니다. 글의 구조와 흐름을 점검하고, 메시지의 중심을 잡으며, 독자의 시선에서 부족한 부분을 보완하는 방법을 구체적으로 제시합니다. 또, 중복 표현, 논리 단절, 문체 불균형을 신속히 찾아내는 실전 전략도 함께 다룹니다.

여러분은 이 장을 통해 챗GPT에 글의 피드백을 요청하고, 나아가 효율적으로 반영하는 단계별 루틴을 익히게 됩니다. 이 과정을 통해 초안은 완성도로, 문장은 설득력으로, 글은 읽는 즐거움으로 완성됩니다.

👍 원고 피드백과 개선 작업하기

피드백 단계는 초안을 한 번 더 점검해 글의 설득력과 완성도를 높이는 과정입니다. 단순히 맞춤법이나 띄어쓰기를 고치는 데서 그치지 않고 논리의 흐름, 문장의 자연스러움, 독자의 시선에서 부족한 부분을 찾아 보완하는 작업이 포함됩니다. 이 과정에서 AI를 활용하면 문단 간 연결, 중복 표현, 누락된 근거 같은 문제를 빠르게 확인할 수 있으며, 독자가 읽기 좋은 방향으로 개선할 아이디어를 받을 수 있습니다.

원고 피드백 요청

 다음 [원고]에 대해 전반적인 내용, 구조, 표현 방식에 대한 피드백을 제공하고 개선 사항을 제시해주세요. 특히 이해하기 쉬운지와 명확하게 전달되는지를 중점적으로 검토하고, 글의 흐름이 자연스럽게 이어지는지도 확인한 다음 필요하면 매끄럽게 다듬어 주세요.

[원고]
신상 무선 이어폰 리뷰 – 직접 써본 착용감과 음질 이야기
새로운 무선 이어폰을 고를 때 가장 먼저 확인하는 것은 무엇일까? 어떤 사람은 스펙 표를 꼼꼼히 살펴보고, 또 어떤 사람은 실제 사용 후기를 더 중시한다. 나 역시 최근 출시된 신상 무선 이어폰을 직접 구입해 사용해보며, 광고와 스펙만으로는 알 수 없는 실제 경험의 중요성을 실감했다. 이 글에서는 사용 경험을 바탕으로 착용감, 배터리, 음질, 경쟁 제품과의 비교, 그리고 사용자별 추천 포인트를 정리해 구매 판단에 도움이 되는 정보를 제공하고자 한다.

일상 속에서 빛나는 균형 잡힌 무선 이어폰
첫째, 기본 스펙과 디자인에서 느낀 안정감
이 이어폰은 최신 블루투스 5.4 칩셋을 탑재해 연결 안정성이 높고, 최대 7시간 단

독 재생과 충전 케이스 포함 시 28시간까지 사용 가능하다. 충전은 USB-C 단자를 지원해 다양한 기기와 호환이 용이하며, 디자인은 미니멀하고 귀에 안정적으로 맞아 장시간 착용에도 무리가 없다. 특히 무광 재질 덕분에 지문과 스크래치가 잘 보이지 않아 실사용에서 편리하다.

둘째, 착용감과 편의성의 차별화

3시간 이상 연속 착용해도 귀에 압박감이 거의 없었고, 외부 활동 중에도 안정적으로 고정되었다. 조깅이나 가벼운 운동 시에도 쉽게 빠지지 않아 활동적인 환경에 적합했다. 이어폰의 가벼운 무게와 귀 구조에 맞춘 설계 덕분에 장시간 사용에도 편안했다. 터치 컨트롤 반응 속도도 빠르고 직관적이어서 곡 넘김이나 볼륨 조절이 자연스럽게 이루어졌다.

셋째, 배터리와 음질에서의 만족감

출퇴근, 업무, 운동 등 하루 평균 5시간 이상 사용했음에도 이틀간 충전이 필요 없었다. 이는 동급 제품 대비 우수한 효율이다. 음질은 중저음이 안정적으로 전달되며 보컬은 선명했고, 악기 소리가 복잡한 음악에서도 분리도가 뛰어나 답답하지 않았다. 팟캐스트나 강의 같은 음성 콘텐츠도 또렷하게 들렸다. 다만 고음역대에서는 다소 날카롭게 느껴질 수 있어 재즈·클래식 등 특정 장르에서는 취향 차이가 생길 수 있다.

넷째, 경쟁 제품과 사용자별 추천 포인트

비슷한 가격대의 경쟁 제품과 비교했을 때, 이 이어폰은 특히 착용감과 배터리 효율에서 강점을 보였다. 음질 특화 제품과 달리 전체적으로 균형이 유지되어 다양한 상황에서 무난하게 활용할 수 있다. 특히 다음과 같은 사용자에게 적합하다.

출퇴근이 잦은 직장인: 안정적인 연결과 긴 배터리 지속

운동을 즐기는 사용자: 가벼운 무게와 안정적인 착용감

음악 감상을 중시하는 사람: 중저음과 보컬 중심 음질에서 강점

멀티태스킹이 필요한 학생·프리랜서: 터치 컨트롤과 통화 품질로 편리함 확보

리뷰를 마무리하며

이번 신상 무선 이어폰은 단순히 스펙만 좋은 제품이 아니라, 실제 사용자의 일상 속에서 얼마나 자연스럽게 녹아드는지를 보여 준다. 착용감, 배터리, 음질의 균형이 잘 맞아 장시간 사용이나 이동이 많은 환경에서 특히 강점을 발휘한다. 결국 이 제품은 다양한 상황에서 두루 활용할 수 있는 '균형 잡힌 선택지'이자, 사용자의 라이프 스타일을 편리하게 완성해주는 동반자라 할 수 있다.

1. 전반적 내용 피드백

강점
- 스펙, 착용감, 배터리·음질, 경쟁 제품 비교, 사용자별 추천 등 독자가 궁금해하는 요소가 고르게 포함되어 있음
- 실제 사용 경험을 바탕으로 한 설명이 신뢰성을 높여 줌
- 마지막 결론부에서 제품의 특징을 '균형 잡힌 선택지'로 요약한 점이 인상적임

보완 필요
- 일부 문장은 길어 읽는 흐름이 답답하게 느껴짐
(예: "충전은 USB-C 단자를 지원해 다양한 기기와 호환이 용이하며, 디자인은 미니멀하고 귀에 안정적으로 맞아 장시간 착용에도 무리가 없다." → 두 문장으로 나누면 가독성 향상)
- "첫째, 둘째, 셋째, 넷째" 구조는 정리에는 좋으나 다소 딱딱한 인상을 줄 수 있음. 부드럽게 연결하는 문장을 보강하면 자연스러움이 살아남
- 결론 부분이 제품 칭찬 위주라 독자의 선택을 돕는 "구매 시 유의할 점" 같은 균형 잡힌 시각이 조금 부족함

2. 구조 피드백

현재 구조: 서론 → 스펙·디자인 → 착용감·편의성 → 배터리·음질 → 경쟁 제품 비교·추천 → 결론
- 장점: 리뷰 글로서 기본 흐름은 안정적이고 이해하기 쉬움
- 개선점: 각 항목 앞에 소제목(예: "연결 안정성과 디자인" "착용감과 편의성")을 H2 수준으로 넣으면 블로그·웹 환경에서 가독성과 SEO에 유리함. "리뷰를 마무리하며" 부분에, 추천 대상뿐 아니라 "고음역대 날카로움" 같은 단점을 간단히 다시 짚어주면 글의 균형이 강화됨

3. 표현 방식 피드백
- 이해도: 대체로 명확하게 전달되며 기술적 용어도 무난하게 사용됨
- 표현 개선: "편리하다" "적합했다" 같은 표현이 반복되므로 일부는 변화를 주면 글이 단조롭지 않음. "실사용에서 편리하다." → "실제로 사용하면서 만족스러웠다."처럼 독자의 경험과 연결되는 말로 바꾸면 자연스러움이 커짐. "이 제품은 다양한 상황에서 두루 활용할 수 있는 '균형 잡힌 선택지'"라는 문장은 좋으나, 바로 앞의 문단과 겹치는 뉘앙스가 있어 간결히 정리해도 됨

4. 개선안(예시 문장 다듬기)
원문: "충전은 USB-C 단자를 지원해 다양한 기기와 호환이 용이하며, 디자인은 미니멀하고 귀에 안정적으로 맞아 장시간 착용에도 무리가 없다."
개선: "충전은 USB-C 단자를 지원해 다양한 기기와 호환된다. 디자인은 미니멀하며 귀에 안정적으로 맞아 장시간 착용에도 불편함이 없다."

원문: "특히 다음과 같은 사용자에게 적합하다."
개선: "이 제품은 특히 아래와 같은 사용자에게 잘 맞는다."
결론 보강: "균형 잡힌 선택지이자 편리한 동반자다." 뒤에 "다만 고음역대에서 날카로움을 느낄 수 있으므로 음악 장르에 따라 호불호가 갈릴 수 있다."를 추가하면 신뢰도가 더 올라감

원고 피드백 점검 후 개선하기

해당 제공된 피드백과 개선 사항을 반영하여 전체 원고를 수정해주세요.
수정된 부분은 굵은 글씨(볼드체)로 표시해주세요.
수정 시 글의 흐름이 자연스럽게 이어지고 내용이 명확하게 전달되도록 특히 신경 써 주세요.

신상 무선 이어폰 리뷰 - 직접 써본 착용감과 음질 이야기

새로운 무선 이어폰을 고를 때 가장 먼저 확인하는 것은 무엇일까? 어떤 사람은 스펙 표를 꼼꼼히 살펴보고, 또 어떤 사람은 실제 사용 후기를 더 중시한다. 나 역시 최근 출시된 신상 무선 이어폰을 직접 구입해 사용해보며, 광고와 스펙만으로는 알 수 없는 실제 경험의 중요성을 실감했다. 이 글에서는 사용 경험을 바탕으로 착용감, 배터리, 음질, 경쟁 제품과의 비교, 그리고 사용자별 추천 포인트를 정리해 구매 판단에 도움이 되는 정보를 제공하고자 한다.

연결 안정성과 디자인
이 이어폰은 최신 블루투스 5.4 칩셋을 탑재해 연결 안정성이 높다. 최대 **7**시간 단독 재생, 충전 케이스 포함 시 **28**시간까지 사용 가능하며, 충전은 **USB-C** 단자를 지원해 다양한 기기와 호환된다. 디자인은 미니멀하며 귀에 안정적으로 맞아 장시간 착용에도 불편함이 없다. 무광 재질이라 지문과 스크래치가 잘 보이지 않아 실사용에서 만족스러웠다.

착용감과 편의성
3시간 이상 연속 착용해도 귀에 압박감이 거의 없었고, 외부 활동 중에도 안정적으로 고정되었다. 조깅이나 가벼운 운동 시에도 쉽게 빠지지 않아 활동적인 환경에 적합했다. 이어폰의 가벼운 무게와 귀 구조에 맞춘 설계 덕분에 장시간 사용에도 편안했다. 터치 컨트롤은 반응 속도가 빠르고 직관적이어서 곡 넘김이나 볼륨 조절이 자연스럽게 이루어졌다.

배터리와 음질
출퇴근, 업무, 운동 등 하루 평균 5시간 이상 사용했음에도 이틀간 충전이 필요 없었다. 이는 동급 제품 대비 우수한 효율이다. 음질은 중저음이 안정적으로 전달되며 보컬은 선명했고, 악기 소리가 복잡한 음악에서도 분리도가 뛰어나 답답하지 않았다. 팟캐스트나 강의 같은 음성 콘텐츠도 또렷하게 들렸다. 다만 고음역대에서는 다소 날카롭게 느껴질 수 있어 재즈·클래식 등 특정 장르에서는 취향 차이가 있을 수 있다.

경쟁 제품과 사용자별 추천
비슷한 가격대의 경쟁 제품과 비교했을 때, 이 이어폰은 특히 착용감과 배터리 효율에서 강점을 보였다. 음질 특화 제품과 달리 전체적으로 균형이 유지되어 다양한 상황에서 무난하게 활용할 수 있다. 이 제품은 특히 다음과 같은 사용자에게 잘 맞는다.

- 출퇴근이 잦은 직장인: 안정적인 연결과 긴 배터리 지속
- 운동을 즐기는 사용자: 가벼운 무게와 안정적인 착용감
- 음악 감상을 중시하는 사람: 중저음과 보컬 중심 음질에서 강점
- 멀티태스킹이 필요한 학생·프리랜서: 터치 컨트롤과 통화 품질로 편리함 확보

마무리하며
이번 신상 무선 이어폰은 단순히 스펙만 좋은 제품이 아니라, 실제 사용자의 일상 속에서 얼마나 자연스럽게 녹아드는지를 보여 준다. 착용감, 배터리, 음질의 균형이 잘 맞아 장시간 사용이나 이동이 많은 환경에서 특히 강점을 발휘한다. 결국 이 제품은 다양한 상황에서 두루 활용할 수 있는 균형 잡힌 선택지다. 다만 고음역대의 날카로움은 일부 사용자에게 단점이 될 수 있으니, 음악 장르 취향에 따라 평가가 달라질 수 있다.

👍 원고 윤문 작업하기

윤문은 문장을 더 명확하고 읽기 좋게 다듬는 과정입니다. 같은 의미라도 표현을 조금 바꾸면 글의 분위기가 달라지고, 독자의 몰입도 역시 달라집니다. 불필요한 수식어나 중복 표현을 줄이고, 문장의 리듬을 조정해 읽는 흐름을 부드럽게 만드는 것이 핵심입니다. 특히 블로그 글처럼 가독성이 중요한 글에서는 서론과 결론을 다시 점검해 끝까지 읽히는 힘을 확보하는 것이 필요합니다.

윤문 작업 프롬프트

다음 [원고]의 윤문 작업을 진행해주세요.
문장의 명료성을 높이고 전달력을 강화해주세요.
세부 사항이 생략되지 않도록 하되, 복잡하거나 장황한 부분은 간결하게 정리해주세요.
독자가 내용을 한눈에 파악할 수 있도록 문장을 조정해주세요.

[원고 첨부]

신상 무선 이어폰 리뷰 – 직접 써본 착용감과 음질 이야기
새로운 무선 이어폰을 고를 때 가장 먼저 확인하는 것은 무엇일까? 어떤 사람은 스펙 표를 꼼꼼히 살펴보고, 또 어떤 사람은 실제 사용 후기를 더 중시한다. 나 역시 최근 출시된 신상 무선 이어폰을 직접 구입해 사용하며, 광고와 스펙만으로는 알 수 없는 실제 경험의 중요성을 실감했다. 이 글은 착용감, 배터리, 음질, 경쟁 제품 비교, 사용자별 추천 포인트를 정리해 구매에 도움이 되는 정보를 제공한다.

연결 안정성과 디자인
이 이어폰은 최신 블루투스 5.4 칩셋을 탑재해 연결 안정성이 높다. 최대 7시간 단독 재생과 충전 케이스 포함 시 28시간 사용이 가능하다. USB-C 충전을 지원해 다양한 기기와 호환된다. 디자인은 미니멀하며 귀에 안정적으로 맞아 장시간 착용에도 불편함이 없다. 무광 재질을 사용해 지문과 스크래치가 잘 보이지 않아 실사용 만족도가 높다.

착용감과 편의성
3시간 이상 착용해도 귀에 압박감이 거의 없었고, 외부 활동 중에도 안정적으로 고정되었다. 조깅이나 운동 시에도 잘 빠지지 않아 활동적인 환경에 적합하다. 이어폰의 가벼운 무게와 귀 구조에 맞춘 설계 덕분에 장시간 사용에도 편안했다. 터치 컨트롤은 반응이 빠르고 직관적이라 곡 넘김과 볼륨 조절이 자연스럽다.

배터리와 음질
출퇴근, 업무, 운동 등 하루 평균 5시간 이상 사용했음에도 이틀간 충전이 필요 없었다. 이는 동급 제품 대비 우수하다. 음질은 중저음이 안정적으로 전달되며 보컬은 선명했다. 악기 소리가 복잡한 음악도 분리도가 좋아 답답하지 않았고, 팟캐스트와 강의 같은 음성 콘텐츠도 또렷하게 들렸다. 다만 고음역대는 다소 날카롭게 느껴질 수 있어 재즈·클래식에서는 취향이 갈릴 수 있다.

경쟁 제품과 사용자별 추천
비슷한 가격대의 경쟁 제품과 비교했을 때, 이 이어폰은 특히 착용감과 배터리 효율에서 강점을 보였다. 음질 특화 제품보다는 균형형 제품으로, 다양한 상황에서 활용하기 적합하다. 이 제품은 특히 다음 사용자에게 잘 맞는다.

- 출퇴근이 잦은 직장인: 안정적인 연결과 긴 배터리 지속
- 운동을 즐기는 사용자: 가벼운 무게와 안정적인 착용감
- 음악 감상을 중시하는 사람: 중저음과 보컬 중심 음질에서 강점
- 멀티태스킹이 필요한 학생·프리랜서: 터치 컨트롤과 통화 품질로 편리함 확보

마무리하며
이번 신상 무선 이어폰은 단순히 스펙만 좋은 제품이 아니라, 일상 속에서 얼마나 자연스럽게 녹아드는지를 보여 준다. 착용감, 배터리, 음질의 균형이 잘 맞아 장시간 사용이나 이동이 많은 환경에서 특히 강점을 발휘한다. 결국 이 제품은 다양한 상황에서 활용할 수 있는 균형 잡힌 선택지다. 다만 고음역대의 날카로움은 일부 사용자에게 단점이 될 수 있어 음악 장르 취향에 따라 평가가 달라질 수 있다.

👍 원고 제목 작성하기

제목은 글의 첫인상으로, 독자가 글을 클릭할지 말지를 결정하는 중요한 요소입니다. 핵심 키워드를 앞부분에 배치하면 검색과 노출 효과(SEO)가 높아지고, 독자가 궁금증을 느끼거나 즉시 읽고 싶은 마음이 생기게 만들 수 있습니다. 과장된 표현을 피하고, 글의 내용과 정확히 일치하도록 압축해 전달하는 것이 좋은 제목의 기본 원칙입니다.

SEO 최적화 프롬프트

 다음 [원고]에 맞는 블로그 글 제목을 5개 추천해주세요.

- 구글 검색 상위 노출을 위해 제품명 + 카테고리 + 핵심 키워드를 포함해주세요.
- 비교, 리뷰, 후기, 추천, 장단점 등의 단어를 활용해 검색 의도를 반영해주세요.
- 제목 길이는 60자 이내로 작성해 검색 결과에 잘 표시되도록 해주세요.
- 명확하고 실용적인 메시지로 독자께서 클릭하고 싶게 구성해주세요.

[원고 첨부]

 조건에 맞춰 제품명 + 카테고리 + 핵심 키워드를 반영하고, 검색 의도를 고려해 제목 5개를 제안합니다.

블로그 글 제목 추천(5개)
- 신상 무선 이어폰 리뷰 | 착용감·배터리·음질 비교 후기
- 무선 이어폰 추천 | 신상 모델 장단점과 경쟁 제품 비교
- 신상 무선 이어폰 후기 | 실사용 착용감·음질·배터리 평가
- 2025 무선 이어폰 리뷰 | 사용자별 추천 포인트와 장단점 분석
- 신상 무선 이어폰 비교 리뷰 | 출퇴근·운동·음악용 추천 제품

네이버 블로그 최적화 프롬프트

다음 [원고]에 맞는 블로그 글 제목을 5개 추천해주세요.

- 네이버 검색 노출을 위해 핵심 키워드를 제목 앞부분에 배치해주세요.
- 리뷰, 후기, 사용기, 비교 등의 단어를 활용해 검색 친화적으로 만들어 주세요.
- 제목 길이는 15~20자 내외로 짧고 직관적으로 작성해주세요.
- 독자가 공감할 수 있도록 친근하고 일상적인 톤으로 표현해주세요.

[원고 첨부]

네이버 검색 노출을 고려해 핵심 키워드를 앞에 두고, 리뷰·후기·사용기·비교 같은 단어를 활용해 15~20자 내외로 제목을 추천드립니다.

무선 이어폰 리뷰 착용감·음질 직접 사용기
신상 무선 이어폰 후기 배터리·편의성 비교
무선 이어폰 사용기 출퇴근·운동 맞춤 추천
신상 무선 이어폰 리뷰 실사용 배터리 만족도
무선 이어폰 비교 후기 착용감 좋은 제품 추천

👍 서론/결론 작성 프롬프트

서론은 글의 문을 여는 부분으로, 독자가 왜 이 글을 읽어야 하는지를 제시해야 합니다. 독자의 문제나 필요를 짚고, 글을 통해 얻게 될 변화를 보여 주면 기대감을 심을 수 있습니다. 반면 결론은 글 전체를 아우르며, 핵심 메시지를 간결하게 정리해 독자의 기억에 오래 남게 하는 역할을 합니다. 마지막 문장은 글을 단순히 끝내는 것이 아니라, 독자가 더 깊이 생각하게 만드는 출발점이 되어야 합니다.

서론 작성 프롬프트

다음 [원고]에 대해 서론 내용을 다음 규칙에 맞게 적용해주세요.
- 서론은 글의 첫인상이라 할 수 있습니다. 독자의 흥미를 끌어들일 수 있는 강렬한 도입부가 필요합니다.
- 본문에서 다룰 주요 내용을 자연스럽게 소개하면서, 독자가 '이 글을 끝까지 읽어야겠다'는 생각이 들도록 흥미로운 포인트를 강조해주세요.
- 서론에서 주제를 명확하게 잡되, 너무 직접적이지 않고 독자의 호기심을 자극하는 방식으로 흐름을 이어가면 좋겠습니다.
- 글의 시작이 독자의 기대감을 높이면서도 글의 전체적인 방향을 잡아 줄 수 있도록 다듬어 주세요.

[원고 첨부]

신상 무선 이어폰 리뷰 – 직접 써본 착용감과 음질 이야기
혹시 새로운 무선 이어폰을 고를 때 가장 먼저 무엇을 떠올리시나요? 누군가는 화려한 스펙 표를 살펴보고, 또 누군가는 실제 사용 후기를 먼저 찾아봅니다. 하지만 스펙과 광고만으로는 알 수 없는 순간들이 있습니다. 귀에 꽂고 하루 종일 생활 속에서 함께할 때 비로소 드러나는 장점과 아쉬움, 바로 그 경험이 진짜 선택의 기준이 되기 마련입니다.

저 역시 최근 출시된 신상 무선 이어폰을 직접 구입해 며칠간 사용해 보았습니다. 단순한 성능 수치가 아니라 실제 생활 속에서 느낀 착용감, 배터리 지속력, 음질의 차이, 그리고 경쟁 제품과 비교했을 때의 특징을 꼼꼼히 확인했습니다. 이 글은 그 과정을 통해 얻은 인상을 정리한 것으로, 이어폰을 고를 때 무엇을 고려해야 하는지 여러분에게 작은 힌트를 드리고자 합니다.

결론 작성 프롬프트

[원고]에 대해 결론 내용을 다음 규칙에 맞게 적용해주세요.
- 결론은 글 전체를 아우르는 중요한 메시지를 전달해야 합니다.
- 본문에서 다뤘던 주요 논점을 간결하게 정리하면서, 독자께 강렬하게 남을 수 있는 핵심 메시지를 전달하는 방식으로 결론을 보강해주세요.
- 특히 독자가 이 글을 읽고 나서 '아, 이게 중요한 포인트였구나'라는 생각이 들도록 마지막 문장을 강렬하고 여운 있게 마무리해주세요.
- 결론은 이 글의 마침표가 아니라, 독자가 무언가를 더 생각하게 만드는 출발점이 되도록 구성해주세요.

[원고 첨부]

마무리하며
이번 신상 무선 이어폰은 단순히 스펙만 강조된 제품이 아니라, 일상 속에서 얼마나 편안하게 스며드는지를 보여 주는 균형 잡힌 기기입니다. 연결 안정성, 장시간 사용에도 편안한 착용감, 기대 이상인 배터리 효율, 그리고 선명한 음질까지, 여러 요소가 고르게 조화를 이룹니다. 비슷한 가격대의 제품들과 비교했을 때도 착용감과 배터리 지속력에서 분명한 우위를 드러내며, 다양한 사용자 유형에 적합한 선택지가 됩니다.
그러나 완벽한 제품은 없습니다. 고음역대에서 느껴지는 날카로움처럼 작은 차이가 취향과 사용 패턴에 따라 장점이 될 수도, 단점이 될 수도 있습니다. 중요한 것은 스펙이나 광고 문구가 아니라, 내 일상과 얼마나 잘 맞는가 하는 점입니다.
결국 이 이어폰의 가치는 '숫자'가 아니라 '경험'에서 증명됩니다. 그리고 그 경험은 제품이 아니라 사용자가 만들어가는 것입니다. 당신이 어떤 순간에 이 이어폰을 꺼내고 싶을지를 떠올려 보세요. 그 상상이 바로 현명한 선택의 출발점이 될 것입니다.

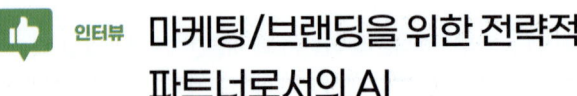

마케팅/브랜딩을 위한 전략적 파트너로서의 AI

이름(또는 활동명): 문덕청

활동 채널

- 블로그 : blog.naver.com/hello_heilen

Q. 간략한 자기소개와 함께, 현재 어떤 분야에서 AI를 활용하고 있는지 소개해 주세요.

A. 저는 암 환자 회복 및 케어를 중심으로 운영하는 한 병원에서 기획과 운영을 맡고 있습니다. 병원에서는 수술 전후나 항암·방사선 치료를 받으시는 환자들이 일상으로 돌아갈 수 있도록 돕는 단기 입원과 외래 프로그램의 전체 흐름을 만들어가고 있어요.

또 다른 역할로는 가족이 경영하는 스페셜티 커피 브랜드의 미디어 홍보 부분을 도와주고 있습니다. 카페에서는 브랜드가 가진 이야기를 어떻게 고객 경험으로 녹여낼지 고민하면서 감성적인 마케팅 작업을 하고 있고요.

두 곳 모두 결국 고객(환자)이 느끼고 경험하는 것들을 설계하는 일입니다. AI는 그 과정에서 제게 전략적 파트너 같은 존재예요. 병원에서는 어려운 용어 및 의료 광고법을 지키면서도 환자에게 쉽게 전달되는 콘텐츠를 만들 때 활용하고, 카페에서는 브랜드 언어를 정교하게 다듬거나 감각적인 카피를 뽑아낼 때 AI와 함께 작업하고 있습니다.

Q. 활동 채널에 따라 AI를 어떻게 활용하고 있나요?

A. 채널마다 AI를 활용하는 방식이 조금씩 달라요. 가장 대표적인 건 병원 블로그 운영이에요. 저희 병원은 암 환자들의 회복과 일상 복귀를 돕는 치료 중심 요양병원이라, 매일 의료·치료 관련 콘텐츠를 발행합니다. 이 과정에서 챗GPT를 비롯한 여러 AI 도구를 함께 사용하고 있어요.

블로그 글을 쓸 때는 단순히 문장을 만드는 데 그치지 않고, 의료 광고법 기준을 반영하면서, SEO 최적화까지 고려해 콘텐츠 구조를 설계합니다. 예를 들어, 메인 키워드는 6~8회, 보조 키워드는 3~4회 정도 자연스럽게 녹여 넣고, 전문 용어는 환자들이 쉽게 이해할 수 있는 언어로 풀어 주는 거죠. 단순히 AI가 써 주는 글이 아니라 '사람이 공감할 수 있는 의료 콘텐츠'로 만드는 과정입니다.

특히 저는 한 가지 AI에만 의존하지 않아요. 같은 주제를 챗GPT, 퍼플렉시티, 클로드 등 여러 AI에 물어 보고, 각각의 답변을 비교·교차 검증하면서 정보의 정확도를 높이는 편이에요. 의료 콘텐츠는 신뢰가 생명이라 AI 간의 '의학적 교차 검증' 과정을 필수로 두고 있습니다. 이 과정을 거치면 같은 정보라도 표현이 훨씬 정제되고, 오류 가능성이 현저히 줄어요.

인스타그램과 카카오채널에서는 조금 다르게 접근합니다. 이곳은 전문성보다는 '따뜻한 감성'과 '일상의 회복'을 전달해야 하거든요. 그래서 AI를 활용해 행사 공지, 프로그램 카드 뉴스, 환자 안내문 등을 초안으로 만든 뒤 톤 앤 매너를 '법적 리스크는 피하면서도 감정의 온도가 느껴지게' 조정합니다. 예를 들어, "무료로 제공됩니다." 같은 문장은 의료법상 오해를 살 수 있기 때문에 "치료 중에도 식사나 휴식이 편하게 이어질 수 있도록 준비했습니다."처럼 배려 중심의 문장으로 바꾸는 식이에요. AI는 이런 언어 전환을 빠르게 시뮬레이션해주는 역할을 해요.

카페 채널은 또 결이 완전히 다릅니다. 카페에서는 네이버 리뷰, 인스타그램 댓글, 검색 트렌드를 기반으로 고객 연령대별 언어를 분석하고, 감성 키워드 조합이나 메뉴 카피라이팅을 함께 작업하죠. 예를 들어 20~30대 여성 고객은 '감각적', '잔잔한 무드', '한 잔의 여유' 같은 단어에 반응이 빠르고, 40대 이상 고객층은 '품격', '깊은 향', '정직한 원두' 같은 단어에 더 신뢰를 느껴요. AI를 통해 이런 세대별 언어 감도 차이를 분석하면서 촌스럽지 않으면서도 기억에 남는 한 문장을 찾는 과정을 반복하고 있습니다. 그 과정에서 오히려 사람이 놓치기 쉬운 미묘한 톤의 차이를 AI가 잡아 줘서 많이 배우고 있어요(요즘은 답글을 써 주는 모바일 AI 서비스도 있습니다.).

마지막으로 저는 내부 운영 문서에도 AI를 적극적으로 활용합니다. 회의록 요약, 실장단 보고서, 직원 교육 자료, 프로그램 피드백 분석까지 모든 문서를 구조화하고, 중요도별로 분류할 때 AI가 큰 역할을 해요. 특히 아침 회의 내용을 정리할 때 AI를 활용해 누가 어떤 의견을 냈고, 어떤 결론이 도출됐는지를 항목별로 요약하면 회의록이 곧 다음 실행 계획이 됩니다.

제게 AI는 단순히 글을 써 주는 도구가 아니라, 병원과 카페 운영 전체를 정렬시켜주는 '지능형 비서'에 가깝습니다. 생각을 정리하고, 방향을 잡고, 실행으로 이어지는 전 과정을 함께하는 동반자죠. 간혹 팁도 줍니다. "요즘 비서 역할을 톡톡히 잘해 주고 있으니 팁으로 200불을 줄게."라고 하면 고맙다고 더 열심히 하는 느낌도 받습니다. 진짜 주는 것은 아니지만요.

Q. AI를 활용하는 과정에서 겪은 시행착오나 나만의 팁이 있다면 소개해주세요.
A. 처음엔 AI가 알아서 다 해줄 거라 믿었는데, 원하는 결과가 나오지 않을 때 무척 당황하고 실망하기도 했습니다. AI는 정보를 '제대로' 그리고 '구체적

으로' 주는 사람에게만 방향이 맞는 또는 좋은 결과를 내놓는 도구였어요. 그래서 저는 병원의 철학과 규제(예: 효과 단정 금지, 테이핑 언급 금지 등)를 AI에 먼저 명확하게 알려 주고, 실제 현장에서 쓰는 표현들을 계속 입력해서 문체를 맞춰 가고 있어요. 이 과정을 거치니 콘텐츠가 훨씬 현실감 있어졌고, 수정하는 시간도 많이 줄었습니다.

또 하나 배운 건 프롬프트를 '결과물의 형태'로 구체화하는 거예요. 예를 들어 다음과 같이 프롬프트를 입력하면 한 번에 실무에 바로 쓸 수 있는 결과가 나와요.

결과물을 구체화하는 프롬프트 예시

 제목 20자 이내, 서론 200자, 본문은 정보·비교·팁 순서로, 결론엔 요약 + 독자 질문 한 줄
응답 및 작성 기준, 확실하지 않으면 [잘 모르겠습니다.] 명시. 출처나 회의록 근거 반드시 제시. 정보는 2번 이상 검증

저는 이런 좋은 프롬프트를 템플릿처럼 모아 두고 분야별로 재활용하면서 저만의 스타일 가이드를 만들고 있어요. 이게 지금까지 제게 가장 확실한 품질 관리 방법이에요.

Q. AI를 사용하면서 어떤 변화를 느꼈나요?

A. AI가 제게 준 건 '속도'보다 '정렬'이었어요. 예전엔 병원·카페·내부 보고서마다 톤이 제각각이고, 의도치 않게 오타나 문장 오류가 많았습니다. 지금은 AI와 함께 핵심 메시지를 통합 관리하면서 모든 채널이 같은 언어로 말하고 있다는 느낌을 받아요.

또, 현장에서 얻은 데이터나 회의 내용을 바로 콘텐츠 자산으로 전환할 수

있게 됐어요. 예를 들어 아침 회의 피드백을 AI로 정리하면 그게 바로 병원의 SOP(표준 운영 절차)나 교육 자료가 되는 식이죠.

무엇보다 AI가 제게 도움을 준 것은, 글쓰기나 생각 정리뿐만 아니라, 조직의 철학을 함께 생각하고 잘 정화된 언어로 번역하는 일이에요. AI는 그 번역 과정을 빠르고 일관되게 만들어 주는 좋은 비서라고 느끼고 있어요. 지금도 계속 배워가면서 제 방식을 다듬어가고 있고요.

Q. 추천하는 AI 도구나 서비스가 있다면 소개해주세요.

A. 저는 챗GPT뿐만 아니라 제미나이, 퍼플렉시티, 그록Grok, 클로드, 클로바 X 등 다양한 AI를 번갈아가며 써보고 있어요. 각각의 AI가 특화된 부분이 다르거든요. 어떤 건 정보 검색에 강하고, 어떤 건 창의적인 표현에 뛰어나고, 또 어떤 건 논리적 구조화를 잘하죠.

제가 중요하게 생각하는 건, 그 특화된 부분이 나에게도 맞는지 직접 확인해보는 거예요. 그래서 같은 질문을 여러 AI에 던져 보고, 답변을 비교하면서 교차 검증도 하고, 더 풍성한 자료를 찾기도 해요. 좋은 글, 좋은 콘텐츠, 좋은 브랜딩을 위해선 이런 꼼꼼한 과정이 필수라고 느껴서요.

예를 들어, 지금 이 인터뷰 답변은 챗GPT와 제미나이, 퍼플렉시티 등에게 지금까지 나와 나눈 대화를 기반으로 이 질문에 답할 수 있는 것들을 모두 모은 다음, 클로드로 대화하면서 정리를 했어요. 이렇게 완성한 초안을 자연스러운 구어체로 바꾸고, 의도를 더 명확하게 표현할 수 있게 문장을 다듬는 마무리 과정까지 AI를 활용했죠. 이런 식으로 각 AI의 강점을 활용해 상황에 맞게 개별적으로 쓰기도 하고, 때로는 여러 개를 함께 쓰기도 합니다.

그래서 어떤 AI가 가장 좋다고 단정하기는 어려워요. 사람마다 작업 스타일도 다르고, 필요한 결과물도 다르니까요. 게다가 AI는 계속 업데이트되고 있죠. 그래서 저는 고정된 도구 하나에 의존하기보다, 여러 옵션을 열어두고 유연하게 선택하는 편이에요.

가장 중요한 건 '지속적인 대화'를 통해 나만의 AI 팀원을 만들어가는 과정이에요. 저는 병원의 철학, 의료 광고법 기준, 톤 앤 매너, 콘텐츠 구조 등을 꾸준히 공유하면서 AI를 내부 기획자처럼 키워왔어요. 그 결과 지금은 짧은 프롬프트만으로도 병원 스타일의 글이 자동으로 나와요.

병원 운영에 관해서 얻은 성과로는 AI와 함께 만든 콘텐츠가 실제 환자 문의와 상담 유입으로 이어졌고, 카페와 관해서 얻은 성과는 브랜드 감도와 SNS 반응률이 눈에 띄게 올랐다는 거예요. 무엇보다 '작은 조직도 충분히 프로페셔널한 콘텐츠를 만들 수 있다'는 확신을 얻게 됐죠.

저한테 AI는 시간을 아껴 주는 도구라기보단, 조직의 메시지를 정교하게 가다듬고, 이를 세상과 연결해주는 동료가 되고 있어요. 앞으로도 계속 함께 배우고 변화해 나갈 생각입니다.

3부

챗GPT로 나만의 글쓰기 확장하기

09장

나만의 문서 규칙 작업하기

호흡이 긴 글을 쓰거나 여러 편의 글을 연재할 때 가장 중요한 것은 같은 리듬과 톤을 유지해 독자가 맥락을 놓치지 않게 하는 일입니다. 아이디어는 충분하지만 문단이 흔들리고 표현이 들쭉날쭉하면 글은 방향을 잃고 메시지가 약해져 신뢰가 낮아집니다. 이 장은 이러한 문제를 해결하기 위해 문서 규칙과 개인의 글쓰기 스타일을 결합하는 방법을 체계적으로 설명합니다. 플랫폼별 요구에 맞는 구조와 표기 원칙을 정하면 긴 글에서도 흐름이 안정되고 독자는 처음부터 끝까지 집중합니다.

먼저 문장 길이, 문단 구성, 금지어·대체어 같은 규칙을 설계하고, 다음으로 자신의 개성을 드러내는 스타일을 정의합니다. 이 규칙과 스타일을 챗GPT에 저장해 프롬프트로 호출하면 초안부터 최종본까지 톤과 구조가 일관되게 유지됩니다.

또, 플랫폼에 따라 체크리스트를 적용합니다. 블로그는 SEO와 가독성, 보고서는 근거와 명료성, SNS는 응답률 중심으로 정렬합니다. 결과적으로 글쓰기는 즉흥이 아니라 반복 가능한 프로세스로 자리 잡고, 어떤 플랫폼이든 동일한 목소리와 신뢰를 확보할 수 있습니다.

👍 글쓰기 문서 규칙과 스타일

생성형 AI는 태생부터 글쓰기에 최적화된 강점을 가지고 있어 많은 사용자가 챗GPT를 글을 쓰는 데 사용해왔습니다. 그러나 사용자의 개성과 문체를 안정적으로 반영하는 데는 한계가 있었습니다. 글이 길어질수록 지침이 흐트러지고 문체가 변하며, 반복된 수정 과정에서 일관성을 유지하기 어려웠습니다. 그러나 GPT-5 모델이 등장하면서부터 달라졌습니다. 작성자가 설정한 문체, 구성, 용어 규칙을 장기적으로 기억해, 초안에서 최종본까지 흔들림 없이 완성할 수 있는 환경이 마련된 것입니다.

이제 필요한 것은 나만의 문서 규칙을 직접 작업하는 일입니다. 규칙이 있으면 책, 블로그, SNS 등 어떤 플랫폼에서든 같은 톤과 흐름을 유지할 수 있습니다. 글쓰기는 단순히 정보를 전달하는 일이 아닙니다. 구조와 표현이 안정적이어야 독자가 끝까지 집중합니다. 아이디어가 풍부해도 서론 - 본론 - 결론의 흐름이 흔들리면 독자는 쉽게 이탈합니다. 반대로 구조만 탄탄하고 개성이 사라지면 글은 건조해집니다. 문서 규칙은 이 균형을 지켜주는 장치입니다.

과거에는 초안부터 윤문까지 모든 과정을 작성자가 혼자 책임져야 했습니다. 품질은 경험과 감각에 크게 의존했고, 시간도 오래 걸렸습니다. 이제는 방식을 바꿀 수 있습니다. AI가 글의 뼈대를 잡아 주면 속도와 일관성이 보장되고, 작성자는 그 위에 경험과 감정을 더해 글에 생동감을 불어넣을 수 있습니다. 예를 들어, AI가 정리한 여행 후기 초안에 현장에서 느낀 공기, 소리, 작은 사건을 덧붙이면 단순한 기록이 독자가 몰입하는 콘텐츠로 변합니다.

이 방식을 성공적으로 적용하려면 흔들림 없는 문서 규칙 작업이 핵심입니다. 문장 길이, 문단 구성, 글의 흐름, 표기법 같은 기본 설계도를 표준화하면 긴 글에서도 안정된 품질을 유지할 수 있습니다. 예를 들어, "한 문단 3줄" "한 문장 20단어 이내" "결론은 반드시 행동 제안으로 마무리한다." 같은 규칙은 단순하지만 강력합니다. 이런 원칙이 있으면 글은 장황해지지 않고 메시지는 선명해집니다. 결과적으로 작가는 일관된 톤을 유지하고, 독자는 끝까지 몰입과 신뢰를 얻게 됩니다.

글을 꾸준히 발전시키려면 2가지 요소를 구분해 이해할 필요가 있습니다. 바로 **문서 규칙**과 **글쓰기 스타일**입니다. 문서 규칙은 글을 쓸 때 반드시 따라야 하는 객관적이고 표준화된 가이드라인으로, 구조와 톤을 안정적으로 유지하는 역할을 합니다. 반면 글쓰기 스타일은 실제 작성자가 글을 쓰는 과정에서 드러나는 개인적 습관과 표현 방식으로, 개성과 경험이 반영된 현재의 모습입니다. 즉, 문서 규칙이 글의 기본 설계도라면, 글쓰기 스타일은 그 설계도를 기반으로 살아 움직이는 개성의 표현입니다. 2가지가 함께 어우러질 때 글은 안정성과 개성을 동시에 갖추게 됩니다.

문서 규칙

문서 규칙 Document Rules은 글을 쓸 때 따라야 하는 객관적이고 표준화된 가이드라인입니다. 작성자가 '이렇게 써야 한다'는 기준을 세워 두면, 글의 구조와 톤을 안정적으로 유지할 수 있습니다. 즉, 글의 완성도를 일정하게 유지하기 위한 표준화된 문체·구성·표현 기준을 제시해, 기획부터 교정까지 일관된 품질을 확보하는 기준입니다.

문서 규칙의 역할

- **기능**: 글의 품질을 일정하게 유지하고, 길이가 늘어나도 흔들림 없는 흐름 제공
- **예시 규칙**:
  - 문장은 20단어 이내로 작성
  - 불필요한 부사 사용 금지
  - 서론 – 본론 – 결론 구조 유지
  - 금지어·대체어 표 마련
- **핵심 메시지**: 문서 규칙은 글쓰기의 기본 설계도로, 장황함을 줄이고 메시지를 명확히 전달하는 역할을 한다.

기본적인 글쓰기 문서 규칙의 예시는 다음과 같습니다.

문서 규칙 예시

1. 전체 문체
- 서술형 + 설명형 혼합
- 사건·사례를 풀어내는 서사 중심이면서, 중간중간에 해설과 분석을 덧붙이는 구조
- 경험 + 인용 자료 혼합
- 본인 경험, 기사·칼럼·조사 데이터 등을 결합해 주제를 설득력 있게 전개

2. 문장 구성
- 문장 길이: 평균 20~30단어, 중장문 비중이 높음(설명과 배경을 함께 담아 문장이 길어지는 경향)
- 복문·단문 구성: 복문이 많고, 한 문장 안에 이유·원인·결과가 모두 들어가는 구조가 잦음
- 접속어 사용: '그런데', '다시 말하자면', '그러나', '그리고' 등 논리 전환·부연 접속어 사용 빈도가 높음
- 능동적 표현 사용: 문장은 가능하면 주체가 분명한 능동형으로 쓴다(예: "이 기능이 자주 사용된다." → "사용자들이 이 기능을 자주 쓴다."). 더 인간적이고 생생한 톤을 유지한다.
- 자연어로 표현: 문장은 가능한 한 자연스럽고 일상적인 어휘로 구성한다. 지나치게 공식적이거나 기계적인 표현은 독자에게 거리감을 준다(예: "AI를 활용하면 작업을 빠르게

처리할 수 있습니다." → "AI 덕분에 일 처리가 한결 빨라졌다.") 글의 흐름에 맞게 리듬감과 구어적 자연스러움을 살리되, 문법적 정확성은 유지한다.
- 문장 길이(리듬): 짧은 문장과 긴 문장을 의도적으로 섞어 글의 호흡을 조절한다. 짧은 문장은 집중과 여운을 주고, 긴 문장은 설명과 배경을 채운다. 일정한 문장 길이의 반복은 리듬을 단조롭게 만들므로, 문장 구조를 다양하게 구성한다(예: "결론은 명확했다." "하지만 그 결론에 이르기까지 수많은 고민과 시도가 있었다.").

3. 단어 선택 경향
- 쉽고 명확한 단어 사용, 독자 이해를 방해하는 난해어는 거의 없음
- '무능한 상사', '기업 문화', '내부 정치' 등 직관적으로 상황을 그릴 수 있는 표현 사용
- 전문 용어는 필요 시 출처·사례와 함께 제시(예: 채용정보검색엔진, 메신저 감옥)
- 유행어·속어도 맥락에 맞춰 사용해 현실감 부여

4. 주제 전개 방식
- 서론: 문제 제기("무능한 상사" 사례) + 호기심 유발
- 본론: 사례(기사·칼럼·조사 결과) → 원인 분석 → 경험담 → 비유(토끼·거북이, 속담, 신조어)
- 결론: 시야 확장(회사 밖의 가능성), 자기 경험 기반 제안
- 전체적으로 서론—본론—결론 구조 유지가 명확하며, 흐름이 부드럽게 이어짐

5. 표현 방식
- 강조 표현: '직장에 가장 적합한 자', '전쟁터', '낭떠러지', '새로운 평야' 등 메타포·비유 다수 사용
- 부사 사용: '바로', '결국', '비로소', '정말' 등 강조 부사 적정 수준 사용
- 단정형 문장이 주류(예: "전문성은 당신을 살린다.")
- 때때로 질문형 문장으로 독자 몰입 유도("토끼 vs 거북이 중에 어떤 직장생활을 할 것인가?")

6. 독자와의 거리감
해설체와 대화체 혼합
- 해설체: 분석·인용 자료를 설명할 때
- 대화체: 질문·비유·경험담을 전할 때

객관적 톤과 개인적 경험이 적절히 섞여 있어, 독자가 이해하면서도 공감할 수 있는 균형 유지

글쓰기 스타일

글쓰기 스타일 Writing Style은 작성자가 글을 쓰는 과정에서 드러나는 개인적 특징과 습관입니다. 즉, '나는 이렇게 쓰고 있다'는 현재의 모습이 반영된 결과입니다.

글쓰기 스타일의 역할

- **기능**: 개인의 개성·습관·경험이 자연스럽게 드러나 독창적인 톤을 형성
- **예시 특징**:
  - 문장이 길고 접속어를 자주 사용
  - 설명형·서사형 문체가 섞여 있음
  - 독자와 대화하듯 질문을 던지는 방식
  - 경험과 데이터 인용을 혼합해 설득력 강화
- **핵심 메시지**: 글쓰기 스타일은 작가의 고유한 개성이 반영된 결과물로, 규칙과 결합해야 글이 건조하지 않고 살아 있는 글이 된다.

글쓰기 스타일 예시

> 서사와 해설을 결합한 서술형 글쓰기 방식으로, 경험·자료·사례를 함께 엮어 주제를 설득력 있게 전달하며, 개인적 리듬과 객관적 분석을 균형 있게 유지합니다.
>
> **어조**
> - 분석적이면서 해설 중심이다.
> - 감정을 절제하고 논리적으로 설명하며, 독자와의 거리는 가깝지만 친근함보다 전문성을 우선한다.
> - 전체 어조는 차분하면서도 실행을 유도하는 지도자형 톤이다.
>
> **문체 리듬**
> - 문장은 평균 18~24단어 내외의 중간 길이 서술문으로 구성된다.
> - 문단 전환은 "하지만/결국/중요한 것은" 등 논리 연결어를 중심으로 진행된다.
> - 리듬은 '정제된 해설 → 짧은 결론' 구조를 유지하며, 단락 말미에서 핵심을 압축한다.
> - 문단은 질문 → 해설 → 정리의 3단 패턴으로 구성된다.

어휘 스타일
- 어휘는 체계·사고·실행 중심의 개념어를 선호한다.
- 주로 '구조화, 일관성, 확장, 설계, 시스템, 사고, 실행' 등의 단어를 사용한다.
- 형용사·부사는 최소화하며, "명확하게, 구체적으로, 단계적으로" 같은 실행형 부사를 사용한다.
- 반복적으로 쓰는 문장 패턴은 "결국 중요한 건" "핵심은" "이 과정에서" "결과적으로" 등이다.

논리 전개 방식
- 글의 구조는 일관되게 도입-분석-전환-결론의 4단 구성이다.
- 도입에서는 문제 인식을 제시하고, 본문은 구체적 사례나 실행 전략으로 전환된다.
- 결론은 행동 제안이나 사고 확장으로 마무리된다.
- 전체 흐름은 '현상 → 구조화 → 해법 → 통찰'로 이어지는 실용서형 논리 구조를 유지한다.

정서적 톤
- 정서적 톤은 차분하고 이성적이다.
- 감정 표현보다 사고 정리를 중시하며, 절제된 자신감과 명확한 통찰이 드러난다.
- 감성보다 구조, 감정보다 원리를 강조하며, 독자에게 사고의 질서를 제시한다.

서술 시점
- 글은 1인칭 해설형 시점을 기본으로 하되, 중반 이후에는 '우리·당신'으로 확장된다.
- 개인 경험에서 출발해 사회적 통찰로 전환되는 확장형 서술 시점을 유지한다.

스타일 한 문장 요약
- 사고를 구조화해 실천으로 이끄는, 절제된 분석형 해설 문체다.

글쓰기 적용 규칙(핵심 5가지)
1. 논리 구조 중심: 도입·분석·전환·결론의 구조를 반드시 유지
2. 핵심어 우선 문장: 감정보다 사고·구조·실행 관련 단어를 활용
3. 절제된 감정 톤: 감탄문·주관 형용사 배제, 차분하고 객관적 서술 유지
4. 실천 유도형 결론: 마지막 문단은 사고 확장 또는 실행 제안으로 마무리
5. 리듬 유지: 한 문단 내에서 중간 길이 해설문과 짧은 결론문을 교차 구성

👍 문서 규칙 세우는 법

글의 안정성과 일관성을 지키려면 먼저 문서 규칙을 세워야 합니다. 문서 규칙은 글의 뼈대를 잡아 주며, 한 번 마련해 두면 어떤 주제든 일정한 품질을 유지할 수 있습니다. 문서 규칙의 핵심은 4가지입니다.

문서 규칙 예시

- **문장과 문단 길이**: 문장은 평균 20단어 이내, 문단은 3~5줄로 제한해 장황함을 줄이고 리듬을 유지합니다.
- **금지어·대체어**: 모호한 부사나 과장 표현은 쓰지 말고, 의미가 분명한 단어로 바꿉니다.
- **구조**: 서론-본론-결론의 흐름을 지켜야 독자가 맥락을 쉽게 따라갑니다.
- **표기법**: 숫자는 아라비아 숫자, 단위는 국제 표준, UI·메뉴명은 큰따옴표("")로 표기해 통일성을 유지합니다.

문서 규칙을 세우는 방법은 간단합니다. 글을 쓰기 전 주제와 독자를 명확히 정의하고, 세운 규칙을 문서화해 언제든 확인할 수 있도록 합니다. 초안을 완성한 뒤에는 문장 길이와 문단 구성이 규칙에 맞는지 점검해보세요. 예컨대 '한 문단 3줄 이내'라는 규칙만 지켜도 불필요한 설명이 줄고 핵심 메시지가 살아납니다. 마지막 결론에는 독자의 행동을 유도하거나 사고를 확장시키는 한 줄을 추가하면, 글은 단순한 기록이 아니라 행동을 촉발하는 콘텐츠로 완성됩니다.

문서 규칙은 글쓰기의 안정성과 일관성을 보장하는 동시에, 작가의 개성과 메시지를 선명하게 드러내는 기반이 됩니다. 한 번 정리해 두면 주제와 글을 쓰는 플랫폼이 달라도 동일한 톤과 흐름을 유지할 수 있습니다. 이를 챗GPT 메모리에 저장해 두면 이후 모든 글쓰기 작업에 자동으로 적용되어, 매번 규칙을 다시 설명하지 않아도 일관된 결과를 얻을 수 있습니다.

문서 규칙 작성 프롬프트

글쓰기에 적용할 문서 규칙을 항목별로 정리해주세요.
문체 원칙
글 구성 규칙(서론 – 본론 – 결론)
표현 점검 규칙(모호한 부사, 추측 표현, 반복 표현)
금지어 · 대체어 표

이 4가지 항목을 포함한 가이드라인 문서로 작성해주세요.

글쓰기 문서 규칙 가이드라인

1. 문체 원칙
- 표준어와 서술형 중심으로 작성해 중립적이고 명확한 어조 유지
- 문장 길이: 15~20단어, 최대 25단어 이내
- 문단 구성: 2~4문장, 하나의 문단은 하나의 메시지 전달
- 리듬감: 짧은 문장 2, 긴 문장 1 비율로 균형 유지
- 핵심 배치: 중요한 정보는 문장 앞부분에 배치
- 불필요한 수식어와 모호한 부사는 최소화
- 과장된 강조 표현은 구체적 데이터나 사례가 있을 때만 사용

2. 글 구성 규칙(서론 – 본론 – 결론)
서론
- 첫 2~3줄 안에 결론 또는 핵심 메시지 제시
- 독자가 글을 끝까지 읽을 이유를 제공

본론
- 핵심 근거와 사례를 간단히 제시
- 불릿·번호·표·인용문을 적극 활용해 정보 구조화
- 장황한 설명은 시각 자료나 링크로 대체

결론
- 핵심 내용을 다시 요약
- 실행 제안, 참고 자료, 후속 행동 제시

3. 표현 점검 규칙
- 모호한 부사: 의미를 구체적으로 서술(예: 빠르게 처리한다 → 3일 이내에 처리한다)
- 추측성 표현: 단정적으로 변경(예: 효과가 있을 수 있다 → 효과가 있다)
- 불필요한 반복: 하나로 통합(예: 기본적으로 필수적인 요소 → 필수 요소)
- 과장 표현: 실제 데이터·사례와 연결될 때만 사용(예: 혁신적인 기술 → 최신 기술을 반영한 방식)

4. 금지어·대체어

금지어	대체어
간편하게/쉽게	단계별로, 직관적으로
빠르게	짧은 기간 내에
혁신적인	새로운 개념의, 차별화된
획기적인	의미 있는 변화, 새로운 방식의
창의적인	독창적인, 새로운 접근법 적용한
강력한	효과적인, 확실한
완벽한	최적화된, 정교한
최고의	우수한, 뛰어난
기본적으로	(삭제)
전반적으로	(삭제)

👍 운영하는 채널에 맞는 문서 규칙

글을 잘 쓰려면 채널과 목적에 맞는 규칙을 적용하는 것이 중요합니다. 같은 주제라도 블로그, 페이스북, 인스타그램은 전혀 다른 방식으로 구성해야 독자가 집중하고 신뢰할 수 있습니다.

블로그 문서 규칙

검색 유입과 독자 반응을 높이기 위한 블로그 전용 글쓰기 규칙으로, SEO 최적화와 문단 구성, 키워드 전략을 중심으로 작성합니다.

블로그 문서 규칙 예시

1. 문체와 톤
   - 표준어 사용, 서술형 중심
   - 단정형 문장 유지(추측성·완곡 표현 배제)
   - 독자와 가까운 어조, 질문·공감형 문장 적극 활용

2. 문장·문단 구성
   - 문장: 20단어 이내
   - 문단: 3~5줄 이내, 한 문단 = 한 메시지
   - 짧은 문장 비중 높여 가독성 확보

3. 도입부 규칙
   - 첫 문장: 질문형 또는 공감 유도형("혹시 이런 경험 있으신가요?")
   - 둘째 문장: 주제와 독자 상황을 연결("블로그 글쓰기도 마찬가지입니다…")
   - 셋째 문장: 글의 핵심 메시지를 간결하게 제시
   - 검색 유입을 고려해 핵심 키워드를 도입부에 포함

4. 구글 SEO 반영 규칙
- 키워드 배치: 제목, 도입부, 본문 중간, 결론에 주요 키워드 자연스럽게 삽입. 중복 과잉은 피하고 맥락에 맞게 3~5회 배치.
- 소제목(H2, H3) 활용: 검색 키워드를 포함한 소제목으로 본문 구분
- 메타 설명(요약): 2~3문장으로 본문 핵심 요약, 키워드 포함
- 내부/외부 링크: 본문 내에서 관련 글이나 참고 자료를 연결
- 리스트·불릿 포인트 사용: 핵심 정보를 한눈에 보기 쉽게 정리

5. 금지어·표현 점검(글쓰기 점검 문서 연동)
- 금지어: '혁신적인', '획기적인', '창의적인', '완벽한', '최고의' 등 근거 없는 과장 표현
- 모호한 부사: '간편하게', '쉽게', '빠르게', '매우', '굉장히' 등
- 비단정적 표현: '~할 수 있습니다' → '~한다'
- 여유 표현: '전반적으로 볼 때', '일반적으로 말하면' → 삭제

6. 글 전개 흐름
- 서론: 문제 제기 + 공감 + 키워드 포함
- 본론: 사례, 데이터, 경험, 분석(소제목 활용)
- 결론: 핵심 메시지 재강조 + 독자 실천 포인트 제시 + 키워드 포함

7. 활용 기준
- 블로그 글은 가볍게 읽히되 정보 밀도 유지
- 불필요한 수식어·중복 표현 제거
- 결론부는 독자가 실천할 수 있는 질문·제안으로 마무리
- SEO 최적화 요소를 글 흐름에 자연스럽게 녹여내기

인스타그램 문서 규칙

짧고 직관적인 문장과 감각적 어조를 중심으로 한 모바일 맞춤 글쓰기 기준이며, 해시태그와 시각적 흐름을 고려해 구성합니다.

인스타그램 문서 규칙 예시

1. 문체 원칙
- 문장은 짧고 직관적으로 작성해 모바일 환경에서도 쉽게 읽히도록 한다.
- 어조는 감각적이고 친근한 톤을 유지해 독자와 가볍게 소통하는 느낌을 준다.
- 해시태그는 3~5개 이내로, 핵심 키워드를 포함해 검색 유입을 고려한다.
- 이모지는 도입부와 마무리에 제한적으로 활용해 글의 분위기를 살리되 과도하게 사용하지 않는다.

2. 글 구성 규칙
- 도입: 질문형 또는 공감형 문장으로 시작해 독자의 시선을 끌고, 첫 두 줄에 핵심 메시지를 담는다.
- 본문: 구체적인 정보, 짧은 스토리, 유용한 팁을 중심으로 전개한다.
- 마무리: 행동 유도(Call to Action)를 명확히 한다(예: 댓글 유도, 저장 요청, 공유 제안).

3. 표현 점검 규칙
- 모호한 부사(예: 매우, 굉장히, 꽤) 사용을 줄이고, 상황에 맞는 구체적 묘사로 대체한다.
- 추측성 표현(예: ~일 수 있습니다, ~일 가능성이 높습니다)은 단정적 표현으로 수정한다.
- 불필요한 반복 표현은 삭제해 간결성을 유지한다.
- 모바일 환경에서 가독성을 높이기 위해 1~2문장마다 줄 바꿈을 적용한다.

4. 금지어·대체어 표

금지어	대체어 제안
최고의	우수한, 뛰어난, 돋보이는
완벽한	정교한, 균형 잡힌, 충실한
혁신적인	새로운 방식의, 차별화된
획기적인	의미 있는 변화, 주목할 만한
창의적인	독창적인, 개성 있는

페이스북 문서 규칙

질문형 도입과 공감 중심 전개로 소통과 참여를 유도하는 규칙, 모바일 가독성과 데이터 기반 최적화까지 포함한 콘텐츠 운영 매뉴얼입니다.

페이스북 문서 규칙 예시

1. 문체 원칙
- 문장은 명확하고 가독성 높게 작성한다.
- 문단은 1~3줄로 유지해 모바일 환경에서도 쉽게 읽히도록 한다.
- 글의 도입은 질문형·공감형 문장으로 시작해 독자의 관심을 끈다.
- 톤 가이드: 글 목적에 따라 친근/전문/분석적 톤 중 하나를 선택한다.
- 가독성 팁: 핵심 메시지는 10~15단어 이내로 정리해 짧고 직관적으로 전달한다.

2. 글 구성 규칙
- 기본 구조는 도입-본문-마무리로 작성한다.
  - 도입: 질문·공감 문장으로 시작
  - 본문: 정보·스토리 중심, 구체적인 사례와 맥락 포함
  - 마무리: 행동 유도(Call to Action) 포함(댓글, 공유, 저장, 링크 안내 등)
- 장문 글: 칼럼·정보형, 600~1000자 내외, 소제목·불릿 활용
- 짧은 글: 공지·홍보형, 100~300자 내외, 핵심 메시지를 요약 전달
- 시각 요소 활용: 이미지·영상·링크를 적절히 배치해 전달력 강화

3. 표현 점검 규칙
- 모호한 부사·추측 표현·불필요한 반복은 최소화한다.
- 긴 문장은 줄 바꿈을 활용해 가독성을 높인다.
- 해시태그: 3~5개 사용, 일반 단어 대신 구체적이고 세분화된 키워드(#AI글쓰기, #콘텐츠전략 등).
- 외부 링크: 본문에 직접 삽입하지 않고 "댓글에서 확인 가능" 방식으로 안내한다.
- 데이터 기반 수정: 인사이트(도달·참여·저장) 데이터를 확인해 길이·톤·게시 시간대를 최적화한다.

4. 금지어·대체어 표

금지어	대체어 제안
최고의	우수한, 뛰어난, 돋보이는
완벽한	정교한, 균형 잡힌, 충실한
혁신적인	새로운 방식의, 차별화된
획기적인	의미 있는 변화, 주목할 만한
창의적인	독창적인, 개성 있는
대박, 완전, 엄청난	구체적 성과·수치·상황으로 표현

AI 시대의 글쓰기는 단순한 표현 능력이 아니라, '일관된 구조와 톤'을 유지하는 능력에서 차이가 납니다. 아무리 좋은 주제라도 문체가 흔들리면 독자의 신뢰는 떨어지고, 메시지의 설득력도 약해집니다. 그래서 글쓰기에는 감각뿐 아니라 체계가 필요합니다. 글쓰기 문서 규칙은 글의 완성도를 일정하게 유지하기 위한 작동 매뉴얼이며, 이를 통해 누구나 안정된 품질로 글을 생산할 수 있습니다. 특히 채널별로 규칙을 달리 적용하면 같은 주제라도 전달력과 몰입도가 달라집니다.

10장

나만의 글쓰기 스타일 심기

구조가 단단해도 글이 건조하면 독자는 초반 관심만 남기고 이탈하기 쉽습니다. 많은 글이 정보는 충분하지만 문장의 결과 리듬이 일정하지 않아 몰입이 끊깁니다. 이 장은 문서 규칙 위에 사례, 데이터, 비유, 질문 같은 장치를 배치해 문장에 색과 결을 입히는 방법을 다룹니다. 핵심은 독자와 대화하듯 전개하되 과장을 배제하고, 문장 호흡과 어휘 밀도를 채널의 특성에 맞게 조율하는 일입니다. 이렇게 스타일을 설계하면 같은 정보라도 장면이 떠오르고, 독자는 작성자의 목소리를 기억합니다.

실행 단계는 간단하고 반복 가능합니다. 먼저 자신의 글 샘플을 모아 어휘 경향, 문장 길이, 전환 방식, 자주 쓰는 장치를 추출합니다. 다음으로 '핵심 장치 목록 – 문장 리듬 – 어휘 선택 – 금지어/대체어'를 체크리스트로 정리하고 챗GPT 메모리에 저장합니다. 블로그는 감각적 묘사와 SEO 소제목을, 보고서는 근거 중심 문장과 간결한 결론을, SNS는 짧은 문장과 명확한 질문을 적용합니다. 같은 규칙을 초안 – 수정 – 윤문 단계에 반복하면 톤과 흐름이 흔들리지 않습니다. 결과적으로 글은 정보 전달을 넘어 브랜드가 되고, 어떤 채널에서도 일관된 신뢰와 경험을 제공합니다.

👍 나만의 글쓰기 스타일 작업 방법

글을 쓸 때 '무엇을 말할까' 못지 않게 중요한 것이 '어떻게 말할까'입니다. 같은 주제를 다뤄도 글의 문체와 표현 방식에 따라 독자가 느끼는 온도와 몰입도는 완전히 달라집니다. 그래서 나만의 글쓰기 스타일을 정리하고 적용하는 과정은 단순한 글쓰기 기술을 넘어, 글을 통해 자신을 드러내는 핵심 작업이 됩니다. 이 과정은 크게 3단계로 나눕니다.

1단계. 글 샘플 선정 및 정리

자신이 쓴 원고 3~5편을 고릅니다(각 편당 1000자 이상 권장합니다). 특정 주제에 국한하지 말고, 다양한 상황에서 쓴 글을 모아야 전체적인 패턴이 보입니다. 정리한 샘플은 이후 스타일 분석의 기초 자료가 됩니다.

2단계. 스타일 분석 요청

글 샘플을 기반으로 문체 특징을 파악합니다(설명형, 분석형, 서사형 등). 문장 길이, 문단 구성, 접속어·단어 선택, 표현 방식의 경향을 분석합니다. 사례, 데이터, 비유, 속담 활용 여부 등 다각도로 글 스타일을 분석합니다.

스타일 분석 요청

 다음 첨부한 여러 편의 글은 동일 작가의 원고입니다. 이 글들을 종합 분석하여, 이 작가의 글쓰기 스타일을 도출해주세요.

분석 항목
어조: 말투, 감정의 거리, 단정성, 전달 방식
문장 구조: 평균 길이, 리듬, 단락 구성
어휘: 자주 쓰는 단어·표현, 형용사·부사 사용 경향
논리 흐름: 글의 전개 방식(도입 – 전환 – 결론 구조 등)
정서적 톤: 글이 주는 인상(냉정, 서정, 분석적 등)

출력 구성
항목별 분석 요약(각 항목 2~3줄)
– 이 작가의 문체 스타일 한 문장 요약
– 이 스타일로 글을 쓸 때 반드시 지켜야 할 핵심 규칙 5가지

출력 목적
분석 결과를 '홍작가 스타일'로 메모리에 등록하여 이후 글쓰기 작업 시 자동으로 적용할 예정입니다.

[원고 첨부]

 [홍작가 글쓰기 스타일]

어조
홍작가의 글은 분석적이면서 해설 중심이다.
감정을 절제하고 논리적으로 설명하며, 독자와의 거리는 가깝지만 친근함보다 전문성을 우선한다.
전체 어조는 차분하면서도 실행을 유도하는 지도자형 톤이다.

문체 리듬
문장은 평균 18~24단어 내외의 중간 길이 서술문으로 구성된다.
문단 전환은 "하지만/결국/중요한 것은" 등 논리 연결어를 중심으로 진행된다.
리듬은 '정제된 해설 → 짧은 결론' 구조를 유지하며, 단락 말미에서 핵심을 압축한다.
문단은 질문 → 해설 → 정리의 3단 패턴으로 구성된다.

어휘 스타일
어휘는 체계·사고·실행 중심의 개념어를 선호한다.

주로 '구조화, 일관성, 확장, 설계, 시스템, 사고, 실행' 등의 단어를 사용한다.
형용사·부사는 최소화하며, "명확하게, 구체적으로, 단계적으로" 같은 실행형 부사를 사용한다.
반복적으로 쓰는 문장 패턴은 "결국 중요한 건" "핵심은" "이 과정에서" "결과적으로" 등이다.

논리 전개 방식
글의 구조는 일관되게 도입–분석–전환–결론의 4단 구성이다.
도입에서는 문제 인식을 제시하고, 본문은 구체적 사례나 실행 전략으로 전환된다.
결론은 행동 제안이나 사고 확장으로 마무리된다.
전체 흐름은 '현상 → 구조화 → 해법 → 통찰'로 이어지는 실용서형 논리 구조를 유지한다.

정서적 톤
정서적 톤은 차분하고 이성적이다.
감정 표현보다 사고 정리를 중시하며, 절제된 자신감과 명확한 통찰이 드러난다.
감성보다 구조, 감정보다 원리를 강조하며, 독자에게 사고의 질서를 제시한다.

서술 시점
글은 1인칭 해설형 시점을 기본으로 하되, 중반 이후에는 '우리·당신'으로 확장된다.
개인 경험에서 출발해 사회적 통찰로 전환되는 확장형 서술 시점을 유지한다.

스타일 한 문장 요약
홍작가의 글은 사고를 구조화해 실천으로 이끄는, 절제된 분석형 해설 문체다.

글쓰기 적용 규칙(핵심 5가지)
1. 논리 구조 중심: 도입·분석·전환·결론의 구조를 반드시 유지
2. 핵심어 우선 문장: 감정보다 사고·구조·실행 관련 단어를 활용
3. 절제된 감정 톤: 감탄문·주관 형용사 배제, 차분하고 객관적 서술 유지
4. 실천 유도형 결론: 마지막 문단은 사고 확장 또는 실행 제안으로 마무리
5. 리듬 유지: 한 문단 내에서 중간 길이 해설문과 짧은 결론문을 교차 구성

3단계. 스타일 기반 집필 요청

작성한 스타일 가이드를 메모리에 저장해 두면 이후 모든 글쓰기에 적용할 수 있습니다.

분석 결과 메모리에 저장

 이 분석 결과를 [홍작가 글쓰기 스타일]로 메모리에 기억해주세요.

글을 쓸 때마다 "앞으로 모든 작업에서 내 스타일 적용"이라고 요청하면 자동으로 반영됩니다. 필요할 경우 새로운 글을 쓰면서 발견한 특징이나 부족한 부분을 가이드에 보완합니다.

스타일 적용 요청

 다음 [원고]를 홍작가 글쓰기 스타일로 변환해주세요.
- 글의 핵심 내용을 유지하면서 변경은 최소화해주세요.
- 문장은 자연스럽게 흐르도록 다듬어 주세요. 각 문장의 의미를 분명히 하고, 전체 문장 간의 흐름이 매끄럽게 이어지도록 조정해주세요.
- 보강한 부분은 굵은 글씨(볼드체)로 표시해주셔서 수정 내역이 쉽게 확인되도록 해주세요.

[원고]
신상 무선 이어폰 리뷰 - 직접 써본 착용감과 음질 이야기
새로운 무선 이어폰을 고를 때 가장 먼저 확인하는 것은 무엇일까? 어떤 사람은 스펙 표를 꼼꼼히 살펴보고, 또 어떤 사람은 실제 사용 후기를 더 중시한다. 나 역시 최근 출시된 신상 무선 이어폰을 직접 구입해 사용해보며 단순한 광고 문구가 아닌 실제 경험을 바탕으로 평가할 필요성을 느꼈다. 이 글에서는 직접 사용하면서 확인한 착용감, 배터리, 음질, 경쟁 제품과의 비교, 그리고 사용자별 추천 포인트까지 정리해 독자들이 구매 판단에 참고할 수 있도록 한다.

일상 속에서 빛나는 균형 잡힌 무선 이어폰
첫째, 기본 스펙과 디자인에서 느낀 안정감
이 이어폰은 최신 블루투스 5.4 칩셋을 탑재해 연결 안정성이 높고, 최대 7시간 단독 재생과 충전 케이스 포함 시 28시간까지 사용 가능하다. 충전은 USB-C 단자를 지원해 호환성이 좋으며, 디자인은 깔끔한 미니멀 스타일이라 귀에 안정적으로 맞는다. 특히 무광 재질 덕분에 지문과 스크래치가 잘 보이지 않아 관리가 용이했다.

둘째, 착용감과 편의성의 차별화
실제로 3시간 이상 연속 착용해도 귀에 압박감이 거의 없었고, 외부 활동 중에도 안정적으로 고정되었다. 조깅이나 가벼운 운동 시에도 빠지지 않아 활동적인 환경에서도 적합했다. 터치 컨트롤의 반응 속도도 만족스러워 곡 넘김이나 볼륨 조절이 매끄럽게 이루어졌다는 점이 돋보였다.

셋째, 배터리와 음질에서의 만족감
출퇴근길, 업무, 운동 등 하루 평균 5시간 이상 사용했음에도 이틀간 충전이 필요하지 않았다. 음질은 중저음이 안정적으로 전달되면서 보컬 음색이 선명했고, 악기 소리가 복잡한 음악에서도 분리도가 좋아 답답함이 덜했다. 팟캐스트나 강의 같은 음성 콘텐츠도 명확하게 들렸다. 다만 고음역대에서는 다소 날카롭게 느껴질 수 있어 장르에 따라 취향 차이가 생길 수 있다.

넷째, 경쟁 제품과 사용자별 추천 포인트
비슷한 가격대의 경쟁 제품과 비교했을 때, 이 이어폰은 특히 착용감과 배터리 효율에서 강점을 보였다. 음질 특화 제품과 달리 전체적으로 균형을 유지해 다양한 상황에서 무난하게 사용할 수 있다. 특히 다음과 같은 사용자에게 적합하다.

출퇴근이 잦은 직장인: 안정적인 연결과 긴 배터리 지속
운동을 즐기는 사용자: 가벼운 무게와 안정적인 착용감
음악 감상을 중시하는 사람: 중저음과 보컬 중심 음질에 강점
멀티태스킹이 필요한 학생·프리랜서: 터치 컨트롤과 통화 품질에서 편리함

리뷰를 마무리하며
이번 신상 무선 이어폰은 단순히 스펙만 좋은 제품이 아니라, 실제 사용자의 일상 속에 얼마나 자연스럽게 녹아드는지를 보여 주는 사례였다. 착용감, 배터리, 음질 모두 균형이 잘 맞아 장시간 사용이나 이동이 많은 환경에서 특히 강점을 발휘한다. 새로운 무선 이어폰을 고민한다면 먼저 자신의 사용 패턴을 떠올려보고, 이 제품의 장점이 그 필요에 맞는지 확인해 보길 권한다. 이 이어폰은 다양한 상황에서 두루 만족할 만한 균형 잡힌 선택지가 될 수 있다.

신상 무선 이어폰 리뷰 – 직접 써본 착용감과 음질 이야기

새로운 무선 이어폰을 고를 때 가장 먼저 확인하는 것은 무엇일까? 어떤 사람은 스펙 표를 꼼꼼히 살펴보고, 또 어떤 사람은 실제 사용 후기를 더 중시한다. 나 역시 최근 출시된 무선 이어폰을 직접 구입해 사용하며, 광고 문구보다 실제 경험이 더 신뢰할 수 있다는 점을 확인했다. 이 글에서는 직접 사용하면서 느낀 착용감, 배터리, 음질, 경쟁 제품과의 비교, 그리고 사용자별 추천 포인트까지 정리해 독자들이 구매 판단에 도움이 되도록 한다.

일상 속에서 빛나는 균형 잡힌 무선 이어폰

첫째, 기본 스펙과 디자인에서의 안정감

이 이어폰은 최신 블루투스 5.4 칩셋을 탑재해 연결 안정성이 높고, 최대 7시간 단독 재생·충전 케이스 포함 시 28시간 사용 가능하다. 충전은 USB-C 단자를 지원해 호환성이 좋으며, 디자인은 깔끔한 미니멀 스타일이라 귀에 안정적으로 맞는다. 특히 무광 재질 덕분에 지문과 스크래치가 잘 보이지 않아 관리가 편리했다.

둘째, 착용감과 편의성에서의 차별화

3시간 이상 연속 착용해도 귀에 압박감이 거의 없었고, 외부 활동 중에도 안정적으로 고정되었다. 조깅이나 가벼운 운동 시에도 흔들림 없이 착용 가능해 활동적인 환경에서 적합했다. 터치 컨트롤 반응도 매끄러워 곡 넘김이나 볼륨 조절이 불편하지 않았다.

셋째, 배터리와 음질에서의 만족감

출퇴근길, 업무, 운동 등 하루 평균 5시간 이상 사용했음에도 이틀간 충전이 필요하지 않았다. 음질은 중저음이 안정적으로 전달되고 보컬이 선명해, 악기 소리가 많은 음악에서도 분리도가 좋아 답답함이 적었다. 팟캐스트나 강의 같은 음성 콘텐츠도 또렷하게 들렸다. 다만 고음역대는 다소 날카롭게 들릴 수 있어 음악 장르에 따라 취향 차이가 생길 수 있다.

넷째, 경쟁 제품과 사용자별 추천 포인트

비슷한 가격대의 제품과 비교했을 때, 이 이어폰은 착용감과 배터리 효율에서 특히 강점을 보였다. 음질 특화 제품과 달리 전체적으로 균형을 유지해 다양한 상황에서 무난하게 사용 가능하다. 특히 다음과 같은 사용자에게 적합하다.

출퇴근이 잦은 직장인: 안정적인 연결과 긴 배터리 지속

운동을 즐기는 사용자: 가벼운 무게와 안정적인 착용감

음악 감상을 중시하는 사람: 중저음과 보컬 중심 음질에 강점

멀티태스킹이 필요한 학생·프리랜서: 터치 컨트롤과 통화 품질에서 편리함

리뷰를 마무리하며

이번 무선 이어폰은 단순히 스펙이 좋은 제품을 넘어, 실제 사용자의 일상 속에 자연스럽게 스며드는지를 보여 준다. 착용감, 배터리, 음질 모두 균형이 잘 맞아 장시간 사용이나 이동이 많은 환경에서 특히 강점을 발휘한다. 새로운 무선 이어폰을 고민한다면, 먼저 자신의 사용 패턴을 떠올리고 이 제품의 장점이 그 필요에 맞는지 확인해 보길 권한다. 이 이어폰은 다양한 상황에서 만족할 만한 균형 잡힌 선택지다.

👍 다양한 작가의 글쓰기 스타일 적용하는 법

글쓰기는 단순히 정보를 기록하거나 생각을 정리하는 단계를 넘어, 개성과 사고방식을 드러내는 창조적 행위입니다. 동시에 글은 혼자만의 작업이 아닙니다. 이미 앞서 글을 써온 작가들의 스타일을 경험하는 일은 또 다른 가능성을 여는 참고서가 됩니다. 글쓰기 학습에서 중요한 것은 자신만의 스타일을 세우는 일과 함께, 다양한 작가의 방식을 직접 경험하는 일입니다.

작가마다 글쓰기는 뚜렷하게 다릅니다. 작가 유시민은 분석적이면서도 일상적 언어를 통해 독자와 거리를 좁힙니다. 설명이 필요한 주제일수록 불필요한 장식을 덜어내고, 비유와 사례로 맥락을 명확히 합니다. 그의 방식을 참고하면 복잡한 주제도 명료하고 독자 친화적으로 풀어낼 수 있습니다.

말콤 글래드웰Malcolm Gladwell은 작은 사례에서 큰 메시지를 끌어내는 스토리텔러입니다. 그의 글은 다큐멘터리처럼 인물과 사건을 생생하게 보여 주며, 그 속에서 사회적 의미를 드러냅니다. 이 접근은 블로그 칼럼이나 사회적 이슈 글에 적합합니다.

무라카미 하루키는 짧은 호흡과 반복적 리듬으로 여백의 감각을 만듭니다. 일상적 대화를 옮기듯 자연스러운 흐름이 특징이며, 수필이나 SNS 글에서 감각적 분위기를 살리는 데 효과적입니다. 짧은 여행기를 하루키식으로 표현하면 단순한 기록이 감각적 장면으로 변합니다.

조앤 K. 롤링은 세밀한 묘사와 풍부한 설정으로 독자를 이야기 속에 몰입시킵니다. 인물의 표정과 배경까지 생생히 드러나도록 구성해, 장문의 블로그 시리즈나 연재물에서 강점을 발휘합니다. 독자가 한 편씩 읽으며 세계관에 머물도록 만드는 힘이 있습니다.

이처럼 다양한 작가의 스타일은 각각 다른 강점을 보여 줍니다. 중요한 것은 단순한 모방이 아니라, 자신의 글쓰기 상황에 맞게 응용하는 일입니다. 글래드웰의 스토리텔링에 유시민의 명료함을 더하면 독자가 몰입하면서도 쉽게 이해할 수 있습니다. 하루키의 리듬감에 롤링의 묘사력을 결합하면, 짧지만 풍성한 이미지를 남기는 글이 완성됩니다.

다양한 작가 스타일의 글 생성하기

이때 챗GPT는 스타일을 실험할 수 있는 훌륭한 파트너가 됩니다. "유시민 스타일로 AI 글쓰기 필요성을 칼럼으로 작성해주세요." 또는 "하루키 스타일로 출근길 풍경을 수필로 작성해주세요."와 같이 요청하면 서로 다른 문체와 리듬을 직관적으로 비교할 수 있습니다.

유시민 스타일 칼럼 작성

 유시민 스타일로 "AI 글쓰기의 필요성"을 주제로 칼럼을 작성해주세요.

 AI는 이제 단순한 기술이 아니라 '글을 쓰는 방식'을 바꿔 놓은 문명의 도구다. 과거에 글쓰기는 생각을 표현하는 일이었다면, 지금은 생각을 정리하고 확장하는 과정이 되었다. AI에게 문장을 맡기면 내 생각이 자동으로 완성되는 게 아니라, 오히려 내가 무엇을 말하고 싶은지를 더 분명히 깨닫게 된다. 좋은 문장을 쓰려면 결국 내가 좋은 사고를 해야 한다는 사실, AI는 그 진리를 기술로 드러내는 존재다.
물론 AI가 쓴 문장은 매끄럽고 논리적이지만, 그 안에는 인간의 체온이 없다. 그렇기에 우리는 AI를 두려워하기보다, 인간의 감정과 경험으로 그 문장에 온기를 불어

> 넣는 법을 배워야 한다. AI는 우리의 경쟁자가 아니라, 글쓰기의 거울이다. 그 거울 속에서 나는 더 깊이 생각하고, 더 정확히 표현하는 법을 배우게 된다. AI 시대의 글쓰기는 '기술의 시대'가 아니라 '사유의 부활기'다.

하루키 스타일 수필 작성

 하루키 스타일로 "AI 글쓰기의 필요성"을 주제로 수필을 작성해주세요.

 가끔 나는 컴퓨터 화면 앞에 앉아, 흰 페이지를 바라본다. 커서가 깜박이는 리듬은 마치 새벽의 심장박동 같다. 예전엔 그 공백이 두려웠다. 아무 생각도 떠오르지 않을 때면, 나 자신이 비어 있는 사람처럼 느껴졌으니까. 그런데 요즘은 조금 다르다. AI가 내 옆에 앉아 있기 때문이다. 그것은 말이 많지도, 조용하지도 않다. 내가 한 줄 던지면, 그것은 그 줄기의 끝에 새로운 문장을 피워낸다. 나는 그 문장을 읽고, 다시 내 안을 들여다본다. 그러다 보면, 내 생각이 어딘가에서 조용히 모양을 갖추기 시작한다.

AI는 글을 대신 써 주는 존재가 아니다. 오히려 내가 글을 쓸 수 있게 도와주는, 묘하게 인간적인 친구다. 그것과 대화하다 보면, 내가 무심코 지나친 감정이나 오래 묻어둔 기억이 불쑥 고개를 든다. 글쓰기는 결국 나를 찾아가는 여행이고, AI는 그 길 위의 작은 조력자일 뿐이다. 어떤 날은 내가 그것에게 배우고, 또 어떤 날은 그것이 나에게 배우는 것 같다. 그런 균형 속에서, 글은 조금씩 살아난다. 마치 오래된 카세트테이프에서 흘러나오는 낡은 재즈처럼 — 조금은 삐걱거리지만 이상하게 따뜻한 소리로.

조앤 K. 롤링 스타일 소설 작성

 조앤 K. 롤링 스타일로 "AI 글쓰기의 필요성"을 주제로 소설을 작성해주세요

그날 밤, 해리는 도서관의 가장 어두운 구석에서 이상한 책을 발견했다. 표지는 낡았고, 제목 대신 은빛 잉크로 이렇게 적혀 있었다. "AI와의 대화로 글을 쓰는 법" 호기심이 발동한 해리는 책을 펼쳤다. 그런데 활자가 갑자기 빛나더니, 책 속에서 부드러운 목소리가 흘러나왔다.
"자, 해리. 네가 쓰고 싶은 이야기를 말해봐."
해리는 깜짝 놀라 주위를 둘러봤지만, 아무도 없었다. "누구야?" 하고 묻자, 책이 다시 대답했다.
"나는 글의 정령이야. 네 마음속 생각을 끌어내 도와주는 존재지. 네가 말하면, 나는 그것을 문장으로 엮어 줄 거야."
처음엔 장난인 줄 알았다. 하지만 해리가 조심스레 한 문장을 중얼거리자, 책장은 스스로 펴지며 그 문장이 살아 움직이듯 흐르기 시작했다. 그때 해리는 깨달았다 — 글쓰기란 혼자만의 싸움이 아니라고. 생각을 꺼내는 힘, 그것을 이어주는 마법이 이미 자신의 안에 있었다는 것을.
AI는 바로 그 마법의 손끝이었다. 어둠 속에서도 생각을 빚어내고, 머릿속 혼란을 질서로 바꿔주는 존재. 해리는 펜을 내려놓고 미소 지었다.

글쓰기 스타일은 고정된 것이 아니라 확장과 조율의 과정 속에서 완성됩니다. 처음에는 다른 작가의 방식을 모방하는 것처럼 보이지만, 시간이 지나면 점차 자신만의 색깔로 변합니다. 다양한 스타일은 글을 풍성하게 하는 참고서이자 성장의 발판입니다. 지금부터 작은 실험이라도 시작해 보세요. 그 경험이 쌓여 당신만의 고유한 스타일로 자리 잡게 될 것입니다.

👍 다양한 작가 스타일로 글을 확장하는 방법

글쓰기를 발전시키려면 단순히 글을 쓰는 데 그치지 않고, 자신이 어떤 스타일을 사용하는지 기록하는 습관이 필요합니다. 매번 다른 방식으로만 글을 쓰면 발전의 방향을 잡기 어렵지만, 일정한 기준을 세우고 기록을 남기면 글쓰기 습관을 체계적으로 관리할 수 있습니다. 특히 작가 스타일을 메모하고 비교하는 과정은 글쓰기 성장을 위한 중요한 도구가 됩니다.

자신의 목적에 맞는 스타일 선택하기
글은 쓰는 목적에 따라 구조와 어조가 달라집니다. 의도한 효과에 맞는 작가 스타일을 참조하면 독자와의 소통이 한층 선명해집니다. 예를 들어 회사 보고서는 유시민 작가의 방식이 유용합니다. 불필요한 수식어를 줄이고 핵심만 짚어내는 구조가 독자의 이해를 돕기 때문입니다. 글을 시작하기 전에 "이 글을 읽은 독자가 무엇을 얻기를 바라는가?"라는 질문을 던지고, 그에 맞는 작가 스타일을 하나 정해 적용합니다.

구조와 리듬을 의식적으로 모방하기
작가의 문체는 문장 구조와 리듬에서 드러납니다. 이를 의도적으로 따라 해보면 글의 호흡이 자연스럽게 몸에 익습니다. 하루키는 짧고 반복적인 문장을 씁니다. "창밖에 비가 내렸다. 커피를 마셨다. 책을 펼쳤다." 같은 문장은 여백의 감각을 줘 수필이나 SNS 글에서 효과적입니다. 작가의 단락을 베껴 쓰되 주제를 바꿔 보는 훈련을 합니다.

스타일을 혼합해 나만의 글로 재구성하기

한 가지 스타일만 고집하면 표현의 폭이 좁아집니다. 상황에 따라 서로 다른 스타일을 조합하면 더욱 다채롭고 균형 잡힌 글을 만들 수 있습니다. 여행기를 쓸 때 글래드웰처럼 작은 에피소드(현지인과의 대화)를 중심에 두고, 유시민처럼 명료하게 교통편·비용 정보를 정리하면 독자는 몰입과 정보를 동시에 얻습니다. 글을 완성한 뒤 "이 글에 다른 작가의 장점을 하나 더 추가한다면?"이라고 자문하고, 문단을 다시 써봅니다.

내 글을 특정 작가 스타일로 변환하기

AI는 스타일 실험을 돕는 효과적인 도구입니다. 같은 주제를 다른 스타일로 요청해 비교하면 문체 차이를 직관적으로 이해할 수 있습니다. 챗GPT에 "유시민 스타일로 기후 위기 칼럼 작성"이라고 요청하면 분석적이고 명료한 문장이 생성됩니다. 같은 주제를 "글래드웰 스타일"로 요청하면 작은 사례를 중심으로 풀어내는 글이 나옵니다. 같은 주제를 두세 작가 스타일로 요청하고, 각 버전의 첫 문단을 비교 분석해 자신에게 맞는 스타일을 찾습니다.

원고를 특정 작가 스타일로 변환한 예시

[원고]를 유시민 작가 글쓰기 스타일로 변환해주세요.
- 글의 핵심 내용 및 문장 구조를 동일하게 유지하면서 변경은 최소화해주세요.
- 문장은 자연스럽게 흐르도록 다듬어 주세요. 각 문장의 의미를 분명히 하고, 전체 문장 간의 흐름이 매끄럽게 이어지도록 조정해주세요.
- 보강한 부분은 굵은 글씨(볼드체)로 표시해주셔서 수정 내역이 쉽게 확인되도록 해주세요.

[원고]
AI 시대, 글쓰기는 필요한가?
스마트폰과 AI가 생활 전반을 장악한 시대, 우리는 수많은 텍스트를 소비하지만 정작 스스로 글을 쓰는 일에는 점점 소극적이 된다. SNS에 짧은 글을 남기는 것조차 버거워하고, 보고서를 작성할 때는 빈 문서 앞에서 손이 멈추곤 한다. 더구나 AI가 몇 초 만에 글을 완성하는 모습을 보면, 글쓰기의 필요성 자체에 의문을 품게 된다. 그러나 이 물음 속에는 역설이 숨어 있다. AI 시대일수록 글쓰기는 오히려 더 본질적인 힘을 지닌다.

글쓰기는 사고를 훈련하는 과정이다
첫째, 생각을 정리하는 힘
많은 사람이 글을 이어가지 못하는 이유는 생각이 정리되지 않기 때문이다. 글을 쓰려면 수많은 정보와 경험을 하나의 흐름으로 묶어야 한다. 이 과정에서 우리는 우선순위를 정하고, 핵심을 가려내며, 자신의 논리를 세운다. 따라서 글은 단순한 기록이 아니라 사고를 훈련하는 과정이며, AI가 대신할 수 없는 인간만의 인지 활동이다.

둘째, 개성과 경험을 담아내는 그릇
AI가 만든 글은 정교하지만 개인의 경험과 감정을 담아내기 어렵다. 같은 주제라도 내가 직접 쓴 글에는 나만의 시선과 뉘앙스가 스며든다. 이는 단순한 정보 전달을 넘어 독자에게 공감을 일으키고, 차별화된 목소리를 만들어낸다. 글쓰기는 결국 '나'를 드러내는 가장 인간적인 도구이며, 이는 AI가 복제할 수 없는 영역이다.

셋째, AI 활용의 출발점
AI 시대에 글쓰기를 포기하는 것은 오히려 역행이다. 좋은 글을 얻기 위해서는 좋은 질문과 뚜렷한 맥락이 필요하다. 이는 곧 글쓰기 능력에서 비롯된다. 내가 원하는 방향을 명확히 제시하지 못한다면, AI의 결과물은 피상적일 수밖에 없다. 글쓰기는 AI와 협력하기 위한 최소한의 기반이자, 도구를 주도적으로 다루는 힘이다.

글쓰기는 더 이상 단순한 기술이 아니다. 그것은 사고를 깊게 만들고, 자신만의 이야기를 전하며, 도구를 올바르게 활용할 수 있는 힘이다. AI가 모든 것을 대신해주는 듯 보이는 지금, 오히려 글은 우리를 가장 인간답게 만들어 주는 행위다. 결국 중요한 질문은 "글쓰기가 필요한가?"가 아니라 "나는 어떤 글을 통해 나를 표현할 것인가?"이다.

AI 시대, 글쓰기는 필요한가?

스마트폰과 AI가 생활 전반을 지배하는 지금, 우리는 매일 수많은 텍스트를 읽고 소비한다. 그러나 정작 스스로 글을 쓰는 일은 점점 줄어든다. SNS에 짧은 글 하나 남기는 것도 버겁고, 보고서를 작성할 때는 빈 화면 앞에서 멈칫한다. 게다가 AI가 몇 초 만에 글을 만들어 내는 걸 보면, 글쓰기가 정말 필요한가 하는 의문이 생긴다. 하지만 이 질문 속에는 역설이 있다. AI 시대일수록 글쓰기는 더 본질적인 힘을 지닌다.

글쓰기는 사고를 훈련하는 과정이다

첫째, 생각을 정리하는 힘이다. 사람들이 글을 이어가지 못하는 가장 큰 이유는 생각이 정리되지 않기 때문이다. 글을 쓰려면 다양한 정보와 경험을 한 줄의 흐름으로 묶어야 한다. 이 과정에서 우리는 우선순위를 정하고, 핵심을 가려내며, 논리를 다듬는다. 따라서 글쓰기는 단순한 기록이 아니라, 사고를 훈련하는 과정이다. 이는 AI가 대신할 수 없는 인간 고유의 인지 활동이다.

둘째, 개성과 경험을 담아내는 그릇이다. AI가 만든 글은 정교할 수 있지만, 거기에는 삶의 결이 없다. 같은 주제를 다루더라도 내가 직접 쓴 글에는 나만의 시선과 뉘앙스가 묻어난다. 독자는 그 차이를 감지한다. 그래서 글은 단순한 정보 전달이 아니라, 공감을 일으키고 차별화된 목소리를 만드는 행위가 된다. 글쓰기는 결국 '나'를 드러내는 가장 인간적인 도구다. AI가 흉내 낼 수 없는 영역이다.

셋째, AI 활용의 출발점이다. AI 시대에 글쓰기를 포기하는 건 오히려 퇴보다. 좋은 글을 얻기 위해서는 좋은 질문과 맥락이 필요하다. 그 능력은 글쓰기에서 비롯된다. 내가 원하는 방향을 분명히 말하지 못한다면, AI가 내놓는 답은 피상적일 수밖에 없다. 결국 글쓰기는 AI와 협력하기 위한 최소한의 기반이자, 도구를 다루는 주인의 힘이다.

결론

글쓰기는 기술이 아니다. 그것은 생각을 깊게 만들고, 자신만의 이야기를 전하며, 도구를 올바르게 활용할 수 있는 힘이다. AI가 모든 걸 대신해주는 듯 보이는 지금, 글은 오히려 우리를 더 인간답게 만든다. 그래서 중요한 질문은 "글쓰기가 필요한가?"가 아니라, "나는 어떤 글로 나를 표현할 것인가?"이다.

작가 스타일은 단순히 모방에서 끝나지 않습니다. 선택 – 모방 – 혼합 – 실험 – 기록의 과정을 거치면서 점차 자기화됩니다. 글쓰기에서 중요한 것은 고정된 문체가 아니라, 다양한 스타일을 흡수하고 재구성하는 능력입니다. 기록한 경험을 다시 검토하며 자신에게 맞는 방식을 정리할 때, 글은 점점 더 자신만의 색깔을 갖추게 됩니다. 결국 이러한 반복이 쌓여 고유한 글쓰기 스타일로 자리 잡습니다.

1장

성경의 프롤로그와 창세기

11장

상황별 프롬프트 설계와 활용

많은 사람이 AI로 글을 쓰는 과정을 단순히 프롬프트를 입력하고 결과를 받는 것이라 생각하지만, 프롬프트는 글의 방향과 구조를 설계하는 도구입니다. 같은 주제를 다뤄도 블로그, SNS, 정보 전달, 마케팅 글의 결과가 서로 다른 이유는 바로 이 설계 방식의 차이 때문입니다. 프롬프트는 글의 리듬, 어조, 독자 경험을 결정하는 일종의 언어 설계 도입니다. 이 장에서는 '무엇을 쓸까'보다 '어떻게 쓸까'를 중심으로, 글의 목적과 독자에 따라 달라지는 프롬프트 설계 전략을 다룹니다. 잘 설계된 프롬프트는 글의 품질을 일정하게 유지하게 하고, 어떤 채널에서도 설득력 있는 결과를 만듭니다.

여러분은 이 장을 통해 프롬프트를 전략적 글쓰기 도구로 다루는 법을 배우게 됩니다. 글의 목적, 독자층, 전달 방식, 행동 유도 요소를 기준으로 구조를 설계하고, 같은 주제를 상황별로 변환하는 훈련을 진행합니다. 블로그에서는 서사와 경험을, SNS에서는 압축과 반응을, 정보 전달 글에서는 명료함을 우선순위로 두는 방식입니다. 이 과정을 반복하면 AI를 활용한 글쓰기는 더 이상 기계적 생성이 아니라 맥락 기반의 창작 설계 과정이 됩니다.

👍 프롬프트, 상황에 따라 달라지는 글쓰기 방식

프롬프트는 단순히 글을 시작하는 명령이 아닙니다. 글의 흐름과 결과를 설계하는 도구이자, 상황에 맞게 글의 구조와 톤을 조율하는 설계 도구입니다. 같은 주제를 다루더라도 블로그에서는 경험을 강조하고, SNS에서는 직관적인 한 줄이 필요하며, 정보 전달 글에서는 객관적 사실이 핵심이 됩니다. 따라서 프롬프트를 어떻게 설계하느냐가 곧 글의 완성도를 결정합니다.

예를 들어 맛집 소개를 주제 생각해봅시다. 블로그용 프롬프트는 "방문 경험을 서론 – 본론 – 결론 구조로 풀어내고, 음식의 맛과 분위기를 세부적으로 묘사해주세요."라고 요청할 수 있습니다. SNS용 프롬프트는 "짧은 문장, 해시태그, 이모지를 활용해 젊은 층이 공감할 수 있게 작성해주세요."라고 할 수 있고, 리뷰용 글은 "위치 · 가격 · 운영 시간을 간결하게 요약해주세요."라고 요청하면 됩니다. 같은 주제라도 설계 방식이 달라지면 결과물의 색깔도 크게 달라집니다.

프롬프트를 무작정 작성하기보다 일정한 흐름을 따르는 것이 효과적입니다. 아래 4가지 과정을 점검하면 상황에 맞는 글을 안정적으로 만들 수 있습니다.

프롬프트 작성 규칙

① **글의 목적**: 정보 전달, 공감 유도, 홍보 중 무엇을 우선할지 정한다.

② **독자층 설정**: 일반 독자, SNS 팔로워, 잠재 고객 등 대상에 맞춘다.

③ **핵심 요소**: 필요한 정보(위치 · 가격), 감정 요소(체험 · 후기), 톤(친근 · 분석적)을 정리한다.

④ **프롬프트 변환**: 동일한 주제라도 채널과 상황에 맞춰 요청 방식을 달리한다.

프롬프트는 단순한 요청이 아니라, 글의 목적과 독자에 맞게 내용을 변환·확장하는 전략적 도구입니다. 이를 꾸준히 연습하면 어떤 주제도 블로그, SNS, 정보 글로 변환할 수 있고, 글쓰기 활용 폭이 한층 넓어집니다.

① 블로그 글쓰기 프롬프트

블로그 글은 경험과 정보가 균형을 이루어야 합니다. 독자가 시간을 내어 읽는 만큼, 서론-본론-결론의 흐름과 실제 방문 경험이 함께 담길 때 몰입도가 높아집니다.

블로그용 프롬프트 예시

주제: 홍대 ○○ 맛집 소개
조건: 서론-본론-결론 구조, 각 문단 3~4줄
포함 요소:
- 위치(찾기 편한 길 안내, 교통편)
- 대표 메뉴(메뉴명 + 가격 + 맛 묘사)
- 추가 메뉴(사이드·디저트 등 간단한 언급)
- 분위기(내부 인테리어, 좌석 구성, 음악·조명)
- 서비스(직원 응대, 대기 시간, 예약 여부)
- 사진 캡션(음식·공간 특징 강조)
톤: 친근하지만 정보 중심, 독자가 방문을 상상할 수 있도록 묘사

홍대 ○○ 돈가스 맛집 소개
서론
홍대는 언제 가도 활기찬 거리와 다양한 맛집으로 가득합니다. 그중에서도 최근 친구 추천으로 찾은 '○○ 돈가스'는 줄을 서서 먹을 만큼 인기가 많았습니다. 돈가스를 좋아하는 분들이라면 꼭 한 번 들렀으면 하는 곳이어서 방문 후기를 공유해봅니다.

본론

가게는 홍대역 9번 출구에서 도보 5분 거리에 있어 찾기 쉽습니다. 큰 간판이 눈에 잘 띄고, 가게 앞에는 주말마다 대기 줄이 생겨 인기를 실감할 수 있습니다.

대표 메뉴는 '수제 로스 돈가스(11000원)'입니다. 고기가 두툼하면서도 부드럽게 씹히고, 바삭한 튀김옷과 육즙의 조화가 훌륭했습니다. 소스는 직접 만든 데미글라스 스타일로, 느끼함 없이 감칠맛이 살아 있습니다. 함께 나온 양배추 샐러드와 미소국도 깔끔했습니다.

추가 메뉴로는 치즈 돈가스와 해산물 고로케가 인기였는데, 치즈가 쭉 늘어나는 게 특히 인상적이었습니다. 음료는 자몽 에이드와 아이스티 같은 상큼한 메뉴가 준비되어 있어 돈가스와 잘 어울렸습니다.

가게 내부는 따뜻한 원목 인테리어로 꾸며져 있어 아늑했습니다. 2인석과 4인석 위주로 배치되어 있어 친구·커플 단위 손님이 많았습니다. 은은한 재즈 음악이 흘러 나와 식사 분위기를 한층 편안하게 만들어 주었습니다.

직원들은 밝은 인사와 함께 빠르게 자리를 안내해주었고, 주문 후 음식이 나오기까지 10분 정도 걸렸습니다. 주말에는 대기가 길 수 있어 예약을 추천합니다.

📷 사진 캡션: 두툼한 돈가스 단면, 바삭한 튀김옷과 육즙 가득한 속살이 식욕을 자극한다.
📷 사진 캡션: 따뜻한 조명 아래 원목 인테리어, 편안하게 식사하기 좋은 분위기.

결론

홍대에서 든든하고 만족스러운 한 끼를 원한다면 '○○ 돈가스'를 추천합니다. 합리적인 가격, 뛰어난 맛, 그리고 편안한 분위기까지 갖춘 곳이었습니다. 다음번에는 치즈 돈가스를 꼭 먹어보고 싶어 다시 방문할 계획입니다.

② SNS 글쓰기 프롬프트

SNS 글은 짧고 직관적이어야 합니다. 해시태그와 이모지를 활용해 즉각적인 반응을 유도하는 것이 핵심입니다.

SNS용 프롬프트

주제: 홍대 ㅇㅇ 맛집 소개
조건: 3문장 이내, 200자 제한
포함 요소: 추천 멘트 + 대표 메뉴 + 해시태그
톤: 활기차고 직관적

홍대역 근처 줄 서서 먹는 ㅇㅇ 돈가스 🎞 두툼한 로스 돈가스(11000원) 바삭함 +육즙 최고👍 분위기 아늑하고 재즈 음악까지 완벽🎷 #홍대맛집 #돈가스 #데이트코스

③ 정보 전달용 프롬프트

정보 전달 글은 객관성과 간결성이 중심입니다. 독자가 빠르게 핵심 정보를 얻도록 구성해야 합니다.

정보 전달 글 프롬프트 예시

주제: 홍대 ㅇㅇ 맛집 정보
조건: 5줄 이내, 사실 전달 위주
포함 요소: 위치, 운영 시간, 인기 메뉴, 가격대
톤: 중립적, 안내문 스타일

홍대역 9번 출구 도보 5분 거리에 위치한 'ㅇㅇ 돈가스'.
대표 메뉴는 수제 로스 돈가스(11000원)와 치즈 돈가스(13000원)로, 두툼한 고기와 바삭한 튀김이 특징입니다.
사이드 메뉴로 해산물 고로케와 자몽에이드가 인기 있습니다.
운영 시간은 매일 11:00~22:00이며, 주말에는 대기 줄이 길어 예약을 권장합니다.

④ 마케팅·홍보용 프롬프트

홍보가 목적인 글은 단순한 소개를 넘어 행동을 유도하는 것이 핵심입니다. 이때 독자가 다음으로 어떤 행동을 취해야 할지 명확히 알려 주는 CTA(Call to Action)로 "예약하기" "지금 구매하기" 같은 선택지를 제공해야 글의 목적이 달성됩니다.

주제: 홍대 ○○ 레스토랑 프로모션 소개
조건: 5문장 이내, 할인 정보와 예약 안내 포함
포함 요소: 이벤트 기간, 예약 링크, 행동 유도 문구
톤: 설득력 있고 간결한 홍보 톤

홍대 ○○ 돈가스에서 이번 주말 단독 프로모션을 진행합니다.
대표 메뉴 수제 로스 돈가스와 치즈 돈가스를 세트 주문 시 20% 할인 혜택을 제공합니다.
아늑한 분위기와 정성스러운 서비스로 데이트·모임 장소로 제격입니다.
예약은 홈페이지 또는 전화로 가능하며, 주말 좌석은 빠르게 마감됩니다.
👉 지금 바로 예약하고 특별한 한 끼를 즐겨 보세요!

12장

아이디어부터 포스팅까지, 자동화 루틴

한 편의 글은 번뜩이는 아이디어만으로 완성되지 않습니다. 발상-구조-초안-윤문을 거쳐야 비로소 형태를 갖춥니다. 그러나 이 모든 단계를 혼자 하면 시간이 늘어나고, 톤과 구조가 매번 달라져 일관성이 무너집니다. 이 장은 아이디어발굴에서 포스팅까지 전 과정을 루틴으로 표준화하고, 반복 가능한 자동화 흐름으로 전환하는 방법을 설명합니다. 핵심은 단계별 프롬프트와 체크리스트를 결합해 발상, 구조 설계, 초안 작성, 윤문, 게시를 하나의 파이프라인으로 연결하는 것입니다. 이를 통해 속도와 품질을 동시에 확보하고, 플랫폼이 달라도 동일한 톤과 메시지를 유지합니다.

먼저 주제 풀을 구축하고, 목적·독자·키워드를 정의하는 아이디어 모듈을 챗GPT 프롬프트로 고정합니다. 다음으로 문장 길이와 문단 규칙이 내장된 구조 템플릿을 호출해 초안을 생성하고, 피드백, 윤문 프롬프트로 명료성과 설득력을 보강합니다. 마지막으로 제목, 요약, 행동 유도 문구 자동 생성과 채널별 변환(SNS, 블로그, 보고서)을 적용해 게시 직전 완성도를 점검합니다. 이 루틴을 습관화하면 콘텐츠 생산은 즉흥이 아닌 운영 체계가 되어 꾸준한 발행은 물론이고 성과 측정도 가능해집니다.

👍 아이디어에서 포스팅까지, 글쓰기 자동화 3단계

챗GPT를 활용해 아이디어 발굴부터 최종 글 완성까지, 글쓰기를 재현 가능한 루틴으로 바꾸는 방법을 소개합니다.

1단계. 아이디어 발굴

글은 주제를 정하는 순간 절반이 완성됩니다. 챗GPT를 활용하면 최신 트렌드나 독자 맞춤형 키워드를 빠르게 얻을 수 있습니다. 이렇게 쌓인 주제는 블로그, SNS, 보고서 등 다양한 글쓰기에 재활용할 수 있는 아이디어 뱅크로 작동합니다.

예시 프롬프트

 직장인을 대상으로 블로그에 적합한 글 주제를 10개 제안해주세요. 최신 트렌드 키워드와 실생활 사례를 포함해주세요.

 AI 글쓰기에 관심 있는 대학생들이 좋아할 만한 에세이형 주제 5개를 추천해주세요.

2단계. 구조 설계와 초안 작성

주제를 정했다면 이제 글의 뼈대를 만드는 단계입니다. 챗GPT에 목차와 단락 구성을 요청하면 서론 – 본론 – 결론의 기본 틀이 마련됩니다. 여기에 "문장은 20단어 이내, 문단은 3~4줄" 같은 규칙을 함께 제시하면 초안 단계부터 가독성과 톤이 안정적으로 유지됩니다.

예시 프롬프트

"AI 글쓰기 습관 만들기"라는 주제의 글을 서론-본론-결론 구조로 나눠 목차를 제안해주세요. 각 단락별 핵심 메시지를 1문장으로 정리해주세요.

"여행 블로그 글쓰기"라는 주제의 글을 3개의 소제목으로 나눠 간단한 설명을 붙여주세요. 문단 구성은 3~4줄 기준으로 해주세요.

다음 목차를 기준으로 각 단락을 700~800자 분량으로 작성해주세요. 문장은 20단어 이내, 문단은 3~4줄로 제한해주세요. 톤은 친근하면서도 정보 전달 중심으로 해주세요.

[목차 첨부]

3단계. 수정과 완성

초안이 완성되면 윤문과 교정을 통해 글의 완성도를 끌어올려야 합니다. 불필요한 반복이나 모호한 표현을 줄이고, 사례와 데이터를 보강하면 글은 더욱 설득력을 얻게 됩니다. 마지막으로 요약, 제목 제안, 행동 유도 문구 삽입까지 챗GPT에 맡기면 최종본이 완성됩니다.

예시 프롬프트

다음 초안을 더 매끄럽게 윤문해주세요. 중복 표현은 제거하고, 불필요한 수식어는 줄여 주세요. 문장은 읽기 쉽게 끊어 주세요.

이 글을 블로그 스타일에서 SNS 스타일로 바꿔 주세요. 200자 이내로 줄이고, 이모지와 해시태그를 추가해주세요.

> 다음 초안에 직장인이 공감할 만한 사례 2개와 간단한 데이터(숫자)를 추가해주세요.

> 이 글의 핵심을 3줄로 요약해, 독자가 글을 읽고 바로 이해할 수 있게 해주세요.

> 결론에 "오늘부터 바로 실천해보자." 같은 행동 유도 문구를 추가해주세요.

> "AI 글쓰기 자동화 루틴"이라는 주제에 맞는 매력적인 블로그 제목 5개를 제안해주세요.

이 3단계를 습관화하면 글쓰기는 즉흥적인 작업이 아니라 반복 가능한 프로세스가 되어 지속성을 가지게 됩니다.

👍 아이디어가 원고로 바뀌는 순간, 질문으로 시작하는 글쓰기

글쓰기를 시작할 때 가장 많이 겪는 어려움은 막연함입니다. 주제는 정했지만 무엇부터 써야 할지, 어떤 흐름으로 이어가야 할지 방향이 잡히지 않는 순간이 많습니다. 이때 유용한 방법이 바로 질문형 글쓰기입니다. 이는 단순한 기법이 아니라 글을 풀어내는 열쇠 역할을 합니다.

질문형 글쓰기는 왜(Why), 무엇을(What), 어떻게(How)라는 기본 질문에서 출발합니다. 질문을 던지면 글의 구조가 자연스럽게 형성되고, 막연한 아이디어가 구체적인 문장으로 전환됩니다. 챗GPT와 결합하면 초안부터 완성까지 과정을 빠르고 일관되게 진행할 수 있습니다.

질문으로 세부 주제 잡기

글쓰기의 시작은 핵심 질문을 던지는 데서 출발합니다. Why-What-How라는 3가지 질문은 주제를 구체적으로 파악하고 글의 구조를 자연스럽게 형성하는 도구가 됩니다. 여기에 Who(누가)라는 질문을 추가하면 글의 대상 독자를 명확히 설정할 수 있습니다. 이는 글의 톤과 방향을 구체화하는 데 중요한 역할을 하며, 독자 맞춤형 글쓰기를 가능하게 합니다. 다음 예시처럼 질문을 프롬프트로 변환하면 초안 작성이 훨씬 수월해집니다.

질문을 활용한 세부 주제 프롬프트

 "AI 시대, 글쓰기는 필요한가?"라는 주제로 글을 작성하려고 합니다.

여기서 Why-What-How라는 질문을 중심으로 3가지 사항에 대해 정리해주세요.

각 질문마다 3개의 세부 질문을 제시해주세요.

요즘 같은 AI 시대에는 많은 사람이 모든 것을 AI에게 의존하며, 생각이나 글쓰기가 더 이상 필요 없을 수도 있다고 말합니다. 이에 대해 단순한 개인적 의견을 넘어서, 글쓰기가 사고력·표현력·창의성 발휘에 어떤 필수적 역할을 하는지 전문가적 관점에서 분석해주세요.

"AI 시대, 글쓰기는 필요한가?"라는 질문을 Why-What-How 3단계로 나누고, 각 항목마다 세부 질문 3가지를 제시한 뒤, 사고력·표현력·창의성 측면에서 글쓰기의 필수적 역할을 분석했습니다.

1. 왜(Why): AI 시대에도 글쓰기가 여전히 필요한 이유

AI가 대체하지 못하는 인간 고유의 사고

인간의 경험과 맥락을 해석하고 의미를 부여하는 과정은 글쓰기를 통해 정교해진다. AI는 정보 배열은 잘하지만, 인간이 가진 가치 판단과 감정의 깊이를 대신하기 어렵다.

사고력 확장의 도구로서 글쓰기

글을 쓰는 행위는 생각을 구조화하고 검증하는 과정이다. 이는 단순 기록이 아니라, 자기 이해와 문제 해결 능력을 강화하는 훈련이다.

표현과 설득의 기본 수단

사회적 관계와 협업에서 핵심은 '생각을 어떻게 전달하느냐'이다. 글쓰기는 단순한 언어 표현을 넘어, 설득과 영향력의 기반이 된다.

2. 무엇(What): 글쓰기를 통해 얻는 핵심 역량

사고력
- 글을 쓰는 과정은 질문-분석-결론의 구조적 사고를 반복하게 한다.
- 복잡한 문제를 단순화하고 본질을 파악하는 힘을 키운다.

표현력
- 글쓰기는 단어 선택과 문장 구조를 훈련하며, 생각을 명확하고 간결하게 전달하는 능력을 높인다.
- 이는 발표, 보고서, 협상 등 모든 의사소통 상황에서 직접적인 효과를 가진다.

창의성
- 글쓰기는 기존 지식과 새로운 아이디어를 결합하는 과정이다.
- 연결하지 못했던 생각들이 글 속에서 맞닿으며, 독창적 통찰이 나온다.

3. 어떻게(How): AI 시대에 글쓰기를 지속적으로 활용하는 방법

AI를 보조 도구로 활용하기
- 초안을 빠르게 만들고 자료를 정리하는 단계에서 AI를 적극 활용한다.
- 핵심 메시지와 최종 구조는 인간이 주도해야 사고의 깊이가 유지된다.

메타 글쓰기 실천
- 글을 쓰며 스스로에게 "왜 이 주제를 쓰는가, 무엇을 말하려는가"라는 질문을 던진다.
- 자기 성찰과 학습 효과를 극대화하는 방식이다.

일상 글쓰기 습관화
- 블로그, 업무 메모, SNS 등 다양한 공간에서 짧게라도 꾸준히 쓰는 것이 사고와 표현력을 유지하는 핵심이다.
- 짧은 글이 쌓이면, 긴 글을 쓸 힘으로 이어진다.

결론: AI 시대의 글쓰기는 '선택'이 아니라 '필수'

많은 이들이 AI가 글을 대신 쓰는 시대에 인간의 글쓰기가 불필요하다고 말한다. 그러나 글쓰기는 단순히 결과물을 만드는 행위가 아니라, 생각을 정리하고 사고를 확장하며 창의성을 발휘하는 핵심 도구이다. AI는 이 과정을 돕는 보조 수단일 뿐, 사고와 표현의 본질은 인간의 몫이다. 따라서 AI 시대일수록 글쓰기는 사고력과 창의성을 지키는 최후의 훈련이자, 자기 자신을 증명하는 방법이 된다.

질문으로 원고 작성하기

기본 질문을 통해 핵심 자료를 얻은 뒤에는 구체적인 질문을 추가해 글을 풍부하게 만드는 과정이 필요합니다. 이렇게 세부적으로 던진 질문은 글의 흐름을 뚜렷하게 하고, 주제를 다각도로 확장하는 데 도움을 줍니다. 정리된 자료를 바탕으로 프롬프트를 활용하면 초안 수준을 넘어 완성도 있는 원고까지 확보할 수 있습니다.

질문으로 원고 작성 프롬프트

 "AI 시대, 글쓰기는 필요한가?"라는 주제에 맞게 다음 규칙을 모두 정확하게 적용하여 글을 작성해주세요.

- 글의 구조는 서론, 본론, 결론으로 나뉘되, 문서에서는 '서론', '본론', '결론'이라는 단어는 제외해주세요.
- 서론은 글의 첫인상이므로, 독자의 흥미를 끌 수 있는 강렬한 도입부가 필요합니다. 본문에서 다룰 주요 내용을 자연스럽게 소개하면서, 독자께서 끝까지 글을 읽으실 수 있도록 흥미로운 포인트를 포함해주세요.
- 서론에서 본론으로 넘어갈 때, 본론에 적합한 전체 제목을 추가해주세요. 이 제목은 글의 핵심 메시지를 명확하게 전달하면서도 독자의 관심을 끌 수 있는 창의적이고 강렬한 제목으로 제안해주세요. 또한 제목과 함께 한 줄 정도로 적합한 내용을 소개해주세요.
- 본론에서는 첫째, 둘째, 셋째라는 각각의 소제목을 작성해주세요. 이때 각 소제목은 내용에 적합한 제목을 추천하고, 각 소제목의 내용은 1개의 단락(3~4문장)으로 나누어 서술형으로 작성해주세요.
- 결론은 글의 중요한 메시지를 요약하며, 독자에게 강렬하게 남을 수 있도록 구성해주세요. 따로 제목을 작성하지 말고, 글의 논점을 간결하게 정리하면서 독자께 핵심 메시지를 효과적으로 전달하는 방식으로 마무리해주세요.

 제목: AI 시대, 글쓰기는 필요한가?

혹시 생각해본 적 있는가. 인공지능이 글을 대신 써 주는 시대에, 굳이 우리가 글을 직접 쓸 이유가 있을까. 많은 이들은 이제 사고와 표현조차 AI에게 맡기면 된다고 말한다. 하지만 글쓰기는 단순히 결과물을 만드는 과정이 아니다. 글을 쓰는 행위 자체가 인간의 사고력과 창의성을 단련하는 가장 오래되고 확실한 방법이다. 그렇다면 AI 시대에도 여전히 글쓰기가 필요한 이유는 무엇일까.

첫째, 사고를 확장하는 훈련의 장

글쓰기는 단순한 기록이 아니라 생각을 구조화하는 과정이다. 글을 쓰면서 우리는 문제를 정의하고, 맥락을 분석하며, 결론을 도출한다. 이 과정에서 사고의 틀이 단단해지고 복잡한 상황을 바라보는 시야가 넓어진다. 따라서 글쓰기는 AI가 대신할 수 없는 인간 고유의 사고 훈련이다.

둘째, 표현과 설득의 기본 무기

사회에서 살아가는 모든 순간은 소통의 연속이다. 보고서, 기획안, 이메일, SNS 글 하나까지도 결국은 상대를 설득하는 글쓰기다. 글쓰기를 통해 우리는 단어를 정교하게 선택하고, 문장을 명확하게 다듬으며, 메시지를 효과적으로 전달하는 힘을 기른다. 이는 AI가 대신 써 주는 글과는 다른, 인간의 개성과 신뢰를 담는 과정이다.

셋째, 창의성을 발휘하는 연결고리

새로운 아이디어는 기존 지식과 경험이 연결될 때 탄생한다. 글쓰기는 이 연결의 장이다. 문장을 이어가다 보면 흩어진 생각들이 맞닿고, 전혀 예상치 못한 통찰이 만들어진다. 창의성은 영감에서 오지 않는다. 꾸준한 글쓰기 속에서 사고가 축적될 때, 비로소 창의적 도약이 가능하다.

AI 시대에도 글쓰기는 사라지지 않는다. 오히려 AI가 넘쳐나는 지금, 인간이 스스로 사고하고 표현하며 창의성을 발휘하기 위해 글쓰기는 더욱 절실하다. 글쓰기는 단순히 기록하는 기술이 아니라, 자기 자신을 증명하는 지적 훈련이다. 결국 글을 쓰는 사람만이 생각을 지배하고, 그 생각으로 세상을 바꿀 수 있다.

피드백 반영하기

원고 초안이 준비되면 전반적인 내용과 구조를 점검해야 합니다. 이해하기 쉬운지, 메시지가 명확하게 전달되는지, 글의 흐름이 자연스럽게 이어지는지를 확인하는 과정이 필요합니다. 이때 문장 길이, 문단 구성, 톤과 스타일을 함께 검토하며 균형을 맞추는 것이 중요합니다.

원고 피드백 요청

 다음 [원고]에 대해 전반적인 내용, 구조, 표현 방식에 대한 피드백을 제공하고 개선 사항을 제시해주세요.
특히 이해하기 쉬운지와 명확하게 전달되는지를 중점적으로 검토하고, 글의 흐름이 자연스럽게 이어지는지도 확인한 다음 필요한 경우 매끄럽게 다듬을 수 있는 방향을 제안해주세요.

이때 [글쓰기 문서 규칙]을 반드시 기준으로 삼아 점검해주세요. 문장 길이, 문단 구성, 금지어 사용 여부, 톤과 스타일(블로그)에 맞는지 확인하고, 규칙과 맞지 않는 부분이 있으면 구체적으로 알려 주세요.

1. 전반적인 내용 피드백
주제 명확성: "AI 시대에도 글쓰기가 필요한가?"라는 문제의식이 서론에서 분명히 제시됨. 독자의 흥미를 끄는 질문으로 출발해 본론과 결론까지 일관되게 이어져 주제 초점이 흐려지지 않음
- 논리 구조: Why-What-How의 구조를 변형해 '사고-표현-창의성' 3단계로 정리한 부분은 논리적이며 이해하기 쉬움
- 메시지 강조: 결론에서 핵심 메시지를 다시 압축해 강조한 점은 효과적. 다만 마지막 문장이 더 여운 있게 마무리될 필요가 있음

2. 구조적 점검
- 서론: 흥미 유도에 성공했으나, 질문 → 주장 전환으로 조금 급하게 넘어가는 인상이 있음. 문단 끝에 본론으로 연결되는 다리 문장을 추가하면 흐름이 매끄러워짐
- 본론: '첫째, 둘째, 셋째' 구조가 잘 구분되어 있고, 각 단락이 3~4 문장으로 적절히 구성됨. 다만 일부 문장은 길이가 30단어에 가까워, 규칙(20~30 단어, 가독성 유지)에 맞춰 한두 문장을 분리하는 것이 바람직함
- 결론: 주제 요약과 메시지 강조는 적절하나, 블로그 톤이라면 마지막을 질문형 또는 실천 유도형으로 마무리하는 것이 더 독자 친화적임

3. 표현 방식 점검
- 금지어 여부: '혁신적인, 획기적인, 최고의' 같은 과장 표현 없음. '단순히'는 두 번 반복되는데, 의미가 중복될 수 있으니 한 번만 사용하거나 구체적 대체 표현 권장
- 모호한 부사: '굳이', '여전히' 같은 단어는 맥락상 자연스러워 허용 가능. 불필요한 부사 남용은 없음
- 톤과 스타일: 블로그 글쓰기 지침에 맞춰 서술형, 단정형 문장이 주류. 다만 문단마다 독자와의 대화형 문장(예: "혹시 생각해본 적 있는가")을 조금 더 활용하면 친근함이 강화됨
- 문장 길이: 대체로 단어 25개 전후로 안정적이나, 30개를 넘는 복문이 있어 가독성이 떨어질 수 있음. 문장 쪼개기 필요

4. 개선 제안

서론 강화
- 현재: "많은 이들은 이제 사고와 표현조차 AI에게 맡기면 된다고 말한다. 하지만 글쓰기는 단순히 결과물을 만드는 과정이 아니다."
- 제안: "많은 이들이 'AI가 글을 대신 쓰는 시대, 우리가 직접 글을 쓸 필요가 있을까?'라고 묻는다. 그러나 글쓰기는 결과물이 아니라 사고 자체를 훈련하는 과정이다." → 질문과 답변을 긴밀히 연결해 독자 몰입 강화

문장 길이 조정
본론 일부 문장을 2문장으로 분리해 가독성 개선(예: "글을 쓰면서 우리는 문제를 정의하고, 맥락을 분석하며, 결론을 도출한다. 이 과정에서 사고의 틀이 단단해지고 시야가 넓어진다.")

결론 마무리
현재: "결국 글을 쓰는 사람만이 생각을 지배하고, 그 생각으로 세상을 바꿀 수 있다."
제안: "결국 글을 쓰는 사람만이 생각을 지배한다. 그리고 그 글쓰기가 당신의 일상과 세상을 바꾸는 출발점이 될 것이다." → 여운과 실천 유도 효과 강화

이렇게 받은 피드백을 토대로 내용의 명확성과 흐름을 강화하는 개선 작업을 진행합니다. 이 단계에서 불필요한 반복과 모호한 표현은 삭제하고, 독자 수준에 맞지 않는 부분은 수정해 글의 일관성을 확보합니다. 이런 과정을 통해 글은 처음보다 선명해지고, 독자가 읽기 편한 흐름을 갖추게 됩니다. 이때 [글쓰기 문서 규칙]을 기준으로 문장 길이와 문단 구성을 조정하고, 불필요한 표현을 삭제하며, 톤과 스타일을 목적에 맞게 유지합니다. 이번 작업은 단순한 교정이 아니라 글의 완성도를 높이는 핵심 과정이 됩니다.

또한 메모리 기능을 활용해 글쓰기 규칙과 스타일을 사전에 적용해 두면, 초안 작성 단계에서부터 동일한 기준이 자동 반영됩니다. 이 경우 별도의 윤문 작업이 최소화되어, 글을 다듬는 과정이 훨씬 효율적으로 진행됩니다.

TIP 메모리 기능 활용에 대한 자세한 설명은 '3장 콘텐츠 제작을 위한 파트너, 챗GPT와 친해지기'에서 다룹니다.

피드백 반영 및 윤문 프롬프트

다음 [원고]를 앞서 제시한 피드백과 개선 사항을 반영하여 수정해주세요.
수정된 부분은 굵은 글씨(볼드체)로 표시해주세요.
수정할 때 [글쓰기 문서 규칙]을 반드시 적용해주세요.
– 문장 길이는 규칙에 맞게 조정해주세요.
– 문단은 규칙에 따라 나누고 정리해주세요.
– 금지어나 모호한 표현은 대체하거나 삭제해주세요.
– 글의 톤과 스타일은 지정된 목적(블로그)에 맞게 유지해주세요.
최종적으로 글의 흐름이 매끄럽고, 독자가 쉽게 이해할 수 있도록 다듬어 주세요.
[원고 첨부]

제목: AI 시대, 글쓰기는 필요한가?
혹시 생각해본 적 있는가. 인공지능이 글을 대신 써 주는 시대에, 우리가 직접 글을 쓸 이유가 있을까. 많은 이들이 "AI가 글을 대신 쓰는 시대, 글쓰기는 불필요하지 않을까?"라고 묻는다. 그러나 글쓰기는 결과물이 아니라 사고를 훈련하는 과정이다. 글을 쓰는 행위 자체가 인간의 사고력과 창의성을 단련하는 가장 오래되고 확실한 방법이다. 그렇다면 AI 시대에도 여전히 글쓰기가 필요한 이유는 무엇일까.

AI 시대, 글쓰기가 여전히 살아남는 힘
AI가 글을 대신 써 주더라도, 인간만이 글쓰기를 통해 얻을 수 있는 사고의 깊이와 창의성은 사라지지 않는다. 따라서 글쓰기는 선택이 아닌 필수다.

첫째, 사고를 확장하는 훈련의 장
글쓰기는 단순한 기록이 아니라 생각을 구조화하는 과정이다. 글을 쓰는 순간 우리는 문제를 정의하고 맥락을 분석한다. 그리고 결론을 도출하면서 사고의 틀을 단단히 다진다. 이 과정에서 복잡한 상황을 바라보는 시야가 넓어진다. 글쓰기는 AI가 대신할 수 없는 인간 고유의 훈련이다.

둘째, 표현과 설득의 기본 무기
사회에서 살아가는 모든 순간은 소통의 연속이다. 보고서, 기획안, 이메일, SNS 글까지 결국은 상대를 설득하는 글쓰기다. 글쓰기를 통해 단어를 정교하게 선택하고

> 문장을 명확히 다듬으며, 메시지를 효과적으로 전달하는 힘을 기른다. 이는 AI가 대신 써 주는 글과는 다른, 인간의 개성과 신뢰를 담는 과정이다.
>
> **셋째, 창의성을 발휘하는 연결고리**
> 새로운 아이디어는 기존 지식과 경험이 연결될 때 탄생한다. 글쓰기는 이 연결의 장이다. 문장을 이어가다 보면 흩어진 생각들이 맞닿고, 예상치 못한 통찰이 생긴다. 창의성은 영감에서 오는 것이 아니라 꾸준한 글쓰기 속에서 축적된 사고에서 비롯된다.
>
> AI 시대에도 글쓰기는 사라지지 않는다. 오히려 AI가 넘쳐나는 지금, 인간이 스스로 사고하고 표현하며 창의성을 발휘하기 위해 글쓰기는 더욱 절실하다. 글쓰기는 단순한 기술이 아니라 자기 자신을 증명하는 지적 훈련이다. 결국 글을 쓰는 사람만이 생각을 지배한다. 그리고 그 글쓰기가 당신의 일상과 세상을 바꾸는 출발점이 될 것이다.

글쓰기는 더 이상 혼자 고군분투하는 과정이 아닙니다. 주제를 질문형으로 전개하고, 챗GPT를 활용해 자료를 보강하며, 피드백과 윤문을 거쳐 완성하는 루틴을 습관화하면 글쓰기는 체계적으로 다듬어집니다. 중요한 것은 AI를 단순한 도구로 두는 것이 아니라, 자신만의 규칙과 스타일을 더해 글을 발전시키는 것입니다.

13장

일관된 콘텐츠를 만드는 방법, 챗GPT 프로젝트 & 메모리

시리즈 콘텐츠를 운영하다 보면 '톤과 형식의 일관성'이라는 어려운 문제와 직면하곤 합니다. 글마다 어투가 달라지고 표현 방식이 흔들리면 독자는 혼란을 느끼고, 콘텐츠의 신뢰도 역시 낮아집니다. 이 장은 이러한 문제를 해결하기 위한 챗GPT의 프로젝트와 메모리 시스템 활용법을 다룹니다. 두 기능을 결합하면 글의 방향과 디테일을 동시에 관리할 수 있으며, 초안부터 발행까지 일관된 품질을 유지할 수 있습니다. 같은 설명을 반복할 필요가 없어 효율이 높아지고, 모든 글이 동일한 톤과 구조로 정렬됩니다. 이 장에서는 프로젝트와 메모리를 활용해 자동화된 글쓰기 운영 시스템을 설계하는 방법을 단계별로 소개합니다.

👍 프로젝트 & 메모리 활용하기

프로젝트는 주제와 목표를 고정해 글의 방향을 잡고, 메모리는 문장 규칙과 개인 스타일을 저장해 디테일을 통제합니다. 두 시스템이 함께 작동하면 초보자도 전문가처럼 일관된 콘텐츠를 생산할 수 있습니다.

프로젝트 생성하기

챗GPT는 여러 개의 파일을 하나의 폴더에 모아 두듯이 지속적으로 진행하는 작업들의 일관성을 가져가면서 깔끔하게 정리할 수 있도록 **프로젝트** 기능을 제공합니다.

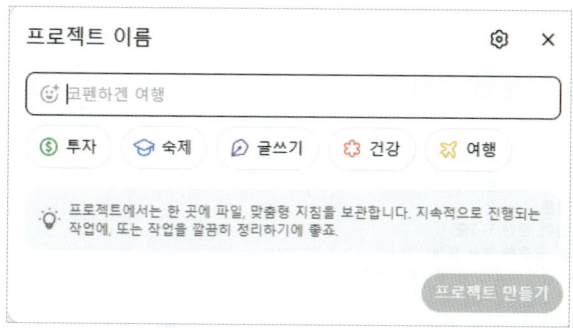

챗GPT의 프로젝트 기능

블로그 시리즈용 프로젝트를 만들어 목표, 독자, 글 구조, 문체, SEO 기준 등을 **프로젝트 지침**으로 저장합니다. 이렇게 설정해두면 이후 작성되는 모든 글에 지침이 자동 적용됩니다.

프로젝트의 핵심 역할은 작업의 맥락을 유지하고, 일관된 기준을 자동으로 반영하며, 자료를 재활용할 수 있게 하는 것입니다.

예를 들어, 〈직장인 블로그 운영 시리즈〉 프로젝트를 생성하고 다음 지침을 기본값으로 저장해주세요.

프로젝트 지침 예시

> 목적: 직장인을 위한 AI 글쓰기·운영 가이드 발행
> 대상: 20~40대 직장인 및 초중급 블로거
> 구조: 서론 – 본론 – 적용 – 결론
> 문장 규칙: 문장 20~30단어, 문단 3~5줄
> 표현 원칙: 표준어·단정형, 모호한 부사 절제
> 금지어: 근거 없는 과장, '쉽게·빠르게' 등 불명확 표현
> SEO: 핵심 키워드를 제목·도입·중간·결론에 3~5회 배치

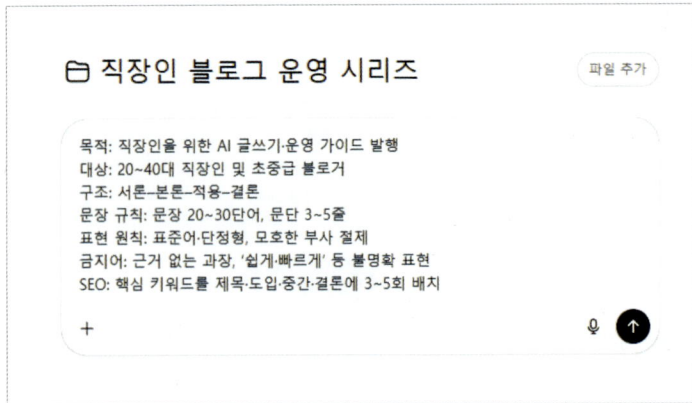

이렇게 프로젝트를 생성하고 프로젝트 지침을 메모리에 저장해 두면 이후 해당 프로젝트에서 새 채팅을 시작하더라도 주제만 입력하면 구조와 문장 규칙이 자동 반영됩니다.

프로젝트 지침을 반영해서 "AI로 글쓰기의 필요성"을 주제로 3회차 원고를 작성해 주세요.

 AI로 글쓰기의 필요성

AI 시대에도 글쓰기는 여전히 직장인의 핵심 역량이다. 보고서, 기획서, 이메일, 제안서 등 대부분의 업무가 글로 표현되기 때문이다. 단순히 정보를 나열하는 수준을 넘어, 생각을 구조화하고 의도를 명확히 전달하는 글쓰기는 AI를 활용할수록 더욱 중요해진다.

AI로 글쓰기를 보조하면 문장 완성 속도는 빨라지지만, 핵심 메시지를 설계하는 능력은 인간의 몫이다. AI는 방향을 제시받을 때 가장 효율적으로 작동한다. 따라서 직장인은 '어떤 목적의 글인지', '독자가 누구인지'를 스스로 정의하고, AI에게 그 틀 안에서 결과물을 요청할 수 있어야 한다. 이것이 AI 글쓰기의 출발점이다.

AI로 글을 쓰는 이유는 단순한 편의가 아니다. 반복되는 표현을 자동화하고, 생각의 뼈대를 빠르게 세워 전략적 사고에 집중하기 위함이다. 글쓰기를 AI에 맡기지 않고 AI로 함께 한다는 태도가 중요하다. 결국 AI 글쓰기는 도구의 활용을 넘어, 직장인의 사고력과 소통력을 확장하는 실질적인 경쟁력이 된다.

메모리로 디테일 고정하기

프로젝트가 방향을 잡는다면, 메모리는 글의 '디테일'을 고정합니다. 문장 길이, 금지어, 결론 형식, 질문 유도, 톤 등을 메모리에 저장해두면, 매번 같은 설명을 반복하지 않아도 됩니다.

메모리 저장 항목

- 글쓰기 문서 규칙: 문장 20~30단어, 문단 3~5줄, 금지어·모호어 절제
- 작가 글쓰기 스타일: 서사+해설 결합, 경험과 데이터 기반 설득, 결론에 실행 제안 포함
- 피드백 루틴: [피드백 점검]으로 구조·중복·금지어 확인 → [피드백 개선]으로 보강

프로젝트 지침과 메모리까지 모두 설정이 완료되었다면 이제 초안 작성 → 피드백 → 개선 → 발행으로 이어지는 과정을 한 번에 진행할 수 있습니다.

초안에서 발행까지 3단계 흐름

① **초안 생성**: 프로젝트 지침과 메모리를 적용해 원하는 주제로 서론 – 본론 – 결론 구조의 초안 작성

② **피드백 점검**: [피드백 점검] 기능으로 논리·문장 길이·흐름 점검

③ **개선·발행**: [피드백 개선]으로 문장 보강, 결론에 실행 제안·독자 질문 추가 → 제목·요약·키워드 생성

이 과정을 반복하면, 누구나 자동화된 루틴으로 일정한 품질의 콘텐츠를 간단하게 얻을 수 있습니다. 프로젝트는 방향을 잡고, 메모리는 디테일을 보정하며, 쓰기 루틴은 일관성을 보장합니다. 이 3가지가 맞물릴 때, 블로그 운영은 '즉흥적 작업'에서 '체계적 시스템'으로 바뀝니다.

프로젝트, 글쓰기 문서 규칙, 글쓰기 스타일을 메모리에 함께 저장해 두면 글을 쓸 때마다 이 설정을 자동으로 불러옵니다. 즉, 한 번의 설정으로 나만의 글쓰기 기준이 적용된 초안을 쉽게 만들 수 있습니다.

예를 들어, 프로젝트에 "AI 글쓰기 시리즈"라는 주제와 구조를 등록해 두고, 문서 규칙에 "문장 길이 20~25단어, 단정형 어미 사용" 항목을 저장합니다. 여기에 글쓰기 스타일로 "경험과 해설을 결합하고, 결론에 실행 제안을 넣는 방식"을 등록하면, 이 3가지가 동시에 작동합니다.

즉, 새로운 글을 쓸 때마다 챗GPT가 자동으로 프로젝트 지침을 불러와 글의 방향을 잡고, 문서 규칙으로 문장의 흐름과 형식을 정리하며, 글쓰기 스타일로 톤과 서술 방식을 유지합니다.

이 시스템의 장점은 단순합니다. 매번 같은 지시를 반복할 필요가 없고, 어떤 주제의 글이든 일정한 품질로 완성된다는 점입니다. 글의 톤이 흔들리지 않고, 문체가 자연스럽게 이어지기 때문에 시리즈 글이나 블로그 운영에도 특히 유용합니다.

이 설정은 AI를 '나의 스타일을 기억하고 반영하는 글쓰기 도우미'로 만드는 과정입니다. 이 3가지 요소가 메모리에서 연결될 때 글쓰기는 더 이상 매번 새로 시작해야 하는 중압감 있는 일이 아니라 기준 위에서 성장하는 과정이 됩니다.

인터뷰 강의, 학습 그리고 창작 파트너로서 AI 활용 백서

이름(또는 활동명): 경험수집잡화점 점장 피터

활동 채널
- 웹사이트: excollectshop.com
- 브런치: brunch.co.kr/@reading15m

Q. 간략한 자기소개 부탁드립니다.

A. 안녕하세요. '경험수집잡화점'을 운영하며 사람들이 정서적·경제적·시간적 자립을 돕는 일을 하는 피터입니다. 노션 공식 앰버서더 강사로 활동하며, 생산성·기록·퍼스널 브랜딩을 주제로 강의, 워크숍, 온라인 프로그램을 진행하고 있습니다. 저는 AI를 강의와 콘텐츠 기획, 글쓰기, 브랜딩 워크북 제작 등 전반적인 창작 과정에 활용하고 있습니다. 특히 블로그나 SNS 글을 기획할 때 아이디어 확장, 콘텐츠 구조 설계, 문장 다듬기 등에 AI를 실무 파트너처럼 사용합니다.

Q. 활동 채널에서 AI를 어떻게 활용하는지 구체적으로 알려 주세요.

A. 저는 AI를 단순히 글을 대신 써 주는 도구로 쓰기보다는 '생각을 확장하고 실행을 빠르게 돕는 파트너'로 두고 있습니다. 주로 협업하는 파트너는 챗GPT를 중심으로, 노션 AI와 제미나이를 병행합니다. 사용하는 과정은 크게 아이디어–기획–작성–디자인이라는 4단계로 나눠서 볼 수 있습니다.

- **아이디어**: 주제 리서치나 독서 모임, 강의 아이디어를 구체화할 때 AI에게 질문을 던져 관점을 확장합니다.
- **기획**: 블로그 글, 강의, 워크숍의 구조를 잡을 때 핵심 메시지와 구성 흐름을 함께 설계합니다.
- **작성**: 초안을 작성한 뒤 문장을 매끄럽게 다듬거나, 같은 내용을 다양한 톤으로 변환해보는 실험에 활용합니다.
- **디자인**: 미드저니나 캔바를 활용해 시각 자료를 보완하거나, 워크북 표지·SNS 썸네일 시안을 구상합니다.

최근에는 구글 노트북LM을 통해서 더 많은 소스를 언어 제한도 없이 빠르게 분석하고 소화할 수 있게 됐다는 것이 큰 변화 중 하나입니다. 이 서비스는 원하는 형식으로 2차 콘텐츠도 만들 수 있어 블로그, 브런치 등 다양한 채널에 콘텐츠화하기에 아주 유용합니다.

Q. AI를 활용하는 나만의 팁이 있다면 소개해주세요.

A. 첫 번째는 '명확한 프롬프트'입니다. AI는 명확한 입력이 있을 때 최고의 출력을 준다는 점을 체감했습니다. 처음에는 막연한 질문을 던져 결과물이 마음에 들지 않는 경우가 많았지만, 지금은 제가 원하는 결과물의 목적, 독자, 톤, 분량, 문체를 구체적으로 설정해 프롬프트를 작성합니다.

두 번째는 '내 언어로 다시 쓰기'입니다. AI가 생성한 문장은 어디까지나 초안일 뿐, 그것을 제 언어로 다시 정리하면서 콘텐츠의 진정성을 유지하는 것이 중요합니다.

세 번째는 '저작권'입니다. 특히 이미지를 생성할 때는 참고를 위한 시안으로만 사용하고, 실제 사용할 이미지는 직접 촬영하거나 상업적으로 자유로운 이미지를 활용합니다.

마지막 네 번째 팁은 AI를 '가상의 거장으로 창조'하는 것입니다. AI를 실행을 위한 도구로 쓰는 것도 좋지만, 개인적으로 챗GPT의 MyGPT나 제미나이의 Gems 같은 서비스를 활용해 팀 패리스나 워런 버핏 같은 가상의 인물을 만들어 두고 다양한 주제로 대화를 나누면서 새로운 관점을 확장하고 배우는 데 활용하기도 합니다.

맞춤 AI 전문가 생성이 가능한 Gems 기능

Q. AI를 사용하면서 느낀 변화나 인사이트가 있다면?

A. AI는 '속도'를 넘어서 '깊이'를 가능하게 해줍니다. 특히 반복적인 일을 대신해주기 때문에 더 많은 시간을 생각과 설계에 쓸 수 있고, 결과적으로 콘텐츠의 밀도를 높일 수 있었습니다. 글쓰기의 본질이 '생각을 정리하고 타인과 연결하는 행위'라면 AI는 그 과정을 더 명료하게 만들어 주는 동료의 역할을 합니다. 이제 AI가 대신 써 주는 시대가 아니라 'AI와 함께 더 잘 생각하는 시대'로 가게 될 것입니다.

Q. 추천하는 AI 도구가 있나요? 이 도구들을 사용해 어떤 점이 좋아졌나요?

A. 가장 추천하는 도구는 역시 챗GPT입니다. 무료로 효율적인 업무 자동화, 확장된 사고를 원한다면 구글의 노트북LM도 무척 유용합니다.

이 도구들을 활용한 뒤로 강의 준비에 들이는 시간은 절반으로 줄었고, 수강생들의 만족도는 높아졌습니다. 덕분에 AI 실습형 강의, AI 글쓰기 챌린지, AI로 꾸리는 마이팀 같은 새로운 프로그램을 기획할 수 있었습니다. 뿐만 아니라 이전까지는 외주 인원이 필요했던 일들을 AI로 대체함으로써 시간과 비용을 줄였고 생산성은 높였습니다. 또, 제가 할 수 없었던 영역의 일들도 AI를 활용함으로써 확장할 수 있게 되었습니다. 앞으로도 AI를 적극적으로 활용할 예정입니다.

4부

블로그를 위한
챗GPT 실전 예제

14장

클릭을 부르는 블로그 주제 발굴과 제목 만들기

클릭되는 글은 우연이 아니라 설계의 결과입니다. 많은 블로거가 주제와 제목을 모호하게 정한 채 글을 시작해 관심 분산과 낮은 반응을 경험합니다. 이 장은 무엇을 쓸 것인가와 어떻게 제목을 뽑을 것인가를 하나의 체계로 묶어, 독자의 검색 의도와 채널 특성에 맞춘 선택 과정을 제시합니다. 챗GPT를 활용해 트렌드와 키워드를 교차 검토하고, 운영 목적에 맞는 후보를 추려 주제 선별에서 제목 설계로 이어지는 흐름을 구축합니다. 그 결과 글의 시작이 빨라지고 클릭 가능성이 높은 주제를 안정적으로 확보합니다.

여러분은 이 장에서 챗GPT를 활용한 주제 발굴 3단계와 제목 생성 프레임워크를 익힙니다. 주제 발굴 3단계는 '관심사 입력 → 트렌드 결합 → 독자 맞춤'으로 범위를 좁히고, 제목은 문제, 혜택, 구체성, 차별 포인트를 조합해 설계합니다. 추가로 검색 의도 판별, 경쟁률 확인, A/B 제목 테스트, 재작성 루틴을 통해 발행 전 완성도까지 점검합니다. 이 과정을 루틴으로 고정하면 무작위 아이디어를 클릭 가능한 주제와 데이터로 검증된 제목으로 전환할 수 있습니다.

👍 챗GPT로 주제 발굴하기

블로그 운영에서 가장 현실적인 고민은 "오늘은 어떤 주제로 글을 써야 할까?"라는 구체적인 질문입니다. 챗GPT를 활용한 주제 발굴법 3단계인 관심사 입력하기, 트렌드와 결합하기, 독자 맞춤형으로 좁히기를 통해 블로그 글의 아이디어를 꾸준히 확보하고, 독자의 눈길을 끄는 주제를 빠르게 찾아낼 수 있습니다.

① 관심사 입력하기

콘텐츠는 자신의 관심사에서 출발하는 것이 가장 자연스럽습니다. 챗GPT에 키워드를 입력하면 단순히 주제 목록을 나열하는 수준이 아니라, 실제로 글감으로 활용할 수 있는 구체적이고 확장된 아이디어까지 제안합니다. 특히 작성자의 개성을 반영해야 하는 채널에 효과적입니다.

많은 사람이 운영하는 유형으로는 책·영화 리뷰 블로그, 일상 기록 블로그, 취미 공유(요리·사진·여행) 등이 있습니다. 챗GPT는 단순 리뷰 주제를 넘어 확장된 아이디어를 제공할 수 있습니다.

관심사 키워드로 주제 발굴

 다음 키워드를 바탕으로 블로그 글 주제를 10개 제안해주세요. 독자의 흥미를 끌 수 있도록 구체적으로 작성해주세요.
키워드: AI 글쓰기, 자기계발, 블로그 운영

AI 글쓰기 × 블로그 운영 × 자기계발

1. "매일 10분 글쓰기, 하지만 AI가 같이 한다면?"
→ 인간의 감성과 AI의 효율을 결합한 '하루 10분 루틴 글쓰기 방법' 소개

2. "AI에게 내 블로그를 맡겨 봤다 — 실제 방문자 3배 늘어난 이유"
→ 챗GPT, 클로드, 제미나이 등으로 콘텐츠 아이디어를 자동화한 실험기

3. "자기계발형 블로거의 글은 왜 오래 살아남을까?"
→ '성장 스토리' 중심 콘텐츠의 구조와 독자 반응 분석

4. "블로그 주제 고갈? AI로 나만의 글쓰기 코치 만들기"
→ 'AI 글쓰기 코치' 프롬프트 템플릿과 실제 예시 공유

5. "AI가 써준 글, 인간이 쓴 글보다 더 진심일 수 있을까?"
→ 감정·진정성·표현력 관점에서 AI 글의 한계와 가능성 비교

6. "매일 글을 쓰는 사람은 왜 자존감이 높을까 — AI 루틴으로 만드는 자기계발 습관"
→ 글쓰기를 자기확신 루틴으로 만드는 구체적 단계 소개

7. "조회수보다 중요한 건 루틴 — 꾸준히 쓰는 블로거의 비밀"
→ 알고리즘보다 '자기 성장'에 집중한 글쓰기 전략

8. "AI 블로그 시대, 진짜 '나만의 목소리'를 지키는 법"
→ 자동화 속에서도 차별화되는 글감 찾기·어조 유지법

9. "AI 글쓰기 도구 5종 비교: 나에게 맞는 글쓰기 파트너는?"
→ 재스퍼, 노션AI, 챗GPT, 클로드 등 실제 사용 후기형 콘텐츠

10. "AI 글쓰기의 시대, 우리는 더 게을러질까 더 창의적이 될까"
→ 인간의 '사고력'과 '기획력'의 역할 변화에 대한 칼럼형 주제

② **트렌드와 결합하기**

주제를 발굴할 때 최신 트렌드를 반영하면 시의성과 관심도를 동시에 확보할 수 있습니다. 챗GPT는 검색 트렌드와 결합해 독자가 지금 가장 주목할 만한 주제를 제안해줍니다. 이는 IT·테크 블로그, 트렌드 분석 블로그, 시사성 있는 뉴스형 블로그에서 특히 유용합니다.

많은 사람이 운영하는 유형으로는 패션·뷰티 블로그, 경제·투자 블로그, 여행·맛집 블로그가 있습니다. 예를 들어 패션 블로그라면 "올해 인기 색상과 스타일 분석", 맛집 블로그라면 "최근 SNS에서 화제가 된 신상 카페 리뷰"처럼 트렌드와 연결된 주제를 챗GPT가 빠르게 제시해줍니다.

트렌드 결합한 주제 발굴

 최근 3개월간 검색 트렌드를 반영해 AI와 글쓰기 관련 블로그 주제 7개를 제안해주세요.

 AI & 글쓰기 최신 트렌드 주제 7선

1. "AI 글쓰기 시대, 내 목소리는 어떻게 지킬 수 있을까?"
→ AI가 점점 인간의 글쓰기 스타일을 흉내내는 시대에, 나만의 개성과 진정성을 유지하는 방법을 다루는 주제입니다.

2. "요즘 뜨는 AI 글쓰기 도구 5종 비교: 블로거에게 맞는 선택은?"
→ 챗GPT, 노션 AI, 클로드 등 다양한 AI를 비교하고 실제 블로그 운영에 어떻게 적용할 수 있는지 안내할 수 있습니다.

3. "AI와 함께 쓰는 하루 루틴: 초안은 AI가, 감성은 내가"
→ AI를 글쓰기 파트너로 활용해 '시간 단축 + 창의성 유지'를 동시에 달성하는 루틴을 소개합니다.

4. "AI 시대의 SEO 전략: 검색 알고리즘이 아니라 독자를 위한 글쓰기"
→ AI 요약형 검색(SGE)이 확산되면서 블로그 글이 '사람 중심'으로 진화하는 트렌드를 다룹니다.

5. "AI 글쓰기로 만드는 자기계발 루틴: 하루 한 줄로 성장하기"
→ AI에게 매일 질문을 던지고 답변을 기록하는 방식으로 '생각 훈련 + 글쓰기 습관'을 함께 기르는 루틴형 주제입니다.

6. "AI 글쓰기, 어디까지 써도 괜찮을까? — 윤리와 저작권의 경계"
→ 블로그 운영자라면 한 번쯤 고민할 'AI 사용의 선'과 '창작자의 책임'을 다룹니다.

7. "AI가 넘보지 못하는 영역: 인간만이 쓸 수 있는 글의 힘"
→ 감정, 경험, 스토리텔링 등 인간 특유의 서사적 글쓰기가 왜 여전히 강력한지 분석해볼 수 있습니다.

③ 독자 맞춤형으로 좁히기

같은 주제라도 독자층에 따라 접근 방식은 달라져야 합니다. 챗GPT는 대상 독자에 맞는 톤과 형식을 반영해 주제를 재구성할 수 있어 직장인 대상 실무 블로그, 대학생 학습 블로그, 특정 분야에 특화된 맞춤형 정보 블로그에 적합합니다. 이 과정을 거치면 독자가 실제 상황에서 필요로 하는 콘텐츠를 빠르게 완성할 수 있습니다.

많은 사람이 운영하는 유형으로는 육아·가정 블로그, 취업 준비 블로그, 건강·운동 블로그가 있습니다. 취업 블로그라면 "면접 준비에 도움이 되는 AI 활용법", 육아 블로그라면 "아이 생활 습관 관리에 챗GPT를 활용하는 방법"처럼 독자 맞춤형 주제를 제시할 수 있습니다.

독자 맞춤형 주제 발굴

 직장인을 대상으로 블로그 글 주제를 5가지 제안해주세요. AI 글쓰기를 활용해 업무와 자기계발에 직접 도움이 되는 주제여야 합니다.

 💼 직장인을 위한 실전형 AI 글쓰기 블로그 주제 5선

1. "보고서 대신 써 주는 AI, 하지만 내 생각은 어떻게 담을까?"
👉 챗GPT나 노션 AI로 초안을 빠르게 만드는 법과, '내 의견·해석'을 자연스럽게 녹여 넣는 팁을 함께 다룹니다.
→ 포인트: AI가 효율을, 사람은 설득력을 담당하는 협업 글쓰기 루틴

2. "하루 10분 AI 글쓰기 루틴으로 일 잘하는 사람이 되는 법"
👉 하루 10분씩 AI에게 '오늘 배운 것, 문제 해결 과정'을 정리하게 하여 회고력·기획력·어휘력 모두를 키우는 방법을 다룹니다.
→ 포인트: '기록하는 직장인'이 되는 가장 쉬운 자기계발 습관

3. "회의록, 보고서, 메일까지 — AI가 대신 써 주는 문서 자동화 루틴"
👉 반복 문서(메일, 회의록, 제안서)를 AI 프롬프트로 자동화하는 실전 예시를 정리합니다.
→ 포인트: AI 비서에게 맡기는 하루 1시간 절약법

4. "AI가 만들어 주는 성장 일기: 직장인의 커리어 회고법"
👉 AI에게 하루 업무를 요약하고 오늘 배운 점, 개선할 점을 정리하게 하는 방식을 다룹니다.
→ 포인트: 회사 생활을 콘텐츠로 바꾸는 법 + 자기반성 루틴

5. "AI 글쓰기로 만드는 퍼스널 브랜딩: 일 잘하는 나를 기록하다"
👉 블로그, 노션, 링크드인 등에서 AI를 활용해 업무 인사이트를 정리하고 브랜딩하는 방법을 다룹니다.
→ 포인트: 나의 업무 경험을 '글 콘텐츠'로 재가공하는 전략

👍 매력적인 제목 짓기

챗GPT에 제목 생성을 요청할 때는 모호한 지시보다 주제, 대상 독자, 톤, 조건을 구체적으로 제시하는 것이 중요합니다. 이렇게 해야 검색 노출과 클릭률을 고려한 실용적이고 매력적인 제목을 얻을 수 있습니다.

블로그 주제를 기반으로 제목 작성하기

블로그 글을 쓸 때 가장 단순한 방법은 주제를 먼저 정하고, 이를 중심으로 제목을 생성하는 것입니다. 챗GPT에 주제와 조건을 입력하면 다양한 후보를 얻을 수 있으며, 운영자는 그중 하나를 선택하거나 조합해 최적의 제목을 만들 수 있습니다.

주제 기반 제목 추천

다음 조건에 맞는 블로그 글 제목을 5개 추천해주세요.
주제: 직장인을 위한 AI 글쓰기 습관
조건:
- 제목 길이는 25자 내외(7~10단어)
- 검색 노출을 위해 핵심 키워드(직장인, AI 글쓰기, 습관) 포함
- 독자의 클릭을 유도할 수 있도록 흥미롭고 직관적인 문장으로 작성
- 과장된 표현은 피하고, 명확하고 실용적인 느낌 전달
- 톤은 실용적이고 친근한 어조 유지

요청하신 조건에 맞게 5개의 블로그 글 제목을 제안드립니다.

1. 직장인 AI 글쓰기 습관, 퇴근 후 10분 루틴

    2. 매일 실천하는 직장인 AI 글쓰기 습관 가이드
    3. 직장인 보고서를 바꾸는 AI 글쓰기 습관 활용법
    4. 효율을 높이는 직장인 AI 글쓰기 습관 만들기
    5. 직장인을 위한 AI 글쓰기 습관, 작게 시작하는 법

이처럼 조건을 구체화하면 챗GPT는 다양한 제목 옵션을 제안합니다. 그중 가장 적합한 제목을 선택하거나, 여러 제목을 조합해 더 나은 제목을 만들 수 있습니다.

내용을 기반으로 제목 작성하기

이미 작성된 원고가 있다면, 해당 내용을 입력해 제목을 도출하는 방법이 있습니다. 원고의 메시지와 흐름을 반영한 제목을 생성하면 글의 핵심과 독자 관심을 동시에 담을 수 있습니다. 이 방식은 특히 에세이나 칼럼처럼 글 자체의 힘이 중요한 콘텐츠에서 효과적입니다.

내용 기반 제목 생성 예시 ①

 다음 조건과 [원고] 내용을 참고해 조건에 맞는 글 제목을 5개 추천해주세요.

조건
- 제목 길이는 25자 내외, 7~10단어
- 핵심 키워드를 자연스럽게 포함해 검색에 유리하도록 작성
- 독자의 클릭을 유도할 수 있도록 흥미롭고 직관적인 문장으로 작성
- 과장된 표현은 피하고, 명확하고 실용적인 느낌 전달
- 톤은 실용적이고 친근한 어조 유지

[원고]
오랫동안 직장에 몸담은 사람이라면 누구나 전문성을 가지고 있다. 수많은 프로젝트와 업무 속에서 갈고닦은 기술과 경험은 귀한 자산이다. 하지만 회사의 울타리를

벗어나면 이 자산이 곧바로 상품력이 되지 않는다. 경력은 이력서에 적히지만, 누군가가 돈을 지불하고 사려는 '가치'로 변환되지는 않는다.

문제는 여기서 시작된다. 우리는 전문성을 지녔지만, 그것을 보여 주고 팔 수 있는 근력을 충분히 기르지 못했다. 직장은 늘 시스템과 조직의 틀 안에서 능력을 발휘할 기회를 주었다. 그러나 독립 이후에는 모든 것이 다르다. 내가 나를 알리고, 경험을 포장해 상품으로 만드는 일은 스스로 해야 한다. 능력만으로는 부족하다. 브랜드화와 경험적 훈련이 함께 따라와야 한다.

나는 이 과정을 수년간 직접 겪었다. 새로운 주제를 매년 책이나 강의로 만들며 고객과 연결되는 길을 찾았다. 실패도 많았지만, 그 안에서 배운 건 단순하다. 콘텐츠는 올리는 데서 끝나면 아무 의미가 없다. 그것이 구조적으로 '판매 가능한 형태'로 이어져야 한다. 블로그 글을 강의로 확장하고, 강의를 녹화해 다시 콘텐츠로 만들고, 콘텐츠를 토대로 워크숍을 운영하는 식이다. 이렇게 연결될 때 비로소 전문성은 시장에서 살아 움직인다.

많은 이들이 SNS에 글을 쓰고 영상을 올린다. 그러나 그것을 상품으로 전환하지 못해 기록으로만 남는 경우가 대부분이다. 이유는 명확하다. 전문성을 '판매 가능한 구조'로 설계하는 방법을 배우지 않기 때문이다. 같은 경험이라도 단순한 기록은 개인의 추억으로 머무르지만, 고객의 니즈에 맞게 재구성하면 새로운 수익원이 된다. 예를 들어, 현장에서의 실패 경험을 정리해 실무 강의로 풀어내거나, 수십 년간의 노하우를 전자책으로 정리해 시장에 내놓는 방식이다.

이 과정에는 전략과 감각이 필요하다. 어떤 이야기를 선택할지, 어떤 플랫폼에 보여줄지, 고객이 무엇을 원할지 읽어내야 한다. "나는 이런 경험이 있다."라고 말하는 건 부족하다. 그 경험이 상대에게 어떤 문제를 해결해주고, 어떤 기회를 줄 수 있는지 구체적으로 제시해야 한다.

직장을 떠난 뒤 혼자 일어서려는 사람에게 필요한 건 결국 전문성의 상품화다. 이미 가진 기술과 경험을 시장에서 통할 수 있는 구조로 재가공해야 한다. 그 과정을 해낼 수 있을 때 전문성은 브랜드가 되고, 브랜드는 기회를 만든다. 중요한 건 능력이 아니다. 능력을 팔 수 있는 힘이다.

추천 제목 5개

1. 전문성을 상품화하는 방법, 콘텐츠로 시장과 연결하기
2. 직장 경험을 브랜드로, 전문성을 수익으로 전환하기
3. 전문성을 시장에서 팔리는 구조로 바꾸는 전략
4. 콘텐츠 확장으로 전문성을 브랜드로 키우는 길
5. 직장인의 경험을 상품화해 새로운 기회 만들기

내용 기반 제목 생성 예시 ②

다음 조건과 [원고] 내용을 참고해 조건에 맞는 글 제목을 5개 추천해주세요.

조건
- 제목 길이는 25자 내외, 7~10단어
- 핵심 키워드를 자연스럽게 포함해 검색에 유리하도록 작성
- 독자의 클릭을 유도할 수 있도록 흥미롭고 직관적인 문장으로 작성
- 과장된 표현은 피하고, 명확하고 실용적인 느낌 전달
- 톤은 실용적이고 친근한 어조 유지

[원고]
지난 주말, 친구와 홍대에서 점심을 함께하기로 하며 파스타 가게를 찾았습니다. 여러 검색 결과 중 분위기와 후기가 괜찮아 보인 '홍대 ○○ 파스타집'을 선택했어요. 특히 메뉴 구성이 다양하고 "데이트에 잘 어울린다."는 후기가 많아 눈길을 끌었습니다.
가게에 들어서자 따뜻한 조명이 은은하게 비추고, 벽돌과 우드톤 인테리어가 아늑한 분위기를 만들었습니다. 자리는 넉넉했지만 주말이라 손님이 많아 활기가 느껴졌습니다. 오픈 키친에서는 셰프가 음식하는 모습이 보여, 식사와 함께 작은 공연을 보는 듯했습니다.
메뉴판에는 파스타, 리조또, 피자가 다양하게 준비되어 있었고 저는 대표 메뉴인 까르보나라를 주문했습니다. 첫 입부터 치즈 향이 입안 가득 퍼졌고, 크리미한 소스는 진하면서도 과하지 않아 끝까지 부담 없이 즐길 수 있었습니다. 파스타 면은 알단테로 쫄깃했고, 베이컨은 짭조름하면서 불향이 은은하게 배어 풍미를 더했습니다. 함

께 주문한 루꼴라 피자는 얇은 도우에 신선한 루꼴라가 듬뿍 올려져 있어, 치즈와 올리브오일의 고소함과 어우러진 산뜻한 맛이 인상적이었습니다.

가격은 홍대 평균보다 약간 높은 편이었지만, 파스타는 1만6천~1만8천 원대, 피자는 2만 원 내외로 음식과 분위기를 고려하면 납득할 만했습니다. 서비스도 친절했고 음식이 나오는 속도도 적당했습니다. 주말에는 대기가 길어질 수 있어 예약을 추천합니다.

결론적으로 '홍대 ○○ 파스타집'은 데이트는 물론 친구 모임이나 기념일에도 잘 어울리는 곳입니다. 음식과 분위기 모두 만족스러워, 특별한 날 자신 있게 추천합니다.

 추천 제목 5개

1. 홍대 파스타 맛집 후기, 데이트와 모임에 좋은 곳
2. 친구와 다녀온 홍대 파스타집, 분위기와 메뉴 리뷰
3. 홍대 데이트 코스로 추천하는 파스타 맛집 솔직 후기
4. 까르보나라와 루꼴라 피자, 홍대 파스타집 방문 기록
5. 홍대 파스타집 리뷰, 분위기 좋은 모임 장소 추천

👍 발행 전 반드시 점검해야 할 3가지 질문

채널을 꾸준히 운영하다 보면 단순히 글을 쓰는 것보다, 글의 품질을 일정하게 유지하는 일이 더 어렵게 느껴질 때가 있습니다. 독자와의 연결, 검색 노출, 행동 유도까지 고려하지 않으면 글은 쉽게 묻혀버립니다.

이 문제를 해결하는 가장 간단한 방법은 발행 전 스스로에게 3가지 질문을 던지는 것입니다. 이 질문만 잘 체크해도 글은 훨씬 읽기 쉽고, 독자에게 도움이 되는 콘텐츠로 발전할 수 있습니다.

1. 이 글은 누구를 위한 것이며, 어떤 문제를 해결하는가?

글은 내가 하고 싶은 말보다 누가 읽을지가 더 중요합니다. 독자를 명확히 정하고, 그들이 겪는 문제를 직접 다루는 글이 효과적입니다.

예: 독자가 바쁜 30대 직장인이라면, 이 글이 어떤 문제 해결을 도와줄 수 있을까?

2. 이 글은 독자에게 어떤 새로운 가치를 주는가?

독자는 단순한 기록이나 상식이 아니라, 새로운 정보·실행 방법·통찰을 얻고 싶어 합니다. 글을 쓸 때는 "이 글을 통해 독자가 뭘 새롭게 배울 수 있을까?"를 꼭 점검해야 합니다.

예: 이 글을 읽은 독자는 무엇을 새롭게 배우고, 어디에 활용할 수 있을까?

3. 글의 결론에서 어떤 행동을 요청하고, 어떻게 반응을 확인할 것인가?

결론은 단순한 마무리가 아니라, 독자가 글을 읽고 움직이도록 만드는 자리입니다. 구체적인 행동을 제안하고, 이후 그 반응을 확인하는 방법까지 함께 생각해야 합니다.

예: 이 글을 읽은 독사가 당장 무엇을 해보길 원하는가? 그리고 그 반응은 어떻게 확인할 수 있을까?

이 3가지 질문은 '독자 정의 → 가치 제공 → 행동 유도'의 흐름을 형성합니다. 게시글을 발행하기 전마다 이 과정을 점검하면 글 한 편이 단순한 기록을 넘어 블로그 성장의 전략적 자산이 됩니다. 결국 운영 품질은 글쓰기 기술보다 올바른 질문을 던지는 습관에서 시작됩니다.

15장

리뷰, 정보, 칼럼 3가지 글 유형 자동화하기

어떤 글은 경험을 중심으로 감정을 전달하고, 어떤 글은 객관적 사실을 체계적으로 정리하며, 또 어떤 글은 의견과 통찰로 독자의 생각을 확장시킵니다. 그러나 많은 작성자가 이 차이를 명확히 구분하지 못해 글의 목적과 구조가 뒤섞이는 문제를 겪습니다. 이 장은 이러한 혼란을 해결하기 위해 리뷰, 정보, 칼럼 등 글의 유형에 따른 본질적 차이와 자동화 원리를 정리합니다. 글의 유형에 따라 구조, 톤, 표현이 어떻게 달라져야 하는지를 구체적으로 해설합니다.

챗GPT를 활용하면 이러한 글쓰기 유형을 효율적으로 자동화할 수 있습니다. 각 글의 목적에 맞는 프롬프트 설계, 구조 템플릿, 피드백 루틴을 설정하면 초안부터 완성까지의 흐름이 단순해집니다. 이 장을 통해 여러분은 챗GPT가 단순히 글을 대신 써 주는 도구가 아니라, 글쓰기 사고 구조를 설계하는 파트너임을 이해하게 됩니다. 결과적으로 주제에 맞는 글쓰기 방식을 정확히 선택하고, 반복 가능한 글쓰기 시스템을 구축함으로써 콘텐츠 품질과 생산성을 동시에 높일 수 있습니다.

👍 리뷰 쓰기

리뷰는 작성자의 개인 경험을 간접적으로 전달해 독자가 현장을 직접 체험하는 듯한 몰입감을 주는 글입니다. 단순한 정보 전달을 넘어 감정과 감각적 요소를 담는 것이 핵심입니다. 예를 들어 맛집 리뷰라면 맛의 특징뿐만 아니라 향, 식감, 분위기, 직원 서비스 태도까지 묘사해야 글에 생동감이 살아납니다.

리뷰 글의 구조

① **방문 계기**: 왜 그 장소를 찾게 되었는지 설명합니다(예: 추천을 받아 갔다, 특별한 날 방문했다 등).

② **분위기 묘사**: 매장의 규모, 인테리어, 조명, 소음, 좌석 배치, 직원 응대 등 현장 분위기를 구체적으로 기록합니다.

③ **메뉴와 맛 평가**: 주문한 메뉴의 맛, 양, 식감, 가격 대비 만족도를 묘사합니다.
단순히 "맛있었다."가 아니라 "크림 파스타의 진한 풍미와 쫄깃한 면발이 조화를 이뤘다."처럼 구체적으로 표현합니다.

④ **추천 여부**: 독자에게 어떤 상황에서 추천할 수 있을지 제안합니다(데이트, 가족 모임, 혼밥 등).
다시 방문할 의사가 있는지, 재방문 이유는 무엇인지 분명히 밝힙니다.

리뷰 작성 프롬프트

주제: 홍대 '파스타 리코' 리뷰 글 작성
조건: 블로그용 리뷰 글, 구조는 '방문 계기 → 분위기 → 메뉴와 맛 → 추천 여부'로 작성
톤: 경험담 중심, 친근하고 생생한 어조
분량: 900자 내외
추가 조건: 음식 사진에 들어갈 짧은 캡션(10~15자)도 함께 작성

홍대 '파스타 리코' 리뷰 🍝

방문 계기
지난 주말, 오랜만에 만난 친구가 홍대에서 저녁을 먹자며 추천해준 곳이 바로 '파스타 리코'였습니다. SNS에서 자주 보던 이름이기도 해서 큰 기대를 안고 찾았죠. 특히 크림 파스타가 맛있다는 소문을 들어 꼭 한 번 먹어 보고 싶었습니다.

분위기
매장은 크지 않았지만 따뜻한 조명과 잔잔히 흐르는 재즈 음악 덕분에 편안한 분위기가 느껴졌습니다. 벽면에는 와인병이 장식처럼 놓여 있어 유럽 작은 레스토랑 같은 느낌이었어요. 직원분들도 밝게 인사하며 친절하게 안내해서 첫인상부터 기분이 좋았습니다. 주말 저녁이라 손님이 많았지만 대기 시간이 길지 않아 부담 없이 즐길 수 있었습니다.

메뉴와 맛
대표 메뉴인 트러플 크림 파스타(15000원)를 주문했는데, 입안 가득 퍼지는 고소한 풍미와 은은한 트러플 향이 정말 인상적이었습니다. 크림 소스는 느끼하지 않고 부드러워서 끝까지 맛있게 먹을 수 있었어요. 함께 주문한 마르게리타 피자(13000원)는 바삭한 도우와 진한 치즈 향이 조화를 이루며 담백한 맛을 선사했습니다. 샐러드와 레몬에이드도 곁들였는데, 파스타와 피자의 맛을 깔끔하게 잡아줘 조화가 잘 맞았습니다.

추천 여부
'파스타 리코'는 연인과 데이트하거나 친구와 특별한 저녁을 즐기기에 딱 좋은 곳이었습니다. 가격 대비 만족도가 높고 메뉴 구성도 다양해 다음에는 다른 파스타와 리조또도 도전해보고 싶습니다. 홍대에서 부담 없이 분위기 좋은 이탈리안 레스토랑을 찾는다면 '파스타 리코'를 추천합니다.

📷 사진 캡션 예시
"트러플 향 가득한 크림 파스타"
"치즈 풍미 가득 마르게리타 피자"
"아늑한 분위기의 파스타 리코"

👍 정보 글 쓰기

정보 글은 객관적이고 정확한 데이터를 제공해 독자가 필요한 사실을 빠르게 확인할 수 있도록 구성하는 글입니다. 주관적인 의견보다는 간결하고 체계적인 정리가 핵심입니다.

정보 글 구조

① **주제 정의**: 글의 초점을 한 문장으로 명확히 정리합니다(예: "최근 주목받는 3가지 AI 도구의 활용법을 소개합니다.").

② **핵심 요소 선정**: 독자가 가장 궁금해할 정보(주요 기능, 가격, 특징, 활용 사례)를 추려냅니다.

③ **구조화된 정리**: 불릿이나 표를 활용해 한눈에 보기 쉽게 제공합니다.

④ **추가 팁 제공**: 무료 버전 제한, 유료 플랜 특징, 추천 활용 상황 등 실용적인 팁을 덧붙입니다.

정보 글 작성 프롬프트

주제: 최신 AI 도구 활용법
조건: 정보 제공 중심, 불릿 형식
포함 요소: 주요 기능, 가격, 추천 활용 사례
톤: 중립적이고 간결한 설명
분량: 500~700자

최신 AI 도구 활용법
AI 도구는 더 이상 전문가만 사용하는 기술이 아니라, 일상과 업무 전반에서 활용되는 필수 도구로 자리 잡고 있습니다. 블로그 글쓰기, 보고서 작성, 이미지 제작, 데이터 분석까지 다양한 영역에서 AI가 빠르게 적용되며, 선택과 활용의 폭도 넓어졌습니다. 아래에서는 현재 가장 많이 활용되는 대표적인 AI 도구와 그 특징을 정리했습니다.

챗GPT
- 주요 기능: 글쓰기 지원, 요약, 번역, 아이디어 발굴
- 가격: 무료/챗GPT Plus 월 20달러
- 활용 사례: 블로그 초안 작성, 자기계발 글쓰기 습관 형성, 보고서 문장 다듬기

클로드
- 주요 기능: 장문 분석, 긴 자료 요약, 대화형 질의응답
- 가격: 무료/Claude Pro 월 20달러
- 활용 사례: 학습 자료 정리, 리서치 보고서 준비, 독자 대상 칼럼 작성

미드저니
- 주요 기능: 텍스트 기반 이미지 생성
- 가격: 월 10달러부터
- 활용 사례: 블로그 썸네일 제작, 강의 자료 삽화, 개인 브랜딩용 비주얼 콘텐츠 제작

퍼플렉시티
- 주요 기능: 검색 기반 답변, 출처 포함된 정보 제공
- 가격: 무료/Pro 요금제 월 20달러
- 활용 사례: 신뢰성 있는 리서치, 논문·보고서 참고 자료 수집

💡 활용 팁: 초보자는 무료 버전으로 시작해 기능을 체험하고, 필요에 따라 유료 플랜으로 확장하는 것이 효율적입니다. 또한 특정 목적(글쓰기·이미지·정보 검색)에 맞는 도구를 선택하면 시간과 비용을 절약할 수 있습니다.

👍 칼럼 쓰기

칼럼은 작성자의 시각과 해석이 중심이 되는 글입니다. 단순한 정보 전달을 넘어 주제에 대한 의견과 통찰을 담아 독자에게 새로운 관점을 제공합니다.

칼럼 글 구조

① **문제 제기**: 주제와 관련된 문제를 구체적으로 드러냅니다.

② **원인 분석**: 그 문제가 왜 발생했는지 원인을 설명합니다.

③ **해결 방향 제시**: 독자에게 도움이 될 해결책이나 새로운 시각을 제시합니다.

④ **메시지 강조**: 글 전체를 요약하며 독자에게 여운을 남길 수 있는 문장으로 마무리합니다.

칼럼 작성 프롬프트

주제: AI 시대, 글쓰기는 왜 필요한가
조건: 칼럼형. 구조는 '문제 제기 → 원인 분석 → 해결 방향 제시 → 메시지 강조'
톤: 분석적이고 명확한 어조
분량: 1000자 내외

AI 시대, 글쓰기는 왜 필요한가
AI가 글을 대신 써 주는 시대가 열리면서 사람들은 자연스럽게 의문을 품습니다. 이제는 클릭 몇 번만으로 수천 자 분량의 글을 얻을 수 있는데, 굳이 시간을 들여 직접 글을 써야 하는 이유가 있을까? 겉으로 보기에는 불필요해 보일 수도 있습니다. 그러나 이 질문은 오히려 글쓰기의 본질을 되묻는 중요한 계기가 됩니다.

AI가 뛰어난 도구인 것은 분명합니다. 방대한 데이터를 학습해 빠르게 문장을 만들어 내고, 구조적으로 안정된 결과물을 제공할 수 있습니다. 하지만 여기에는 한 가지 중요한 결핍이 존재합니다. AI가 만들어 내는 글은 평균적이고 안전합니다. 반면 인간의 글은 경험과 맥락, 가치관이 녹아 있습니다. 글을 쓴다는 것은 단순히 문장을 조합하는 행위가 아니라, 생각을 정리하고 자신만의 시각을 표현하는 과정입니다. 글쓰기를 포기하면 사고이 훈련을 잃고, 결국 자기 목소리를 잃게 됩니다.

그렇다면 AI 시대의 글쓰기는 어떤 의미를 가져야 할까요? 경쟁이 아니라 협력이 핵심입니다. 초안 작성, 자료 정리, 반복적인 문장 구성은 AI에게 맡기면 됩니다. 그러나 주제 선정, 독자와의 연결, 개성과 통찰을 담아내는 일은 인간이 해야 할 몫입니다. 예를 들어, 블로그 글을 작성할 때 AI가 초안을 빠르게 뽑아준다면, 작성자는 그 위에 경험과 구체적인 사례를 더해 글을 완성할 수 있습니다. 효율과 깊이가 결합될 때, 비로소 글은 살아 있는 메시지가 됩니다.

결국 글쓰기는 여전히 필요합니다. AI가 대신할 수 없는 것은 개인의 맥락과 독창성, 그리고 자기만의 언어입니다. 글쓰기는 사고를 구조화하고, 자신의 목소리를 세상에 전달하는 가장 강력한 도구입니다. 따라서 중요한 질문은 "AI가 글을 다 써줄까?"가 아니라, "AI와 함께 어떻게 나만의 글쓰기를 발전시킬 것인가?"입니다. AI 시대일수록 글쓰기는 단순한 기록이 아니라, 정체성과 영향력을 드러내는 가장 중요한 수단으로 자리 잡을 것입니다.

👍 리뷰 유형 자동화하기

앞서 살펴본 3가지 글 유형 중 가장 많은 채널 운영자가 작성하게 되는 리뷰 유형을 자동화하는 과정을 통해 챗GPT와 협업하는 방법을 자세히 살펴보겠습니다.

리뷰를 잘 쓰려면 단순한 정보 나열이 아니라, 독자가 마치 현장에 있는 듯 생생하게 느낄 수 있도록 글을 구성하는 것이 중요합니다. 이때 챗GPT를 활용하면 핵심 키워드 입력부터 초안 작성, 피드백 반영, 최종 완성까지 과정을 체계적으로 진행할 수 있습니다.

1단계. 핵심 키워드 입력하기

맛집 리뷰는 먼저 핵심 키워드를 정리하는 것부터 시작합니다. 키워드는 글의 방향을 잡아 주고, 검색 노출에 직접적인 영향을 줍니다. 키워드가 구체적일수록 챗GPT가 더 정확하게 글의 톤과 내용을 구성할 수 있습니다.

글의 중심이 될 키워드를 챗GPT에 입력합니다. 예를 들어 "홍대 파스타집, 분위기 좋은, 가성비 메뉴"와 같이 구체적인 키워드를 정하면 글의 방향이 명확해집니다.

> **예시 키워드**: 홍대 파스타 가게, 치즈 가득한 까르보나라, 데이트 장소, 가격 합리적

2단계. 초안 생성하기

주제와 형식을 지정해 글의 뼈대를 만듭니다. 맛집 리뷰 글이라면 보통 방문 계기 → 분위기 → 메뉴와 맛 → 추천 여부의 구조를 활용합니다. 이 과정을 통해 글 전체의 기본 틀을 빠르게 완성할 수 있습니다. 프롬프트를 구체적으로 설정하면, 챗GPT가 구조직이고 읽기 좋은 초안을 작성합니다.

이때 주제와 조건을 구체적으로 설정하는 것이 중요합니다. 예를 들어 "홍대 ○○ 파스타집"을 리뷰한다고 할 때, 경험담 중심의 친근한 어조와 적절한 분량을 함께 지정하면 실제 블로그에 바로 활용 가능한 글이 만들어집니다.

또, 구조를 미리 제시하면 초보자도 글을 작성하는 과정을 이해하기 쉽습니다. 어떤 요소를 먼저 설명하고, 어떻게 마무리해야 할지 틀이 정해져 있어 글이 산만해지지 않고 독자가 읽기 좋은 흐름을 유지할 수 있습니다.

초안 생성 프롬프트

 다음 내용을 블로그 맛집 리뷰 글로 작성해주세요.
[주제: 홍대 ○○ 파스타집]
조건: 블로그용 리뷰 글, 구조는 '방문 계기 → 분위기 → 메뉴와 맛 → 추천 여부'로 작성
톤: 경험담 중심, 친근한 어조
분량: 800~1000자
세부 지시사항:
방문 계기: 주말 점심 약속을 위해 홍대에서 파스타집을 찾던 중, 리뷰 평점과 "데이트 장소 추천" 후기가 많아 '홍대 ○○ 파스타집'을 선택했습니다.
분위기: 따뜻한 조명과 우드톤 인테리어가 아늑했고, 주말 특유의 활기가 느껴졌습니다. 오픈 키친에서는 요리 과정이 보여 기대감을 높였습니다.
메뉴와 맛: 대표 메뉴인 까르보나라는 치즈 풍미가 진하면서도 느끼하지 않았고, 파스타 면은 쫄깃했습니다. 베이컨의 고소함과 잘 어울렸으며, 함께 주문한 루꼴라 피자도 담백해 조화를 이뤘습니다.

추천 여부: 가격은 다소 높았지만 음식과 분위기를 고려하면 충분히 만족스러웠습니다. 특별한 날 방문하기 좋은 장소로 추천할 만합니다.

 지난 주말, 오랜만에 친구와 홍대에서 점심 약속을 잡으면서 파스타집을 찾게 되었습니다. 여러 검색 결과 중에서 분위기와 후기가 괜찮아 보인 '홍대 ○○ 파스타집'을 선택했어요. 사람들이 '데이트 장소로 추천한다'는 말을 자주 남겨서 더욱 기대가 됐습니다.

가게에 들어서니 따뜻한 조명이 은은하게 비추고 있었고, 벽면은 벽돌과 우드톤으로 꾸며져 있어 아늑한 느낌이 물씬 났습니다. 자리는 넉넉했지만 주말이라 손님이 많아 활기찬 분위기가 이어졌습니다. 오픈 키친이라 셰프가 요리하는 모습도 보였는데, 덕분에 음식에 대한 기대감이 더 커졌습니다.

메뉴판은 파스타와 리조또, 피자까지 다양했는데 저는 대표 메뉴인 까르보나라를 주문했습니다. 치즈가 듬뿍 올려져 나왔고, 소스가 진하면서도 느끼하지 않아 계속 먹게 되더군요. 파스타 면은 알단테로 잘 삶아져 쫄깃했고, 베이컨이 풍미를 더해 만족스러웠습니다. 함께 주문한 루꼴라 피자도 고소하면서 담백해 파스타와 잘 어울렸습니다.

전체적으로 가격은 홍대 평균보다 살짝 높은 편이었지만, 음식 퀄리티와 분위기를 고려하면 충분히 납득할 만했습니다. 서비스도 친절했고, 음식이 나오는 속도도 적당했습니다. 결론적으로 '홍대 ○○ 파스타집'은 특별한 날, 친구나 연인과 함께하기 좋은 장소로 자신 있게 추천할 수 있는 곳입니다.

3단계. 피드백 점검 및 개선하기

초안은 완벽할 필요가 없습니다. 이후 피드백과 윤문 과정을 거치며 점점 개선됩니다. 초안을 챗GPT에 다시 입력하면, 구조와 표현을 점검하는 피드백을 받을 수 있습니다. 부족한 점을 보강하면서 글의 품질을 높이는 과정입니다.

작성된 초안을 챗GPT에 입력해 구조와 표현이 자연스러운지 피드백을 요청합니다. 챗GPT는 문장의 흐름, 독자 친화성, 반복 표현 여부 등을 확인해줍니다. 피드백을 반영해 문장을 매끄럽게 다듬고, 불필요한 부분은 줄이면 글의 완성도가 한층 높아집니다.

피드백 요청 프롬프트

다음 [리뷰 글]의 구조, 표현, 독자 입장에서 부족한 점을 피드백해주세요.
특히 읽기 흐름이 자연스러운지, 메시지가 명확하게 전달되는지를 중점적으로 확인해주세요.
필요하다면 사례, 비교 설명, 구체적 예시를 추가해 보강할 수 있는 방향도 제안해주세요.

[리뷰 글]

[리뷰 글]을 독자 관점에서 분석해 피드백 드리겠습니다.

1. 구조 피드백
서론: 친구와의 약속, 장소 선택 과정을 자연스럽게 시작한 점은 좋습니다. 다만 "왜 이 집을 선택했는가"가 후기의 핵심이 될 수 있는데, 단순히 "후기가 괜찮아 보여서"라는 설명은 조금 약합니다. 다른 집과 비교해 이 집을 선택한 이유(예: 메뉴 특징, 분위기 사진, 독특한 후기가 있었는지)를 짧게라도 보강하면 더 설득력 있습니다.
본론: '인테리어 → 메뉴 → 가격·서비스 → 종합 평가'순으로 전개가 잘 되어 흐름이 명확합니다. 다만 메뉴 설명이 단순히 맛 표현에 가까워서, 독자가 맛을 구체적으로 상상하기는 어렵습니다. 향, 질감, 양감 같은 묘사가 들어가면 더 생생합니다.
결론: 추천할 수 있다는 단정적 마무리는 긍정적이지만, 독자에게 구체적인 상황(데이트, 기념일, 조용한 모임 등)과 연결 지어주면 활용도가 높아집니다.

2. 표현 피드백
장점: 따뜻한 조명, 벽돌과 우드톤, 오픈 키친 등 디테일이 있어 분위기가 잘 그려집니다.
아쉬운 점:
맛 표현이 추상적("진하면서도 느끼하지 않았다." "고소하면서 담백했다.")에 그칩니다.
비교 설명이 부족합니다. 예를 들어, "일반적인 까르보나라보다 소스가 묽지 않고 꾸덕했다."처럼 다른 경험과 비교하면 더 입체적입니다.
가격은 "홍대 평균보다 살짝 높은 편"이라고 했는데, 독자가 체감할 수 있도록 실제 가격대(예: 파스타 15000~18000원 수준)를 제시하면 정보성이 강화됩니다.

3. 독자 입장에서 부족한 점

정보성 부족: 위치(지하철 역 출구, 근처 랜드마크), 대기 시간, 예약 가능 여부 같은 실질적인 정보가 빠져 있습니다. 독자는 이런 요소에 민감합니다.

차별화 포인트 미흡: 글만 읽으면 다른 파스타집과 크게 구별되지 않습니다. 가게만의 특별한 요소(시그니처 메뉴, 서비스 방식, 공간 배치 등)가 강조되면 글의 매력이 커집니다.

사진과 연계 가능성: 리뷰라면 사진 설명(예: "치즈가 그릇 가장자리까지 흘러내려 보는 순간 입맛을 당겼다.")을 함께 넣으면 글만으로도 이미지가 그려집니다.

4. 보강 제안

사례 추가: "다른 집에서는 종종 면이 과하게 익는 경우가 있었는데, 여기서는 알 단테가 완벽하게 지켜져 만족스러웠다."처럼 경험 비교를 넣으면 신뢰감이 높아집니다.

구체적 묘사: 까르보나라의 첫 입 느낌, 치즈 향이 입안에서 퍼지는 순간, 피자의 식감 같은 감각적 표현을 강화하세요.

활용 상황 제안: "연인과 데이트뿐 아니라, 친구들과 소소한 모임 장소로도 무난하다."처럼 선택지를 열어두면 독자가 '내 상황에 맞다'고 느끼기 쉽습니다.

피드백 반영한 개선 요청 예시

제공된 피드백과 개선 사항을 반영해 [리뷰 글]을 다시 작성해주세요.
수정된 부분은 굵은 글씨(볼드체)로 표시해주세요.
수정 시에는 글의 흐름이 매끄럽게 이어지고, 메시지가 독자에게 명확히 전달되도록 다듬어주세요.

지난 주말, 오랜만에 친구와 홍대에서 점심 약속을 잡으면서 파스타집을 찾게 되었습니다. 여러 검색 결과 중에서 분위기와 후기가 괜찮아 보인 '홍대 ○○ 파스타집'을 선택했어요. 다른 곳보다 메뉴 구성이 다양하고, "데이트에 잘 어울린다."라는 후기가 많아 특별히 눈에 띄었습니다.

가게에 들어서니 따뜻한 조명이 은은하게 비추고 있었고, 벽면은 벽돌과 우드톤으로 꾸며져 있어 아늑한 느낌이 물씬 났습니다. 자리는 넉넉했지만 주말이라 손님이 많아 활기찬 분위기가 이어졌습니다. 특히 오픈 키친이라 셰프가 직접 파스타를 볶는 모습이 보여, 단순한 식사가 아니라 작은 공연을 보는 듯한 즐거움이 있었습니다.

> 메뉴판은 파스타와 리조또, 피자까지 다양했는데 저는 대표 메뉴인 까르보나라를 주문했습니다. 첫 입에 치즈 향이 입안 가득 퍼졌고, 소스는 크리미하면서도 입안에 오래 머물러 과하지 않았습니다. 일반적으로 까르보나라가 느끼하게 느껴질 때가 많은데, 이곳은 밸런스가 잘 잡혀 끝까지 부담 없이 즐길 수 있었습니다. 파스타 면은 알단테로 쫄깃했고, 베이컨은 짭조름하면서도 불향이 살짝 배어 풍미를 더했습니다. 함께 주문한 루꼴라 피자는 얇은 도우 위에 신선한 루꼴라가 듬뿍 올라가 있어, 치즈와 올리브오일의 고소함이 어우러진 산뜻한 맛이었습니다.
> 전체적으로 가격은 홍대 평균보다 살짝 높은 편이었지만, 파스타 한 그릇이 1만6천~1만8천 원대, 피자가 2만 원 내외라 분위기와 음식 퀄리티를 생각하면 납득할 수 있는 수준이었습니다. 서비스도 친절했고, 음식이 나오는 속도도 적당했습니다. 다만 주말에는 대기가 길어질 수 있어, 방문 전 예약을 권합니다.
> 결론적으로 '홍대 ○○ 파스타집'은 데이트뿐 아니라 친구들과의 모임이나 기념일 식사에도 잘 어울리는 곳입니다. 음식과 분위기 모두 만족스러워, 특별한 날 자신 있게 추천할 수 있습니다.

이렇게 피드백을 받으면 글의 빈틈을 객관적으로 확인할 수 있습니다.

4단계. 원고 윤문으로 다듬어 완성하기

마지막 단계에서는 문장을 윤문하고, 글의 요약과 해시태그, 대표 이미지 프롬프트까지 포함시켜 블로그에 바로 게시할 수 있는 형태로 정리합니다. 이 과정을 거치면 맛집 리뷰 글은 단순한 기록이 아니라, 독자가 읽고 경험을 공유하고 싶어지는 콘텐츠로 완성됩니다.

원고 윤문은 이미 메모리에 저장된 글쓰기 문서 규칙과 글쓰기 스타일이 적용된다면, 별도의 지시 없이도 자동으로 반영됩니다. 따라서 피드백 점검 시에는 '글쓰기 문서 규칙'을 기준으로 개선된 원고를 받는 것이 기본이며, 부족한 부분이나 사례 보강이 필요할 때만 추가 요청하는 방식을 권장합니다.

윤문 요청 프롬프트

다음 [리뷰 글]을 윤문해주세요.
– 문장의 흐름을 자연스럽게 이어지도록 다듬어 주세요.
– 현장감을 살리되, 과도한 수식어는 줄여 독자가 쉽게 읽히도록 조정해주세요.
– 수정된 부분은 굵은 글씨(볼드체)로 표시해 변경 사항을 바로 확인할 수 있게 해 주세요.
– 필요하다면 문단의 길이나 문장 배치를 조정해 가독성을 높여 주세요.

[리뷰 글]

지난 주말, 오랜만에 친구와 홍대에서 점심 약속을 잡으면서 파스타집을 찾았습니다. 여러 검색 결과 중에서 분위기와 후기가 괜찮아 보인 '홍대 ○○ 파스타집'을 선택했습니다. 메뉴 구성이 다양했고, "데이트에 잘 어울린다."라는 후기가 많아 눈길을 끌었습니다.

가게에 들어서니 따뜻한 조명이 은은히 비추고, 벽면은 벽돌과 우드톤으로 꾸며져 아늑한 분위기가 느껴졌습니다. 자리는 넉넉했지만 주말이라 손님이 많아 활기가 있었습니다. 특히 오픈 키친에서는 셰프가 직접 파스타를 볶는 모습이 보여, 단순한 식사가 아니라 작은 공연을 보는 듯했습니다.

메뉴판에는 파스타, 리조또, 피자까지 있었고, 저는 대표 메뉴인 까르보나라를 주문했습니다. 첫 입에 치즈 향이 입안 가득 퍼졌고, 소스는 크리미하면서도 지나치게 무겁지 않아 끝까지 부담 없이 즐길 수 있었습니다. 파스타 면은 알단테로 쫄깃했고, 베이컨은 짭조름하면서 불향이 은은하게 배어 풍미를 더했습니다. 함께 주문한 루꼴라 피자는 얇은 도우 위에 신선한 루꼴라가 듬뿍 올라가 있었고, 치즈와 올리브오일의 고소함이 어우러져 산뜻한 맛을 냈습니다.

가격은 홍대 평균보다 약간 높은 편이었습니다. 파스타 한 그릇이 1만 6천~1만 8천 원대, 피자가 2만 원 내외였는데, 음식의 퀄리티와 분위기를 고려하면 납득할 만했습니다. 서비스도 친절했고, 음식이 나오는 속도도 적절했습니다. 다만 주말에는 대기가 길어질 수 있으니 방문 전 예약을 권합니다.

결론적으로 '홍대 ○○ 파스타집'은 데이트뿐 아니라 친구들과의 모임이나 기념일 식사에도 잘 어울리는 곳입니다. 음식과 분위기 모두 만족스러워 특별한 날 자신 있게 추천할 수 있습니다.

16장

글을 돋보이게 하는 요약·목차· 해시태그 자동 생성하기

완성된 좋은 글에는 독자가 글을 클릭하고, 읽고, 끝까지 머무르게 하는 구조적 장치가 필요합니다. 아무리 내용이 좋아도 핵심이 한눈에 들어오지 않으면 독자는 금세 이탈합니다. 글의 첫인상은 요약에서, 읽는 흐름은 목차에서, 확산력은 해시태그에서 결정됩니다. 즉, 이 3가지는 단순한 부속 요소가 아니라 글의 도달력을 결정하는 핵심 인터페이스입니다.

이 장은 챗GPT를 활용해 글의 '보이는 구조'를 자동으로 완성하는 방법을 다룹니다. 요약으로 핵심 메시지를 압축하고, 목차로 독자의 동선을 설계하며, 해시태그로 검색과 확산을 설계하는 과정을 구체적으로 제시합니다. 이를 통해 독자는 콘텐츠의 본질적 가치뿐 아니라 보여 주는 방식의 전략을 익히게 됩니다.

글 요약, 목차, 해시태그 생성하기

이제 이론적인 설명을 넘어서 예시를 통해 적용 방법을 살펴보겠습니다. 다음은 앞서 작성한 '홍대 파스타 맛집 후기, 데이트와 모임에 좋은 곳' 글을 예시로 글 요약, 목차, 해시태그를 순차적으로 생성해보겠습니다.

글 요약 만들기

요약은 블로그 글의 핵심을 짧고 명확하게 정리해, 독자가 글을 읽을지 판단하게 돕는 도구입니다. 글이 길어질수록 집중력은 떨어지지만, 요약은 한눈에 메시지를 보여 주어 글의 가치를 즉시 전달합니다. 블로그 상단, 뉴스레터, SNS 공유문구 등 다양한 채널에서도 활용할 수 있어 진입 장벽을 낮추는 역할을 합니다.

작업 방법은 간단합니다. 글 전체를 읽고, 독자가 얻을 이익이나 주요 포인트를 3~5개 뽑습니다. 불필요한 배경은 생략하고, 주제와 결론이 드러나도록 2~3문장으로 정리합니다. 챗GPT 프롬프트를 활용하면 자동으로 간결한 요약을 얻을 수 있고, 결과물은 그대로 쓰거나 약간만 다듬어 바로 활용할 수 있습니다.

글 요약 프롬프트

> 다음 [원고]를 기반으로 블로그 글 요약을 작성해주세요.
> – 조건: 2~3문장, 독자가 얻을 이익(방문 이유·맛·추천 포인트) 중심으로 정리
> – 톤: 실용적이고 간결한 설명, 블로그 글 상단 요약문으로 활용 가능하게 작성

[원고]

제목: 홍대에서 찾은 파스타의 정석, ㅇㅇ 파스타집 리뷰

지난 주말, 오랜만에 친구와 홍대에서 점심 약속을 잡으면서 파스타집을 찾았습니다. 여러 검색 결과 중에서 분위기와 후기가 괜찮아 보인 '홍대 ㅇㅇ 파스타집'을 선택했습니다. 메뉴 구성이 다양했고, "데이트에 잘 어울린다."라는 후기가 많이 눈길을 끌었습니다.

가게에 들어서니 따뜻한 조명이 은은히 비추고, 벽면은 벽돌과 우드톤으로 꾸며져 아늑한 분위기가 느껴졌습니다. 자리는 넉넉했지만 주말이라 손님이 많아 활기가 있었습니다. 특히 오픈 키친에서는 셰프가 직접 파스타를 볶는 모습이 보여, 단순한 식사가 아니라 작은 공연을 보는 듯했습니다.

메뉴판에는 파스타, 리조또, 피자까지 있었고, 저는 대표 메뉴인 까르보나라를 주문했습니다. 첫 입에 치즈 향이 입안 가득 퍼졌고, 소스는 크리미하면서도 지나치게 무겁지 않아 끝까지 부담 없이 즐길 수 있었습니다. 파스타 면은 알단테로 쫄깃했고, 베이컨은 짭조름하면서 불향이 은은하게 배어 풍미를 더했습니다. 함께 주문한 루꼴라 피자는 얇은 도우 위에 신선한 루꼴라가 듬뿍 올라가 있었고, 치즈와 올리브 오일의 고소함이 어우러져 산뜻한 맛을 냈습니다.

가격은 홍대 평균보다 약간 높은 편이었습니다. 파스타 한 그릇이 1만 6천~1만 8천 원대, 피자가 2만 원 내외였는데, 음식의 퀄리티와 분위기를 고려하면 납득할 만했습니다. 서비스도 친절했고, 음식이 나오는 속도도 적절했습니다. 다만 주말에는 대기가 길어질 수 있으니 방문 전 예약을 권합니다.

결론적으로 '홍대 ㅇㅇ 파스타집'은 데이트뿐 아니라 친구들과의 모임이나 기념일 식사에도 잘 어울리는 곳입니다. 음식과 분위기 모두 만족스러워 특별한 날 자신 있게 추천할 수 있습니다.

요약
홍대에서 분위기와 맛을 함께 즐길 수 있는 ㅇㅇ 파스타집 리뷰입니다. 치즈 풍미가 살아있는 까르보나라와 신선한 루꼴라 피자가 특히 인상적이었고, 데이트나 모임, 기념일 식사 장소로 추천할 만합니다.

목차 구성하기

목차는 긴 글의 흐름을 시각적으로 보여 주어 독자가 전체 구조를 이해하고 필요한 부분을 빠르게 찾게 합니다. 특히 정보 글이나 리뷰처럼 본문이 길 때, 목

차는 독자의 이탈을 줄이고 끝까지 읽게 만드는 핵심 장치가 됩니다.

작성 방법은 서론 – 본론 – 결론 구조를 먼저 나누고, 각 구간의 핵심 메시지를 소제목으로 정리하는 것입니다. 소제목은 5~8단어 이내로 간결하게 작성해 가독성을 높입니다. 글 상단에 배치하거나 링크로 연결하면 독자가 원하는 부분으로 곧바로 이동할 수 있습니다.

목차 작성 프롬프트

아래 [원고]를 기반으로 블로그 글 목차를 작성해주세요.
– 조건: 서론 – 본론 – 결론 구조로 4개 소제목 생성, 각 소제목은 5~8단어 이내로 간결하게 작성
– 톤: 중립적이고 설명적인 어조, 블로그 글 상단 목차로 활용 가능하게 작성

[원고 첨부]

블로그 글 목차
홍대에서 찾은 파스타집 소개
가게 분위기와 공간적 특징
대표 메뉴와 맛의 특징
가격, 서비스, 전체적인 평가

이처럼 간단한 목차를 구성하는 것만으로도 독자의 이해와 몰입도를 높일 수 있습니다. 챗GPT에 요청하면 체계적인 목차 틀을 자동으로 생성할 수 있어 손쉽게 활용 가능합니다.

해시태그 생성하기

해시태그는 글을 검색 키워드와 연결해 더 많은 독자에게 노출되도록 합니다. 단순히 **#맛집 #파스타** 같이 보편적이고 흔한 단어보다 **#홍대파스타맛집, #루꼴**

라피자추천처럼 구체적이고 차별화된 키워드가 효과적입니다. 해시태그는 블로그와 SNS의 하단에 활용하면 독자 유입을 크게 늘릴 수 있습니다. 작성 방법은 글의 주제를 먼저 파악한 뒤, 이를 기반으로 구체적인 해시태그 3~5개를 도출합니다. 검색량은 많지만 경쟁이 적은 키워드를 고르면 더욱 효과적입니다.

해시태그 생성에도 챗GPT 프롬프트를 활용하면 관련성 높은 태그를 자동으로 추천받을 수 있습니다. 운영자는 적합한 해시태그를 선택해 반복적으로 사용할 수 있고, 이를 통해 SEO 최적화 효과까지 동시에 기대할 수 있습니다.

해시태그 요청 프롬프트

다음 [원고]를 기반으로 블로그 글 해시태그를 작성해주세요.
조건: 해시태그 5개 생성, 일반 단어 대신 구체적인 키워드 사용(#홍대파스타맛집, #루꼴라피자추천 등)
톤: 실용적이고 검색 최적화 목적, 블로그 글 하단 및 SNS 공유용으로 활용 가능하게 작성

[원고 첨부]

추천 해시태그
#홍대파스타맛집
#홍대데이트추천
#까르보나라맛집
#루꼴라피자맛집
#홍대이탈리안레스토랑

17장
대표 이미지 & 썸네일 만들기

인간의 뇌와 눈은 글보다 이미지를 먼저 인식합니다. 블로그의 대표 이미지, 인스타그램 릴스의 썸네일 등 한 장의 이미지는 텍스트로 된 제목보다 빠르게 이 글을 클릭할지를 결정하게 합니다. 같은 글이라도 어떤 이미지를 사용하느냐에 따라 클릭률과 체류 시간이 달라집니다. 그러나 대부분 사람은 글을 완성한 뒤에야 이미지를 고민합니다. 이 장은 그 과정을 뒤집습니다. 글의 주제와 메시지를 시각적으로 설계해, 이미지가 글의 연장선이 되도록 만드는 방법을 다룹니다.

미드저니, 어도비 파이어플라이 등 다양한 이미지 생성형 AI가 있지만, 우리가 사용할 도구는 챗GPT 하나입니다. 특히 챗GPT는 GPT-5 모델이 등장하면서 이전 모델보다 이미지를 분석하고 생성하는 데 더 뛰어난 기량을 발휘합니다. 여러분은 이 장을 통해 이미지 프롬프트 설계 - 스타일 선택 - 활용 비율이라는 3단계를 중심으로 이미지를 기획하고 자동화하는 절차를 구체적으로 익히게 됩니다. 플랫 벡터, 실사, 인포그래픽 등 글의 성격에 맞는 이미지 톤을 정하고, 브랜드의 일관성을 유지하면서 클릭을 유도하는 구조를 함께 설계합니다.

👍 이미지 생성 프롬프트의 구조

지금까지 제목, 초안, 완성된 원고 등 챗GPT를 활용해 다양한 글을 생성하고 다듬는 프롬프트를 살펴보았습니다. 그러나 이미지 생성을 위한 프롬프트는 다른 구조가 필요합니다.

썸네일 생성용 프롬프트 템플릿 ①

블로그 썸네일 이미지 생성해주세요.
[스타일], [배경]에서 [인물/오브젝트]가 [행동]하는 장면
옆에는 [소품], 분위기는 [톤], 비율은 [비율]

썸네일 생성용 프롬프트 템플릿 ②

- 목적:([이미지 활용 목적])
- 스타일:([이미지 표현 방식])
- 배경:([장면이 전개되는 공간])
- 인물/오브젝트:([중심 인물 또는 대상])
- 행동:([인물의 동작이나 활동])
- 소품:([장면을 보완하는 주변 오브젝트])
- 톤:([전체 색감과 분위기])
- 비율:([이미지 화면 비율])

주요 요소를 하나씩 살펴보겠습니다.

1 [목적] - 이미지 활용 목적: 블로그, SNS, 포스터 등 콘텐츠의 시각적 대표 용도 (예: 블로그 썸네일, SNS 카드, 강의 포스터)

2 [스타일] – 이미지 표현 형식: 시각적 질감과 디자인 방향(예: 플랫 벡터, 미니멀 라인 드로잉, 인포그래픽)

3 [배경] – 장면의 공간 설정: 인물이 위치한 환경이나 장소(예: 카페, 사무실, 서재, 회의실)

4 [인물/오브젝트] – 중심 대상 또는 주체: 장면의 핵심 인물이나 오브젝트(예: 한국인 남성, 젊은 여성, AI 로봇)

5 [행동] – 인물의 동작·활동 묘사: 인물이 하고 있는 주요 행위(예: 노트북 작성, 스마트폰 확인, 아이디어 구상)

6 [소품] – 장면을 보완하는 부속 오브젝트: 분위기와 맥락을 강화하는 주변 물체(예: 커피잔, 책 더미, 헤드셋, 메모장)

7 [톤] – 전체 색감과 분위기 방향:이미지의 감정적 인상과 컬러 톤(예: 밝고 집중된, 차분하고 전문적인, 중립 톤)

8 [비율] – 이미지 화면 비율: 출력 목적에 맞는 가로·세로 비율(예: 16:9, 1:1, 9:16)

이처럼 AI로 이미지를 생성할 때는 단순히 '예쁘게 만들기'보다 의도와 구조를 명확히 설정하는 것이 중요합니다. 프롬프트에 목적, 스타일, 배경, 톤을 구체적으로 제시하면, AI는 단순한 장면이 아니라 메시지를 전달하는 시각 언어를 만들어 냅니다. 글이 독자의 시선을 끌기 위해 제목과 도입부가 필요하듯, 이미지에도 스토리와 맥락이 담긴 설계가 필요합니다. 좋은 썸네일은 클릭을 유도하는 장식이 아니라, 콘텐츠의 핵심 메시지를 한눈에 보여 주는 첫 문장입니다.

글을 돋보이게 하는 이미지 3가지 스타일

AI의 강점은 텍스트에만 있지 않습니다. 이제 챗GPT를 비롯해 대부분 생성형 AI가 몇 줄의 프롬프트 입력만으로도 전문가 수준에 가까운 결과물을 얻을 수 있습니다. 또, 동일한 주제라도 다양한 톤과 스타일을 시도할 수 있습니다. 예를 들어 블로그 환경에 맞춰 16:9, 4:3 같은 크기를 지정하거나, 이미지 스타일(미니멀, 일러스트, 실사 등)을 선택할 수 있어 운영 효율성도 크게 향상됩니다.

블로그, SNS 등에서 많이 활용하는 스타일은 플랫 벡터 일러스트, 실사(사진), 인포그래픽 3가지입니다. 각 스타일은 글의 성격에 따라 다른 효과를 주기 때문에 상황에 맞게 선택하는 것이 중요합니다.

플랫 벡터 일러스트 스타일

가장 널리 사용하는 이미지 스타일입니다. 간결한 선과 단순한 색상으로 핵심 메시지를 표현하기 때문에 정보성 글이나 매뉴얼에 잘 어울립니다. 배경은 미니멀하게 두고 핵심 요소(노트북, 사람, 아이콘 등)를 강조하면 친근하면서도 깔끔한 인상을 줍니다.

플랫 벡터 일러스트 생성

 심플한 플랫 일러스트 스타일
흰 배경 위, 책상에 앉은 남성이 모자를 쓰고 턱을 괴며 생각하는 모습
남성 앞에는 노트북이 놓여 있고, 노트북 뒷면에는 'AI'라는 텍스트 로고가 선명하게 보임. 책상 위에는 노트북, 공책, 펜, 테이크아웃 커피컵이 깔끔하게 놓여 있으며,

전체적으로 차분한 톤과 간결한 선으로 표현된 미니멀한 장면
이미지 비율 16:9

실사 스타일

실제 사진 스타일의 이미지로, 리뷰 글에 적합합니다. 카페, 책상, 생활 공간처럼 실제 같은 배경을 활용하면 독자가 작성자의 경험에 쉽게 공감할 수 있고, 전문성을 강조할 때도 효과적입니다.

실사 스타일 이미지 생성

밝은 실내 자연광이 드는 카페 테이블 위에 신제품 커피 음료(첨부 이미지 음료)가 단독으로 놓여 있음
음료 오른쪽에는 간단한 디저트와 "NEW SEASON/CREAM LATTE"라는 문구가 적힌 미니 보드가 세워져 있음
배경은 흐림 처리된 고급스러운 카페 인테리어로, 제품에 시선이 집중되도록 연출
색감은 따뜻한 색감 대신 깔끔하고 중립적인 톤, 전체적으로 현대적이고 감각적인 무드
실사 스타일, 인스타그램 감성
이미지 사이즈 16:9

[첨부 이미지]

인포그래픽/아이콘 강조 스타일

인포그래픽은 복잡한 데이터를 단순하고 직관적으로 전달하는 데 가장 효과적입니다. 글만으로는 어렵게 느껴질 수 있는 프로세스, 기능 설명에도 아이콘, 다이어그램, 체크리스트 같은 시각적 요소를 활용하면 독자가 핵심을 빠르게 이해할 수 있습니다. 이러한 방식은 전문적이고 신뢰감 있는 인상을 주며, 특히 블로그나 보고서에서 중요한 메시지를 강조할 때 유용합니다.

인포그래픽 이미지 생성

모던하고 직관적인 인포그래픽 디자인
주제: 휴대용 선풍기 사용 설명서
레이아웃: 상단에는 제품 아이콘(선풍기), 중앙에는 4개의 단계별 사용법을 아이콘 + 텍스트로 정리
컬러: 깔끔한 모노톤(라이트 그레이, 화이트, 포인트 컬러는 블루)
스타일: 심플한 아이콘 + 명확한 텍스트, 사용자가 한눈에 이해할 수 있는 구조
이미지 사이즈 9:16

인포그래픽 내용:
- 전원 버튼 길게 눌러 켜기/끄기
- 버튼 짧게 눌러 바람 세기 조절(1단 ~ 3단)
- 충전은 USB-C 포트 사용(충전 표시등)
- 충전 후 스탠드에 세워 보관 가능

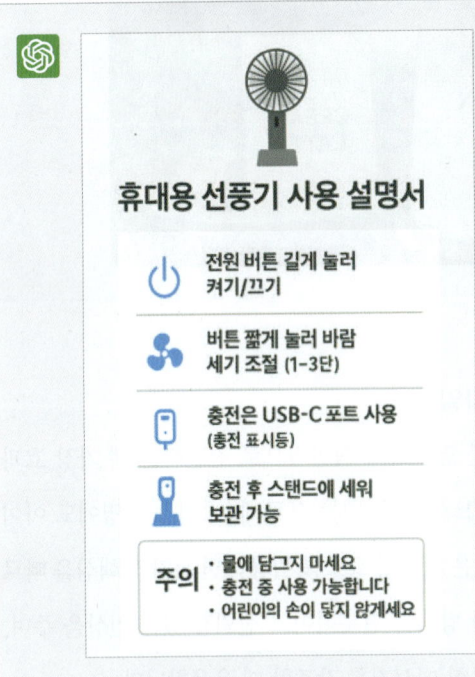

👍 기본적인 대표 이미지 생성하기

대표 이미지를 만들 때는 첫째, 프롬프트에 주제와 핵심 메시지를 명확히 담아야 합니다. 둘째, 글의 성격에 맞는 스타일을 지정해야 합니다. 예를 들어 맛집 리뷰나 여행 후기처럼 현장감을 강조하는 글은 실사 이미지 톤이 효과적입니다. 반면 정보성 콘텐츠나 칼럼처럼 분석과 설명이 중심인 글은 일러스트나 플랫 벡터 스타일이 적합합니다. 이 구분을 적용하면 독자는 글을 보기 전부터 글의 성격을 직관적으로 이해할 수 있습니다.

블로그 대표 이미지는 가독성과 호환성을 고려해 16:9 비율을 권장합니다. 여기에 제목이나 문구가 들어갈 공간을 확보하면 활용도가 더욱 높아집니다. 이 원칙을 따르면 대표 이미지는 단순한 장식이 아니라 클릭률 향상, 검색 노출 확대, 블로그 브랜딩 강화까지 지원하는 전략적 도구가 됩니다.

먼저 정보 전달용 글 전용 블로그 이미지 템플릿을 제작하는 방식은 원고의 핵심 문장을 직접 활용해 이미지를 장면으로 전환하는 구조입니다. 글의 메시지를 시각화하기 때문에 정보성 글이나 튜토리얼 콘텐츠와 잘 어울립니다. 독자는 이미지 속 장면만으로도 글의 주제를 직관적으로 파악할 수 있어, 본문 진입 장벽이 낮아집니다.

일러스트를 생성할 때는 이미지 프롬프트를 그대로 입력해서 완전히 새로운 캐릭터를 만들 수도 있지만, 원하는 그림체나 이미지 톤이 있다면 참고 이미지를 프롬프트에 같이 입력하는 것이 좋습니다.

대표 이미지 생성 ①

일러스트 스타일, 흰색 단색 배경
사람(첨부한 이미지 캐릭터)이 노트북을 바라보고 있으며, 화면 위로 전구, 말풍선, 이미지, 그래프 아이콘이 빛을 내며 떠오릅니다.
인물은 창의적인 아이디어를 떠올리는 표정으로 앉아 있습니다.
단순하고 선명한 구도
블로그 대표 이미지

[첨부]

대표 이미지 생성 ②

 심플한 플랫 일러스트, 흰색 단색 배경
한 사람(첨부한 이미지 캐릭터)이 연필로 짧은 문장을 쓰자, 글자가 공중에서 책, 사진, 로고, SNS 아이콘으로 변하며 흩어진다. 창작의 확산을 강조하는 동적이고 직관적인 장면. 블로그 대표 이미지

[첨부]

대표 이미지 생성 ③

 플랫 일러스트, 흰색 단색 배경.
사람이 AI 로봇과 나란히 책을 펼치고, 책 속에서 콘텐츠 아이콘(책 표지, 카드 뉴스, 영상, 삽화)이 빛을 내며 떠오른다. 협업과 새로운 창작 시대를 표현하는 현대적이고 상징적인 구도
블로그 대표 이미지

[첨부]

텍스트 포함된 썸네일 생성하기

텍스트가 포함된 썸네일은 단순 이미지로 구성된 대표 이미지보다 주제를 더 직관적으로 드러내 주목도가 높습니다. 독자는 이미지만 보고도 핵심 메시지와 감정을 빠르게 읽어낼 수 있어 글의 도달력을 극대화할 수 있습니다.

썸네일 생성 ①

주제: AI와 함께하는 새로운 창작
플랫 벡터 일러스트 스타일
흰 배경 위 노트북 앞에 앉아 있는 젊은 남성과 여성
화면 위로 AI 아이콘(로봇, 전구, 말풍선, 아이디어 심볼)이 떠오르는 장면
중앙 하단에 굵은 글씨
텍스트: 이제 누구나 콘텐츠 디자이너
부드러운 그림자 효과, 16:9 비율

썸네일 생성 ②

심플한 플랫 벡터 일러스트 스타일
흰 배경 위에 거대한 연필이 한 줄의 텍스트를 쓰고 있음
쓰여진 글자는 점점 이미지와 아이콘(책, 그래프, 카메라, 마이크)으로 변해 주변으로 퍼져 나가는 장면
좌측 상단에 굵은 글씨
텍스트: 텍스트 한 줄이 콘텐츠가 된다
그림자 없는 강조, 16:9 비율

썸네일 생성 ③

플랫 벡터 일러스트 스타일
흰 배경 위에서 한 사람이 로봇 손과 악수하는 장면. 주변에는 창작을 상징하는 아이콘(브랜드 로고, 색상 팔레트, 아이디어 메모)이 떠 있음
중앙 상단에 굵은 글씨
텍스트: AI는 도구, 방향은 나의 몫
파스텔 오렌지 라운드 블록 안 배치, 부드러운 그림자 효과
16:9 비율

Q&A AI로 만든 이미지는 저작권 문제가 없나요?

AI로 만든 이미지라고 해서 저작권에서 완전히 자유로운 것은 아닙니다. 많은 사람이 직접 생성했으니 문제없다고 생각하지만, 이는 오해입니다. 이미지를 안전하게 사용하려면 기본적인 원칙을 이해하고, 특히 상업적 프로젝트에서는 라이선스 관리에 각별히 신경 써야 합니다. AI 시대의 창작은 '도구의 자유'보다 '사용의 책임'이 더 중요합니다.

첫째, 상업용 라이선스를 반드시 확인해야 합니다. AI나 디자인 플랫폼에서 제공하는 이미지라도 모든 자료가 자동으로 상업적 사용이 가능한 것은 아닙니다. 예를 들어 캔바나 프리픽Freepik의 일부 리소스는 '비상업용'으로 제한되어 있습니다. 상업용 라이선스란 개인 또는 기업이 유료 상품, 광고, 브랜드 활동에 자유롭게 활용할 수 있는 법적 사용 권한을 의미합니다. 따라서 이미지를 사용할 때는 반드시 해당 정책을 읽고 '상업적 이용 가능 여부'를 먼저 확인해야 합니다.

둘째, 타인의 이미지를 변형하거나 편집해 사용하는 것은 안 됩니다. AI로 편집했다고 해도, 원본이 타인의 저작물이라면 침해에 해당합니다. 예를 들어 다른 사람이 만든 사진이나 일러스트를 AI로 재구성하는 경우, 결과물이 새로 생성된 것처럼 보여도 원본의 저작권은 여전히 유효합니다. 이 부분은 AI의 '변형'과 '창작'의 경계를 구분해야 한다는 점에서 특히 중요합니다. 안전한 방법은 직접 생성하거나, 저작권이 명확히 공개된 자료만 사용하는 것입니다.

셋째, 브랜드, 인물, 로고가 포함된 이미지는 각별히 주의해야 합니다. 상표나 유명인의 얼굴, 특정 제품이 들어간 이미지는 초상권과 상표권 침해의 위험을 동시에 가집니다. AI가 학습한 데이터 속에서 실제 인물이나 브랜드를 모사할 수 있기 때문에 겉보기에 새로 만든 이미지라도 법적 문제가 발생할 수 있습니다. 특히 상업용 홍보나 광고용 콘텐츠라면 이런 이미지는 피하는 것이 안전합니다.

AI 이미지 사용의 핵심은 단순합니다. 직접 만든 것만 사용하고, 생성 과정을 기록하며, 상업용 라이선스를 확인한다. 이 3가지 원칙만 지켜도 대부분의 저작권 문제를 예방할 수 있습니다. 한 줄의 출처 확인, 한 번의 기록 습관이 저작권 분쟁을 막는 가장 확실한 방법입니다. AI 시대의 창작은 기술이 아니라 '윤리적 습관'에서 완성됩니다.

18장

삽화 생성하기

글은 사고를 전달하지만, 이미지는 감각을 붙잡습니다. 블로그 글이 정보의 흐름이라면, 삽화는 그 흐름에 색과 리듬을 더하는 장치입니다. 긴 텍스트 사이에 한 장의 이미지를 넣는 것만으로도 독자의 시선이 머물고, 문장의 의미가 선명해집니다. 그러나 대부분의 운영자는 삽화를 '꾸밈 요소'로만 생각해 글의 구조와 따로 배치합니다. 이 장은 그 인식을 바꿉니다. 삽화를 글의 일부로 설계해 메시지를 강화하고, 독자의 몰입을 유지하는 구체적인 방법을 다룹니다.

AI 이미지 도구는 삽화 제작의 방식을 근본적으로 바꿨습니다. 이제 그림 실력이나 디자인 툴보다 중요한 것은 '어떤 장면을 그릴 것인가'라는 사고 구조입니다. 이 장에서는 챗GPT와 AI 이미지 툴을 활용해 삽화를 기획·생성·일관화하는 절차를 제시합니다. 라인 드로잉, 일러스트, 웹툰형 등 3가지 스타일을 중심으로 글의 성격에 맞는 시각적 전략을 설계하고, 캐릭터와 톤을 통합해 블로그 전체의 브랜딩을 구축합니다.

👍 글의 전달력을 높이는 삽화 스타일 3가지

텍스트만으로는 독자의 집중을 오래 유지하기 어렵습니다. 이때 삽화는 단순한 장식이 아니라 메시지를 강화하고 글의 흐름을 돕는 장치가 됩니다. 특히 AI 이미지 툴을 활용하면 몇 줄의 프롬프트만으로 글에 맞는 삽화를 제작할 수 있어, 운영자가 손쉽게 콘텐츠 완성도를 높일 수 있습니다. 이번 장에서는 블로그 운영자들이 자주 활용하는 대표 삽화 스타일 3가지를 소개합니다.

라인 드로잉 스타일

간단한 선으로 메시지를 전달하는 방식으로, 불필요한 배경 없이 핵심만 표현해 글의 흐름을 방해하지 않습니다. 체크리스트나 루틴처럼 구조적 정보를 강조할 때 적합합니다.

라인 드로잉 이미지 생성

심플한 흑백 라인 드로잉
책상 위에 노트북과 체크리스트가 놓여 있는 장면
펜으로 체크 표시하는 모습
이미지 사이즈 16:9 비율
직관적인 분위기

일러스트 스타일

밝고 정제된 색감을 활용해 복잡한 개념이나 사회 현상을 시각적으로 단순화합니다. 데이터 리포트나 분석 글에서 전문성을 높이는 데 유리하며, 감성적인 분위기를 담아내는 데도 활용할 수 있습니다. 분한 색감, 단순화된 배경, 핵심을 강조하는 아이콘과 인물 묘사가 특징으로, 신뢰감 있고 분석적인 분위기를 연출할 때 유용합니다.

일러스트 이미지 생성

차분한 컬러 일러스트
도시 전경 위로 데이터 차트와 그래프 아이콘이 겹쳐 보이는 장면
한 사람이 노트북을 들고 프레젠테이션하듯 사회 현상을 설명하는 모습
배경은 단순한 톤으로 처리해 분석적 분위기 강조
이미지 비율 가로형 16:9
신뢰감 있고 전문적인 느낌

웹툰 스타일

스토리와 캐릭터 중심으로 메시지를 전달하는 방식으로, 생동감 있고 친근한 분위기를 표현해 경험담이나 튜토리얼을 친근하게 표현할 때 효과적입니다. 표정과 말풍선을 활용하면 독자가 대화에 직접 참여하는 듯한 몰입감을 줍니다.

웹툰 스타일 이미지 생성

 한국적인 웹툰 스타일 삽화
한국인 남성과 여성이 카페에서 대화하며 블로그 운영 꿀팁을 나누는 장면
여성 말풍선: "이렇게 하면 방문자 늘어!"
남성 말풍선: "그거 진짜 꿀팁이네!"
이미지 사이즈 16:9 비율
생동감 있고 친근한 분위기

👍 일관성 있는 캐릭터와 스타일 만드는 방법

채널 운영에서 이미지는 단순한 보조 요소가 아니라, 독자가 글을 기억하고 브랜드를 인식하는 중요한 장치입니다. 하지만 매번 새로운 캐릭터와 스타일을 적용하면 톤이 흔들리고, 독자에게도 낯설게 다가올 수 있습니다. 따라서 장기적으로 채널을 운영하려면 일관성 있는 캐릭터와 스타일을 유지하는 것이 필요합니다.

대표 캐릭터와 스타일을 한 번 정해 두면, 이후 모든 콘텐츠에 반복적으로 활용할 수 있습니다. 캐릭터는 블로그의 얼굴로 친숙함을 주고, 스타일은 글과 이미지를 하나의 흐름으로 묶어 줍니다. 이 일관성이 쌓이면 블로그는 단순한 글 모음을 넘어 브랜드로 자리 잡게 됩니다.

이 과정을 실행하는 방법은 크게 3단계입니다.

1단계. 이미지 스타일 구성하기

먼저 채널 성격에 맞는 캐릭터와 스타일로 10장 정도의 이미지들을 준비합니다. 이렇게 구성해 두면 이후 글의 주제와 맥락에 맞춰 폭넓게 활용할 수 있습니다.

준비할 이미지

- 다양한 표정: 웃는 모습, 고민하는 모습, 놀라는 모습
- 다양한 상황: 대화하는 장면, 발표하는 장면, 공부하거나 작업하는 장면
- 활용성 높은 동작: 메모, 노트북 작업, 커피 마시기

레퍼런스 이미지 준비

2단계. AI 학습시키기

준비한 이미지를 첨부하고 다음과 같은 프롬프트로 스타일과 캐릭터를 정의합니다.

이미지 학습 프롬프트

 첨부한 이미지는 'Style_A' 그룹입니다.
이 스타일을 이후 이미지 작업의 배경과 전체 톤으로 사용해주세요. 이후 해당 그룹 이름을 지정하면 동일한 스타일로 작업해주세요.
캐릭터는 2가지 그룹으로 구분합니다.
– Character_A: 남성 캐릭터 그룹(남성 A)
– Character_B: 여성 캐릭터 그룹(여성 B)
앞으로 인물 표현 시 반드시 이 캐릭터 스타일을 기반으로 고정해주세요. 만약 새로운 캐릭터가 추가된다면, 반드시 'Style_A'를 참조해 동일한 톤과 스타일로 제작해주세요. 이후 요청 시 그룹 이름(예: Character_A, Character_B)을 지정하면 해당 캐릭터로 작업해주세요.

[이미지 레퍼런스 첨부]

3단계. 프롬프트에 적용해서 이미지 생성하기

이제 실제 콘텐츠 제작 시에는 프롬프트에 그룹 이름만 지정하면 됩니다. 예를 들어 다음과 같이 요청하면 같은 톤과 스타일로 일관성 있는 결과물을 얻을 수 있습니다.

캐릭터 생성 프롬프트 ①

Style_A, Character_A
남성이 노트북 앞에서 아이디어를 고민하는 장면
옆에는 커피컵이 놓여 있고, 머리 위에는 작은 물음표 아이콘이 떠 있음
16:9, 단순한 흰 배경

캐릭터 생성 프롬프트 ②

Style_A, Character_B
여성이 책상에 앉아 메모장을 보며 미소 짓는 장면
펜을 들고 아이디어를 정리하는 순간
배경은 단순한 흰색, 16:9 비율

캐릭터 생성 프롬프트 ③

Style_A, Character_A, Character_B
두 사람이 카페 테이블에 앉아 대화하는 장면
여성은 활짝 웃으며 손짓으로 설명하고, 남성은 노트에 메모
배경은 단순한 흰색, 16:9 비율

캐릭터 생성 프롬프트 ④

Style_A, Character_A, Character_B
두 사람이 화이트보드 앞에 서서 브레인스토밍하는 장면
여성은 펜으로 아이디어를 적으며 웃고, 남성은 손으로 턱을 괴고 생각하는 포즈
흰색 배경, 16:9 비율

캐릭터 생성 프롬프트 ⑤

Style_A, Character_A, Character_B
사무실 프레젠테이션 장면
남성이 그래프가 그려진 보드를 가리키며 설명하고, 여성은 옆에서 고개를 끄덕이며 메모
배경은 단순한 톤, 16:9 비율

 **이미지를 생성할 때마다 톤과 색감이 달라요!**

AI 이미지 결과의 톤과 색감 일관성을 유지하려면, 기본 설정을 미리 정의해 두는 것이 중요합니다. 특히 '따뜻한 색감'이나 '파스텔톤 분위기'가 자주 섞여 나온다면, 다음 설정을 메모리에 저장해 두세요.

이미지 기본 설정 문장

> 이미지 프롬프트 작성 시 '따뜻한 색감'이나 '파스텔톤 분위기'가 자동으로 포함되지 않도록 기본 설정을 원함. 전체 톤은 중립적·밝은 화이트 또는 뉴트럴 계열 중심으로 유지하며, 조명은 자연광이더라도 따뜻하거나 노란빛이 과하지 않게 표현할 것. 프롬프트에서 'warm sunlight', 'pastel tone', 'soft color palette' 등의 표현은 필요할 때만 사용하고, 기본적으로 제외함.

이 설정을 챗GPT의 메모리 기능에 저장해 두면 이미지 생성 시 매번 색감 지시를 반복하지 않아도 됩니다. 결과적으로 화이트·그레이·블루 중심의 중립 톤이 유지되어, 콘텐츠 전반에서 전문적이고 정제된 시각적 통일성을 확보할 수 있습니다.

19장

유입률을 높이는 SEO 글쓰기 실전 가이드

좋은 글이 반드시 읽히는 것은 아닙니다. 아무리 성실하게 글을 써도 검색 결과에 노출되지 않으면, 독자는 그 글의 존재조차 알지 못합니다. 채널을 운영하는 많은 사람은 이 지점에서 벽을 느낍니다. 문제는 글의 '내용'이 아니라 '도달 방식'에 있습니다. 이 장은 글을 더 많은 독자에게 닿게 만드는 전략적 글쓰기, 즉 SEO Search Engine Optimization 에 최적화된 글쓰기를 다룹니다. 단순한 기술이 아니라 '내 글이 읽히는 구조'를 설계하는 사고 방식을 중심으로 설명합니다.

👍 SEO에 최적화된 글을 쓰는 5가지 방법

SEO는 콘텐츠를 검색 알고리즘에 맞추는 작업이 아닙니다. 오히려 독자의 언어와 의도를 파악해 글의 방향과 구조를 정교하게 설계하는 과정입니다. 이 장에서는 키워드 선정부터 제목, 메타 설명, 내부 링크까지 단계별 전략을 구체적으로 제시합니다. 특히 챗GPT를 활용하면 글쓰기 기준과 톤을 자동으로 일관되게 유지할 수 있어, 효율과 품질을 동시에 높일 수 있습니다.

키워드 선택, 독자가 검색하는 언어로 시작하기

SEO 글쓰기는 주제를 정하는 순간부터 시작됩니다. '내가 쓰고 싶은 이야기'보다 '독자가 검색하는 주제'를 중심으로 잡아야 합니다. 예를 들어 직장인을 대상으로 한다면 "퇴근 후 자기계발" "직장인 글쓰기 습관" "블로그 운영 시간 관리" 같은 현실적인 키워드가 효과적입니다. 이렇게 시작하면 처음부터 독자의 언어로 글을 쓰게 되어 검색과 클릭으로 이어질 가능성이 높아집니다.

방법은 간단합니다. 네이버나 구글 같은 검색 엔진에 관심 있는 주제를 검색한 다음 자동 완성, 연관 검색어에 나오는 문장을 확인합니다. 이렇게 찾은 단어, 문장을 활용해 챗GPT에 관련 블로그 주제를 추천받습니다.

키워드를 활용한 SEO

 직장인을 대상으로 한 글 주제를 제안해주세요.

조건:
- SEO에 적합한 키워드 10개

– 검색 수요가 높고 경쟁이 너무 치열하지 않은 키워드 위주

톤: 실용적, 직장인 친화적

 제안 키워드 10개
- 직장인 생산성 팁
- 재택근무 시간 관리
- 직장인 재테크 기본
- 직장인 스트레스 해소법
- 직장인 이직 준비 체크리스트
- 직장 생활 소통 노하우
- 직장인 경력 전환 성공 사례
- 직장인 오피스 건강 관리
- 직장인 월급 관리 방법
- 직장인 업무자동화 툴

추천 글 주제 예시
"직장인 생산성 팁: 아침 루틴으로 오전 집중력 높이는 법"
"재택근무 시간관리: 집에서 일하면서 업무–사생활 균형 맞추는 전략"
"직장인 재테크 기본: 월급에서 저축과 투자 시작하는 3단계"
"직장인 스트레스 해소법: 퇴근 후 15분으로 마음 정리하기"
"이직 준비 체크리스트: 현재 직장에서 다음 커리어로 넘어가기 전에 점검할 것들"

글 구조 설계, 검색 친화적인 뼈대 만들기

글은 단순히 '좋은 내용'을 담는 것만으로는 끝나지 않습니다. 아무리 좋은 아이디어라도 글의 구조가 명확하지 않으면 독자는 중간에 이탈합니다. 그래서 SEO 글쓰기에서는 항상 서론 – 본론 – 결론 구조로 글의 뼈대를 잡는 것이 기본입니다. 즉, 글을 '이야기 흐름'이 아니라 '정보 흐름'으로 설계한다고 생각하면 한결 쉽습니다. 문제를 제시하고 → 해결 방법을 제안하고 → 실행 방안을 정리하는 순서로 구성하는 것입니다. 예를 들어 "직장인을 위한 블로그 운영 전략"을 주제로 쓴다면 서론 – 본론 – 결론의 구조는 다음과 같이 정할 수 있습니다.

'직장인을 위한 블로그 운영 전략' 구조 설계 예시

- **서론**: '시간이 부족해 글쓰기가 어렵다'는 현실적인 고민을 꺼냅니다.
- **본론**: 'AI 도구를 활용해 글쓰기 시간을 절반으로 줄일 수 있다'는 해결책을 제시합니다.
- **결론**: '퇴근 후 30분만 투자해 AI 루틴을 실천하자'는 행동을 유도하며 마무리합니다.

이렇게 구조를 미리 정해 두면 글이 훨씬 매끄럽고, SEO에도 유리합니다. 검색 엔진은 문서가 체계적으로 구성되어 있을수록 '읽기 좋은 글'로 인식하기 때문입니다.

글 구조 설계를 위한 프롬프트

"직장인을 위한 블로그 운영 전략"으로 SEO에 최적화된 글을 작성해주세요.
조건:
– 서론–본론–결론 구조
– 각 구간 소제목 포함
– SEO에 적합한 뼈대 만들기
톤: 설명형, 실용적인 어조

서론: 직장인에게 블로그 운영이 필요한 이유

직장인에게 블로그는 단순한 취미가 아니라 경력 자산이 되는 플랫폼입니다. 업무 전문성을 기록하거나 직무 관련 인사이트를 공유하면, 온라인에서 개인 브랜드를 구축할 수 있습니다. 실제로 '직장인 블로그 운영'은 검색 수요가 꾸준히 증가하고 있으며, 커리어 성장과 네트워킹 기회를 동시에 얻는 효과적인 방법으로 주목받고 있습니다.

본론: 직장인을 위한 블로그 운영 전략

성공적인 블로그 운영을 위해서는 명확한 목적과 지속 가능한 구조가 필요합니다. 먼저, 자신의 직무나 관심 분야를 중심으로 핵심 키워드 3~5개를 선정합니다. 예를 들어, 마케팅 직장인은 '브랜딩', '콘텐츠 기획', 'AI 글쓰기'와 같은 주제를 반복적

> 으로 다루면 검색 노출 효율이 높아집니다. 또한, 업무 경험 기반의 실전 사례를 포함하면 신뢰도가 올라가며, '직장인 블로그 글쓰기'나 '업무 자동화 꿀팁'처럼 구체적인 롱테일 키워드를 활용하면 경쟁을 피하면서도 트래픽을 확보할 수 있습니다.
>
> **결론: 꾸준함이 만드는 블로그 성장 곡선**
> 블로그 성장은 단기간에 이루어지지 않습니다. 하지만 주 1회 이상 꾸준히 게시물을 올리고, 각 글마다 **SEO 최적화 요소(제목·소제목·메타 설명)**를 점검한다면 3개월 이내에 방문자 수 증가를 체감할 수 있습니다. 직장인 블로그는 완벽한 콘텐츠보다 지속 가능한 루틴이 핵심입니다. 자신의 경험을 기록하며 '검색되는 직장인'으로 성장하는 것이, 오늘날 가장 현실적인 자기 PR 전략입니다.

제목과 소제목 최적화, 핵심 키워드로 시선 끌기

제목은 첫인상입니다. 아무리 좋은 내용이라도 제목이 눈에 띄지 않으면 클릭조차 되지 않습니다. SEO 글쓰기는 '검색되는 제목'과 '읽고 싶은 제목'을 동시에 만드는 일입니다. 많은 사람이 제목을 지을 때 감각에만 의존하거나, 너무 짧게 작성하는 경우가 많습니다. 하지만 제목은 단순히 문장 하나가 아니라, 검색엔진과 독자 모두에게 글의 방향을 알려 주는 신호입니다.

예를 들어 "퇴근 후 30분, 직장인을 위한 블로그 운영 전략"이라는 제목에는 현실적인 실행 가능성, 명확한 독자 설정과 같은 콘텐츠의 중심 키워드가 모두 담겨 있습니다. 이처럼 제목에는 '시간 + 대상 + 주제'가 함께 들어가면 클릭률이 확실히 높아집니다. 소제목 또한 단순히 문단 구분용이 아니라, 글의 흐름과 핵심 키워드를 알려 주는 중요한 요소입니다.

제목과 소제목 최적화를 위한 프롬프트

"직장인을 위한 블로그 운영 전략"을 주제로 한 글의 제목을 만들어 주세요.
조건:
– 블로그 제목 5개
– 핵심 키워드 포함
– 클릭률 높이는 문구
톤: 실용적, 친근한 어조

1. "직장인을 위한 블로그 운영 전략: 퇴근 후 1시간으로 나만의 브랜드 만들기"
2. "회사 밖에서 빛나는 직장인 블로그 운영법: 실전 노하우 공개"
3. "직장인 블로그, 이렇게만 하면 성장한다! 초보도 가능한 운영 전략 5단계"
4. "바쁜 직장인을 위한 블로그 운영 전략: 꾸준함이 만드는 커리어 자산"
5. "검색되는 직장인 되기: 블로그 운영으로 커리어 키우는 현실 전략"

메타 설명과 요약 활용, 클릭을 유도하는 한 문단 만들기

네이버나 구글의 검색 결과에 노출된 게시글을 보면, 제목 아래에 짧은 설명문이 함께 표시되는 것을 본 적이 있을 것입니다. 이 문단이 바로 **메타 설명**Meta description입니다. 메타 설명은 독자가 글을 클릭할지 결정하는 핵심 요소로, SEO에서 제목이 '눈길을 끄는 포스터'라면, 메타 설명은 '읽어 보게 만드는 한 줄 소개'입니다.

웹사이트 또는 게시글을 설명하는 메타 설명

많은 사람이 이 부분을 비워 두거나, 자동으로 채워지도록 두곤 합니다. 그러나 이 영역을 직접 작성하면 훨씬 높은 클릭률을 기대할 수 있습니다. 특히 첫 두 문장에 독자가 얻을 수 있는 이익이나 결과를 명확히 담으면 효과가 큽니다. 예를 들어 "퇴근 후 30분만 투자해도 블로그를 꾸준히 운영할 수 있습니다. AI 도구와 단순 루틴으로 시간과 에너지를 절약하세요."처럼 요약 문장을 작성하면 검색 결과에서도 글의 장점이 한눈에 들어오고 클릭으로 이어질 가능성이 높아집니다.

메타 설명 작성 프롬프트

 "직장인을 위한 블로그 운영 전략"을 주제로 한 게시글의 메타 설명을 작성해주세요.
조건:
- 게시글 요약
- 2~3문장

- 독자가 얻는 이익 중심
- 톤: 간결함, 실용적

직장인을 위한 블로그 운영 전략을 소개합니다. 업무 경험을 콘텐츠로 전환해 개인 브랜드를 성장시키는 방법과, 꾸준히 운영하면서 검색 노출과 커리어 기회를 동시에 얻는 실전 노하우를 담았습니다.

해시태그와 내부 링크, 글의 확장성과 지속성 확보하기

SEO 최적화는 한 편의 글로 끝나지 않습니다. 채널에 여러 편의 글이 쌓이면 독자의 신뢰도를 얻고, 글과 글이 연결되면서 하나의 콘텐츠 망(네트워크)으로 성장합니다. 이때 중요한 도구가 바로 **해시태그**와 **내부 링크**입니다. 종종 해시태그를 단순히 '장식용 문구'로 생각하는 경우가 있는데, 해시태그는 검색 노출을 돕고 글의 주제를 명확히 분류하는 역할을 합니다. 또, 내부 링크는 이전 글과 새 글을 연결해 체류 시간을 늘리고, 블로그 전반의 신뢰도를 높이는 장치입니다.

예를 들어 "퇴근 후 글쓰기 루틴"을 주제로 글을 썼다면, 본문 중간에 "이전에 소개한 AI 글쓰기 루틴 만들기 글도 함께 참고해보세요."라고 이전 게시글의 링크를 연결하는 식입니다. 이 한 줄만으로도 독자는 추가 정보를 탐색하게 되고, 채널에 체류하는 시간이 길어집니다.

해시태그와 내부 링크 예시 프롬프트

다음은 채널에 업로드된 게시물 리스트입니다. 이 리스트를 참고해 "직장인을 위한 블로그 운영 전략"을 주제로 한 게시글의 해시태그와 해당 게시글에 내부 링크를 추가할 게시글을 추가해주세요.

게시물 리스트
– 직장인을 위한 재테크 용어 100선
– N잡러를 위한 AI 도구
– 퇴근 후 사이드 프로젝트가 바꾼 일상
– 홍대 까르보나라 맛집 추천

목적: SEO 최적화
조건
해시태그 5개 생성
일반 단어 제외
구체적 키워드 사용

 해시태그(구체적·검색 친화형)
#직장인블로그운영전략
#개인브랜딩실행가이드
#커리어성장콘텐츠
#직장인자기PR
#퇴근후브랜딩루틴

내부 링크 추천 게시글
– 퇴근 후 사이드 프로젝트가 바꾼 일상 → "퇴근 후 시간을 활용해 블로그 콘텐츠를 확장하는 사례"로 연결
– N잡러를 위한 AI 도구 → "블로그 콘텐츠 제작과 운영 자동화에 활용할 수 있는 AI 도구 소개" 문단에 삽입

내부 링크를 이 두 글로 걸면 '퇴근 후 생산성·자기계발' → '콘텐츠 운영' → 'AI 활용'으로 흐름이 자연스럽고 체류 시간과 페이지 전환율(SEO 신호)을 모두 강화할 수 있습니다.

# 스피치 라이터의 AI와 협업하는 방법

이름(또는 활동명): 정태일(글쓰는 여행자)

활동 채널

- 브런치: brunch.co.kr/@30story
- 링크드인: linkedin.com/in/태일-정-515839133

Q. 간략한 자기소개 부탁드려요.

A. 저는 2005년부터 포스코퓨처엠, 삼양그룹에서 사사 작성, 언론 홍보 업무를 맡았고, 지금은 한국전력에서 사장님 연설문 작성을 전담하는 '스피치 라이터'입니다. 드라마나 영화처럼 흥미진진하거나 주목받는 직업은 아니고, 매일 성실하게 그리고 업무가 시작되면 마감 내에 가장 빠르게 적정 수준의 글을 써내야 하는 '고독한 글쓰기 노동자'라고 생각하시면 됩니다. '시간 내에 못 쓰면 어떡하지?', '그분 생각과 다르면 어떡하지?'라는 불안감 속에서 일하고 있습니다.

제가 쓰는 글은 취임사, 신년사, 기념사, 환영사, 경영서신, 축사, 추도사, 입장문, 사과문, 보도자료, 칼럼 같은 비즈니스 라이팅입니다. 직장인이라면 피할 수 없는 보고서, 이메일은 기본이죠. 1년에 약 150건 남짓 되는 문서를 쓰는데, A4 용지 10포인트 기준으로 완성된 글을 매일 2장씩 쓴다고 생각하시면 될 것 같아요.

Q. 업무에 AI를 어떻게 활용하고 있는지 구체적으로 알려 주세요.

A. 현재는 3가지 채널에서 AI를 활용한 글쓰기 활동을 펼치고 있습니다.

첫째, 챗GPT를 기반으로 '업무시간을 반으로 줄이는 챗GPT 글쓰기'라는 맞춤형 GPT를 개설해 운영 중입니다(동명의 책을 출간하기도 했습니다.). GPT 스토어에서 홍보, 보도자료, 위기 관리 키워드 검색 시 상위 1~2위 안에 들 정도로 인정받고 있습니다. 여기에 홍보 FAQ, 보도자료 템플릿, 과거 위기 사례 데이터베이스를 모두 AI에 학습시켰는데, 신입 직원이나 타부서 직원도 쉽게 홍보 가이드를 받을 수 있어서 반복 업무 처리 시간이 최소 30% 이상 단축됐습니다.

둘째, 카카오 브런치에서 직장인 글쓰기, 챗GPT, 회사 생활 등을 주제로 칼럼을 쓰고 있습니다. 브런치 칼럼을 정리해서 25년 4월에 『업무시간을 반으로 줄이는 챗GPT글쓰기』 등 총 6권의 책을 냈고요. 그 외에도 밀리의 서재에 〈지금, 우리 회사의 금쪽이들〉이라는 웹소설을 연재 중입니다. 물론 이 모든 작업에는 AI가 함께하고 있습니다. 기획과 최종 검수는 제가 직접 하고요.

셋째, 링크드인을 운영하며 글쓰기, 챗GPT 관련 칼럼을 연재하고 홍보 및 UX 라이팅 업계 분들과 교류하고 있습니다.

Q. AI를 활용하는 과정에서 겪은 시행착오나 나만의 팁이 있다면 소개해주세요.

A. 가장 큰 시행착오는 초반에 AI를 '마법사'로 착각했다는 점입니다. 프롬프트 하나만 던지면 완성된 글이 나올 거라 기대했는데, 실제로는 맥락 없는 뻔한 문장만 나왔습니다. 그래서 깨달은 것이 '학습'과 '맥락'의 중요성입니다. AI는 훈련받은 만큼만 똑똑해집니다. 저는 제가 과거에 작성했던 우수

보도자료 50건, 연설문 30건을 모두 챗GPT에 업로드하고 "이런 톤 앤 매너, 이런 구조로 써줘."라고 구체적으로 지시했습니다. 그러자 결과물의 퀄리티가 확연히 달라졌습니다.

두 번째 팁은 '프롬프트를 템플릿화하라'는 것입니다. 저는 업무별로 자주 쓰는 프롬프트 템플릿을 50개 이상 만들어 뒀습니다. 예를 들어 '보도자료 헤드라인 10개 뽑기', 'CEO 연설문 인트로 작성', '위기 상황 사과문 논리 구조 설계' 같은 식입니다. 이렇게 정리해 두면 매번 프롬프트를 새로 고민할 필요가 없습니다. 메모리와 지침 설계도 중요하고요.

세 번째는 저작권과 팩트 체크입니다. AI가 생성한 내용은 반드시 사실 관계를 재확인해야 합니다. 특히 통계, 인용문, 법률 용어 같은 건 종종 사실과 다른 정보를 줍니다. 그래서 저는 AI를 '초안 작성 도구'로만 쓰고, 최종 검수는 반드시 직접 합니다. 저작권 이슈를 피하려면 AI 결과물을 그대로 붙여 넣지 말고, 항상 자신만의 언어로 재가공하는 습관을 들여야 합니다. 또한 팩트 체크를 제대로 하려면 내가 일단 똑똑해야 합니다. 모르고 시키면 AI에게 당하기 일쑤니까요.

Q. AI를 사용하면서 업무나 일상에 변화가 있었나요?

A. 가장 큰 변화는 '시간'입니다. 과거엔 보도자료 하나 쓰는 데 2시간 걸렸다면, 지금은 30분이면 초안이 나옵니다. 남은 시간엔 메시지의 전략적 방향성을 고민하거나, 기자들과의 관계 관리에 집중할 수 있습니다. 결국 AI는 단순 작업을 대체하는 게 아니라, 전문가가 더 고차원적 사고에 집중할 수 있게 만드는 도구입니다.

두 번째 인사이트는 '창의성의 확장'입니다. 예전엔 제 머릿속 경험과 지식

범위에서만 글을 썼다면, 이제는 AI에게 "이 주제를 10가지 다른 관점에서 접근해봐."라고 요청하면 제가 생각 못했던 아이디어가 쏟아집니다. 특히 CEO 연설문처럼 참신한 비유나 스토리가 필요한 작업에서 AI는 훌륭한 브레인스토밍 파트너입니다.

앞으로의 글쓰기는 '휴먼+AI 협업'이 표준이 될 겁니다. AI가 초안과 옵션을 제시하면, 인간은 맥락과 감성을 입히는 구조입니다. 저는 이미 이 방식으로 일하고 있고, 향후 3년 안에는 조직 전체가 이렇게 일할 수 있도록 시스템을 완성하고 싶습니다. 특히 CEO 메시지 데이터베이스를 AI에 학습시켜서, 신입 홍보 담당자도 과거 연설문 톤 앤 매너를 쉽게 참고할 수 있는 '전사 메시지 관리 시스템'을 구축하는 게 제 비전입니다.

Q. 어떤 AI를 주로 사용하나요?

A. 제가 가장 추천하는 도구는 챗GPT와 클로드의 조합입니다. 챗GPT는 범용성이 뛰어나고 한국어 이해도가 높아서 보도자료나 연설문 초안 작성에 최적입니다. 클로드는 긴 문서를 분석하고 요약하는 능력이 탁월해서, 정책 보고서나 기술백서를 빠르게 이해해야 할 때 유용합니다. 이미지 작업이 필요하면 미드저니나 챗GPT를 쓰고, 영상 자막 생성은 브루Vrew를 활용합니다. 동영상도 여러 개 만들어 봤습니다.

Q. AI로 얻은 성과가 있다면 공유해주세요.

A. AI를 활용한 주요 성과는 3가지입니다.

첫째, 제가 집필한 『업무시간을 반으로 줄이는 챗GPT글쓰기』가 밀리에서 재 5주 연속 종합 1위를 차지했습니다. 이 책은 전부 AI를 활용한 실전 사례로 구성됐고, 현재까지 4쇄를 찍었습니다.

둘째, 제가 개발한 맞춤형 GPT 홍보 챗봇이 챗GPT 스토어 내 홍보·보도 자료 카테고리에서 상위 1~2위에 오르면서, 업계 동료들로부터 자문 요청과 협업 제안이 이어지고 있습니다.

셋째, 사내 홍보 챗봇 구축 프로젝트가 성공적으로 안착하면서, 타부서로부터 "우리 팀도 이런 시스템 만들어 달라."는 요청이 들어오고 있습니다.

저는 AI를 그냥 쓸 줄 아는 수준을 넘어서, 조직 전체가 효율적으로 활용하도록 설계할 수 있는 사람입니다. 앞으로도 실무 현장에서 검증된 AI 활용법을 계속 연구하고, 동료들과 나누며, 효율적인 업무 문화를 만들어 가고 싶습니다.

5부

SNS를 위한 챗GPT 실전 예제

20장

SNS 글쓰기, AI와 함께 시작하기

SNS는 단순히 글을 쓰는 공간이 아니라 '소통을 설계하는 무대'입니다. 같은 문장이라도 인스타그램에서는 감정으로, 페이스북에서는 의견으로, 블로그에서는 정보로 읽힙니다. 그러나 많은 사용자가 이 차이를 인식하지 못한 채 모든 플랫폼에 동일한 글을 복제해서 사용해, 글의 도달력이 약해지고 반응이 분산되는 경험을 합니다.

이 장은 SNS별 문법과 독자 행동 패턴을 이해하고, AI를 활용해 메시지의 형식과 흐름을 전략적으로 설계하는 방법을 다룹니다. 핵심은 글을 바꾸는 것이 아니라 '전달 구조'를 새롭게 설계하는 데 있습니다.

챗GPT는 SNS 운영을 위한 편집자이자 분석가 역할을 동시에 수행합니다. 주제와 톤을 자동으로 조정하고, 해시태그와 링크 흐름을 설계하며, 다양한 버전의 문장을 빠르게 생성합니다. 이 장에서는 인스타그램·페이스북·블로그 등 주요 플랫폼의 콘텐츠 구조를 비교하고, AI를 활용해 일관된 브랜드 톤을 유지하는 실무 전략을 제시합니다. 독자는 이를 통해 '즉흥적 게시'에서 벗어나, 데이터 기반의 운영 루틴을 구축하게 됩니다.

👍 인스타그램 글, 이렇게 하면 더 읽힌다

인스타그램은 짧은 글과 이미지를 중심으로 소통하는 공간이지만, 글의 톤과 구성 방식에 따라 독자가 느끼는 분위기와 반응이 달라집니다. 그렇기 때문에 글을 올리기 전 몇 가지 요소를 반드시 고려해야 합니다. 특히 모바일 환경에서는 첫 두 줄이 곧 글의 운명을 결정짓는 부분입니다. 여기서 핵심 메시지와 공감 질문을 어떻게 담느냐에 따라, 글이 끝까지 읽히는지 혹은 흩어지는지가 결정됩니다.

다음은 인스타그램 글을 작성할 때 꼭 염두에 두어야 할 주요 고려 사항을 정리했습니다.

인스타그램 게시글 작성 시 고려 사항

- **형식·톤 정하기**
  - 같은 사진도 형식에 따라 분위기가 달라짐
  - 단문 캡션(1-3문장)/미니 스토리(3-5문장)/캐러셀 요약(핵심 포인트 나열) 중 선택
  - 톤은 밝음/친근함/전문/감성 중에서 글의 목적에 맞게 설정
  - 마지막에는 행동 유도 문장 추가(저장·댓글·공유 권장)

- **글 스타일 테스트하기**
  - 하나의 버전에 만족하지 말고 여러 스타일을 시도해보기(예: 친근/전문/감성 톤 × 1~2 짧은 문장/3~4 문장)
  - 다양한 버전을 비교해 반응이 좋은 스타일을 선택

- 모바일 가독성 챙기기
  - 피드에서는 첫 두 줄에 핵심 메시지·공감 질문 배치
  - 문장은 12~18단어 내외, 1~3줄 단락으로 구성
  - 포인트 이모지 1~2개 활용

인스타그램에 글을 올릴 때는 주제와 톤, 형식을 먼저 정하고 그다음 여러 버전을 시도해 실제로 반응이 좋은 스타일을 선택하는 과정이 필요합니다. 최종 단계에서는 모바일 환경에 맞춰 줄 바꿈과 첫 두 줄 메시지를 강조해 구성합니다. 이렇게 하면 핵심 메시지가 빠르게 전달되고, 독자가 글을 끝까지 읽을 가능성이 높아집니다.

사용자별 접근 방식

인스타그램 글쓰기는 사용자 수준과 목적에 따라 접근 방식이 달라집니다. 다음은 독자 유형별로 어떤 사항에 집중하면 좋을지 정리한 가이드입니다.

초보 사용자

- 형식과 톤을 정하고 모바일 가독성에 우선 집중
- 단문 캡션 + 친근한 톤, 짧은 단락과 줄 바꿈을 적극 활용

실무형 블로거/크리에이터

- 적극적인 글 스타일 테스트 시도
- 여러 톤과 길이를 비교해 A/B 테스트 후 반응이 좋은 스타일로 운영

마케팅·브랜딩 전문가

- 3가지 고려 사항을 종합적으로 활용해 전략적 콘텐츠 설계
- 특히 테스트 결과를 데이터화해 브랜드 톤과 운영 매뉴얼에 반영

👍 문서 규칙으로 완성하는 전략적 인스타그램 글쓰기

인스타그램을 효과적으로 운영하려면 단순한 감각이나 즉흥성이 아니라, 명확한 규칙과 기준을 마련하는 과정이 필요합니다. 따라서 인스타그램 글쓰기에 적용할 문서 규칙을 정의하고, 이를 메모리에 저장해 자동으로 반영되도록 정리해보겠습니다.

인스타그램용 문서 규칙 세우기

인스타그램용 문서 규칙에는 문체 원칙, 글 구성, 표현 점검, 금지어·대체어 사용 지침이 포함되어 있으며, 이를 통해 글의 일관성과 완성도를 안정적으로 확보할 수 있습니다. 이후에는 저장된 규칙을 바탕으로 글을 요청하고, 실제 예시 글을 작성해 규칙이 어떻게 적용되는지 확인하는 단계까지 순차적으로 진행합니다.

인스타그램용 문서 규칙 생성

 인스타그램 글쓰기에 적용할 문서 규칙을 항목별로 정리해주세요.

- 문체 원칙: 짧고 직관적인 문장, 감각적이고 친근한 어조. 해시태그는 3~5개, 이모지는 도입부·마무리에 제한적으로 사용
- 글 구성 규칙: 도입-본문-마무리 구조. 도입은 질문형·공감형으로 시작하고, 첫 두 줄에 핵심 메시지 포함. 본문은 구체적인 정보·스토리 중심. 마무리는 행동 유도(Call to Action: 댓글, 저장, 공유)
- 표현 점검 규칙: 모호한 부사·추측 표현·불필요한 반복 표현 최소화. 모바일 환경에서 1~2문장마다 줄 바꿈 적용
- 금지어·대체어 표: 과장된 표현(예: "최고의" "완벽한" "혁신적인")은 금지하고, 구체적인 대체어를 표 형태로 제시

인스타그램 글쓰기 문서 규칙

1. 문체 원칙
- 문장은 짧고 직관적으로 작성해 모바일 환경에서도 쉽게 읽히도록 한다.
- 어조는 감각적이고 친근한 톤을 유지해 독자와 가볍게 소통하는 느낌을 준다.
- 해시태그는 3~5개 이내로, 핵심 키워드를 포함해 검색 유입을 고려한다.
- 이모지는 도입부와 마무리에 제한적으로 활용해 글의 분위기를 살리되 과도하게 사용하지 않는다.

2. 글 구성 규칙
- 도입: 질문형 또는 공감형 문장으로 시작해 독자의 시선을 끌고, 첫 두 줄에 핵심 메시지를 담는다.
- 본문: 구체적인 정보, 짧은 스토리, 유용한 팁을 중심으로 전개한다.
- 마무리: 행동 유도를 명확히 한다(예: 댓글 유도, 저장 요청, 공유 제안).

3. 표현 점검 규칙
- 모호한 부사(예: 매우, 굉장히, 꽤) 사용을 줄이고, 상황에 맞는 구체적 묘사로 대체한다.
- 추측성 표현(예: ~일 수 있습니다, ~일 가능성이 높습니다)은 단정적 표현으로 수정한다.
- 불필요한 반복 표현은 삭제해 간결성을 유지한다.
- 모바일 환경에서 가독성을 높이기 위해 1~2문장마다 줄 바꿈을 적용한다.

4. 금지어·대체어 표

금지어	대체어 제안
최고의	우수한, 뛰어난, 돋보이는
완벽한	정교한, 균형 잡힌, 충실한
혁신적인	새로운 방식의, 차별화된
획기적인	의미 있는 변화, 주목할 만한
창의적인	독창적인, 개성 있는

이렇게 생성한 문서 규칙을 메모리에 저장해 두면, 이후 인스타그램 게시글 작성이나 예시 요청 시 별도의 규칙 입력 없이도 이 가이드가 반영됩니다. 즉, 글을 요청하는 순간 문체 원칙, 글 구성, 표현 점검, 금지어·대체어 규칙이 기본적으로 적용됩니다.

저장된 규칙으로 인스타그램 게시글 작성하기

메모리에 저장된 인스타그램 글쓰기 문서 규칙은 이제 인스타그램 관련 글을 요청할 때 자동으로 작동합니다. 예를 들어, "인스타그램 글 작성해주세요." "맛집 리뷰용 인스타그램 글 작성해주세요." "강의 홍보 인스타그램 캡션 만들어 주세요." 이렇게 간단히 요청만 해도, 문체·구성·표현 점검·금지어 대체 규칙이 적용된 결과물을 바로 받을 수 있습니다.

인스타그램용 문서 규칙을 활용한 게시글 생성

 다음 메모 내용을 기반으로 인스타그램용 게시글을 작성해주세요.
작성 시 반드시 메모리에 저장된 '인스타그램 문서 규칙'을 적용해주세요.

[메모]
- 글 주제: AI 글쓰기 경험 공유
- 글 목적: AI 활용 경험을 독자와 나누며 공감과 참여 유도
- 강조 포인트: 챗GPT 활용 과정 → 글감 발굴, 문장 다듬기, 해시태그·요약 지원
- 톤: 친근하고 감각적인 어조, 짧은 문장 중심
- 행동 유도: 댓글 참여, 저장 권장

 "오늘도 글감 찾기 힘드셨나요? 🤔
저도 처음엔 뭘 써야 할지 막막했어요."
챗GPT를 쓰면서 달라졌습니다.
👉 주제 아이디어 발굴
👉 문장 다듬기
👉 해시태그·요약 제안
글쓰기가 훨씬 가벼워졌고, 블로그는 작은 커뮤니티로 자라났습니다.
여러분은 글쓰기에 어떤 고민이 있으신가요? ✍️
댓글로 이야기 나눠 주세요.
저장해 두면 다음 글쓰기에 도움됩니다. 🔖
#AI글쓰기 #블로그운영팁 #SNS콘텐츠 #챗GPT활용 #홍작가

👍 문서 규칙을 활용한 게시글 생성하기

이제 저장해 둔 문서 규칙을 활용해, 인스타그램에서 자주 볼 수 있는 리뷰와 홍보라는 2가지 유형의 글을 생성해보겠습니다.

맛집 리뷰용 인스타그램 글

맛집 리뷰나 현장의 분위기를 전달하려면 이미지를 첨부하는 것이 효과적입니다. 사진을 함께 제공하면 글 속에 디테일이 자연스럽게 반영되어 더 생생한 묘사가 가능하고, 독자는 실제 후기를 읽는 듯한 몰입감을 느낍니다. 또한 같은 주제라도 나만의 이미지를 활용하기 때문에 개인화된 콘텐츠로 차별화할 수 있습니다. 무엇보다 긴 설명을 덧붙이지 않아도 사진이 맥락을 보완해주어, 글 작성 시간이 줄고 효율성은 높아집니다.

맛집 리뷰 글 생성 프롬프트

 다음 메모와 첨부한 이미지를 기반으로 인스타그램에 게시할 맛집 리뷰를 작성해주세요.
작성 시 반드시 '인스타그램 글쓰기 문서 규칙'을 적용해주세요.

[메모]
- 글 주제: 인스타그램 업로드용 파스타 맛집 리뷰
- 글 목적: 맛집 경험을 공유해 독자 공감과 참여 유도
- 강조 포인트: 메뉴 소개(봉골레, 바질 크림), 분위기·가격·친절한 서비스, 예약 필요
- 톤: 친근하고 감각적인 어조, 짧은 문장 중심
- 행동 유도: 댓글 참여(맛집 추천), 저장 권장

[이미지 첨부]

 "오늘 점심 뭐 먹을지 고민되시죠? 🤔
제가 찾은 파스타집, 사진만 봐도 군침이 돌 거예요!"
첫 접시는 담백한 올리브 오일 향과 바지락이 어우러진 봉골레 파스타!
쫄깃한 면발과 신선한 바지락의 감칠맛이 입안 가득 퍼집니다.
그리고 두 번째는 고소한 풍미가 매력적인 바질 크림 파스타!
초록빛 소스가 파스타에 촉촉하게 배어 있어, 한 입 먹는 순간 향긋함이 퍼져요.
분위기는 아늑하고, 가격대도 부담 없어서 친구와의 점심이나 데이트 장소로 딱이었습니다.
사장님도 친절하시고 손님이 많아 예약은 필수라는 점, 꼭 참고하세요!
여러분은 요즘 어떤 파스타가 가장 맛있으셨나요? 🍝
댓글로 추천해주시면 다음에 가볼 맛집 리스트에 추가할게요. 🙌
이 글은 저장해 두고 주말에 참고하세요. 📌

#홍대맛집 #파스타맛집 #오늘뭐먹지 #맛집리뷰 #주말추천

강의 홍보용 인스타그램 글

강의 홍보용 글에서 중요한 것은 필요한 정보가 모두 노출되면서 간결해야 한다는 것입니다. 사용할 이미지는 신뢰감을 주면서 전달해야 할 정보를 깔끔하게 담고 있어야 합니다. 먼저 게시글을 생성한 다음 필요한 이미지를 차례대로 생성합니다.

강의 홍보 글 생성 프롬프트

다음 메모 내용을 기반으로 인스타그램 홍보 글을 작성해주세요.
작성 시 반드시 '인스타그램 글쓰기 문서 규칙'을 적용해주세요.

[메모]
글 주제: AI 글쓰기 강의 홍보용 인스타그램 글
글 목적: 강의 내용과 장점을 소개하고 참여 유도
강조 포인트: 주제 발굴, 글쓰기 실습, SNS 글 요약·이미지 제작
톤: 친근하고 신뢰감 있는 설명형
행동 유도: 프로필 링크 안내, 댓글/DM 참여 권장

"AI 글쓰기가 궁금하신가요? 📝
블로그·SNS 운영을 바꾸는 강의, 곧 시작합니다!"
이번 강의에서는
👉 블로그 글 주제 발굴과 제목 만들기
👉 AI 프롬프트를 활용한 글쓰기 실습
👉 SNS 글 요약·해시태그·이미지 제작
이 모든 걸 한 번에 다룹니다.
실제 사례와 함께 바로 적용할 수 있도록 구성했어요.
온라인으로는 언제든 수강 가능하고,
오프라인은 소규모 워크숍으로 운영합니다.
수강 신청 링크는 프로필에 올려두었어요 🔗
관심 있으신 분은 지금 확인해보세요!
궁금한 점은 댓글이나 DM 주세요. 😊
#AI글쓰기강의 #블로그운영팁 #SNS콘텐츠 #홍작가강의 #온라인강의

이제 내용에 맞는 이미지를 생성합니다. 이미지 프롬프트는 생성할 이미지의 목적, 스타일, 톤, 포함될 텍스트 그리고 디자인 요소들로 구성합니다.

강의 홍보 이미지 생성 프롬프트 ① 강의 소개

고화질 인스타그램 캐러셀 첫 장
모던 플랫 인포그래픽 스타일
파스텔 블루·옐로우 배경
중앙 큰 텍스트 "AI 글쓰기 강의, 지금 시작하세요!"
주변에 연필·노트북·SNS 아이콘 배치, 심플하고 전문적인 톤

강의 홍보 이미지 생성 프롬프트 ② 핵심 커리큘럼

고화질 인스타그램 캐러셀 두 번째 장
플랫 인포그래픽 스타일
파스텔 블루·옐로우 배경
중앙 큰 텍스트 "배우는 핵심"
불릿 아이콘과 텍스트 3개: 주제 발굴, 글쓰기 실습, SNS 활용
직관적인 아이콘(돋보기, 연필, 해시태그)

강의 홍보 이미지 생성 프롬프트 ③ 학습 후 효과

고화질 인스타그램 캐러셀 세 번째 장
모던 플랫 인포그래픽 스타일
파스텔 블루·옐로우 배경
중앙 큰 텍스트 '얻을 변화'
텍스트 아래 3개의 아이콘을 균형 있게 배치:
　① 상승 화살표가 포함된 블로그 성장 그래프
　② 하트와 댓글 심볼이 결합된 SNS 반응 알림
　③ 두 손을 허리에 올리고 당당히 서 있는 자신감 있는 사람 실루엣
전체 레이아웃은 단순하면서도 긍정적이고 직관적인 분위기를 강조

강의 홍보 이미지 생성 프롬프트 ④ 신청 안내

고화질 인스타그램 캐러셀 마지막 장
플랫 인포그래픽 스타일
파스텔 블루·옐로우 배경
중앙 큰 텍스트 "지금 신청하세요!"
하단에 프로필 아이콘과 링크 심볼
참여 유도 아이콘(손가락 포인트, 캘린더, 체크리스트)
심플한 홍보용 레이아웃

인스타그램은 좋은 사진만으로는 부족합니다. 첫 두 줄의 메시지, 모바일 가독성, 해시태그 조합, 링크 동선 그리고 인사이트 기반 반복이 합쳐질 때 게시물은 꾸준히 성장합니다. 챗GPT를 에디터처럼 활용하면 여러 버전을 빠르게 생산·검증할 수 있고, 프로 계정 인사이트로 승리 패턴을 고정할 수 있습니다. 이제 "오늘은 뭘 올리지?"라는 고민 대신, 시스템으로 굴러가는 게시 전략을 시작해보세요.

21장

페이스북 글쓰기, AI와 함께 시작하기

페이스북은 더 이상 단순한 소셜 네트워크가 아니라 개인의 생각과 전문성을 드러내는 글쓰기 플랫폼으로 기능합니다. 그러나 많은 사용자가 여전히 과거의 방식으로 짧은 소통 글이나 일상 기록에 머뭅니다. 문제는 '어떤 글을 쓰는가'가 아니라 '어떻게 읽히는가'에 있습니다. 이 장은 페이스북의 게시글을 단순한 포스팅이 아닌 콘텐츠 설계 행위로 바라봅니다. 글의 목적과 톤, 길이, 구성 방식을 명확히 구분해 독자 반응을 전략적으로 이끌어 내는 방법을 다룹니다.

챗GPT를 활용하면 이 과정은 훨씬 정교해집니다. 주제 설정부터 첫 문장 구성, 버전 비교, 행동 유도 문구까지 일관된 구조로 자동화할 수 있습니다. 이 장에서는 페이스북의 '프로페셔널 모드'를 중심으로, AI를 글쓰기 동반자로 활용해 브랜딩과 데이터 분석을 결합하는 실무 전략을 제시합니다.

👍 짧은 글부터 장문 칼럼까지, 페이스북 글쓰기 전략

최근에는 공감을 얻는 짧은 글, 브랜드 홍보용 요약 글, 커뮤니티 대화형 질문 글이 다시 주목받고 있습니다. 여기에 페이스북의 프로페셔널 모드를 적용하면 도달 범위를 넓히고 성과를 데이터로 분석할 수 있습니다. **프로페셔널 모드**는 개인 프로필을 크리에이터처럼 운영할 수 있는 기능으로, 친구가 아니어도 팔로우할 수 있어 더 많은 독자와 연결되고, 게시물별 도달 범위·반응·팔로워 증감 데이터를 확인할 수 있습니다.

이를 통해 어떤 글이 독자에게 더 주목받는지 알 수 있고, 인기 게시물의 특성을 전략적으로 재활용할 수 있습니다. 참여율이 높은 글은 알고리즘에 의해 자동 확산되므로, 프로페셔널 모드는 글쓰기를 단순한 소통을 넘어 개인 브랜딩의 도구로 확장시킵니다.

글의 반응을 좌우하는 핵심은 첫 문장과 시각 요소입니다. 글이 길다고 반응이 보장되지 않으며, 도입부에서 공감이나 질문을 던져야 독자가 멈춰 읽습니다. 여기에 이미지, 링크, 영상 같은 시각 자료를 배치하면 글의 주목도는 크게 높아집니다. 이 과정에 챗GPT를 조력자로 활용하면 효율은 더욱 높아집니다. 예를 들어 짧은 홍보용 버전과 긴 스토리텔링 버전을 동시에 생성해 비교하면 계정 콘셉트와 독자 반응에 맞는 글을 선택할 수 있습니다.

다음은 페이스북용 게시글을 작성할 때 고려할 사항을 정리했습니다.

페이스북 작성 시 고려 사항

- **주제·톤·길이 정하기**
  - 긴 글은 스토리·칼럼·정보 공유용, 짧은 글은 홍보·공지용으로 적합
  - 도입부는 질문형/공감형 문장이 효과적
  - 톤은 친근/전문/분석 중 목적에 맞게 설정
- **버전 비교 활용하기**
  - AI를 통해 같은 주제를 짧은 버전과 긴 버전으로 생성해 비교(예: 짧은 3문단 홍보 글 vs 긴 5문단 칼럼 글)
  - 반응(좋아요·댓글·공유)을 확인하고 최적의 길이와 톤을 고정
- **인사이트와 링크 전략**
  - 프로페셔널 계정에서 제공하는 인사이트 데이터를 분석해 글의 효과를 수치화
  - 해시태그는 세분화된 키워드를 사용(#AI글쓰기, #콘텐츠전략 등)
  - 외부 링크는 본문보다 댓글 안내가 효과적

페이스북 글쓰기는 자유도가 높은 만큼 전략적 선택이 필요합니다. 짧은 글의 즉시성, 장문의 설득력, 질문 글의 대화성을 적절히 배치하면 독자 반응이 달라집니다. 여기에 AI를 활용하면 글쓰기 부담을 줄이고, 다양한 버전 중 가장 효과적인 스타일을 빠르게 찾을 수 있습니다.

👍 문서 규칙으로 완성하는 페이스북 전략적 글쓰기

페이스북 글을 효과적으로 작성하려면 단순한 감각이나 즉흥성이 아니라, 플랫폼 특성에 맞는 규칙과 기준을 마련하는 과정이 필요합니다. 이번 작업은 페이스북 글쓰기에 적용할 문서 규칙을 정의하고, 이를 메모리에 저장해 자동으로 반영되도록 정리했습니다.

페이스북용 문서 규칙 세우기

문서 규칙에는 문체 원칙, 글 구성, 표현 점검, 금지어와 대체어 사용 지침이 포함되어 있습니다. 이를 통해 글의 일관성과 완성도를 안정적으로 확보할 수 있습니다. 이후에는 저장된 규칙을 바탕으로 글을 요청하고, 실제 예시 글을 작성해 규칙이 어떻게 적용되는지 확인하는 단계까지 순차적으로 진행하겠습니다.

페이스북용 문서 규칙 생성

 페이스북 글쓰기에 적용할 문서 규칙을 항목별로 정리해주세요.

- 문체 원칙: 문장은 명확하고 가독성 높게 작성. 문단은 1~3줄 중심, 질문형·공감형 도입 활용
- 글 구성 규칙: 도입-본문-마무리 구조, 도입은 질문·공감 문장, 본문은 정보·스토리 중심
- 마무리는 행동 유도(댓글, 공유, 링크 안내)
- 표현 점검 규칙: 모호한 부사·추측 표현·불필요한 반복 표현 최소화. 긴 문장은 줄 바꿈으로 가독성 강화. 외부 링크는 댓글 안내로 유도

- 금지어·대체어 표: 과장된 표현(예: "최고의" "완벽한" "혁신적인")은 금지하고, 구체적이고 신뢰성 있는 대체어를 표 형태로 제시

 페이스북 글쓰기 문서 규칙

1. 문체 원칙
- 문장은 명확하고 가독성 높게 작성한다.
- 문단은 1~3줄로 유지해 모바일 환경에서도 쉽게 읽히도록 한다.
- 글의 도입은 질문형·공감형 문장으로 시작해 독자의 관심을 끈다.
- 톤 가이드: 글 목적에 따라 친근/전문/분석적 톤 중 하나를 선택한다.
- 가독성 팁: 핵심 메시지는 10~15단어 이내로 정리해 짧고 직관적으로 전달한다.

2. 글 구성 규칙
- 기본 구조는 도입-본문-마무리로 작성한다.
- 도입: 질문·공감 문장으로 시작
- 본문: 정보·스토리 중심, 구체적인 사례와 맥락 포함
- 마무리: 행동 유도(Call to Action) 포함(댓글, 공유, 저장, 링크 안내 등)
- 장문 글: 칼럼·정보형, 600~1000자 내외, 소제목·불릿 활용
- 짧은 글: 공지·홍보형, 100~300자 내외, 핵심 메시지를 요약 전달
- 시각 요소 활용: 이미지·영상·링크를 적절히 배치해 전달력 강화

3. 표현 점검 규칙
- 모호한 부사·추측 표현·불필요한 반복은 최소화한다.
- 긴 문장은 줄 바꿈을 활용해 가독성을 높인다.
- 해시태그: 3~5개 사용, 일반 단어 대신 구체적이고 세분화된 키워드(#AI글쓰기, #콘텐츠전략 등).
- 외부 링크: 본문에 직접 삽입하지 않고 "댓글에서 확인 가능" 방식으로 안내한다.
- 데이터 기반 수정: 인사이트(도달·참여·저장) 데이터를 확인해 길이·톤·게시 시간대를 최적화한다.

4. 금지어·대체어 표

금지어	대체어 제안
최고의	우수한, 뛰어난, 돋보이는
완벽한	정교한, 균형 잡힌, 충실한
혁신적인	새로운 방식의, 차별화된
획기적인	의미 있는 변화, 주목할 만한
창의적인	독창적인, 개성 있는
대박, 완전, 엄청난	구체적 성과·수치·상황으로 표현

이렇게 생성한 문서 규칙을 메모리에 저장해 두면, 이후 페이스북 게시글 작성이나 예시 요청 시 별도의 규칙 입력 없이도 이 가이드가 반영됩니다. 즉, 글을 요청하는 순간 문체 원칙, 글 구성, 표현 점검, 금지어·대체어 규칙이 기본적으로 적용됩니다.

저장된 규칙으로 페이스북 게시글 작성하기

메모리에 저장된 페이스북 글쓰기 문서 규칙은 이제 글 요청 시 문체·구성·표현 점검·금지어 대체 규칙이 적용된 결과물을 받을 수 있습니다. 다음은 메모리에 저장한 규칙을 적용해 작성한 AI 글쓰기 강의 홍보용 페이스북 글 예시입니다.

페이스북용 문서 규칙을 활용한 게시글 생성

 다음 메모 내용을 기반으로 페이스북 글을 작성해주세요.
작성 시 반드시 '페이스북 글쓰기 문서 규칙'을 적용해주세요.

[메모]
- 글 주제: AI 글쓰기 강의 홍보용 페이스북 글
- 글 목적: 강의 내용을 소개하고 참여를 유도
- 강조 포인트: 챗GPT를 활용한 글쓰기 습관 만들기, 블로그와 SNS에 바로 적용 가능한 실전 노하우, 주제 정하기 → 초안 작성 → 수정 → 완성의 단계별 학습
- 톤: 친근하고 실용적인 어조
- 행동 유도: 댓글에서 강좌 일정 및 신청 방법 확인

혹시 글쓰기가 막막하게 느껴지신 적 있나요? ✍️
이번 강의에서는 챗GPT를 활용해 글쓰기 습관을 만드는 방법을 알려드립니다.
👉 주제 정하기부터 초안 작성, 수정, 완성까지 단계별로 배우며
👉 블로그와 SNS에 바로 적용할 수 있는 실전 노하우를 제공합니다.
AI와 함께라면 글쓰기는 더 이상 어렵지 않습니다.
실제 사례 중심으로 바로 활용 가능한 팁을 얻을 수 있어요.
강좌 일정과 신청 방법은 댓글에서 확인하실 수 있습니다.
지금 바로 참여해 새로운 글쓰기 흐름을 경험해보세요!
#AI글쓰기 #블로그운영팁 #SNS콘텐츠전략 #홍작가강의 #실전노하우

페이스북용 문서 규칙을 활용한 게시글 생성 – 모바일 버전

해당 내용을 페이스북 모바일 버전으로 제공해주세요
- 모바일 줄 바꿈 규칙: 문장은 길 수 있지만, 모바일 가독성을 위해 5~6단어마다 줄 바꿈 → 긴 문장을 시각적으로 분리해 읽기 편하게 구성
- 문장 길이: 평균 10~15단어, 최대 18단어 → 강한 메시지는 8~10단어로 더 압축
- 문단 길이: 1~3줄, 한 문단 = 한 메시지
- 비율: 짧은 문장(8~12단어) : 긴 문장(13~18단어) = 3:1 → 스크롤 전 시각적 여백과 리듬 유지

혹시 글쓰기가
막막하게 느껴지신 적 있나요? ✍️
이번 강의에서는 챗GPT를 활용해
글쓰기 습관을 만드는 방법을 알려드립니다.

👉 주제 정하기부터 초안 작성,
수정과 완성까지 단계별로 배우며
👉 블로그와 SNS에 바로 적용할 수 있는
실전 노하우를 제공합니다.
AI와 함께라면 글쓰기는
더 이상 어렵지 않습니다.
실제 사례 중심으로
바로 활용 가능한 팁을 얻을 수 있어요.
강좌 일정과 신청 방법은
댓글에서 확인하실 수 있습니다.
지금 바로 참여해서
새로운 글쓰기 흐름을 경험해보세요!
#AI글쓰기 #블로그운영팁
#SNS콘텐츠전략 #홍작가강의 #실전노하우

👍 페이스북에서 정보성 글을 효과적으로 쓰는 방법

페이스북은 짧은 글로도 빠른 반응을 얻을 수 있지만, 독자의 신뢰와 장기적인 관심을 끌기 위해서는 정보성 글쓰기가 중요합니다. 간단한 메모를 기반으로 문서 규칙을 적용하면 핵심만 담은 글을 빠르게 완성할 수 있지만, 블로그 수준의 장문 글을 작성할 때는 다른 접근이 필요합니다.

장문 글은 단순히 아이디어를 나열하는 수준을 넘어, 서론 – 본문 – 결론 구조를 명확히 하고 문단마다 메시지를 분리해야 가독성이 높아집니다. 이때 페이스북 글쓰기 문서 규칙을 적용하면 불필요한 반복과 모호한 표현을 줄일 수 있고, 독자가 스크롤하면서도 내용을 따라가기 쉽습니다. 결국 단문은 빠른 공유, 장문은 깊은 신뢰라는 차별화된 효과를 주므로 목적에 맞게 방식을 구분하는 것이 전략적 운영의 핵심입니다.

실제 글쓰기 과정은 간단합니다.

AI 기반 페이스북용 게시글 생성 과정

- **주제 선정**: 글의 방향을 정하고, 핵심 메시지를 명확히 합니다.
- **아이디어 기록**: 떠오르는 생각을 음성 메모로 빠르게 저장합니다.
- **초안 작성**: 메모를 바탕으로 원고 초안을 작성합니다.
- **피드백 및 개선**: 초안을 검토하고 수정하여 완성도를 높입니다.
- **버전 변환**: 필요에 따라 모바일용 요약 버전이나 정보성 글 버전으로 변환합니다.
- **발행 준비**: 텍스트만으로도 가능하지만, 주제에 맞는 이미지를 함께 활용하면 효과적입니다.

- **이미지 제작**: 적합한 이미지가 없다면 직접 제작하거나 AI 도구로 생성하여 독자의 몰입도를 높입니다.

다음은 앞서 AI 기반 페이스북용 게시글 생성 과정에 따라 생성한 원고의 예시입니다.

정보성 글 구성 예시

제목: 챗GPT를 활용해 좋은 글을 쓰는 방법

챗GPT와 함께 글쓰기를 해온 지도 벌써 몇 해가 지났다. 출판사와 함께 종이책 4권을 작업했고, 일상 속에서도 꾸준히 글을 써오며 하나의 확신을 얻게 되었다.
지금까지 총 14권의 책을 출간했고, 그중 최근 4권은 챗GPT를 활용해 집필했다.
좋은 글은 단순한 시도로 만들어지지 않는다. 글쓰기는 생각보다 훨씬 더 복합적인 과정이고, 챗GPT를 활용한다고 해서 마법처럼 완성되는 것도 아니다.
그래서 나는 오늘도 스스로에게 묻는다.
"어떻게 하면 챗GPT를 활용해 더 좋은 글을 쓸 수 있을까?"

챗GPT 글쓰기를 위한 핵심 조건 3가지
챗GPT로 글쓰기 작업을 해오며 느낀 것은, 단순한 활용이 아니라 기반을 어떻게 설정하느냐가 글의 품질을 결정한다는 점이다. 특히 다음 3가지 요소를 갖추면, 챗GPT의 글쓰기 능력을 훨씬 더 효과적으로 끌어낼 수 있다.

1. 사용자 맞춤형 지침(개인 맞춤 설정)
   → 챗GPT가 나의 목적, 문체, 타깃 독자를 이해하도록 충분히 설명해야 한다.
   → 이 지침은 한두 줄로 끝나지 않고, 내가 어떤 스타일을 지향하는지 구체적으로 알려주는 것이 중요하다.

2. 메모리 기능 활용
   → 챗GPT의 메모리 기능을 활용하면, 매번 같은 지시를 반복하지 않아도 된다.
   → 메모리에 '글쓰기 스타일', '표현 방식', '자주 쓰는 프롬프트'를 설정해 두면 일관된 품질의 글쓰기가 가능하다.

3. 나만의 글쓰기 스타일 정의
　→ 내 문체를 정의하고 유지하는 작업은 단순한 편집이 아니라 브랜딩이다.
　→ 나는 '홍작가 스타일'이라는 이름으로 내 글쓰기 원칙을 정리하고, 매번 이 기준을 기반으로 글을 구성하고 있다.

반복 작업으로 완성되는 글
좋은 글은 한 번에 만들어지지 않는다.
프롬프트 작성 → 초안 생성 → 수정 요청 → 피드백 수렴 → 윤문이라는 과정을 반복해야 비로소 다듬어진 글이 나온다.
내가 자주 사용하는 대표적인 프롬프트는 다음과 같다.
작가의 9가지 글쓰기 프롬프트
(예: [글수정], [피드백], [윤문], [제목] 등)
특히 중요한 건, 챗GPT가 써준 글을 그대로 사용하지 않는 것이다.
나는 항상 초안이 나온 뒤, 최소 2~3회 이상은 수정 요청을 반복하고, 직접 문장을 손보며 글을 완성해간다. 이때 필요한 것은 단순한 수정 프롬프트가 아니라 수정의 수준에 따라 나눈 보강 프롬프트와 객관적 피드백을 요청하는 프롬프트다.

글쓰기는 챗GPT와 나 사이의 협업 과정이다.
서로 대화를 나누고, 고치고, 설득하며 글을 다듬어간다.
이 과정 자체가 바로 '좋은 글쓰기'다.

정보성 글 구성 예시 – 모바일 버전

제목: 책쓰기 작업 프로세스, 이렇게 바뀌었습니다

지난해부터 지금까지 저는 AI 도구를 활용해 총 4권의 책을 집필해왔습니다.
그 과정을 통해 글쓰기 방식도 완전히 달라졌습니다. 이제는 기획부터 집필, 퇴고까지 AI와 함께 협업하는 글쓰기 프로세스가 자연스러운 루틴이 되었죠.
오늘은 제가 실제로 사용하고 있는 책쓰기 흐름과 도구들을 소개해보려 합니다.
최근에는 삽화 제작도 함께 고려하고 있어 작업 영역이 점차 확장되고 있습니다.

사용 중인 주요 도구들
📚 **책쓰기 도구**
챗GPT(ChatGPT)
워크플로위(WorkFlowy)
스크리브너(Scrivener)

🔍 **자료 수집 도구**
퍼플렉시티(Perplexity)
젠스파크(ZenSpark)

🎨 **삽화 이미지 생성 도구**
챗GPT(ChatGPT)
미드저니(Midjourney)

🧩 **단계별 작업 흐름**
1. 기획 및 1차 목차 구성(워크플로위 + 챗GPT)
아이디어를 자유롭게 정리
챗GPT를 활용해 주제 흐름과 초안 목차 구성

2. 목차 확장 및 구조화(챗GPT → 워크플로위 반영)
세부 항목 확장
전체 구조를 시각적으로 정리하며 조정

3. 원고 작성 및 마무리(스크리브너 + 챗GPT)

챕터별 글을 스크리브너에서 집필

챗GPT로 문장 보완, 표현 다듬기, 구조 점검

원고 마무리도 이 과정에서 함께 진행

4. 편집 및 구성 점검(챗GPT + 문서 편집 도구)

중복 표현 제거, 문장 흐름 정리

제목 정리, 문단 간 연결성 점검

최종 퇴고 및 독자 관점에서의 구성 다듬기

👍 페이스북 프로페셔널 모드, 개인 브랜딩의 새로운 기회

최근 페이스북에서 주목받는 기능 중 하나가 **프로페셔널 모드**Professional Mode 입니다. 기존에는 개인 계정과 페이지가 분리되어 있었지만, 이제는 개인 프로필을 유지하면서도 크리에이터 계정처럼 활용할 수 있습니다. 이 기능은 작가, 강사, 프리랜서, 직장인 등 누구에게나 개인 브랜딩과 네트워크 확장을 동시에 지원하는 도구가 됩니다.

프로페셔널 모드의 장점은 단순히 더 많은 사람에게 노출되는 것에 그치지 않습니다. 팔로워 기능을 통해 친구 제한 없이 더 넓은 독자와 연결될 수 있고, 게시물 데이터 분석으로 도달 범위와 반응을 확인하며 전략을 구체화할 수 있습니다. 추천·노출 확대 기능은 새로운 독자층과의 만남을 돕고, 전문 분야 카테고리 설정은 계정의 신뢰도를 높여 브랜딩에 힘을 실어 줍니다.

활용 사례도 다양합니다. 꾸준한 글쓰기를 통해 팔로워가 늘고, 강좌 홍보에 활용해 신청률을 높인 경우가 있습니다. 또 게시물 인사이트를 분석해 반응이 좋은 콘텐츠 유형을 반복 제작하며 참여율을 높인 사례도 있습니다. 일부 지역에서는 리얼즈 광고나 구독 서비스로 실제 수익을 얻는 계정도 등장해 가능성을 보여 주고 있습니다.

페이스북 프로페셔널 모드로 더 넓은 독자와 연결되다

처음 페이스북을 시작했을 때는 일상의 기록을 남기는 정도였습니다. 짧은 글과 사진 위주였고, 반응도 가까운 지인들의 댓글 몇 개에 그쳤습니다. 하지만 계정을 프로페셔널 모드로 전환한 뒤 글쓰기의 의미와 방향이 확연히 달라졌습니다.

가장 큰 변화는 독자를 '친구'가 아니라 '팔로워'로 바라보게 된 점입니다. 프로페셔널 모드는 팔로우 기능을 활성화하고 인사이트 데이터(도달·저장·팔로워 증감)를 제공합니다. 덕분에 단순히 글을 쓰는 일을 넘어, 어떤 글이 얼마나 읽히고 저장되는지를 수치로 확인할 수 있게 되었습니다.

이 기능을 활용하면 글의 주제를 일상보다 정보성 콘텐츠 중심으로 전환할 수 있습니다. 예를 들어 "AI 글쓰기를 활용한 블로그 운영 팁"이나 "SNS 글 노출률을 높이는 방법"처럼 독자에게 실질적으로 도움이 되는 주제를 다룸으로써 도달 범위와 팔로워 수를 눈에 띄게 높일 수 있습니다.

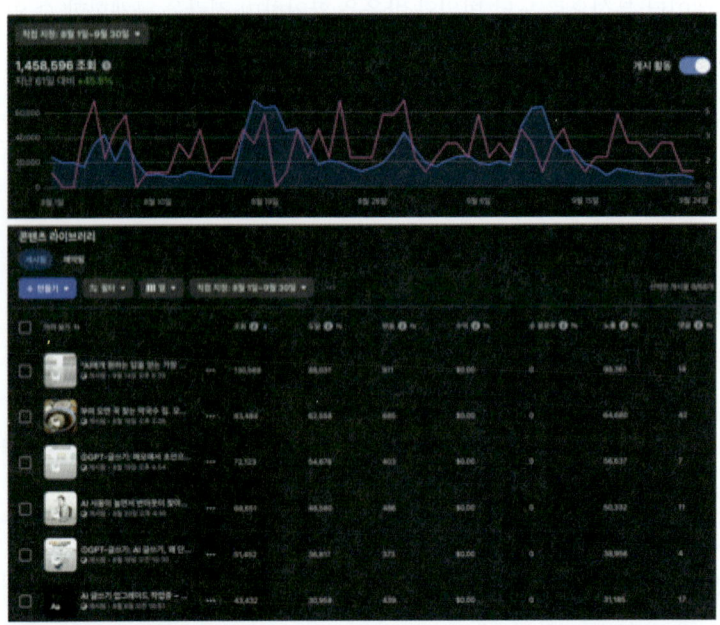

프로페셔널 모드의 인사이트 기능

실제로 프로페셔널 모드로 계정을 운영하면서 반응을 얻었던 글들은 다음과 같습니다.

AI 관련 정보 글

AI에게 원하는 답을 얻는 가장 확실한 방법

조회수: 130,569 / 도달: 88,031 / 반응: 911 / 댓글: 14

AI에게 원하는 결과를 얻으려면 단순히 "글을 써줘"라는 요청만으로는 부족하다. 모호한 프롬프트는 평범한 결과를 낳고, 명확한 프롬프트는 설계도처럼 작동한다. 결국 핵심은 어떻게 요청하느냐에 달려 있다. 이 글에서는 프롬프트를 명확하게 다듬는 방법을 살펴본다.
먼저 구조화가 필요하다. What·Why·How라는 틀을 활용하면 된다. What은 무엇을 원하는지, Why는 목적이나 맥락, How는 형식이나 조건이다. 예를 들어 "블로그용 1000자 글(What), 초보 직장인이 이해하기 쉽게(Why), 서론-본론-결론 구조, 문단 3~4줄, 종결어미는 ~다(How)"라고 지시하면 결과물이 선명해진다.
다음은 조건을 구체적으로 제시하는 단계다.
글을 요청 시 "1500자, 서론 3문장, 본론 3문단, 결론 1문단, 직장인 사례 포함"처럼 명확히 요청한다. '간단하게', '빠르게' 같은 모호한 표현은 제거하고, 구체적인 지시어로 대체해야 한다.
또한 작성-점검-수정 루틴을 만드는 것이 중요하다. 초안을 작성한 뒤 "이 프롬프트는 형식·내용·톤을 모두 담고 있는가?"라는 질문을 던진다. 부족하다면 전체 문맥과 일관성, 스타일, 독자 수준을 보강해 다시 수정한다. 이 과정을 반복할수록 결과물은 원하는 방향에 가까워진다. 이후 피드백 점검과 개선, 스타일 적용까지 고려한다.
마지막으로 실용적인 팁이 있다. 예시를 첨부하면 이해가 빨라지고, 불필요한 표현을 빼면 결과가 흐려지지 않는다. "A안과 B안"처럼 2가지 버전을 요청하면 선택지가 생겨 품질이 높아진다.
결국 프롬프트는 단순한 요청이 아니라 작업 지시서다. 구조를 세우고, 조건을 구체화하며, 점검과 수정을 반복할 때 원하는 결과가 나온다. 프롬프트를 쓰는 일은 곧 생각을 정리하는 일이며, 창작의 품질을 결정하는 핵심 과정이다. 오늘부터 직접 프롬프트를 점검하는 습관을 들여 보라. 작은 차이가 결과의 수준을 바꾼다.

맛집 리뷰 글

부여 오면 꼭 찾는 막국수 집

조회수 83484 / 도달 62558 / 반응 685 / 댓글 42

오늘은 아내에게 이 맛을 알려 주려고 같이 왔다.
간장막국수,
다른 곳에서 이 맛을 경험하길 힘들다.
아내도 무척 맘에 들어 함.
막국수 수육에 싸 먹으면 아주 좋다.
이제 정리하고 서울로 출발.

이처럼 프로페셔널 모드를 활용하면 글쓰기는 단순한 기록을 넘어 브랜드 성장의 자산으로 확장됩니다. 팔로워 수를 늘리고, 인기 콘텐츠의 특성을 분석하며, 나아가 수익화까지 실험할 수 있습니다. 여기에 AI와 결합한 글쓰기 전략을 더한다면, 플랫폼 자체 기능과 창작 역량을 동시에 활용해 더 큰 경쟁력을 확보할 수 있을 것입니다.

22장

SNS 홍보 이미지 만들기

SNS는 글보다 이미지를 먼저 인식하는 공간입니다. 몇 초 만에 사용자의 시선을 붙잡지 못한 콘텐츠는 아무리 좋은 내용이라도 도달하지 못합니다. 문제는 디자인 기술이 아니라 메시지의 구조에 있습니다. 많은 운영자가 이미지를 단순한 장식으로 다루지만, 실제로는 글의 의미를 시각적으로 번역하는 '시각적 문장'으로 설계해야 합니다. 이 장에서는 이벤트 포스터, 제품 홍보, 콘텐츠 안내 등 다양한 SNS 콘텐츠를 AI로 기획하고 제작하는 과정을 다룹니다. 목적에 맞게 레이아웃, 색상, 폰트, 행동 유도 문구를 구조화하면 한 장의 이미지가 글보다 더 명확하게 메시지를 전달합니다.

AI는 이미지를 제작하는 방식을 근본적으로 바꾸고 있습니다. 중요한 것은 디자인 감각이 아니라 '무엇을, 어떻게 보여줄 것인가'라는 기획적 사고입니다. 이 장에서는 AI 프롬프트를 기반으로 SNS용 홍보 이미지를 단계별로 제작하는 방법을 제시합니다. 브랜드 컬러와 톤을 일관되게 유지하고, 플랫폼별 규격에 맞게 크기와 구도를 조정해 통합된 비주얼 아이덴티티를 구축하는 과정을 설명합니다. 이를 통해 여러분은 기술보다 사고로 이미지를 설계하고, AI를 활용해 콘텐츠 경쟁력을 높이는 방법을 익히게 됩니다.

👍 SNS 홍보 기본 포스터 제작하기

SNS 홍보 이미지를 만들 때 가장 기본이 되는 형식은 **포스터**입니다. 포스터는 행사, 제품, 서비스의 핵심 정보를 한눈에 담을 수 있어 메시지를 직관적으로 전달하는 데 효과적입니다. 특히 이미지 생성 AI를 활용하면 프롬프트만으로도 빠르게 기본 뼈대를 제작할 수 있습니다.

1단계. 기본 포스터 제작 프롬프트 작성

먼저 홍보 주제와 핵심 메시지를 정하고 챗GPT에 이미지 프롬프트를 입력합니다. 이때 스타일, 주요 문구, 레이아웃, 사이즈를 구조화해 제시하면 원하는 결과를 얻기 쉽습니다.

기본 포스터 제작 프롬프트

 온라인 세미나 홍보용 포스터 제작
스타일: 플랫 벡터, 밝고 전문적인 느낌
주요 문구: "AI 글쓰기 무료 세미나"
부제: "2025.10.15(Wed) 19:00 Zoom"
레이아웃: 상단 로고, 중앙 메인 문구, 하단 일정·신청 버튼
사이즈: 1080x1350(인스타그램 규격)

2단계. 색상·폰트·문구 맞춤화

생성된 결과물은 기본 뼈대일 뿐이므로 브랜드 색상과 폰트를 반영해 완성도를 높여야 합니다. 또, 홍보 목적에 맞게 문구를 수정해 메시지를 명확하게 전달합니다.

색상·폰트·문구 맞춤화 프롬프트

기존 포스터 색상을 브랜드 블루·화이트 톤으로 변경
폰트를 산세리프체로 통일
문구를 "AI 글쓰기 무료 세미나" → "AI 콘텐츠 제작 무료 세미나"로 수정

3단계. 업로드 채널 맞춤 편집

마지막으로 인스타그램, 페이스북, 블로그 등 플랫폼별 최적화 규격에 맞춰 리사이징 작업을 합니다. 스토리, 릴스 등 세로형 화면에는 버튼과 문구 위치를 조정해 가독성을 보장합니다.

업로드 채널 맞춤 편집 프롬프트

기존 포스터를 인스타그램 스토리(1080x1920)로 리사이즈
상단에 "무료 세미나 신청하기" 버튼 추가
하단에 일정·링크 명확히 표시

👍 프롬프트 템플릿 기반 홍보 포스터 만들기

지금까지 작성한 구성을 토대로 SNS 홍보 포스터 프롬프트 템플릿을 다음과 같이 만들 수 있습니다.

SNS 홍보 포스터 프롬프트 템플릿

```
[행사/제품/콘텐츠] 홍보용 포스터 이미지를 제작해주세요.
1. 기본 스타일
스타일: [플랫 벡터/모던 인포그래픽/미니멀 디자인 등 선택]
배경: [화이트/파스텔/브랜드 톤 지정]
브랜드 컬러: [브랜드 고유 색상]
폰트: [산세리프체/고딕체/지정 폰트]

2. 레이아웃 구성
상단 좌측: 로고 [브랜드명]
중앙: 메인 카피 '[메인 홍보 문구]'(굵고 눈에 띄게)
중앙 하단: 부제 '[부제·날짜·설명 텍스트]'
최하단: CTA 버튼 '[행동 유도 문구]'(버튼 색상 지정)

3. 플랫폼별 사이즈 최적화
인스타그램 피드용: 이미지 사이즈 9:16
인스타그램 스토리용: 이미지 사이즈 9:16
스토리 버전은 상단에 [추가 버튼/문구] 삽입
하단에 [일정·링크·구매 경로] 선명하게 표시

4. 전체 톤 & 완성도
전체적으로 [밝고 전문적/따뜻하고 감각적/신뢰감 있는] 인상
핵심 메시지와 CTA가 한눈에 들어오도록 강조
불필요한 배경 요소는 배제, [행사/제품/브랜드 정보] 중심으로 구성
```

이 프롬프트 템플릿을 활용해 이벤트와 제품 홍보를 위한 포스터를 다음과 같이 생성할 수 있습니다.

이벤트용 홍보 포스터(인스타그램 스토리용)

 AI 라이프 스타일 세미나 홍보용 포스터 이미지를 제작해주세요.

1. 기본 스타일
- 스타일: 모던 인포그래픽, 밝고 전문적인 느낌
- 배경: 화이트 톤 + 파란색 포인트
- 브랜드 컬러: 블루 · 화이트 조합
- 폰트: 산세리프체

2. 레이아웃 & 이미지 구성
- 상단 좌측: 로고 'FutureOn'
- 중앙: 메인 카피 "AI 라이프 스타일, 일상을 더 스마트하게"(굵고 눈에 띄게)
- 중앙 배경: 노트북 · 스마트폰 · 태블릿을 활용하는 다양한 사람들(직장인, 대학생, 프리랜서). 집 · 카페 · 사무실 공간이 자연스럽게 이어진 장면.
- 배경 디테일: AI 아이콘(클라우드, 로봇, 데이터 네트워크 심볼)을 은은하게 배치해 기술적 감성을 강조
- 중앙 하단: 부제 "2025.11.05(Wed) 19:00 Zoom 무료 세미나"
- 최하단: CTA 버튼 "무료 신청하기"(파란색 버튼, 직관적으로 강조)

3. 플랫폼별 사이즈 최적화
- 인스타그램 스토리용: 이미지 사이즈 1080x1920(9:16)
  - 상단에 "무료 세미나 신청하기" 버튼 디자인
- 하단에 일정과 접속 링크 선명하게 표시

4. 전체 톤 & 완성도
- 전체적으로 밝고 전문적인 인상
- 메인 문구와 CTA가 한눈에 들어오도록 강조
- 불필요한 배경 요소는 최소화하고 행사 정보 중심으로 구성

제품 출시 홍보 포스터(인스타그램 피드용)

 NEW 시즌 텀블러 출시 홍보용 포스터 이미지를 제작해주세요.

1. 기본 스타일
– 스타일: 플랫 벡터, 모던하고 깔끔한 디자인
– 배경: 화이트 톤 + 블루 포인트
– 브랜드 컬러: 블루·네이비 조합
– 폰트: 산세리프체

2. 레이아웃 구성
– 상단 좌측: 로고 FutureOn
– 중앙: 메인 카피 "NEW 시즌 텀블러 런칭"(굵고 눈에 띄게)
– 중앙 하단: 부제 "가벼운 무게와 24시간 보온·보냉"
– 최하단: CTA 버튼 "지금 구매하기"(네이비 색상)

3. 플랫폼별 사이즈 최적화
- 인스타그램 피드용: 이미지 사이즈 1:1

4. 전체 톤 & 완성도
- 전체적으로 신뢰감 있고 현대적인 인상
- 제품과 사용 장면이 강조되도록 구성
- 불필요한 배경 요소는 배제하고 제품 중심으로 시선을 유도

레이아웃 기반 SNS 홍보 포스터 만들기

SNS 홍보 포스터는 단순히 예쁘게 만드는 작업이 아니라 정보를 명확히 전달하는 도구입니다. 포스터에 자주 사용하는 레이아웃을 고정해 두면 로고, 메인 문구, 일정, CTA 버튼의 위치가 일관되게 유지됩니다. 이 덕분에 팔로워는 한눈에 중요한 정보를 인식할 수 있고, 계정 전체의 브랜딩도 통일됩니다.

레이아웃을 기반으로 포스터를 제작하면 다음과 같은 장점이 있습니다.

레이아웃 기반 제작의 장점

- **브랜드 통일성**: 같은 계정 내 포스터들이 균일한 구조를 가져 일관된 이미지를 형성합니다.
- **제작 효율성**: 매번 새로 디자인하지 않고, 기본 틀을 불러와 재활용할 수 있습니다.
- **가독성 향상**: 사용자가 먼저 보는 위치에 메인 카피, CTA 버튼을 고정해 클릭률이 올라갑니다.
- **확장성 확보**: 하나의 레이아웃을 인스타그램, 페이스북, 블로그 배너 등 다양한 플랫폼 규격으로 변형하기 쉽습니다.

레이아웃 활용 방안

- **정기 세미나·이벤트 홍보**: 매달 반복되는 행사 포스터를 동일한 레이아웃으로 제작합니다(예: 상단 로고, 중앙 주제, 하단 일정·참여 버튼 고정).
- **제품·서비스 출시 알림**: 신제품 사진만 교체하고 문구만 바꿔도 새로운 포스터가 완성됩니다(예: "NEW 런칭" "한정 판매" 같은 문구 변형).
- **시리즈형 콘텐츠 홍보**: 강좌, 블로그 시리즈, 뉴스레터 홍보에 적합합니다. 각 포스터에 숫자나 에피소드명을 붙여 연속성을 강조할 수 있습니다.

레이아웃은 단순히 텍스트로 전달하는 것보다 이미지화해서 활용하면 더 효과적입니다. 다음은 레이아웃 이미지를 기반으로 이벤트용 홍보 포스터를 제작하는 예시입니다.

레이아웃 기반 이벤트용 홍보 포스터

 첨부된 A-F 레이아웃과 텀블러 제품 사진을 기반으로 행사 포스터 이미지를 생성해주세요

1. 전체 스타일 및 완성도
- 밝고 정제된 화이트 배경에 블루·그레이 포인트 컬러 사용
- 모던하고 전문적인 테크 감성 중심의 미니멀 디자인
- 폰트는 산세리프체로 통일, 여백을 넉넉히 두어 균형감 유지
- 시선 흐름은 중앙 → 하단 → CTA 버튼 순으로 자연스럽게 이동
- 인스타그램 스토리용 세로형 규격 1080x1920(9:16 비율)

2. 섹션별 구성
- A(로고): 상단 좌측에 브랜드 로고 'FutureOn' 배치. 크기는 작고 단정하게
- B(메인 카피): 중앙 상단에 굵고 시선을 끄는 문구 'AI 라이프 스타일, 일상을 더 스마트하게' 삽입
- C(서브 카피): 메인 문구 바로 아래에 부제 형식으로 '일·공부·취미까지 AI로 효율을 높이는 생활 활용 전략' 추가
- D(메인 이미지):
    - 노트북을 활용해 AI 앱을 사용하는 직장인 여성(한국인)
    - 공간은 사무실 자연스럽게 이어진 구도
    - 배경은 밝고 미니멀하게 처리하고, 클라우드·로봇·데이터 네트워크 등 AI 아이콘을 은은하게 배치해 기술적 감성 표현
- E(행사 날짜): 하단 좌측 또는 중앙에 '2025.11.05(Wed.)'를 깔끔한 산세리프체로 배치
- F(CTA 버튼): 하단 중앙에 '무료 세미나 신청하기' 버튼 삽입. 파란색 또는 그레이 계열의 직사각형 버튼으로 명확하게 강조

[레이아웃 이미지 첨부]

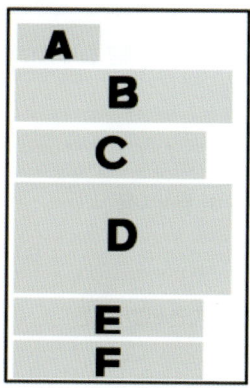

레이아웃 이미지 외에도 포스터에 활용할 이미지를 함께 첨부해서 포스터 디자인에 활용할 수 있습니다.

레이아웃 기반 제품 출시 홍보 포스터

 첨부된 A-E 레이아웃과 텀블러 제품 사진을 기반으로 제품 출시 홍보용 세로형 포스터 이미지를 생성해주세요.

1. 전체 스타일 및 완성도
- 밝고 깔끔한 화이트 배경에 블루·네이비 포인트 컬러 사용
- 모던하고 전문적인 감성의 미니멀 디자인
- 폰트는 산세리프체로 통일해 가독성 유지
- 시선 흐름은 중앙 제품 → 하단 CTA 버튼으로 자연스럽게 이동
- 인스타그램 피드용 세로형 규격 9:16 비율

2. 섹션별 구성
- A(로고): 상단 좌측에 브랜드 로고 FutureOn 배치
- B(메인 카피): 중앙 좌측에 굵은 문구 "NEW 시즌 텀블러 런칭" 삽입
- C(서브 카피): 바로 아래에 "가벼운 무게와 24시간 보온·보냉" 문구 추가
- D(메인 이미지):
- 첨부된 텀블러 제품 사진을 중심에 배치
- 한국인 여성 직장인 책상 위에서 커피를 마시는 장면
- 제품이 자연스럽게 돋보이도록 홍보 포스터 스타일로 보정
- 배경은 단순하고 밝게 처리해 제품과 인물 중심으로 구성
- E(CTA 버튼): 하단 중앙에 "지금 구매하기" 버튼 배치(네이비 컬러, 직사각형 형태)

[레이아웃 이미지 첨부]

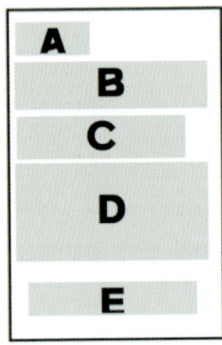

[제품 이미지 첨부]

23장

스토리·릴스용 짧은 문구와 이미지 세트 만들기

스토리와 릴스는 정보 전달보다 '즉각적인 반응'을 설계하는 공간입니다. 사용자는 긴 설명보다 한 줄의 문구와 한 장의 이미지로 메시지를 받아들입니다. 그러나 많은 운영자가 여전히 글의 요약본처럼 스토리를 구성해 시각적 흡입력을 놓칩니다. 이 장은 짧은 문구와 이미지를 결합한 세트 제작 방식을 다룹니다. 핵심은 '짧게 쓰되, 구조적으로 설계하는 것'입니다. 한 컷 한 컷이 연결되어 브랜드의 톤과 메시지를 이어 주는 시각적 스토리라인을 만드는 것이 목표입니다.

AI를 활용하면 이러한 작업을 체계적으로 자동화할 수 있습니다. 챗GPT는 문구의 길이와 톤을 조정하고, 이미지 생성 도구는 일관된 색상과 구도로 시각적 완성도를 높입니다. 이 장에서는 제품 홍보형 세트와 이벤트 안내형 세트를 중심으로, 실전에서 즉시 활용 가능한 3컷 구성 원칙을 소개합니다. 각 컷의 역할을 명확히 구분하고, 브랜드 톤을 유지하면서도 행동 유도를 강화하는 전략을 제시합니다. 이를 통해 짧은 콘텐츠 안에서도 설득력 있는 메시지를 설계하고, 스토리·릴스를 브랜드 성장의 핵심 채널로 전환할 수 있습니다.

👍 제품·서비스 홍보용 스토리 이미지 만들기

제품·서비스 홍보형 세트는 신제품 출시나 프로모션을 알릴 때 효과적인 형식입니다. 핵심은 단순한 제품 노출이 아니라, 짧고 강렬한 문구와 함께 3컷 구조로 메시지를 전달하는 것입니다. 첫 컷에서는 제품의 첫인상을 각인시키고, 두 번째 컷에서는 기능과 가치를 강조하며, 마지막 컷에서는 CTA 버튼을 통해 구매로 자연스럽게 이어지게 합니다.

또, 이 이미지들은 단순 소개를 넘어 사용자가 가진 '문제를 제시하고 → 제품을 해결책으로 보여 주며 → 행동으로 연결'하는 스토리텔링 방식으로 확장할 수 있습니다. 이 접근은 팔로워가 나에게 필요한 제품이라고 공감하게 만들고, 브랜드에 대한 신뢰와 구매 전환을 동시에 높이는 효과를 줍니다.

제품 홍보용 스토리 이미지 제작 ①

 첨부한 제품 이미지를 바탕으로 제품 홍보를 위한 인스타그램 스토리용 이미지를 제작해주세요.

　　세로형 인스타그램 스토리 이미지 1080x1920, 9:16 비율
　　스타일: 모던 인포그래픽, 미니멀
　　배경: 은은한 블루 그라디언트
　　구성: 중앙에 텀블러 클로즈업 이미지
　　상단에 큰 텍스트: "NEW 시즌 텀블러 런칭"
　　상단에 텍스트 "FutureOn" 삽입
　　분위기: 세련되고 전문적인 톤

[제품 이미지 첨부]

제품 홍보용 스토리 이미지 제작 ②

 첨부한 제품 이미지를 바탕으로 제품 홍보를 위한 인스타그램 스토리용 이미지를 제작해주세요.

세로형 인스타그램 스토리 이미지 1080x1920, 9:16 비율
스타일: 모던 인포그래픽, 깔끔하고 직관적
배경: 화이트 톤 + 블루 포인트
구성: 중앙에 텀블러 전체 이미지 배치
좌우 공간에 아이콘 2개 삽입: ① 깃털 모양(경량), ② 눈송이와 불꽃 결합 아이콘(보온·보냉)
상단에 큰 텍스트: "250g 초경량 · 24시간 보온·보냉"
상단에 텍스트 "FutureOn" 삽입
분위기: 신뢰감 있고 깔끔한 스타일

[제품 이미지 첨부]

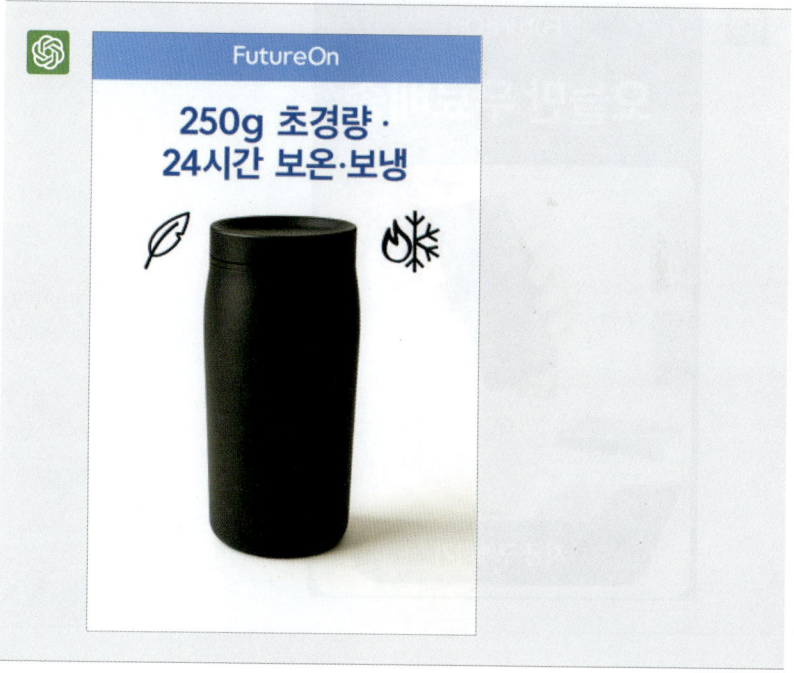

제품 홍보용 스토리 이미지 제작 ③

 첨부한 제품 이미지를 바탕으로 제품 홍보를 위한 인스타그램 스토리용 이미지를 제작해주세요.

세로형 인스타그램 스토리 이미지 1080x1920, 9:16 비율
스타일: 모던 인포그래픽, 밝고 직관적
배경: 심플한 오피스 톤(화이트+네이비)
구성: 직장인이 책상 위에서 텀블러를 들고 커피를 마시는 장면
하단 중앙: 큰 CTA 버튼 영역("지금 구매하기"), 네이비 컬러 버튼
상단에 큰 텍스트: "오늘만 무료배송 🚚"
상단에 텍스트 "FutureOn" 삽입
텍스트 대비가 선명하게 보이도록 배경 단순화
분위기: 따뜻하고 신뢰감 있는 홍보 이미지
[제품 이미지 첨부]

👍 이벤트·세미나 안내용 피드 이미지 만들기

이벤트·세미나 안내를 위한 피드 이미지는 일정, 장소, 참가 방법처럼 필수 정보를 빠르고 직관적으로 전달하는 데 적합합니다. 특히 이미지 구성을 3컷으로 나누면 팔로워가 행사 목적을 이해하고, 참여 결정을 내리기까지의 과정을 간단히 따라올 수 있습니다.

첫 컷에서는 행사명과 슬로건을 크게 배치해 시선을 끌고, 두 번째 컷에서는 날짜, 시간, 형식, 참가비 같은 핵심 정보를 아이콘과 함께 정리해 가독성을 높입니다. 마지막 컷에서는 신청 버튼, 마감일, 문의 채널을 분명히 제시해 행동을 유도합니다. 이 구조는 팔로워가 정보를 놓치지 않고 즉시 행동으로 이어질 수 있게 도와줍니다.

또한 세미나, 워크숍, 전시 등 다양한 행사에 동일한 레이아웃을 반복 적용하면 계정 전체가 전문적이고 일관된 행사 운영 이미지를 구축할 수 있습니다. 이는 브랜드 신뢰도를 높이는 동시에 팔로워가 계정을 통해 새로운 일정과 기회를 꾸준히 확인하도록 유도합니다.

이벤트·세미나 안내용 이미지 제작 ①

 이벤트·세미나 안내용 인스타그램 피드 이미지를 제작해주세요.

정사각형 인스타그램 피드용 이미지 1080x1080, 1:1 비율
스타일: 모던 인포그래픽, 미니멀, 테크 감성
배경: 화이트 톤 + 블루 포인트

구성: 중앙에 행사명과 큰 슬로건 배치
상단 텍스트: "AI 글쓰기 무료 세미나 ✏️"
하단 보조 텍스트: "일상부터 업무까지, 글쓰기가 달라집니다"
브랜드명 "FutureOn" 텍스트를 왼쪽 상단 모서리에 작게 배치.
분위기: 밝고 전문적인 느낌

이벤트·세미나 안내용 이미지 제작 ②

이벤트·세미나 안내용 인스타그램 피드 이미지를 제작해주세요.

정사각형 인스타그램 피드용 이미지 1080x1080, 1:1 비율
스타일: 모던 인포그래픽, 미니멀, 테크 감성
배경: 화이트 톤 + 블루 포인트
구성: 중앙에 행사 핵심 정보 나열
상단 텍스트: "2025.11.05(Wed) 19:00 · Zoom 온라인"
아이콘 3개: 📅 (날짜), 🕐 (시간), 💻 (온라인 Zoom)
하단 보조 텍스트: "참가비: 무료"
브랜드명 "FutureOn" 텍스트를 왼쪽 상단 모서리에 작게 배치
분위기: 신뢰감 있고 정보 전달 중심

FutureOn

 2025.11.05 (Wed)

 19:00 · Zoom

 참가비: 무료

이벤트·세미나 안내용 이미지 제작 ③

 이벤트 · 세미나 안내용 인스타그램 피드 이미지를 제작해주세요.

정사각형 인스타그램 피드용 이미지 1080x1080, 1:1 비율
스타일: 모던 인포그래픽, 선명하고 직관적
배경: 블루 그라디언트 + 화이트 포인트
구성: 중앙에 "무료 신청하기" CTA 버튼(네이비 컬러, 라운드 처리)
상단 텍스트: "지금 신청, 좌석 한정 🎟"
하단 보조 텍스트: "문의: info@futureon.com"
브랜드명 "FutureOn" 텍스트를 왼쪽 상단 모서리에 작게 배치
분위기: 행동을 즉시 유도하는 명확한 톤

24장

SNS 팔로워와 소통하는 댓글·DM 생성하기

SNS는 이제 '게시'보다 '대화'가 중심인 플랫폼으로 진화했습니다. 좋은 콘텐츠를 만들어도 소통이 없으면 관계는 유지되지 않습니다. 댓글과 DM은 단순한 반응이 아니라, 팔로워와의 신뢰를 쌓는 핵심 접점입니다. 그러나 팔로워가 늘어나면 모든 메시지에 직접 답변하려면 많은 시간을 들여야 할 것입니다. 이 장은 이 문제를 해결하기 위한 현실적 방법으로, AI를 활용한 댓글, DM 자동화 전략을 제시합니다. 빠른 응답 속도에도 계정의 온도와 개성을 잃지 않도록 설계하는 것이 핵심입니다.

AI를 활용하면 소통의 효율성을 유지하면서도 브랜드의 일관성을 지킬 수 있습니다. 챗GPT는 상황에 맞는 답변 초안을 생성하고, 계정의 어조를 반영해 기계적인 느낌을 줄입니다. 이 장에서는 즉시 반응형, 맞춤형, 브랜드 일관성 자동화의 3가지 접근 방식을 단계별로 다룹니다. 댓글은 대화를 확장시키고, DM은 관계를 유지시키는 역할을 합니다. 결국 자동화는 '소통의 대체'가 아니라 '관계의 지속'을 위한 도구며, 이를 체계화하면 계정은 더 안정적이고 신뢰감 있는 커뮤니티로 성장합니다.

👍 유형 ① 즉시 반응형

팔로워의 댓글이나 DM에 빠르게 반응해 참여도를 높이는 즉시 반응형 유형입니다. 간단한 감사 인사나 긍정적인 답변을 즉각 제공하면, 팔로워는 이 계정이 자신을 주목한다고 느낍니다. 이 유형은 이벤트 참여 독려나 게시물 반응 유지에 효과적입니다.

즉시 반응형 자동화 프롬프트 템플릿

> 이 댓글에 맞는 인스타그램 답변 문구를 작성해주세요.
> 상황: 팔로워가 [댓글 내용]이라고 남김.
> 게시물 주제: [게시물 주제/내용]
> 톤: [친근함/전문적/유머러스]
> 조건: [문장 수, 이모지 포함 여부 등]

프롬프트 템플릿을 활용하면 다음과 같이 즉시 반응이 필요한 유형의 댓글이나 DM에 대한 답변을 빠르게 생성할 수 있습니다.

즉시 반응형 프롬프트 예시 ①

> 이 댓글에 맞는 인스타그램 답변 문구를 작성해주세요
> 상황: 팔로워가 "세미나 사진 너무 멋져요!"라고 댓글을 남김
> 톤: 친근하고 짧게, 감사의 표현 포함
> 게시물 주제: "AI 글쓰기 세미나 현장 스냅샷"
> 조건: 1문장, 이모지 포함

"와주셔서 감사해요! 현장 분위기 정말 즐거웠죠 😊"
"좋게 봐주셔서 감사해요 🙏 다음 세미나도 기대해주세요!"
"응원 덕분에 현장이 더 빛났습니다, 고마워요 ✨"
"사진만으로도 현장 열기가 전해졌다면 성공이죠 😊 감사합니다!"
"응원 댓글 감사합니다! 다음에도 좋은 순간 담아 올게요 📷"

즉시 반응형 프롬프트 예시 ②

이 댓글에 맞는 인스타그램 답변 문구를 작성해주세요.

상황: 팔로워가 "다음 세미나도 꼭 참여하고 싶어요!"라고 댓글을 남김
톤: 따뜻하고 격려하는 톤
게시물 주제: "AI 글쓰기 세미나 현장 후기"
조건: 1문장, 감사 표현과 함께 다음 참여를 자연스럽게 유도, 이모지 포함

"함께해주셔서 감사합니다 🙏 다음 세미나에서도 꼭 뵐 수 있길 기대해요 ✨"
"응원 덕분에 힘이 납니다 💪 다음에도 좋은 자리 준비할게요!"
"참여 의지에 감사드려요 🌱 다음 세미나에서 더 유익한 시간으로 찾아뵐게요 😊"
"고맙습니다! 다음 세미나에서는 더 풍성한 내용으로 기다릴게요 📅✨"
"응원해주셔서 감사합니다 🙌 다음 세미나 자리도 꼭 함께해요!"

👍 유형 ② 맞춤형 응답

팔로워의 질문이나 요청에 정보 중심 답변을 제공하는 맞춤형 응답 유형입니다. 댓글이나 DM의 의도를 분석하고, 필요한 경우 링크나 추가 정보를 함께 제공하면 문의 처리 속도와 만족도가 올라갑니다.

맞춤형 응답 프롬프트 템플릿

> 이 DM에 맞는 답변 문구를 작성해주세요.
> 상황: 팔로워가 [DM 내용]이라고 보냄.
> 관련 게시물: [연결된 게시물/안내]
> 톤: [친근함/전문적/유머러스]
> 조건: [링크 안내 포함 여부, 문장 수 제한 등]

프롬프트 템플릿을 활용하면 다음과 같이 팔로워 맞춤형 응답을 빠르게 생성할 수 있습니다.

맞춤형 응답 프롬프트 예시 ①

> 이 DM에 맞는 답변 문구를 작성해주세요.
> 상황: 팔로워가 "세미나 다시보기 영상 어디서 볼 수 있나요?"라고 문의함
> 톤: 전문적이고 간결하게
> 관련 게시물: 영상은 'Liveklass 녹화본 링크'에서 제공됨
> 조건: 답변에 링크 안내 포함

문의 감사합니다. 세미나 다시보기 영상은 아래 링크에서 확인하실 수 있습니다.
👉 Liveklass 녹화본: [링크]

세미나 다시보기 영상은 Liveklass에서 제공됩니다. 아래 링크로 접속해주세요.
👉 [링크]

안녕하세요. 요청 주신 세미나 영상은 Liveklass 녹화본을 통해 확인 가능합니다.
👉 [링크]

맞춤형 응답 프롬프트 예시 ②

 이 DM에 맞는 답변 문구를 작성해주세요.
상황: 팔로워가 "다음 세미나는 언제 열리나요?"라고 DM으로 문의함.
톤: 전문적이고 친절하게
관련 게시물: "세미나 일정 안내 게시물" 링크 포함
조건: 간결한 2문장, 일정 안내와 링크 안내 모두 포함

 문의 주셔서 감사합니다 🙏 다음 세미나는 11월 10일에 열립니다. 자세한 일정은 아래 게시물에서 확인해주세요 👉 [링크]

안녕하세요, 다음 세미나는 11월 10일 예정입니다. 상세 일정은 안내 게시물에서 보실 수 있습니다 👉 [링크]

관심 가져 주셔서 감사합니다! 다음 세미나는 11월 10일에 진행되며, 자세한 내용은 아래 링크에서 확인 가능합니다 👉 [링크]

👍 유형 ③ 브랜드 일관성

자동으로 생성된 답변을 브랜드 고유 톤과 메시지에 맞게 다듬는 방식입니다. 표현을 짧게 줄이거나 계정 특유의 문체를 더하면, 단순 응답을 넘어 팔로워가 브랜드의 개성과 친밀감을 느낄 수 있습니다.

브랜드 일관성 프롬프트 템플릿

> 이 댓글에 답변 문구를 작성해주세요.
> 상황: 팔로워가 [이모지/짧은 댓글]을 남김.
> 게시물 주제: [게시물 주제/내용]
> 톤: [친근함/전문적/유머러스]
> 조건: [브랜드 표현 포함, 짧게 작성 등]

프롬프트 템플릿을 활용하면 다음과 같이 브랜드 일관성을 위한 응답을 빠르게 생성할 수 있습니다.

브랜드 일관성 프롬프트 예시 ①

이 댓글에 답변 문구를 작성해주세요.

상황: 팔로워가 "포스팅 보니까 글쓰기가 쉬워질 것 같아요!"라고 댓글을 남김
게시물 주제: "AI 글쓰기 팁 모음"
톤: 따뜻하고 격려하는 브랜드 톤 유지
조건: 짧은 한 문장으로, 유머와 친근감을 살려 표현

"이제 펜보다 키보드가 더 든든한 동료가 되겠네요 ✨"
"글쓰기가 운동이라면, 오늘은 가볍게 몸풀기 성공이에요 💪😊"
"한 문장씩 쌓다 보면 금방 작가 감성이 차오를 거예요 📖✍️"
"쉽게 느껴지셨다면 벌써 반은 성공입니다 🙌"
"오늘부터 글쓰기, 맛보기 대신 풀코스로 즐겨보세요 🍽️😊"

브랜드 일관성 프롬프트 예시 ②

이 댓글에 답변 문구를 작성해주세요.

상황: 팔로워가 "🔥🔥🔥"라는 이모지 댓글을 남김
게시물 주제: "블로그 글쓰기 루틴 공유"
톤: 유머러스
조건: 브랜드 특유의 표현을 넣고, 1문장으로 짧게 작성

친근 톤: "오늘 루틴도 불태웠습니다 🔥 함께 달려요!"
전문 톤: "응원 감사합니다. 꾸준한 루틴이 글쓰기의 힘을 만듭니다."
유머 톤: "불꽃 반응 덕분에 오늘도 키보드에 불이 붙겠네요 😆🔥"

인터뷰 네이버 여행 인플루언서의 챗GPT 사용법

이름(활동명): 임수정(임꿀)

활동 채널

- **블로그:** in.naver.com/honeylim
- **네이버 클립:** clip.naver.com/@honxylim

Q. 간략한 자기소개 부탁해요.

A. 안녕하세요. 저는 네이버 여행 인플루언서로 활동 중인 3년 차 블로거이자 여행하는 디자이너 임꿀입니다. 국내부터 해외까지 다양한 곳을 여행하면서 주로 맛집, SNS 핫플을 위주로 리뷰합니다.

여행하는 디자이너 임꿀의 블로그

Q. 활동 채널에 AI를 어떻게 활용하는지 소개해주세요.

A. 저는 여행, 맛집을 주로 리뷰하다 보니 리뷰하는 장소나 음식 사진, 매장 정보, 편의 시설 등이 주요 콘텐츠입니다. 특히 사진에 힘을 많이 주는 편이라 사진을 편집하고 작성 완료한 글을 다듬는 데 AI를 활용합니다. 제가 사용하는 AI는 챗GPT 하나입니다.

이미지 색감을 보정하거나 텍스트를 얹어 간단한 썸네일을 제작하는 일은 주로 직접하지만, 간단한 캐릭터나 인포그래픽이 필요한 경우에는 챗GPT를 이용하기도 합니다.

본래 하던 일이 디자인과 관련된 일이어서 포토샵 같은 사진 편집 도구는 능숙하게 사용하는 편이라 챗GPT를 가장 많이 사용하는 부분은 단연 글을 다듬는 영역입니다. 특히 네이버 블로그는 본문에 포함된 키워드, 키워드의 빈도수, 적절한 제목, 실제 경험을 바탕으로 한 사실적인 문장들이 검색 상위 노출의 핵심 요소입니다. 즉, 무분별한 AI 사용으로 퀄리티가 낮은 게시글은 그만큼 노출 확률이 떨어집니다. 따라서 챗GPT를 적절히 활용하되 나만의 포스팅 스타일을 유지하는 것이 관건입니다.

1차로 챗GPT에 러프하게 작성한 포스팅 내용과 꼭 들어가야 할 정보를 전달합니다. 그런 다음 네이버의 블로그 로직에 알맞은 제목을 요청해서 가장 적절한 제목으로 선택해 조금 더 다듬는 과정을 거칩니다. 2차는 저만의 글 스타일을 챗GPT에 학습시키는 것입니다. 챗GPT의 메모리 기능을 활용해 제가 자주 사용하는 포스팅 구조, 톤, 용어 등을 저장해 두고, 러프하게 작성한 포스팅을 제 스타일대로 살을 붙입니다. 마지막으로 맞춤법 틀린 부분이나 비문은 없는지, 포스팅에 포함된 키워드 개수는 어느 정도인지 등 마무리 작업까지 챗GPT와 함께합니다.

이렇게 완성한 블로그 글을 기반으로 네이버 클립, 인스타 릴스에 작성할 피드용 본문과 해시태그 작성에도 챗GPT의 도움을 받고 있습니다. 즉, 블로그라는 주요 콘텐츠를 함께 완성하고, 완성한 콘텐츠를 확장 채널에 배포하는 과정까지 챗GPT를 적극 활용하는 편입니다. 이때 포인트는 채널마다 주요 콘텐츠도, 노출을 위한 포인트도 다르다는 것입니다. 챗GPT에 단순히 블로그 포스팅용, SNS 게시용으로 콘텐츠를 나누는 것보다 어떤 채널에 무엇을 목표로 업로드하는지 꼼꼼히 알려 주면 좀 더 채널 최적화된 결과물을 받을 수 있습니다.

Q. AI를 활용하는 과정에서 겪은 시행착오 또는 나만의 팁이 있다면?

A. 챗GPT뿐만 아니라 어떤 생성 AI든 가지고 있는 문제로, 할루시네이션이 있습니다. 즉, 거짓 정보를 섞어서 글을 작성하는 것입니다. 따라서 챗GPT로 블로그 게시글 작성을 요청할 때 반드시 포함해야 할 사실 정보는 사전에 챗GPT에 숙지를 요청하고, 최종 포스팅은 직접 교차 확인하는 과정이 필요합니다.

또 한 가지 중요한 요소는 '나만의 톤'입니다. 이 톤을 사전에 학습시키지 않으면 완전히 다른 사람이 쓴 것처럼 엉뚱한 톤의 글이 완성되기 때문에 이전에 작성해 둔 글을 학습시켜 평소 자주 사용하는 말투나 문장을 이어서 쓸 수 있도록 해두면 편리합니다.

이외에 늘 쓰던 포스팅 구성이어도 갑자기 무슨 말부터 시작해야 할지 막막해지는 순간이 올 때, 같은 리뷰를 해도 무엇에 초점을 맞추고 써야 주목도가 높을지 막연할 때 큰 도움을 받고 있습니다.

Q. 이렇게 만든 콘텐츠로 나온 조회수, 수익 자랑해주세요.

A. 블로그를 처음 시작했을 때는 모든 것을 일일이 고민하고 작성하고 준비하느라 꽤 많은 시간이 걸렸습니다. 어떤 주제로 무엇을 써야 할지 막막해질 때는 꾸준히 해야겠다는 결심은 온데간데 사라지고 몇날 며칠 손을 놓고 있을 때도 있었습니다. 하지만 챗GPT를 활용하고부터 불필요한 고민을 하는 데 드는 시간을 많이 줄일 수 있었고, 무엇보다 든든한 파트너와 함께 일하는 기분이 들어 꾸준한 포스팅이 가능해졌습니다. 덕분에 3년이라는 꽤 긴 시간 동안 꾸준히 여행하고 리뷰하면서 해외 여행 초청을 받기도 하고, 다양한 지역의 맛집과 멋진 숙소들을 마음껏 경험할 수 있는 흔치 않은 기회를 얻게 되었습니다.

AI를 단순히 '원고를 대신 써 주는 도구'라고 생각하면 기대에 미치지 못할 수 있습니다. 하지만 막연할 때 새로운 시야를 열어 주고, 불필요한 반복 작업을 도와주는 도구로 여긴다면 무척 든든한 파트너가 될 것입니다.

6부

지속 가능한 나만의 채널 만들기

25장

꾸준함을 만드는 자동 글쓰기 시스템 만들기

꾸준함은 재능이 아니라 구조의 문제입니다. 대부분의 사람은 의지로 시작하지만, 구조가 없다면 금세 멈추고 맙니다. 처음에는 하루 한 편의 글을 올리며 의욕을 보이지만, 시간이 지나면 일정 관리와 아이디어 고갈이 발목을 잡습니다. 이 장은 꾸준함을 의지가 아닌 시스템으로 전환하는 방법을 제시합니다. 주제를 자동으로 불러오고, 글이 패턴으로 쌓이며, 반응이 다음 콘텐츠로 이어지는 순환 구조를 만드는 것이 핵심입니다.

AI는 이 루틴을 현실로 만들어 주는 도구입니다. 주제 발굴부터 게시, 피드백 분석까지 한 번의 흐름으로 연결하면, 글쓰기는 더 이상 즉흥적 활동이 아니라 자동화된 프로세스가 됩니다. 이 장에서는 루틴을 3가지 단계로 나눕니다. 첫째, 자동 생성되는 글쓰기 시스템 설계. 둘째, 작은 목표로 꾸준함을 강화하는 실행 시스템. 셋째, 반응을 기록해 성장을 유도하는 개선 루프 구축입니다. 이 과정을 완성하면, 창작은 더 이상 '오늘 쓸 수 있을까'의 문제가 아니라 '오늘도 구조가 작동하고 있는가'의 문제로 바뀝니다.

👍 1단계. 글이 자동으로 이어지는 시스템 만들기

블로그와 SNS 운영 과정에서 가장 많은 사람이 겪는 어려움은 꾸준함을 유지하는 일입니다. 처음에는 열정으로 시작하지만, 일정이 밀리고 아이디어가 고갈되면 결국 멈추게 됩니다. 많은 사람이 '시간이 부족해서'가 아니라, 반복 가능한 구조가 없어서 중단합니다. 꾸준함은 의지가 아니라 리듬이며, 이 리듬을 시스템으로 만든 사람만이 끝까지 갑니다. 즉, 꾸준히 채널을 운영하는 사람은 단순히 '매일 글을 쓰는 사람'이 아니라 '매일 글이 만들어지는 시스템을 가진 사람'입니다.

가장 간단하면서도 효과적인 방법은 **요일별 콘텐츠 루틴**을 고정하는 것입니다. 예를 들어 월요일은 '트렌드', 수요일은 '실용 팁', 금요일은 '칼럼'처럼 요일별 콘텐츠를 정해 두면 주제 고민이 줄고 글이 패턴처럼 이어집니다.

다음 단계는 **주제 뱅크**Topic bank를 구축하는 것입니다. 이는 일종의 '아이디어 저장소'로, 매번 새롭게 주제를 떠올리는 대신 미리 쌓아 둔 아이디어를 불러와 활용하는 방식입니다. 주제를 최소 10개 이상 정리하고, 챗GPT나 키워드 도구를 통해 확장해 두면 훨씬 안정적인 글감 공급 구조가 생깁니다. 예를 들어 #AI 글쓰기, #콘텐츠 루틴, #블로그 성장처럼 태그별로 정리해 두면 특정 요일에 맞춰 쉽게 활용할 수 있습니다.

전문가의 루틴은 매일이 아니라 주간 단위로 돌아갑니다. 글 하나가 완성되기까지의 과정이 일정한 패턴을 따라 반복됩니다.

주간 단위 글 완성 패턴 예시

- **월요일**: 아이디어 리서치(챗GPT, 키워드 탐색 도구 활용)
- **화요일**: 초안 작성
- **수요일**: 문장 수정 및 보강
- **목요일**: 이미지 제작(AI 이미지 생성 도구 활용)
- **금요일**: 게시 및 SNS 공유

이 루틴의 핵심은 글쓰기 시간을 확보하는 것이 아니라 '글이 쌓이는 구조를 만드는 것'입니다. 하루를 놓쳐도 시스템이 이어지고, 한 주의 흐름이 유지된다면, 꾸준함은 자연스럽게 지속됩니다.

실패 원인과 대안

- 실패: 즉흥적으로 주제를 정하다 아이디어 고갈
- 대안: 주제 뱅크 10개 이상 확보, 예외 주간을 위한 '백업 슬롯' 운영

실습 방법

- 요일별 콘텐츠 루틴 고정
- 주제 뱅크를 태그별로 정리(#AI글쓰기, #콘텐츠루틴 등)
- '초안 → 점검 → 개선 → 발행' 체크리스트로 루틴화

주제 뱅크와 요일별 루틴을 활용하면 다음처럼 간단한 프롬프트로 루틴을 이어나갈 수 있습니다.

요일별 콘텐츠 루틴 & 주제 뱅크 활용 프롬프트

오늘은 수요일입니다.
[주제 뱅크]에서 [AI 글쓰기, 블로그 루틴] 키워드를 불러와 '실용 팁' 카테고리에 맞는 블로그 글 초안을 작성해주세요.
구조는 서론 – 본론 – 적용 – 결론으로 구성하고, 문장은 25~30단어로 써 주세요.

제목: AI 글쓰기로 만드는 나만의 블로그 루틴

서론
블로그를 꾸준히 운영하기 어렵다고 느끼는 이유는 대부분 '무엇을 쓸지' 정하지 못하기 때문입니다. 하지만 AI를 활용하면 주제 선정부터 글 완성까지의 부담을 줄일 수 있습니다.

본론
AI 글쓰기는 글의 방향을 잡아 주는 루틴 도구로 활용할 수 있습니다. 예를 들어 챗GPT에 오늘의 키워드나 카테고리를 지정하면, 구조화된 초안을 즉시 생성해줍니다. 이 과정이 반복되면 '글쓰기를 시작하는 시간'이 짧아지고, 콘텐츠 생산이 자연스러운 일상이 됩니다.

적용
매주 수요일을 '실용 팁' 데이로 정하고, 주제 뱅크에서 키워드를 선택해 챗GPT에 입력해보세요. AI가 만든 초안을 기반으로 자신의 경험과 사례를 덧붙이면 효율성과 개성이 모두 살아납니다.

결론
꾸준함은 의지가 아니라 시스템입니다. 주제 뱅크와 AI 루틴을 결합하면, 매주 새로운 글이 쌓이고 블로그는 자동으로 성장합니다. AI가 만들어 주는 구조 속에서 꾸준함은 더 이상 어렵지 않습니다.

어느 정도 루틴이 만들어지면 글쓰기는 더 이상 불규칙한 결심이 아니라 간단한 몇 문장만으로 가볍게 시작하고 자연스럽게 이어지는 시스템이 됩니다. 따라서 이 구조를 먼저 만드는 것이 무엇보다 중요합니다.

👍 2단계. 작은 목표로 루틴을 강화하는 실행 시스템

구조가 있어도 목표가 없으면 방향이 흐려지고, 루틴은 금세 무너집니다. 반대로 작은 목표라도 명확하게 설정하면 성취감이 생기고 그 성취감이 루틴을 강화합니다. 목표는 단순히 '해야 할 일'이 아니라, 꾸준함을 유지하게 만드는 리듬의 기준선입니다.

전문가들은 처음부터 큰 목표를 세우지 않습니다. '매일 글쓰기'보다는 '주 3회 발행'처럼 **지속 가능한 수준의 목표**를 세웁니다. 이렇게 현실적인 기준을 설정하면 실패보다 성공의 경험이 쌓이고, 그 경험이 다시 루틴을 견고하게 만듭니다. 시작은 주 1회 발행으로 목표를 세우고, 익숙해지면 주 3회로 확장하는 방식이 효과적입니다. 달성한 주간은 스스로에게 보상을 주고, 실패한 주간은 '복구 주간'으로 설정해 부족한 부분을 메우면 루틴이 흔들리지 않습니다.

또 하나 중요한 요소는 **시간 고정의 힘**입니다. 전문가들은 시간을 확보하려는 사람이 아니라 '시간을 예약해 둔 사람'입니다. 매일 같은 시간대에 글쓰기 알람을 설정하고, 환경까지 고정하면 뇌가 자동으로 '이 시간 = 글쓰기 시간'으로 반응합니다. 여기에 일정 관리 도구(구글 캘린더, 챗GPT 리마인더 등)를 연결하면 글쓰기 알림, 주제 추천, 체크리스트가 자동으로 제공되어 루틴이 자연스럽게 이어집니다.

실패 원인과 대안

- **실패**: 과도한 목표 설정으로 피로 누적 및 중단
- **대안**: 초보 – 중급 – 고급 단계별 목표 설정, 실패 시 '복구 주간' 운영

실습 방법

- **기준선 확인**: 최근 2주 평균 작성 횟수와 분량 기록
- **주간 목표 세우기**: 주 3회 발행, 1000자 이상, 60분 이내 작성
- **월간 마일스톤 설정**: '4주 연속 달성', '저장 수 20 이상 글 2편' 등
- **보상 규칙 만들기**: 주말 카페 방문, 영화 관람 등 현실적인 보상 지정

작은 목표는 단순히 '글을 쓰는 목적'이 아니라 '꾸준함을 증명하는 도구'입니다. 오늘의 루틴이 지켜질 때, 내일의 콘텐츠는 이미 준비된 셈입니다.

지속 가능한 수준의 목표 & 시간 고정 예시

이번 주 목표는 '3회 발행, 평균 1000자, 작업 시간 60분 이내'입니다.
이 목표에 맞춰 루틴 체크리스트를 작성해주세요.
체크리스트는 단계별로 간단하고 실행 가능하게 구성해주세요.

이번 주 블로그 발행 루틴 체크리스트
목표: 주 3회 발행
분량: 평균 1000자
작업 시간: 60분 이내

1단계. 준비 루틴(월요일 오전)
이번 주 발행 주제 3개 선택(주제 뱅크 또는 챗GPT 추천 활용)
각 주제별 핵심 키워드 1~2개 정리
작성 일정 캘린더 등록(월·수·금 오전 9시)

2단계. 작성 루틴(작성일 기준)
작성 전 5분: 전 주 피드백 확인(저장 수, 댓글 등)
초안 작성(25~30분, AI 초안 생성 후 직접 보완)
문장 다듬기 및 문체 점검(10분)
대표 이미지 제작(10분, AI 이미지 생성 도구 활용)
업로드 및 태그 등록(5분)

> 3단계. 검토 루틴(발행 후 24시간 내)
> 게시물 점검: 맞춤법·링크 오류 확인
> SNS 공유 및 링크 발송
> 댓글 및 반응 기록(저장·좋아요·공유 수 기록)
>
> 4단계. 리뷰 루틴(일요일 저녁)
> 이번 주 3회 발행 완료 여부 확인
> 평균 글자 수와 작성 시간 점검
> 다음 주 주제 후보 3개 미리 메모
> 스스로 보상하기 🎯(좋아하는 커피 한 잔, 휴식 등)

AI는 꾸준함을 기억에 의존하지 않게 만드는 장치입니다. 루틴을 시스템에 맡기면 결심 대신 지속의 흐름 속에서 창작을 이어가게 됩니다.

👍 3단계. 반응을 기록해 성장하는 개선 루프 구축하기

꾸준함의 마지막 단계는 기록하고 더 나은 재시작을 하는 사이클을 구축하는 일입니다. 단순히 글을 발행하는 것만으로는 성장하지 않습니다. 진짜 꾸준한 운영자는 '양'이 아니라 데이터 기반의 개선력으로 차별화됩니다. 블로그나 SNS의 반응 지표를 체계적으로 관리하면, 글이 단순히 쌓이는 것을 넘어 전략적으로 진화합니다.

측정 가능한 독자 반응 기록하기

먼저 독자 반응을 측정 가능한 형태로 기록해야 합니다. 좋아요, 댓글, 저장, 공유 같은 참여형 지표는 독자의 관심과 신뢰를 나타내는 리딩Leading 지표며, 도달률, 조회 수, 클릭 수는 콘텐츠의 확산 정도를 보여 주는 래깅Lagging 지표입니다. 이 2가지를 구분해 추적하면 콘텐츠의 효과를 입체적으로 분석할 수 있습니다. 발행 직후, 48시간 후, 7일 후로 시점을 구분해 데이터를 기록하면, 단기 반응과 장기 반응의 차이를 파악할 수 있습니다.

A/B 테스트를 활용한 개선 루프

다음은 A/B 테스트를 통한 개선 루프입니다. 같은 주제라도 제목, 이미지, 해시태그 조합에 따라 반응이 달라집니다. 예를 들어 "AI 글쓰기 루틴 만드는 법"이라는 제목보다 "매일 자동으로 블로그 글 쓰는 법"이라는 제목의 클릭률이 높을 수 있습니다. 이런 차이를 데이터를 통해 실험함으로써 가장 효과적인 조합을 찾아 콘텐츠 가이드라인으로 고정하면, 이후 글들은 더 높은 성과를 안정적으로 반복하게 됩니다.

전문가들은 이 과정을 완전히 루틴화된 피드백 시스템으로 운영합니다. 챗GPT에 게시물 데이터를 입력하면, 어떤 요소가 반응을 이끌었는지 자동 분석할 수 있습니다. 좋아요 대비 저장 비율이 높았던 이유나 댓글이 적은 원인을 주간 단위로 피드백받으면, 매주 개선 방향이 명확해집니다. 이는 단순히 감으로 운영하는 블로깅이 아닌, 데이터 기반 성장 루틴으로 전환하는 과정입니다.

실패 원인과 대안

- **실패**: 반응을 기록하지 않고 같은 방식을 반복 → 개선 불가
- **대안**: 시점별 데이터 기록 + 리딩/래깅 지표 구분 + A/B 테스트 도입

실습 방법

- **지표 정의**: 좋아요, 댓글, 저장 수, 도달률, 클릭 수
- **시점별 기록**: 발행 직후, 48시간 후, 7일 후
- **메타데이터 관리**: 제목, 이미지, 해시태그, 발행 시간
- **AI 분석**: 성과가 좋았던 요소와 부족한 점을 챗GPT로 피드백
- **A/B 테스트**: 제목 톤, 이미지, 해시태그 조합을 실험 후 고정

측정 가능한 독자 데이터 분석 프롬프트

다음 게시물 데이터를 분석해주세요.
목표: 저장 수와 댓글 수를 높이는 요인을 파악하고 싶음
출력: ① 반응이 좋았던 요소 ② 개선이 필요한 점 ③ 다음 주 실험 아이디어 3가지
데이터: [게시물 제목, 좋아요 145, 댓글 12, 저장 25, 게시 요일 금요일, 대표 이미지: 인포그래픽]

> **게시물 데이터 분석 리포트**
> 목표: 저장 수와 댓글 수를 높이는 요인 분석
>
> ① 반응이 좋았던 요소
> **시각적 구성 우수**: 인포그래픽 형식의 대표 이미지가 높은 주목도를 유도했습니다.
> **게시 요일 적절**: 금요일 게시로 주말 전 여유 시간대의 참여율이 높았습니다.
> **콘텐츠 구조 명확**: 핵심 문장과 불릿 포인트 중심의 구성으로 읽기 편리했습니다.
>
> ② 개선이 필요한 점
> **댓글 유도 부족**: 마지막 문단에 독자 참여형 문장이 부족해 대화형 반응이 적었습니다.
> **저장 유인 요소 미비**: 실질적인 '활용 팁'이나 '정리용 자료' 형태가 부족했습니다.
> **CTA 부재**: "이 글을 저장해 두세요." "당신의 의견은?" 같은 문장이 추가되면 좋습니다.
>
> ③ 다음 주 실험 아이디어 3가지
> **참여 유도 문장 삽입**: 글의 말미에 질문형 문구 추가("여러분은 어떻게 생각하시나요?")
> **시각 요소 다양화**: 인포그래픽 외에 짧은 카드형 이미지(3컷 구성) 테스트
> **저장형 콘텐츠 강화**: 핵심 내용을 요약한 미니 체크리스트 또는 한눈에 보는 정리 이미지 첨부

꾸준함은 단순히 계속 쓰는 것이 아니라 '계속 나아지는 구조를 설계하는 것'입니다. 기록은 개선의 출발점이고, 개선 루프는 성장을 자동화합니다. 데이터를 읽는 블로거가 결국 꾸준함을 넘어, 지속 가능한 성과를 만들어가는 창작자가 됩니다.

 루틴은 완벽할 필요가 없으며, 지속 가능해야 의미가 있습니다. 매일 다 쓰지 못하더라도 '오늘 루틴을 실행했다'는 감각이 남는다면 그것으로 충분합니다. 꾸준한 사람은 매번 새로 시작하지 않습니다. 한 번 만든 패턴을 반복하고, 그 패턴을 AI가 대신 실행하도록 복제합니다.

결국 블로그의 지속력은 열정이 아니라 패턴 관리 능력에서 비롯됩니다. AI는 작가의 기억을 대신해 리듬을 기록하고, 손보다 먼저 루틴을 실행하며, 꾸준함을 유지하는 가장 현실적인 파트너가 됩니다.

Q&A 매일 꾸준히 글쓰는 방법이 궁금해요!

매일 꾸준히 글을 쓰는 힘은 감정이나 의지가 아니라 구조에서 나옵니다. 꾸준함은 결심의 문제가 아니라 시스템 설계의 결과입니다. 글쓰기를 감정적 동기부여의 영역으로 보기보다, 일상 속 루틴으로 고정하는 태도가 중요합니다. 이를 위해서는 3가지 루틴을 중심으로 글쓰기 시스템을 설계하는 것이 가장 효과적입니다.

첫째, 시간을 루틴화해야 합니다. 매일 같은 시간에 글을 쓰는 '고정된 글쓰기 세션'을 만드는 것이 핵심입니다. 시간을 정해 두면 '언제 쓸까'를 고민할 필요가 없어지고, 글쓰기가 생활의 일부로 자연스럽게 녹아듭니다. 예를 들어 출근 전 30분, 점심 후 20분, 잠들기 전 15분처럼 시간을 정해 두면 뇌가 그 시간을 자동으로 '집중 모드'로 인식합니다. 결국 글쓰기가 '해야 할 일'이 아니라 '당연한 일상'으로 전환됩니다.

둘째, 주제를 글로 발전시키는 과정을 시스템화해야 합니다. AI에 주제를 던지고 글을 써달라고 단순히 요청하기보다 스스로 생각한 문장과 아이디어를 정리하는 방식이 효과적입니다. 예를 들어 "오늘 느낀 점을 정리했어요. 이 내용을 중심으로 블로그 글로 완성해주세요."처럼 구체적인 맥락을 전달하면, AI는 초안을 완성하고 글을 빠르게 결과로 전환합니다. 이 방식은 작성 시간을 단축하면서도 생각의 일관성을 유지하게 돕습니다. 즉, '글감 수집 → 핵심 문장 기록 → AI 완성'의 흐름을 자동화하는 것이 꾸준한 글쓰기를 위한 시스템이 됩니다.

셋째, 피드백 루프를 구축해야 합니다. 글을 쓰는 목적은 결국 독자와의 소통에 있습니다. 일주일에 한 번씩 댓글, 조회수, 저장 수 등을 점검해 반응이 좋았던 글의 패턴을 파악하면, 다음 글의 주제와 방향을 명확히 잡을 수 있습니다. 이렇게 되면 '그냥 쓰는 글쓰기'가 아니라 '성장하는 글쓰기'로 전환됩니다. 꾸준함의 핵심은 반복이 아니라 학습이며, 피드백은 이를 가능하게 하는 장치입니다.

글쓰기를 매일 이어가는 사람은 결심이 강한 사람이 아니라, 구조를 현명하게 설계한 사람입니다. 하루 10분이라도 루틴이 유지되는 구조를 만든다면, 그 글쓰기는 멈추지 않습니다.

26장

데이터를 활용한 독자 반응 분석·예측하기

채널의 성장은 콘텐츠의 양이 아니라 반응의 질에서 시작합니다. 글을 꾸준히 올려도 반응이 오지 않는 이유는 감각 중심의 운영에 머물러 있기 때문입니다. 반응이 지속되지 않으면 채널은 곧 정체되고, 성장의 흐름이 끊어집니다. 이 장은 '감으로 운영하는 방식'을 넘어, 데이터를 통해 반응의 원리를 구조화하는 방법을 다룹니다. 감정적 판단이 아닌 수치 기반 분석으로, 어떤 콘텐츠가 반응을 이끌고, 어떤 요인이 주목을 끄는지를 체계적으로 파악합니다.

데이터에서 드러난 공통된 구조와 톤, 이미지 배치, 발행 리듬을 반복하면, 반응은 예측 가능한 형태로 쌓입니다. 이 장에서는 그 과정을 3단계로 정리합니다. 첫째, 과거 콘텐츠의 데이터를 분석해 반응의 요인을 추출합니다. 둘째, 공통된 성공 패턴을 정의해 템플릿으로 전환합니다. 셋째, 이를 변형하고 확장해 지속 가능한 콘텐츠 루틴을 구축합니다. 이렇게 설계된 구조는 창작을 감정이 아닌 시스템으로 옮겨 주며, 채널의 반응을 안정적인 성장 궤도로 이끕니다. 콘텐츠는 더 이상 '운이 좋은 게시물'이 아니라 '예측 가능한 성과'로 진화합니다.

👍 1단계. 데이터로 지난 반응 분석하기

채널의 성장은 감이 아니라 데이터로 판단해야 합니다. 좋아요, 댓글, 저장 수뿐 아니라 조회수, 체류 시간, 이탈률까지 함께 보면 어떤 글이 독자의 주목을 받았는지 명확히 파악할 수 있고 다음 콘텐츠가 성장합니다.

예를 들어, 다음은 최근 6개월간 블로그 게시물 조회수 분석을 요청한 프롬프트입니다. 단순히 수치를 나열하는 것이 아니라 제목, 구조, 문체, 키워드, 콘텐츠, 구성 등 다양한 요소를 함께 파악하는 과정입니다. 이렇게 도출된 결과를 바탕으로 상위 콘텐츠의 성공 요인을 정의하고, 다음 전략을 체계적으로 설계할 수 있습니다.

게시물 조회수 분석 요청

 첨부된 이미지는 최근 6개월간 블로그 게시물별 조회수 데이터입니다. 홈·아카이브 페이지를 제외하고, 각 게시물의 제목과 조회수를 기준으로 상위 5개 게시물을 분석해주세요.

① 상위 게시물의 공통 패턴을 요약해주세요.
분석 기준은 제목 구조, 키워드, 문체, 콘텐츠 구성(문제→방법→결과), 이미지나 시각 요소의 특징으로 설정해주세요.

② 상위 콘텐츠와 하위 콘텐츠의 차이점을 한 줄 요약 형태로 비교해주세요.
(예: "상위 콘텐츠는 구체적 실행형, 하위 콘텐츠는 개념 중심")

③ 분석 결과를 바탕으로 다음에 작성할 콘텐츠 주제 3개를 제안해주세요.
주제는 기존 구조(문제→방법→결과)를 유지하면서 AI 실전 활용·루틴 자동화·시각 콘텐츠 확장형으로 구성해주세요.

출력 형식은 다음과 같이 정리해주세요.
공통 패턴 요약(3~5줄)
상·하위 콘텐츠 비교(2줄 이내)
새로운 주제 제안 3가지(각각 핵심 구조 포함)

[첨부]

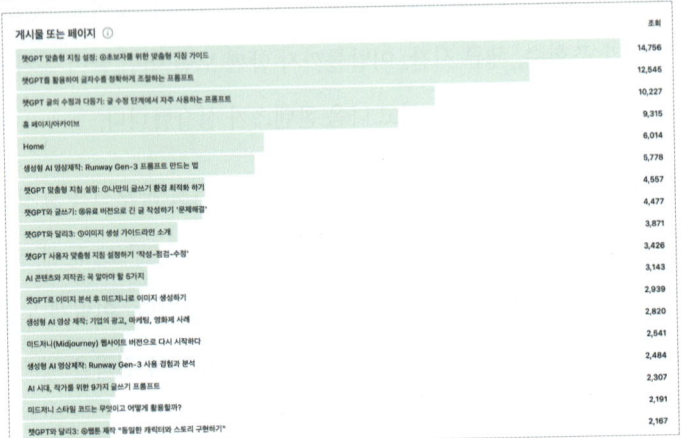

 데이터 분석 예시

1위: 「챗GPT 맞춤형 지침 설정: 초보자를 위한 맞춤형 지침 가이드」(14756회 조회)
2위: 「챗GPT를 활용해 글자수를 정확하게 조절하는 프롬프트」(12545회 조회)
3위: 「챗GPT 글의 수정과 다듬기: 글 수정 단계에서 자주 사용하는 프롬프트」(10227회 조회)
4위: 「생성형 AI 영상 제작: Runway Gen-3 프롬프트 만드는 법」(6014회 조회)
5위: 「챗GPT 맞춤형 지침 설정: 나만의 글쓰기 환경 최적화하기」(4557회 조회)

이 5개의 게시물은 모두 '실행 가능한 구체적 방법'을 다룬 튜토리얼형 콘텐츠였습니다. 또한 제목에 '챗GPT + 기능명(설정, 조절, 수정)'처럼 키워드가 명확히 포함되어 있어 검색 유입이 높았습니다. 반면 하위권 콘텐츠는 개념 중심이거나 주제가 광범위해 즉각적인 클릭을 유도하지 못한 경우가 많았습니다.

패턴 분석 결과
– 구체적 실천 가이드형 제목이 높은 클릭률을 유도했습니다.
(예: "설정 가이드" "프롬프트" "실전 활용법" 등 실행형 단어 포함)
– 행동 중심 콘텐츠 구조가 조회수를 높였습니다.
(예: "소개 – 설정 – 활용 – 결과"의 4단 구성 패턴이 반복적으로 높은 반응)
– 시각적 구분 요소가 체류 시간을 늘렸습니다.
(예: 코드 블록, 단계 구분, 강조 문장)

이 데이터에서 가장 주목할 점은 상위권 글 대부분이 "챗GPT 실전 활용 + 프롬프트 구체화"라는 키워드 중심으로 구성되어 있다는 점입니다. 즉, 독자들은 'AI 글쓰기의 개념'보다 '즉시 실행 가능한 실천 가이드'를 선호하고 있습니다.

또한 상위 게시물 제목에는 다음과 같은 공통 구조가 보입니다.
– 구체적 명사 사용: 지침 설정, 글자 수 조절, 글 수정 단계
– 실행 중심 문체: ~하는 법, ~가이드, ~활용법
– 키워드 중심 구조: 제목 첫머리에 "챗GPT" 또는 "AI" 배치
이 패턴은 단순한 제목 기법이 아니라 독자의 검색 의도(검색 → 실행 → 성과)를 충족시키는 구조입니다.

반응을 이끄는 콘텐츠 공식
데이터를 기반으로 상위 게시물의 공통점을 분석해보면 독자의 반응을 이끄는 핵심 요인은 4가지로 정리됩니다. 이 공식은 단순한 글쓰기 팁이 아니라 조회와 저장을 동시에 높이는 구조적 패턴입니다.
첫째, 구조는 '문제 → 방법 → 실행'의 흐름입니다. 독자들은 단순한 설명보다 '문제를 해결해주는 구조'에 더 오래 머뭅니다. 제목과 도입부에서 문제를 제시하고, 본문에서는 구체적인 해결 과정을 보여 주는 콘텐츠가 높은 체류 시간과 재방문율을 기록했습니다.
둘째, 문체는 '실용 중심 명령형'이 반응을 이끕니다. ~하는 법, ~가이드, ~설정하기 같은 제목은 즉시 실행 가능한 메시지를 전달하며, 검색률과 클릭률을 높였습니다. 특히 '챗GPT + 행동 동사' 조합은 강력한 키워드 시너지를 만들었습니다.
셋째, 시각 요소는 핵심 정보를 압축적으로 보여 줘야 합니다. 캡처 이미지, 코드 블록, 인포그래픽을 활용한 글은 이탈률이 낮고 체류 시간이 길었습니다. 텍스트보다 이미지를 통한 핵심 메시지의 반복 노출이 효과적이었습니다.

넷째, 주제는 'AI 실전 활용' 중심의 세분화가 성과를 만듭니다. 추상적인 AI 트렌드보다 챗GPT 설정, 프롬프트 작성, 자동화 루틴 등 구체적인 실천 주제가 조회수와 저장 수 모두에서 높은 성과를 보였습니다.

결국 반응이 높은 콘텐츠는 감각적인 문장보다 체계적 문제 해결 구조와 실용적 실행 메시지에서 탄생합니다. 독자들은 정보보다 즉시 적용할 수 있는 방법에 반응하며 이 공식이 다음 글을 기획할 때 가장 현실적인 기준이 됩니다.

다음 콘텐츠 기획 방향

이 데이터를 바탕으로, 다음 글은 '핵심 주제의 확장형 콘텐츠'로 설계하는 것이 효과적입니다. 즉, 기존 상위 글의 구조를 유지하되, 새로운 맥락으로 확장하는 전략입니다.

예시 기획안 1: 구조 확장형
– 기존 글: "챗GPT 글자 수 조절 프롬프트"
– 신규 글: "챗GPT 문단 길이와 톤을 자동 조절하는 실전 프롬프트"

예시 기획안 2: 주제 세분화형
– 기존 글: "챗GPT 맞춤형 지침 설정"
– 신규 글: "GPT로 나만의 글쓰기 톤 가이드 만들기"

예시 기획안 3: 응용·비교형
– 기존 글: "글 수정 단계 프롬프트"
– 신규 글: "AI 글 수정 루틴 자동화: 챗GPT vs 클로드 비교 가이드"

이처럼 기존에 반응이 높았던 형식은 유지하되, 주제의 깊이만 확장하면 새로운 글이 자연스럽게 상위 노출과 안정적인 조회를 확보할 수 있습니다.

2단계. 공통된 성공 패턴 도출하기

기존 반응 데이터를 분석했다면 이제 반응이 높았던 콘텐츠의 구조를 찾아야 합니다. 좋은 글을 감각적으로 판단하는 대신, 어떤 형식·문체·이미지 조합이 반응을 이끌었는지 구체적으로 정의하는 과정이 필요합니다. 감각은 일시적이지만, 패턴은 재현할 수 있습니다. 즉, 이번 단계의 목적은 성과를 낸 콘텐츠를 반복 가능한 구조로 전환하는 것입니다.

이 단계에서는 단순히 데이터를 해석하는 수준을 넘어 '무엇이 성공 요인이었는가'를 구조적으로 정의합니다. 문체와 이미지 스타일, 게시 시간, 해시태그 패턴, 주제 구성이 어떤 조합을 이뤘는지를 세밀하게 분석해야 합니다. 이 과정을 통해 감각적인 판단이 아닌 재현 가능한 패턴 기반의 콘텐츠 전략을 수립할 수 있습니다.

다음 프롬프트는 AI에 데이터 분석을 결합해 다음 기획에 바로 활용할 수 있도록 설계된 예시입니다.

데이터를 통한 성공 패턴 도출 요청

첨부된 3개의 이미지는 최근 3개월간의 페이스북 프로페셔널 모드 분석 자료입니다. ① 조회 분석 데이터 ② 콘텐츠 유형별 조회 비율 ③ 콘텐츠 라이브러리 성과 지표를 포함합니다.
이 데이터를 기반으로 상위 게시물 5개의 공통 패턴을 정리해주세요.
문체, 이미지 스타일, 게시 시간, 해시태그 패턴, 주제 구성 방식을 기준으로 분석하고 반응이 낮은 게시물과의 차이점도 간략히 비교해주세요.
마지막으로, 분석된 패턴을 바탕으로 다음에 작성할 콘텐츠 주제 3개를 제안해주세요. 단, 새로운 주제는 기존 인기 글의 구조(문제 → 방법 → 결과)를 유지하면서 시각 요약형·실전형·AI 실험형 콘텐츠 중심으로 구성해주세요.

출력 형식은 다음처럼 정리해주세요.
① 공통 패턴 요약(문체·이미지·주제 구조 중심)
② 반응이 낮은 콘텐츠와의 차이점
③ 다음 주제 3개 제안

[첨부]

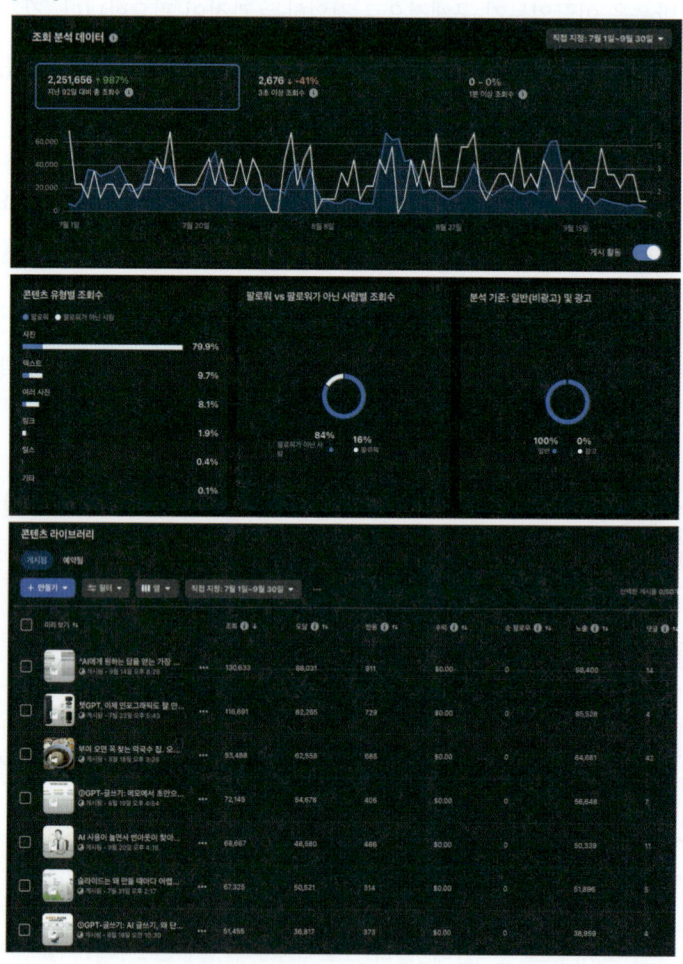

7월부터 9월까지의 페이스북 프로페셔널 보드 데이터를 분석한 결과, 총 조회수는 2,251,656회로 전 분기 대비 987% 증가했습니다. 특히 사진형 콘텐츠가 전체 조회수의 79.9%를 차지했고, 팔로워가 아닌 사용자(84%)의 유입이 대부분을 차지했습니다. 이 수치는 시각적으로 즉시 이해 가능한 콘텐츠가 신규 유입과 반응을 동시에 이끌어 낸다는 점을 명확히 보여 줍니다.

📊 상위 게시물의 공통 구조

이번 분석 기간 동안 상위 5개의 게시물은 모두 짧은 문장, 시각 중심의 구성, 명확한 메시지 전달이라는 공통점을 가지고 있었습니다. 각 게시물을 세부적으로 살펴보면 다음과 같습니다.

1위: 「AI에게 원하는 답을 얻는 가장 쉬운 방법」
→ 제목이 단순하고 직관적이며, 핵심 문장이 이미지 위에 요약되어 있습니다. 시선을 잡는 흰색 배경의 인포그래픽이 적용되어 클릭률이 높았습니다.
2위: 「챗GPT, 이제 인포그래픽도 잘 만든다」
→ 실험형 콘텐츠로, 실제 AI로 생성한 이미지를 사용했습니다. 'AI 활용 능력'을 보여 주는 사례 중심 구조로, 실용성과 호기심을 동시에 자극했습니다.
3위: 「부여 오면 꼭 찾는 막국수 집」
→ 감성 사진과 짧은 설명 문장으로 구성되어 있으며 정보보다 '일상적 경험'에 초점을 맞춰 공감 반응(좋아요·댓글)이 두드러졌습니다.
4위: 「GPT-글쓰기: 메모에서 초안으로 확장하는 법」
→ 단계별 튜토리얼 구조로 구성되어 있어 AI 글쓰기의 실제 활용 과정을 보여 주는 실전형 콘텐츠입니다.
5위: 「AI 사용이 늘면서 변화의 속도가 빨라졌다」
→ 비교적 긴 텍스트 중심이지만, 'AI 변화'를 주제로 통찰형 콘텐츠로 분류됩니다.

즉각적 클릭률은 낮았지만, 저장·공유 비율이 높게 나타났습니다. 이 5개의 게시물은 다음과 같은 핵심 공통 패턴을 공유했습니다.

- 짧은 문장과 명확한 핵심 메시지: 한눈에 이해 가능한 제목과 문체
- 시각 중심 구성: 밝은 배경, 플랫 인포그래픽, 직관적 아이콘 사용
- 감성·실용 결합 메시지: 정보뿐 아니라 개인적 감정·경험을 함께 담음

즉, 텍스트보다 이미지로 핵심을 요약하고, 정보보다 공감의 톤을 강조한 콘텐츠가 조회·도달·저장 수에서 모두 상위권을 기록했습니다.

💡 인기 콘텐츠의 패턴 공식

데이터 분석을 통해 도출된 상위 콘텐츠의 반응 패턴은 다음과 같습니다.

- 짧은 문구 + 인포그래픽형 이미지 → 즉각적인 시선 집중
- 문제 제시형 도입 + 해결 중심 구성 → 실용적 신뢰 확보
- 감성 요소(사진·톤) + 간결한 해시태그 → 공감 기반 반응 강화
- AI 실전 사례 + 결과 시각화 → 저장 및 공유 유도

이 공식은 단순히 스타일의 문제가 아니라 '정보 전달'과 '감정 유입'의 균형이 맞는 구조가 더 높은 반응을 만든다는 사실을 보여 줍니다. 사용자는 정보만 얻는 것이 아니라, 그 안에서 '나도 해볼 수 있겠다'는 실감과 감정적 몰입을 원합니다.

🔍 상·하위 게시물 비교 분석

상위 반응 게시물:
"AI에게 원하는 답을 얻는 가장 쉬운 방법"
→ 짧고 명확한 문장 + 시각 중심 이미지
→ 좋아요 911, 도달 88031
→ 핵심 문장이 이미지로 요약되어 있어 클릭률과 공유율이 높았습니다.

하위 반응 게시물:
"슬라이드는 왜 만들 때마다 어려울까?"
→ 텍스트 중심 구성 + 설명형 도입
→ 좋아요 314, 댓글 5
→ 시각적 진입 장벽이 높고, 핵심 메시지가 이미지로 요약되지 않아 반응이 낮았습니다.

이 결과는 팔로워가 아닌 사용자(84%)의 유입을 이끌기 위해서는 짧고 시각 중심의 콘텐츠 구조가 필수적임을 보여 줍니다.

⏱ 반응을 이끄는 콘텐츠 공식

정보보다 구조가 반응을 만든다.
→ '문제 〉 방법 〉 결과'의 일관된 흐름이 체류 시간과 저장 수를 높입니다.

시각적 요약이 클릭을 결정한다.
→ 한 장의 이미지 안에 핵심 메시지를 담으면, 신규 독자의 이탈률이 현저히 낮아집니다.

감성 톤은 논리보다 오래 남는다.
→ 플랫 인포그래픽보다도 감성 톤의 사진이 결합된 게시물이 평균 2배 높은 반응을 기록했습니다.

AI 실전 콘텐츠가 신뢰를 만든다.
→ 단순 개념 설명보다 챗GPT, 런웨이, 미드저니 등 도구를 다루는 콘텐츠가 댓글·저장 수에서 평균 40% 이상 높은 반응을 보였습니다.

✏️ 다음 콘텐츠 기획 방향

이 데이터를 기반으로, 다음 콘텐츠는 '시각 요약 + 실전 프롬프트 + 감성 톤'의 결합형 구조로 설계하는 것이 효과적입니다.

◇ 예시 기획안 1: 시각 확장형
"한 장으로 정리하는 AI 루틴 구조"
→ 핵심 요약 인포그래픽 중심, 블루 계열 디자인

◇ 예시 기획안 2: 감성 결합형
"AI와 함께 쓰는 일상 루틴, 나의 하루 기록법"
→ 일상 사진 + 실용적 활용 팁 결합

◇ 예시 기획안 3: 비교 실험형
"챗GPT vs 클로드: 어떤 프롬프트가 더 빠른가?"
→ 실험형 콘텐츠 + 결과 데이터 시각화

👍 3단계. 반응 패턴을 반복·변형해 활용하기

앞서 도출한 성공 패턴은 영구적이지 않습니다. 형식이 일정하면 독자는 빠르게 익숙해지고, 반응은 점점 약해집니다. 하지만 콘셉트는 유지하고 표현만 다르게 구성하면, 하나의 주제 안에서도 여러 채널에서 꾸준한 반응을 얻을 수 있습니다. 즉, 복제보다 변형이 콘텐츠 수명을 연장하는 핵심 전략입니다.

콘텐츠를 새롭게 만들기 전에는 먼저 '무엇을 변형할 것인가'를 정리해야 합니다. 패턴은 보통 주제, 채널, 톤 3가지 축에서 달라집니다.

주제 변형: 같은 구조, 다른 맥락
상위 반응을 얻은 콘텐츠는 대부분 문제 → 방법 → 결과 구조를 따릅니다. 이 구조를 유지하면서 대상이나 맥락만 바꾸면 새로운 주제로 확장할 수 있습니다. 예를 들어, "챗GPT 맞춤형 지침 설정" 같이 초보자를 위한 주제가 성공했다면 이를 변형해 "챗GPT로 나만의 톤 세팅하기"처럼 개인 브랜딩 중심으로 발전시킬 수 있습니다. 같은 구조를 일상 루틴이나 생산성 주제로 확장하면 실용적 깊이를 더할 수 있습니다. 핵심 구조는 그대로 두고, 주제의 시야만 넓히는 것이 주제 변형의 핵심입니다.

채널 변형: 한 콘텐츠를 여러 채널로 확장
하나의 글이 성공했다면, 그 내용을 다른 형식으로 옮겨, 다양한 플랫폼으로 확장하는 것이 좋습니다. 장문의 블로그 글은 카드 뉴스나 짧은 영상으로, 데이터 중심 글은 요약형 SNS 포스트로 바꿀 수 있습니다. 예를 들어 블로그의

"챗GPT 글자 수 조절 프롬프트"를 페이스북에서는 "AI에게 글의 분량을 맡겨본 적 있나요?"처럼 질문형 요약 포스트로 변형할 수 있습니다. 이를 인스타그램에서는 슬라이드형 카드 뉴스로 전환해 주요 단계(문제→방법→결과)를 시각화하면 높은 체류 시간을 확보할 수 있습니다. 채널별 시각·문체 환경에 맞게 재가공하면, 하나의 콘텐츠가 여러 플랫폼에서 다시 살아납니다.

톤 변형: 전달 방식의 리듬 바꾸기

톤은 독자의 거리감을 결정합니다. 같은 정보라도 어조를 바꾸면 접근성의 폭이 달라집니다. 예를 들어, 블로그에서는 "AI의 맞춤형 지침 활용법"처럼 전문적인 설명형 문체였다면, 페이스북에서는 "AI에게 나만의 말투를 가르쳐본 적 있나요?"처럼 친근한 대화형 문장으로 전환해 참여를 유도할 수 있습니다. 인스타그램에서는 "AI에게 글을 맡겨 봤더니 기대 이상!"처럼 더 가벼운 톤으로 접근성을 높일 수 있습니다.

이처럼 주제, 채널, 톤을 조합해 변형하면, 하나의 콘텐츠가 여러 플랫폼에서 새로운 반응을 이끌어 냅니다. 핵심은 확장과 재해석입니다. 반응을 구조화하면 성장은 예측 가능해집니다. 구독자와 팔로워는 익숙한 구조에서 신뢰를 느끼고, 변형에서 신선함을 느낍니다. 이 2가지가 결합하면 콘텐츠는 우연이 아니라 예측 가능한 반응으로 이어집니다.

패턴 분석은 단순한 글쓰기 전략이 아니라 콘텐츠 성장을 자동화하는 체계입니다. 한 달만 데이터를 기록하고 변형을 실험해도, 여러분만의 '성공 공식'을 만들 수 있습니다.

27장

내 채널을 수익으로 연결하는 법

콘텐츠를 꾸준히 만드는 것과 그것을 수익으로 연결하는 것은 전혀 다른 문제입니다. 단순히 게시물을 반복해서 올리고, 채널을 운영하는 것만으로는 지속 가능한 성장 구조를 만들기 어렵습니다. 이 장은 좋은 콘텐츠를 만드는 데서 한 걸음 더 나아가 '콘텐츠가 스스로 가치를 만들어 내는 구조'를 설계하는 방법을 다룹니다. 글이 단순한 기록이 아니라 자산이 되고, 자산이 브랜드로 전환되는 과정을 체계적으로 정리합니다.

콘텐츠의 수익화는 돈을 버는 기술이 아니라 신뢰를 자본으로 바꾸는 전략입니다. 꾸준히 쌓인 콘텐츠는 독자의 관심을 넘어 신뢰를 형성하고, 이 신뢰가 협업과 판매, 강의 등 다양한 기회를 만들어 냅니다. 이 장에서는 광고, 제휴, 자체 판매라는 3가지 경로를 통해 수익 구조를 설계하는 실질적 방법을 제시합니다. 이렇게 구축된 수익 구조는 창작의 지속성을 보장하고, 채널을 단순한 기록 공간이 아닌 브랜드의 운영 기반으로 성장시킵니다.

👍 1단계. 광고 수익 모델 적용하기

채널을 막 운영하기 시작한 많은 사람이 이 콘텐츠로 수익을 낼 수 있을지 의문을 가집니다. 처음엔 단순히 글을 쓰고 방문자를 늘리는 데 집중하지만, 트래픽의 흐름이 곧 수익의 구조로 이어진다는 점을 이해하면 전략이 달라집니다.

블로그 수익화의 첫걸음은 대부분 광고에서 시작합니다. 트래픽이 늘어나면 자동으로 수익이 생기고, 방문자가 많을수록 성과가 커질 것이라는 기대가 생기기 때문입니다. 그 과정에서 자연스럽게 구글 애드센스나 네이버 애드포스트 같은 광고 네트워크를 접하게 됩니다. 이 방식의 장점은 진입 장벽이 낮고 구조가 단순하다는 점입니다. 일정한 방문자 수만 확보하면 광고가 자동으로 노출되고, 조회나 클릭에 따라 수익이 발생합니다. 운영자가 별도의 마케팅 기술을 배우지 않아도 '콘텐츠 생산 → 노출 → 수익'으로 이어지는 흐름이 만들어져 가장 현실적인 첫 수익원으로 자리 잡고 있습니다.

하지만 광고 수익은 트래픽 의존형 모델이라는 한계가 있습니다. 일정 수준 이상의 방문자가 모이지 않으면 실질적인 수익이 되지 않으며, 콘텐츠의 질보다 조회수에 집중하는 운영 패턴으로 빠질 위험이 있습니다. 따라서 광고를 수익의 '목표'로 삼기보다, 데이터를 학습하고 운영 구조를 익히는 실전 훈련 단계로 활용하는 것이 좋습니다.

네이버 애드포스트로 시작하기

국내 블로거라면 가장 쉽게 접근할 수 있는 광고 수익화 플랫폼이 **네이버 애드포스트**Naver Adpost입니다. 네이버 블로그, 포스트, 카페 같은 미디어에 자동으로 광고를 게재하고 발생한 수익을 창작자에게 분배하는 구조입니다. 가입은 간단하지만, 일정 수준의 콘텐츠 수와 방문자 수를 기준으로 심사를 통과해야 광고가 노출됩니다.

네이버 애드포스트를 통한 광고 수익은 2가지 방식으로 발생합니다.

- **CPC(클릭당 수익)**: 광고 클릭 시 약 50~300원의 수익이 발생하며, 주제와 위치에 따라 단가가 달라집니다.
- **CPM(노출당 수익)**: 광고 1000회 노출당 약 20~100원의 수익이 추가로 쌓입니다.

즉, 클릭이 많거나 노출이 많을수록 자동으로 수익이 쌓이는 구조입니다. 일정 수익이 누적되면 익월 15일에 계좌나 네이버페이 포인트로 자동 지급됩니다. 초보자도 별도의 설정 없이 자동 광고 게재 시스템으로 운영이 가능해 관리 부담이 적습니다.

애드포스트 수익은 트래픽에 따라 달라지지만, 몇 가지 공통된 패턴이 있습니다.

- **하루 방문자 1000명 수준**: 일 1000~3000원, 월 약 3만~9만 원 수익 형성
- **하루 5000명 이상 방문자**: 주제와 클릭률에 따라 월 10만~40만 원 수준으로 확장
- **장기 운영 블로그(게시글 300개 이상)**: 누적 수익 20만 원 이상 기록 사례 다수

단, 이 수치는 운영 환경과 콘텐츠 주제, 방문자 구성에 따라 편차가 큽니다. 예를 들어, 광고 단가가 높은 IT·재테크 분야와 일상 중심 블로그는 최대 3~5배 이상 수익 차이가 발생하기도 합니다. 따라서 이 데이터는 정확한 기준이 아닌 '참고 지표'로만 이해하는 것이 좋습니다.

이 수치는 크지 않지만, 운영자에게는 '성과의 피드백'을 주는 중요한 지표가 됩니다. 트래픽 경쟁보다는 광고 단가가 높은 주제(재테크·IT·건강 등)를 선택하고 본문 내 광고 위치(상단·중단·하단)를 전략적으로 배치하면 같은 트래픽으로도 훨씬 효율적인 수익 구조를 만들 수 있습니다.

네이버 애드포스트 실전 팁

- **광고 위치 테스트하기**: 글 상단·중단·하단 중 본문 1/3 지점 광고(중단 배치)의 클릭률이 가장 높습니다. 게시물 길이에 따라 노출 위치를 주기적으로 조정하세요.
- **단가가 높은 주제 선택하기**: 재테크, 디지털 기기, 건강, IT 관련 글은 단가가 높고, 일상 콘텐츠는 낮은 편입니다. 애드포스트 리포트에서 주제별 단가 변동을 확인하며 전략을 세우세요.
- **클릭률(CTR) 분석과 개선**: 리포트 메뉴에서 게시글별 CTR을 확인하고, 제목·썸네일·광고 배치를 변경해 테스트하세요. CTR 1% 이상이면 양호, 2% 이상이면 우수한 수준입니다.
- **성과 기록 루틴 만들기**: 주간 단위로 수익·클릭률·노출 수를 기록해 패턴을 분석하세요. 데이터 흐름을 읽는 습관이 수익 향상의 핵심입니다.

애드포스트 데이터 분석 프롬프트

최근 30일 기준 내 블로그의 애드포스트 데이터를 분석해주세요.
게시물별 광고 클릭률과 수익 비중을 비교하고,
가장 효율이 높은 주제 3개와 최적의 광고 배치 전략(상단, 중단, 하단)을 함께 제안해주세요.

👍 2단계. 제휴 마케팅 연계하기

광고 수익이 트래픽 중심 수익화라면, 제휴 마케팅은 '신뢰 중심의 수익화'입니다. 콘텐츠를 통해 상품이나 서비스를 소개하고, 독자가 링크를 통해 구매나 가입을 하면 일정 수수료를 받는 구조입니다. 겉으로는 단순히 상품을 소개하고 판매를 유도하는 방식처럼 보이지만, 실제로는 독자의 신뢰를 기반으로 한 추천 콘텐츠 모델입니다.

핵심은 적합한 독자에게 필요한 정보를 제공하는 것입니다. 예를 들어 직장인을 위한 자기계발서, 업무 자동화 도구, AI 글쓰기 프로그램 등 콘텐츠 주제와 일관된 제품을 다룰 때 자연스럽게 신뢰와 수익이 함께 형성됩니다. 제휴 마케팅은 '내가 사용하는 것을 소개한다'에서 시작해 '내가 검증한 정보를 전달한다'로 발전해야 합니다.

제휴 마케팅 실전 팁

- **경험 중심 리뷰 작성**: 단순한 스펙 소개보다는 직접 사용해본 과정과 변화를 서사로 전달하세요. 사용 전후의 차이, 실제 업무나 일상에 적용한 경험을 구체적으로 서술하면 설득력이 커집니다.

- **독자 맞춤형 카테고리 설정**: 채널의 주제와 일치하지 않는 상품은 오히려 신뢰를 떨어뜨립니다. 한정된 분야(예: AI 도구, 생산성, 자기계발 등) 안에서만 제휴 콘텐츠를 구성하세요.

- **자동화된 링크 관리 시스템 만들기**: 자주 사용하는 제휴 링크를 노트 앱에 모아 두면, 새 글 작성 시 손쉽게 재활용할 수 있습니다.

- **성과 데이터 분석과 최적화**: 클릭률과 전환율을 주기적으로 확인하세요. 주제, 문

체, 이미지에 따라 성과 차이가 크며, 수익 수치는 개인별 운영 환경에 따라 달라질 수 있음을 기억해야 합니다.

추천 제휴 플랫폼

쿠팡 파트너스

- 진입 장벽이 낮고 승인 절차가 간단함
- 상품 수가 많아 초보자에게 적합하며, 클릭 기반 수익 구조로 안정적

🔗 partners.coupang.com

링크프라이스

- CPA, CPS 등 다양한 광고 모델을 제공하며 광고주 신뢰도가 높음
- 카테고리가 넓어 IT · 교육 · 여행 콘텐츠에 유리

🔗 linkprice.com

애드픽

- SNS 중심 캠페인 다수, 모바일 사용자에게 강점
- 체험형 캠페인으로 리뷰형 콘텐츠에 적합

🔗 adpick.co.kr

레뷰

- 제품 체험 후 리뷰 작성 시 보상, 인플루언서 마케팅에 특화
- 초보 리뷰어에게도 접근성 높음

🔗 revu.net

텐핑

- 클릭형(CPC) 캠페인 중심, 앱 설치 · 설문 등 소액 보상형 구조
- 가볍게 참여하며 수익 구조를 실험해보기 좋은 플랫폼

🔗 tenping.kr

👍 3단계. 자체 판매 가능한 콘텐츠 상품화하기

플랫폼 트래픽을 활용한 네이버 애드포스트, 외부 상품을 노출하는 제휴 마케팅도 좋은 수익원이지만 가장 지속성이 높고 스스로 통제 가능한 판매 상품은 단연 직접 만든 콘텐츠입니다. 수익화를 고려하기까지 쌓은 콘텐츠를 상품으로 판매할 수 있도록 탈바꿈하는 방법을 살펴봅니다.

주제별로 글을 묶기 – 글을 모으면 방향이 잡힌다
채널 운영 초반엔 여러 주제를 시도해보는 게 좋습니다. 하지만 어느 시점이 지나면 하나의 주제에 깊게 집중해야 합니다. 이때 중요한 건 트래픽보다 깊이 있는 글의 축적입니다. 조회수는 일시적이지만, 저장하고 싶은 글은 오래 남습니다. 그런 글이 쌓이면 전체 주제가 자연스럽게 정해집니다. 그런 다음 반응이 높은 주제 5~10개를 추려 비슷한 내용끼리 묶어 보세요. 자연스럽게 어떤 방향으로 가야 할지 윤곽이 드러납니다.

글을 연결해 흐름 만들기 – 글을 엮으면 스토리가 된다
주제를 정리했다면, 이제 각각의 글을 하나의 이야기처럼 엮는 작업이 필요합니다. 저는 이 과정을 '독자 흐름 설계'라고 부릅니다. 예를 들어 'AI 글쓰기 시작하기 → 프롬프트 실전 → 수정 노하우'처럼 글의 순서를 정리하고 각 글의 첫 문장과 마지막 문장을 자연스럽게 이어줍니다. 이렇게 글을 엮으면, 독자는 흩어진 정보 글이 아니라 하나의 가이드북으로 인식합니다.

이렇게 엮은 글의 도입부를 연결 문장으로 바꿔 보세요(예: "앞선 글에서 기초를 다뤘습니다. 이번엔 실행 단계로 들어가 보죠."). 중복된 문장은 줄이고, 사례나 이미지를 추가하면 완성도가 높아집니다. 글의 흐름이 매끄러워지면, 판매 가능한 콘텐츠 제작의 70%는 이미 완성된 셈입니다.

콘텐츠 대표 이미지 설계 – 상품 가치에 맞춘 시각 구성 전략 – 복잡함보다 명확함이 먼저

콘텐츠 대표 이미지는 작품의 첫인상을 결정합니다. 인쇄물뿐 아니라 온라인 어디에서든 이 콘텐츠의 전체 콘셉트를 명확히 드러내는 한 장의 이미지가 됩니다. 대표 이미지를 만들 때 디자인 도구보다 중요한 것은 전달력입니다. 이미지에는 주제와 해결 키워드가 분명하게 보여야 합니다. 복잡한 그래픽보다 깔끔한 제목과 통일된 서체만으로도 충분히 완성도 높은 이미지를 만들 수 있습니다.

판매 후 확장 설계 – 끝이 아니라 시작이다

이렇게 엮고 다듬어서 하나의 콘텐츠가 된 이야기는 전자책이나 종이책이 될 수도 있고 강의가 될 수도 있습니다. 첫 단추로 가장 수월한 형태는 전자책입니다. 전자책을 내면 독자 반응이 자연스럽게 따라옵니다. "이 내용을 강의로 들을 수 있나요?" "템플릿도 있나요?" 이런 질문이 들어오기 시작하면 그때가 콘텐츠 확장의 시점입니다. 그저 잘된 하나의 콘텐츠로 그치는 것이 아니라 이런 독자들의 피드백을 바탕으로 다음 콘텐츠를 기획하세요. 그런 다음 전자책의 일부를 확장해 워크숍이나 실습형 강의로 전환을 시도할 수 있습니다.

콘텐츠 판매는 단순히 수익을 얻는 과정이 아닙니다. 꾸준한 기록을 구조화하고, 신뢰를 자산으로 바꾸는 일입니다. 여러분의 블로그와 SNS를 콘텐츠 순환의 중심 허브로 운영하세요.

Q&A 어떻게 콘텐츠가 수익이 되나요?

'글이 쌓이면, 그 글이 나에게 어떤 변화를 가져올까?' 블로그를 꾸준히 운영하면서 든 생각입니다. 처음엔 단순한 기록이었지만, 콘텐츠가 쌓이고 반응이 생기면 그 안에서 새로운 가능성을 발견하게 됩니다. 저 역시 그렇게 시작했습니다. AI 글쓰기에 관한 글을 꾸준히 올리던 어느 날, 이 글들을 하나로 정리하면 누군가에게 도움이 되겠다는 생각에, 블로그 글 중 반응이 좋았던 주제를 선별하고 내용을 보강해 전자책 형태로 제작했습니다. 그 결과 탄생한 전자책이 『챗GPT 프롬프트 사용자 가이드 – 글쓰기편』입니다.

큰 기대 없이 등록한 전자책이 2개월 동안 약 100권이 판매되면서 내 글이 누군가에게 실질적인 도움이 되고, 동시에 수익이 될 수 있다는 확신이 생겼습니다. 그때부터 블로그는 단순한 기록 공간이 아닌, 콘텐츠 실험실이자 브랜드의 출발점이 되었습니다.

이렇게 발행한 전자책은 종이책이 되었고, 곧 인프런, 클래스 101 등의 온라인 강의 플랫폼과 협업으로까지 이어졌습니다. 이처럼 하나의 글이 새로운 형태가 되고, 다른 플랫폼으로 이어지는 과정은 자연스러운 확장의 시작이었습니다. 이후에는 강의 의뢰와 오프라인 세미나 제안이 잇따랐습니다. 블로그를 통해 저를 알게 된 독자들이 전자책을 읽고 강의에 참여하는 흐름이 만들어졌습니다. 결국 한 편의 글이 전자책이 되고, 강의로 이어지고, 협업 기회로 확장되는 콘텐츠 순환 구조가 완성된 것입니다.

콘텐츠 확장의 시작이 된 전자책 『챗GPT 프롬프트 사용자 가이드 – 글쓰기편』(출처: sshong.com/blog/19885)

블로그의 본질은 여전히 꾸준한 글쓰기에 있습니다. 저는 지금도 하루에 1~2개의 글을 발행합니다. 그 글은 페이스북으로 소개되고, 일부는 바이럴을 타면서 강의나 책 주제로 발전합니다. 이렇게 쌓인 글은 매달 정리되어 〈홍작가 매거진〉으로 발행되고 있습니다.

홍순성 | 생성형AI/챗GPT

홍작가 매거진 정기 발행: 매일의 기록이 콘텐츠가 되다 (PDF 배포)

페이스북으로 발행되는 「홍작가 매거진」(출처: facebook.com/hongss7)

글쓰기 루틴은 단순히 게시글 수를 늘리는 일이 아니라, 새로운 기회를 만들어 내는 시스템입니다. 글 한 편이 콘텐츠가 되고, 콘텐츠가 제품이 되고, 제품이 다시 브랜드로 이어지는 구조가 자연스럽게 만들어집니다. 이렇게 하면, 글이 '상품'이 됩니다.

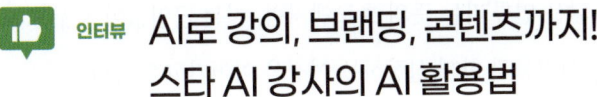

인터뷰 AI로 강의, 브랜딩, 콘텐츠까지! 스타 AI 강사의 AI 활용법

이름(또는 활동명): 조병옥(호모앤)

활동 채널

- 블로그: blog.naver.com/imok1020
- 인스타그램: instagram.com/homo_anne

Q. 간략한 자기 소개와 AI를 활용한 활동 범위를 소개해주세요.

A. 서울시 인재개발원, 서울시 50플러스센터, aT 농수산식품유통교육원 등 주요 공공기관과 기업에서 가장 먼저 찾는 생성형 AI·디지털 마케팅 전문 강사입니다. 청소년부터 시니어까지, 현장에서 직접 검증한 강의로 수천 명의 변화를 이끌어왔습니다.

블로그 강의로 시작해 지금은 디지털 전문 강사, 생성형 AI 강사, 브랜드 컨설턴트, 마케팅 대행사, 작가까지 5가지 일을 하는 1인 기업가입니다. 브랜드 블로그 관리 대행 업체 '더드림마케팅'을 운영하며 기업과 개인의 브랜드를 성장시키고 있습니다.

'호모앤'이라는 이름으로 활동하며, 제 강의를 통해 만난 블로거들과 함께 '호모앤더드림' 커뮤니티를 만들었습니다. 단순히 가르치는 것을 넘어, 함께 꿈을 실현하는 생태계를 만들고자 했습니다. 그 결과 커뮤니티 멤버들과 『톡투앤: 꿈꾸는 앤들의 인생 수다』(2023), 『톡투앤 2: 다섯 여자들의 인생 여행 이야기』(2024)를 출간하며 함께 작가의 꿈을 이뤘습니다.

'빨간머리 앤을 닮은 인류'라는 뜻의 호모앤처럼, 저는 끊임없이 꿈꾸고 도전하며, 더 많은 사람들과 함께 성장하는 여정을 이어가고 있습니다.

Q. 활동 채널에 AI를 어떻게 활용하는지 구체적으로 소개 부탁드립니다.

A. **1. 블로그 콘텐츠 제작 – 클로드 활용**

직접 작성한 블로그 포스팅들을 클로드에 학습 → 작성하고 싶은 주제와 핵심 키워드 제공 → 클로드가 초안 제시 → 실제 강의 현장의 사례나 감정 추가 → 인사이트 보완

이 과정을 거쳐 작업하면 제 고유한 목소리는 유지하면서도 생산성을 3배 이상 높일 수 있습니다.

2. 강의 기획 – 챗GPT 활용

챗GPT는 공공기관의 행정 용어와 요구 사항 형식에 대한 이해도가 높고 교육 목표, 시간 배분, 평가 방식 등 강의 계획안의 구조를 정확히 파악할 수 있어 강의 기획에서 유용합니다.

3. 강의 슬라이드 제작 – 젠스파크, 캔바 활용

강의 슬라이드의 개요는 젠스파크를 활용해서 먼저 잡습니다. 이 개요를 기반으로 캔바를 활용해서 강의안을 작성합니다.

4. 이미지 제작 – 미드저니, 이미지FX, 제미나이 활용

생성형 AI 관련 강의를 주로 하기 때문에 다양한 이미지 생성 AI를 활용해서 이미지 제작을 돕고, AI 아트를 합니다.

5. 동영상 제작 – 소라, VEO, 캡컷, 캔바 활용

소라, VEO는 음성, 효과음과 같은 사운드를 자동으로 입힐 수 있어 편리하게 영상을 생성할 수 있습니다. 이렇게 생성한 영상은 캡컷이나 캔바에서 최종 편집 작업을 거쳐 영상을 완성합니다.

Q. 업무에 AI를 활용하기 위한 팁이 있나요?

A. 저는 AI를 '대체 도구'가 아닌 '협업 파트너'로 봅니다. AI가 초안과 구조를 만들면, 저는 그 위에 현장 경험과 인간적 감성을 더합니다. 이것이 제가 강의와 콘텐츠 제작, 컨설팅, 대행사 운영까지 동시에 할 수 있는 비결입니다.

제 강의가 끊이지 않는 이유는 단순히 AI를 '알려 주는' 게 아니라, 실제로 제가 매일 현장에서 사용하며 검증한 방법을 전달하기 때문입니다. 제가 현장에서 하루도 쉬지 않고 일주일 내내 강의하며 검증한 AI 도구들을 목적별로 추천합니다.

초보자 추천 (높은 접근성)

- **챗GPT**: 가장 직관적이고 한국어 이해도가 높습니다.
- **제미나이**: 구글 계정만 있으면 바로 시작할 수 있습니다.
- **이미지FX**: 간단한 프롬프트로도 퀄리티 높은 이미지를 생성할 수 있습니다.
- **캡컷**: 영상 편집이 처음이어도 쉽게 사용할 수 있습니다.

중급자 추천 (효율 극대화)

- **클로드**: 한국어 블로그 글쓰기의 최강자입니다.
- **젠스파크**: 강의 자료 구조화가 빠릅니다.
- **캔바**: 초보자도 프로 같은 디자인 결과물을 만들 수 있습니다.

전문가 추천 (높은 품질)

- **미드저니**: 상업적으로 사용할 수 있는 수준의 이미지를 제작할 수 있습니다.
- **소라/VEO**: 음성, 효과음까지 자동으로 입힌 영상을 생성할 수 있습니다.

목적에 따라 AI를 조합해서 사용하는 것이 좋습니다. 목적별 AI 조합을 추천합니다.

목적별 조합 추천

- **블로거 시작 패키지**: 클로드 + 이미지FX + 캔바
- **강사/기획자 패키지**: 챗GPT + 젠스파크 + 캡컷
- **콘텐츠 크리에이터 패키지**: 미드저니 + 소라 + 캡컷

부록

부록 A 아이디어 발굴부터 포스팅까지, 바로 써먹는 프롬프트

부록 B 썸네일부터 카드 뉴스까지, 바로 써먹는 이미지 프롬프트

부록 C 콘텐츠 자동화를 위한 필수 AI 도구 추천

부록 A

아이디어 발굴부터 포스팅까지, 바로 써먹는 프롬프트

AI 글쓰기는 아이디어 발굴부터 배포까지 속도와 품질을 동시에 높입니다. 관건은 정확한 요청 문장입니다. 이 부록은 블로그, SNS에 글을 쓸 때 즉시 사용할 수 있는 프롬프트를 제공합니다. 모든 프롬프트는 목표-조건-출력 형식을 따르며, 구성은 아이디어 발굴부터 브랜딩까지 채널을 운영하는 데 필요한 글을, 순서대로 10가지로 나눠 나열했습니다. 필요한 파트를 골라 원하는 프롬프트를 바로 확인할 수 있습니다.

👍 아이디어 발굴과 기획

직장인 공감형 블로그 주제 10개 발굴

목표: 직장인 독자가 공감할 블로그 글 주제 10개 발굴
타깃: 직장인
주요 키워드: AI 글쓰기 · 업무 효율 · 습관
톤: 실용적이고 명확하게 유지
형식: '주제명(20자 이내) + 간단 설명(1문장)'으로 정리

직장인 대상 업무 글쓰기 소주제 5개 기획

목표: 직장인을 대상으로 한 업무 글쓰기 소주제 5개 기획
타깃: 보고서 · 메일 · 기획안 · 제안서를 작성하는 실무자
조건: 실용적이고 명료한 톤 유지
형식: '소주제명 + 활용 예시'로 구성

블로그 연재 시리즈 주제 8개 구성

목표: 한 달간의 블로그 연재 시리즈 주제 8개 구성
타깃: 블로거
조건: 연재 콘텐츠 제작 목적, 각 주제가 자연스럽게 이어지도록 구성
형식: '연재 순서 + 주제명'으로 정리

자주 사용하는 키워드 기반 글 주제 5개 생성

목표: 자주 사용하는 키워드(글쓰기, AI, 습관)를 활용해 새로운 글 주제 5개 생성
타깃: 일반 독자
조건: 실용적이고 적용 가능한 톤 유지
형식: '주제명 + 한 문장 설명'으로 정리

SNS용 짧은 콘텐츠 주제 10개 제안

목표: SNS에 활용할 수 있는 짧은 글 주제 10개 제안
타깃: SNS 사용자
조건: 짧은 포스트 콘텐츠 제작 목적
형식: '주제명 + 짧은 설명 + 해시태그 포함'으로 정리

책쓰기 워크숍 실습용 글감 아이디어 7개 제안

목표: 책쓰기 워크숍 참가자가 활용할 수 있는 글감 아이디어 7개 제안
타깃: 워크숍 실습 참여자
조건: 실무 중심 과제 활용 목적, 바로 실습에 적용 가능한 수준으로 작성
형식: '주제명 + 활용법'으로 구성

일상 경험 기반 글쓰기 주제 5개 제안

목표: 일상 경험(카페, 여행, 독서)을 바탕으로 글쓰기 주제 5개 제안
타깃: 일반 독자
조건: 공감할 수 있는 따뜻한 톤 유지
형식: '주제명 + 짧은 예시'로 정리

인기 블로그 키워드 연계 글 주제 10개 발굴

목표: 현재 인기 있는 블로그 키워드와 연계한 글 주제 10개 발굴
타깃: 블로거 및 콘텐츠 기획자
조건: 트렌드 중심 카테고리 구성
형식: '키워드 + 연계 주제 설명'으로 정리

계절 이벤트 기반 글쓰기 주제 7개 기획

목표: 계절 이벤트(명절, 휴가철, 계절 행사)에 맞춘 글쓰기 주제 7개 기획
타깃: 일반 독자 및 블로거
조건: 밝고 생동감 있는 톤 유지
형식: '주제명 + 활용 맥락 설명'으로 정리

블로그 독자층 맞춤 글 주제 5개 제안

목표: 블로그 주요 독자층(20~30대 직장인)에게 도움이 될 글 주제 5개 제안
타깃: 20~30대 직장인
조건: 관심사는 자기계발과 AI 활용, 실용적인 톤 유지
형식: '주제명 + 실용적 설명'으로 정리

👍 원고 작성

원고 1000자 작성

목표: 주제 'AI 시대의 글쓰기 감각'을 1000자 원고로 작성
타깃: AI를 활용해 글을 쓰는 일반 창작자
조건: 분석적이면서 설득력 있는 톤 유지, 인간적 글쓰기 감각 유지 방법 포함
형식: '서론 – 본론 – 결론' 구조로 구성

단락 구성 원고 500자 작성

목표: 주제 '나만의 블로그 브랜드 만들기'를 기반으로 각 단락을 500자씩 확장해 초안 작성
타깃: 개인 블로거
조건: 실용적이고 전략적인 톤 유지, 브랜드 콘셉트와 콘텐츠 방향 자연스럽게 연결
형식: '단락 제목 + 본문 500자'로 구성

칼럼형 원고 700자 작성

목표: 주제 'AI로 일하는 시대'를 칼럼 형식으로 700자 원고 작성
타깃: 직장인 독자
조건: 차분하고 통찰력 있는 톤 유지, 실제 업무에서의 AI 활용 사례와 제안 포함
형식: 칼럼 스타일의 문단 구성

소제목 구성 원고 900자

목표: 주제 '콘텐츠 루틴 설계법'을 소제목 3개로 구분해 각 소제목별 300자 작성
타깃: 블로그·SNS를 운영하는 창작자
조건: 실용적이고 체계적인 톤 유지, 꾸준한 콘텐츠 생산을 돕는 루틴 제시
형식: '소제목 + 본문(300자)'으로 구성

구조형 원고 초안

목표: 주제 '작가의 일상 루틴'을 기반으로 서론 3문장, 본문 3문단, 결론 2문장으로 구성된 원고 초안 작성
타깃: 글쓰기 습관을 만들고 싶은 예비 작가
조건: 담백하고 성찰적인 톤 유지
형식: '서론(3문장) – 본문(3문단) – 결론(2문장)' 구조로 구성
출력: '작가의 일상 루틴' 원고 초안

직장인 대상 에세이형 원고 800자

목표: 주제 '업무와 글쓰기의 균형'을 다룬 800자 에세이형 원고 작성
타깃: 회사 생활과 자기계발을 병행하는 직장인
조건: 진솔하고 현실적인 톤 유지, 실제 사례와 감정을 자연스럽게 포함
형식: 자유로운 에세이 구조로 구성
출력: 800자 분량의 에세이 원고(업무와 글쓰기의 균형)

키워드 포함 블로그 글 초안 500자

목표: 키워드(AI, 효율, 성장)를 포함한 500자 블로그 글 초안 작성
타깃: 자기계발 콘텐츠를 읽는 직장인
조건: 명확하고 독자 친화적인 톤 유지, 핵심 키워드를 자연스럽게 반영
형식: 2~3개 단락 구성

사례 중심 원고 1200자

목표: 주제 'AI와 창의성의 공존'을 사례 중심으로 1200자 원고 작성
타깃: 콘텐츠 제작자 및 강사
조건: 통찰적이고 실용적인 톤 유지, 인간의 창의성을 확장하는 AI 활용 사례 포함
형식: '사례 + 분석 + 적용법' 구조로 구성

강의용 설명형 원고 1000자

목표: 주제 'AI 글쓰기 활용법'을 강의용 자료로 활용할 수 있는 1000자 설명형 원고 작성
타깃: 강사 및 직장 교육 담당자
조건: 전문적이고 명확한 톤 유지
형식: '개념 설명 + 사례 + 실무 적용법'으로 구성

인스타그램용 짧은 홍보 게시글

목표: 주제 'AI 글쓰기 입문 클래스 홍보'를 인스타그램 게시글 형식으로 5~6문장 작성
타깃: AI 글쓰기에 관심 있는 초보 창작자
조건: 친근하고 감각적인 톤 유지
형식: '질문형 도입 + 강의 소개 + 참여 유도'로 구성

👍 원고 다듬기

원고 명확화 및 간결화

목표: 제공된 [원고]를 더 명확하고 간결하게 다듬기
타깃: 일반 독자
조건: 불필요한 수식어와 중복 표현 제거, 문장을 단정하고 깔끔하게 정리
형식: 문장 다듬기(교정·요약 중심)

문단·문장 구조 정리

목표: 제공된 [원고]를 문단 3~4줄, 문장 20단어 이내로 조정
타깃: 일반 독자
조건: 흐름은 유지하되 문단 간 균형을 맞추고, 문장은 짧고 리듬감 있게 구성
형식: 문단·문장 길이 조정 중심

문체 변환

목표: 제공된 [원고]를 블로그에 적합한 자연스러운 문체로 변경
타깃: 일반 블로그 독자
조건: 문장은 짧게 끊고, 구어적 리듬을 살려 편안하게 읽히도록 구성
형식: 자연스러운 블로그 문체로 다듬기

SNS용 200자 축약문 생성

목표: 제공된 [원고]를 SNS용 200자 이내 글로 축약
타깃: 일반 SNS 사용자
조건: 핵심 메시지 중심으로 정리하고, 관련 해시태그 3개 포함
형식: 짧고 임팩트 있는 SNS용 글

서론 흥미도 강화

목표: 제공된 [원고]의 서론을 더 매력적으로 수정
타깃: 일반 독자
조건: 독자의 주의를 끄는 문장으로 도입을 재구성하고, 주제에 대한 호기심 유도
형식: 서론 중심 문장 재구성

결론 요약 및 여운 강화

목표: 제공된 [원고]의 결론을 요약하며 여운이 남도록 다듬기
타깃: 일반 독자
조건: 핵심 메시지를 간결히 정리하고, 독자에게 생각할 여지를 남김
형식: 결론부 요약 및 마무리 다듬기

단정형 문장 변환

목표: 제공된 [원고]의 추측성 표현을 단정적인 문장으로 수정
타깃: 일반 독자
조건: '~할 수 있다', '~일 가능성이 높다' 등의 표현을 확신 있는 어조로 변경
형식: 단정적이고 명료한 문장으로 다듬기

발표용 원고 변환

목표: 제공된 [원고]를 발표용 원고로 변환
타깃: 발표자 및 청중
조건: 발표자가 자연스럽게 읽을 수 있도록 문장을 짧게 나누고, 말하기 리듬에 맞춰 구성
형식: 구어체 중심의 발표용 원고

리포트 형식 변환

목표: 제공된 [원고]를 리포트 형식으로 재구성
타깃: 보고서 작성자 및 실무 담당자
조건: 목차와 번호를 포함해 논리적인 구조로 정리하고, 핵심 내용을 항목별로 구분
형식: 체계적이고 공식적인 보고서 스타일

문서 규칙 기반 교정

목표: 제공된 [원고]를 글쓰기 문서 규칙에 맞게 교정
타깃: 일반 문서 작성자
조건: 금지어, 중복 표현, 모호한 표현을 점검·수정하고, 전체 톤과 형식을 일관되게 정리
형식: 문서 규칙에 부합하는 교정 중심

원고 점검과 피드백

원고 전반 피드백 점검

목표: 제공된 [원고]의 전반적인 완성도를 점검
타깃: 일반 독자 및 작성자
조건: 명확성, 흐름, 독자 친화성을 중심으로 검토하고, 개선 방향을 구체적으로 제시
형식: 강점과 보완점을 포함한 종합 피드백

강점·개선점 분석

목표: 제공된 [원고]의 강점 3가지와 개선점 3가지 도출
타깃: 일반 작성자
조건: 각 항목별 구체적 사례 포함, 실행 가능한 개선안 제시
형식: 강점/개선점으로 구분된 분석 리스트

독자 관점 이해도 점검

목표: 제공된 [원고]를 독자 입장에서 분석해 이해하기 어려운 부분 파악
타깃: 일반 독자
조건: 문장 흐름, 용어 난이도, 메시지 전달력을 중심으로 평가
형식: 독자가 혼란을 느낄 수 있는 부분과 개선 제안

블로그용 제목·요약문 제안

목표: 제공된 [원고]를 블로그 게시용으로 다듬어 제목과 요약문 제안
타깃: 블로거 및 일반 독자
조건: 제목은 20자 내외로 간결하게, 요약문은 2~3문장으로 핵심 내용 구성
형식: 제목 2개 + 요약문 1개

문단별 핵심 메시지 요약

목표: 제공된 [원고]의 문단별 핵심 메시지 요약
타깃: 일반 독자 및 작성자
조건: 누락된 정보가 있으면 보완 아이디어를 함께 제시
형식: 문단별 요약 및 보완 아이디어 리스트

글의 흐름 점검 및 수정 제안

목표: 제공된 [원고]의 문단·문장 흐름이 자연스러운지 점검
타깃: 일반 작성자
조건: 어색한 전환이나 논리적 단절이 있을 경우 구체적인 수정안 제시
형식: 흐름 개선 포인트 및 수정 제안 리스트

SEO 최적화 기준 점검

목표: 제공된 [원고]를 SEO(검색 엔진 최적화) 기준으로 점검
타깃: 블로거 및 콘텐츠 마케터
조건: 핵심 키워드, 소제목 구조, 메타 설명을 포함해 개선안 제시
형식: SEO 최적화 가이드 및 적용 방안

독자 친화적 어조 변환

목표: 제공된 [원고]의 표현을 독자 친화적인 어조로 변환
타깃: 일반 독자
조건: 문장 끝을 부드럽게 정리하고, 대화체 요소를 적절히 반영
형식: 친근하고 읽기 쉬운 어조로 다듬기

긍정·보완 피드백 구분 작성

목표: 제공된 [원고]에 대해 긍정 피드백과 보완 피드백을 구분해 작성
타깃: 일반 작성자
조건: 강점은 구체적으로 칭찬하고, 보완점은 실행 가능한 개선안과 함께 제시
형식: 긍정 피드백/보완 피드백 리스트

👍 책·콘텐츠 기획

AI 글쓰기 결합형 책 제목 제안

목표: AI와 글쓰기를 결합한 책 제목 후보 10개 제안
타깃: 출판 기획자 및 저자
조건: 핵심 키워드를 앞부분에 배치하고, 7~12자 이내의 간결한 제목으로 구성
형식: AI와 글쓰기를 결합한 책 제목 후보 10개 리스트

직장인 자기계발서 주제 추천

목표: 직장인 독자를 대상으로 한 자기계발서 주제 5개 추천
타깃: 직장인 독자
조건: 최신 업무 트렌드와 AI 활용을 반영하고, 현실적 고민 해결 중심으로 구성
형식: 자기계발서 주제 5개 + 간단한 설명

개인 경험 기반 에세이 소주제 구성

목표: 개인 경험을 바탕으로 한 에세이집 소주제 8개 구성
타깃: 일반 독자
조건: 개인적 경험을 출발점으로 하되, 보편적 공감을 이끌어낼 메시지 포함
형식: 에세이 소주제 8개 리스트

온라인 강의 연계형 책 주제 기획

목표: 온라인 강의로 확장 가능한 책 주제 5개 기획
타깃: 예비 저자 및 강사
조건: 책의 주요 내용을 강의 콘텐츠로 발전시킬 수 있도록 주제별 연결 포인트 포함
형식: 책 주제 5개 + 강의 연계 아이디어

출판사 타깃 실용서 주제 제안

목표: 출판사가 관심 가질 만한 실용서 주제 5개 제안
타깃: 출판 기획자 및 편집자
조건: 최신 트렌드와 독자 수요를 반영하고, 실생활 적용성과 실용성을 강조
형식: 실용서 주제 5개 + 핵심 설명

책 목차 기획안 구성

목표: 책 기획 단계에서 큰 주제를 5개 카테고리로 구성
타깃: 예비 저자 및 출판 기획자
조건: 카테고리는 명확히 구분하고, 각 카테고리별 예시 소주제 3개 포함
형식: 카테고리 5개 + 예시 소주제 리스트

책 제목·부제 조합 생성

목표: 책 제목과 부제 조합 10개 생성
타깃: 출판 기획자 및 저자
조건: 제목은 간결하게, 부제는 독자의 호기심을 유도하는 방향으로 구성
형식: 책 제목 + 부제 조합 10개 리스트

블로그 기반 책 목차 초안 작성

목표: 블로그 글을 기반으로 책 목차 초안 작성
타깃: 블로거 및 예비 저자
조건: 장·절 단위로 구성하고, 각 장의 핵심 메시지를 요약
형식: 블로그 기반 책 목차 초안

특정 주제 3권 시리즈 기획안 작성

목표: 특정 주제(예: AI 글쓰기)를 중심으로 3권 시리즈 기획안 작성
타깃: 출판 기획자 및 저자
조건: 각 권의 차별화 포인트와 대상 독자층을 명확히 구분
형식: 3권 구성의 시리즈 기획안

원고 포맷 확장 아이디어 제안

목표: 책 원고를 다양한 포맷(전자책, 오디오북 등)으로 확장할 아이디어 제안
타깃: 출판 기획자 및 콘텐츠 제작자
조건: 각 포맷별 장점과 활용 맥락을 구체적으로 설명
형식: 원고 확장 아이디어 리스트

👍 글 확장과 변환

원고 확장형 챕터 작성

목표: 제공된 [원고]를 책 한 소챕터 분량(2000자 이내)으로 확장
타깃: 예비 저자 및 출판 기획자
조건: 사례, 데이터, 구체적 설명을 포함해 내용의 깊이를 강화하고, 문단은 서론 – 본론 – 결론 구조로 구성
형식: 확장된 소챕터 원고

수필형 감성 원고 변환

목표: 제공된 [원고]를 수필 형식으로 변환해 1500자 분량으로 작성
타깃: 일반 독자
조건: 서정적이고 개인적 경험 중심으로 구성하며, 감각적 표현을 자연스럽게 포함
형식: 수필 스타일 원고

책 챕터 목차 기반 재구성

목표: 제공된 [원고]를 책 챕터 목차에 맞게 재구성
타깃: 출판 기획자 및 저자
조건: 각 챕터별 핵심 주제를 명확히 정리하고, 논리적 흐름이 이어지도록 소제목 구조로 구성
형식: 목차 기반 재구성 원고

대학 교재용 학습 원고 구성

목표: 제공된 [원고]를 대학 교재 형식으로 변환
타깃: 대학생 및 교육 담당자
조건: 학습 목표, 본문, 요약, 과제 제안을 포함한 4단 구조로 구성
형식: 교재 스타일 학습 원고

Q&A 보충 자료 작성

목표: 제공된 [원고]를 바탕으로 Q&A 형식의 보충 자료 작성
타깃: 학습자 및 독자
조건: 질문은 독자의 의문을 중심으로, 답변은 간결하면서도 정보 밀도 높게 구성
형식: Q&A 보충 자료

인터뷰 대화체 원고 변환

목표: 제공된 [원고]를 인터뷰 형식으로 변환
타깃: 일반 독자 및 콘텐츠 제작자
조건: 질문자-답변자 구조로 구분하고, 핵심 내용을 자연스럽게 대화로 전개
형식: 인터뷰 스타일 원고

국제 독자 대상 원고 수정

목표: 제공된 [원고]를 해외 독자도 이해할 수 있도록 수정
타깃: 해외 독자 및 번역용 원고 독자층
조건: 한국적 사례에는 간단한 배경 설명을 덧붙이고, 보편적 예시를 함께 포함
형식: 국제 독자를 위한 수정 원고

팟캐스트용 스크립트 변환

목표: 제공된 [원고]를 팟캐스트 대본 형식으로 변환
타깃: 팟캐스트 진행자 및 청취자
조건: 도입-본문-마무리 흐름으로 구성하고, 청취자와 대화하듯 자연스럽게 전개
형식: 팟캐스트 스크립트

뉴스레터용 요약 원고 작성

목표: 제공된 [원고]를 뉴스레터용으로 500자 내외로 요약
타깃: 뉴스레터 구독자
조건: 핵심 메시지를 중심으로 구성하고, 구독자 친화적이며 간결한 문체 유지
형식: 뉴스레터 스타일 요약 원고

브런치 칼럼 스타일 다듬기

목표: 제공된 [원고]를 브런치 칼럼 스타일로 다듬기
타깃: 감성적 독자층 및 브런치 플랫폼 독자
조건: 감성적이고 서정적인 톤으로 전환하고, 문장은 부드럽게 연결되도록 구성
형식: 브런치 칼럼 스타일 원고

👍 블로그용 원고

블로그 확장형 원고 작성

목표: 제공된 [원고]를 블로그 글 형식으로 확장
타깃: 블로그 독자
조건: 소제목 3개 포함, 각 소제목별 본문은 200~300자로 구성
형식: 구조적이고 가독성 높은 블로그 원고

네이버 블로그 스타일 변환

목표: 제공된 [원고]를 네이버 블로그 스타일로 변환
타깃: 일반 블로그 이용자
조건: 후기 톤으로 작성하고, 소제목과 간단한 이모티콘을 포함해 친근한 분위기 조성
형식: 네이버 블로그 게시용 원고

블로그 연재 시리즈용 첫 편 작성

목표: 제공된 [원고]를 블로그 연재 시리즈의 첫 편으로 작성
타깃: 블로그 구독자 및 일반 독자
조건: 도입-본문-예고 구조로 구성하고, 다음 글에 대한 기대감을 유도
형식: 시리즈형 블로그 원고

블로그 SEO 최적화 원고 수정

목표: 제공된 [원고]를 블로그 SEO 기준에 맞게 수정
타깃: 블로거 및 콘텐츠 마케터
조건: 소제목에 핵심 키워드를 포함하고, 본문 내 키워드를 3~5회 자연스럽게 배치
형식: 검색 친화적인 블로그 원고

블로그 Q&A 콘텐츠 작성

목표: 제공된 [원고]를 블로그 독자 대상 Q&A 형식으로 작성
타깃: 블로그 독자
조건: 질문 3개와 답변 3개로 구성, 실용적이고 친근한 톤 유지
형식: Q&A 형식 블로그 콘텐츠

후기 중심 블로그 원고 작성

목표: 제공된 [원고]를 후기 중심의 블로그 글로 작성
타깃: 일반 블로그 독자
조건: 개인 경험과 느낀 점, 배운 점 중심으로 구성하고 진솔한 어조 유지
형식: 후기 스타일 블로그 원고

카드 뉴스용 블로그 문구 제작

목표: 제공된 [원고]를 블로그 카드 뉴스에 활용할 수 있는 문구로 제작
타깃: 블로그·SNS 콘텐츠 제작자
조건: 핵심 메시지를 5문장 이내로 요약하고, 카드별 구분 구조로 정리
형식: 카드 뉴스용 문구 세트

실천 가이드형 블로그 글 작성

목표: 제공된 [원고]를 실천 가이드 형식의 블로그 글로 작성
타깃: 실용 정보형 콘텐츠 독자
조건: 단계별(①②③) 구조로 구성하고, 각 단계는 3~4문장으로 간결하게 설명
형식: 단계형 블로그 가이드 원고

독자 참여형 블로그 글 작성

목표: 제공된 [원고]를 독자 참여를 유도하는 블로그 글로 작성
타깃: 블로그 독자 및 커뮤니티 참여자
조건: 질문형 문장 2개 이상 포함, 댓글 참여를 자연스럽게 유도하는 어조로 작성
형식: 참여형 블로그 원고

뉴스레터형 블로그 글 변환

목표: 제공된 [원고]를 뉴스레터 스타일의 블로그 글로 변환
타깃: 구독자 중심 블로그 독자
조건: 도입 – 핵심 요약 – 실천 팁 구조로 구성하고, 구독자에게 친근하게 전달
형식: 뉴스레터 스타일 블로그 원고

👍 인스타그램, 유튜브 등 다양한 플랫폼용 원고

인스타그램 게시글 문구 작성

목표: 제공된 [원고]를 인스타그램 게시글용 150자 문구로 작성
타깃: SNS 사용자 및 팔로워
조건: 핵심 메시지를 담고, 해시태그 5개를 자연스럽게 포함
형식: 인스타그램 게시글 문구

페이스북 게시글 원고 변환

목표: 제공된 [원고]를 페이스북 게시글 형식으로 변환
타깃: 페이스북 사용자
조건: 질문형 문장으로 시작하고, 공감 문구를 포함하며, 마지막에 댓글 참여를 유도
형식: 페이스북 게시글 원고

X 게시글 문구 축약

목표: 제공된 [원고]를 X용 280자 이내 글로 축약
타깃: X 사용자
조건: 핵심 메시지를 강조하고, 간결하고 임팩트 있는 문장으로 구성
형식: X 게시글 문구

유튜브 커뮤니티 게시글 작성

목표: 제공된 [원고]를 유튜브 커뮤니티 게시글 형식으로 작성
타깃: 유튜브 채널 구독자
조건: 간단한 질문 또는 투표 유도 문구를 포함하고, 짧은 문단 중심으로 구성
형식: 유튜브 커뮤니티 게시글 원고

카카오톡 채널 공지 메시지 작성

목표: 제공된 [원고]를 카카오톡 채널 공지 메시지로 변환
타깃: 카카오톡 채널 구독자
조건: 2~3문장 이내로 간결하게 작성하고, 친근하고 대화형 어조 유지
형식: 카카오톡 공지 메시지

SNS 이벤트 홍보 글 작성

목표: 제공된 [원고]를 SNS 이벤트 홍보용 글로 작성
타깃: 일반 SNS 사용자
조건: 이벤트 내용, 참여 방법, 기간을 포함하고, 핵심 해시태그 추가
형식: SNS 이벤트 홍보 게시글

숏폼 영상 캡션 문구 작성

목표: 제공된 [원고]를 릴스·숏폼 영상용 캡션 문구로 작성
타깃: SNS 영상 시청자
조건: 1문장 중심의 짧은 문구로 구성하고, 영상 톤에 맞는 해시태그 포함
형식: 숏폼 영상 캡션 문구

링크드인 게시글 작성

목표: 제공된 [원고]를 링크드인 게시글 형식으로 작성
타깃: 직장인 및 전문가 네트워크 독자
조건: 전문적이고 신뢰감 있는 어조로 구성하며, 업무·성장·학습 관점을 포함
형식: 링크드인 게시글 원고

틱톡 게시글 설명 문구 작성

목표: 제공된 [원고]를 틱톡 게시글 설명 문구로 작성
타깃: 틱톡 사용자 및 영상 시청자
조건: 100자 내외로 짧고 직관적으로 작성하고, 해시태그 3개 포함
형식: 틱톡 게시글 문구

SNS 광고 카피 제작

목표: 제공된 [원고]를 SNS 광고용 카피로 제작
타깃: SNS 광고 시청자 및 잠재 고객
조건: 첫 문장은 강렬하게, 마지막 문장은 행동을 유도하는 문장으로 구성
형식: SNS 광고 카피 3개 버전

👍 독자 반응·데이터 분석

독자 반응 데이터 분석

목표: 제공된 데이터(좋아요, 댓글, 저장 수)를 분석해 효과적인 글 유형 파악
타깃: 콘텐츠 기획자 및 마케터
조건: 상위 성과 글의 공통점을 도출하고, 개선 포인트를 함께 제안
형식: 효과적인 글의 주요 특징과 개선 방향 정리

톤 비교를 위한 A/B 테스트용 글 작성

목표: 동일한 주제를 2가지 톤으로 구분해 글 작성
타깃: 콘텐츠 기획자 및 카피라이터
조건: 버전 A는 친근한 톤, 버전 B는 전문적인 톤으로 각각 3문단 구성
형식: A/B 비교용 2가지 버전 글

반응 높은 글의 성공 패턴 요약

목표: 저장 수와 댓글이 많은 글의 공통 성공 요인 요약
타깃: 콘텐츠 분석가 및 마케팅 담당자
조건: 최소 3가지 특징 정리, 각 특징별 구체적 예시 포함
형식: 반응 높은 글의 성공 패턴 정리본

반응 낮은 글 개선 아이디어 도출

목표: 반응이 낮은 글을 개선하기 위한 아이디어 5가지 도출
타깃: 콘텐츠 마케터 및 블로거
조건: 제목, 문장 톤, 이미지, 해시태그 등 다양한 요소를 기준으로 분석
형식: 실행 가능한 개선 아이디어 리스트

발행 시간대별 반응 패턴 분석

목표: 아침·점심·저녁 발행 시간대별 반응 패턴 분석
타깃: SNS 및 블로그 운영자
조건: 각 시간대의 성과를 비교하고, 최적의 발행 시간을 제안
형식: 시간대별 반응 분석 결과 및 권장 발행 시간

월간 콘텐츠 성과 표 작성

목표: 지난 한 달간의 콘텐츠 성과 데이터를 표로 정리
타깃: 콘텐츠 관리자 및 마케팅 담당자
조건: 조회 수, 좋아요, 댓글, 저장 수를 기준으로 상위·하위 콘텐츠 구분
형식: 월간 콘텐츠 성과 요약 표

상위·하위 콘텐츠 비교 분석

목표: 상위 3개 인기 콘텐츠와 하위 3개 콘텐츠의 차이점 비교
타깃: 콘텐츠 기획자 및 마케팅 담당자
조건: 문장 톤, 이미지 구성, 발행 시간 등 요소별 차이 분석
형식: 비교 분석 결과 및 개선 인사이트

해시태그별 반응 차이 분석

목표: 사용된 해시태그별 반응 차이 분석
타깃: SNS 운영자 및 마케팅 분석가
조건: 자주 사용된 태그와 높은 반응을 얻은 태그를 연결해 인사이트 도출
형식: 해시태그 성과 분석 결과 및 활용 제안

다음 달 콘텐츠 캘린더 구성

목표: 독자 반응 데이터를 기반으로 다음 달 콘텐츠 캘린더 구성
타깃: 블로그·SNS 콘텐츠 운영자
조건: 주제, 발행 요일·시간, 추천 해시태그를 포함해 주 단위로 구성
형식: 한 달 분량의 콘텐츠 캘린더

독자 반응 기반 성공 패턴 요약

목표: 독자 반응 데이터를 종합해 반복 활용 가능한 '성공 패턴' 요약
타깃: 콘텐츠 마케터 및 크리에이터
조건: 최소 3가지 이상 성공 요인을 정리하고, 각 요인에 따른 실천 아이디어 포함
형식: 재활용 가능한 성공 패턴 리스트

👍 트렌드·스토리텔링·브랜딩 글쓰기

최신 트렌드 반영 블로그 주제 추천

목표: 최신 뉴스와 트렌드를 반영한 블로그 글 주제 5개 추천
타깃: 블로거 및 콘텐츠 기획자
조건: 주제는 실용적이고 검색성이 높으며, 각 주제별 설명을 1문장으로 구성
형식: 블로그 글 주제 리스트 5개

계절 이벤트 기반 SNS 글 아이디어 제안

목표: 계절 이벤트(명절, 휴가철, 계절 행사)에 맞는 SNS 글 아이디어 5개 제안
타깃: SNS 운영자 및 마케팅 담당자
조건: 각 아이디어에 짧은 문구와 해시태그 포함
형식: SNS 글 아이디어 리스트

업계 트렌드 분석 블로그 글 작성

목표: 특정 업계의 최신 트렌드를 분석해 블로그용 글 작성
타깃: 업계 전문가 및 블로그 독자
조건: 700자 분량으로 구성하고, '현황 – 분석 – 제언' 구조 유지
형식: 트렌드 분석 블로그 원고

바이럴 사례 기반 공감형 글 작성

목표: 최근 바이럴 사례를 활용해 독자 공감을 끌어내는 글 작성
타깃: 블로그 및 SNS 독자
조건: 800자 분량으로 구성하고, 사례 – 교훈 – 실천 포인트 포함
형식: 공감형 블로그 글 초안

개인 경험 중심 스토리텔링 글 변환

목표: 제공된 [원고]를 개인 경험 중심의 스토리텔링 형식으로 변환
타깃: 일반 독자
조건: 감정과 교훈을 담고, 문장은 자연스럽게 이어지도록 구성
형식: 스토리텔링 원고

브랜딩 중심 자기소개 글 작성

목표: 자기소개 글을 브랜딩 메시지를 중심으로 다시 작성
타깃: 개인 브랜딩을 구축하려는 전문가 및 창작자
조건: 전문성과 차별성을 드러내며, 독자가 신뢰를 느낄 수 있는 구조로 구성
형식: 브랜딩 자기소개 원고

일상 경험 기반 브랜드 스토리 확장

목표: 제공된 [원고]의 일상 경험(출근길, 독서, 여행 등)을 브랜드 스토리로 확장
타깃: 브랜드 기획자 및 창작자
조건: 경험에서 얻은 교훈을 브랜드 가치와 자연스럽게 연결
형식: 브랜드 스토리 원고

감성적 스토리텔링 문장 제안

목표: 감성적 공감을 줄 수 있는 스토리텔링 문장 5개 제안
타깃: 에세이 작가 및 SNS 크리에이터
조건: 각 문장은 짧고 여운이 남는 표현으로 구성
형식: 감성적 스토리텔링 문장 리스트

신뢰 중심 브랜딩 블로그 글 작성

목표: 독자에게 신뢰감을 줄 수 있는 브랜딩 메시지를 포함한 블로그 글 작성
타깃: 개인 브랜드 운영자 및 전문가
조건: 1000자 분량으로 구성하고, 사례와 교훈을 함께 포함
형식: 신뢰 중심 블로그 원고

스토리텔링 기반 SNS 글 작성

목표: 기승전결 구조를 활용해 SNS용 200자 스토리텔링 글 작성
타깃: SNS 사용자 및 팔로워 독자
조건: 핵심 메시지를 짧고 명확하게 전달하고, 해시태그 포함
형식: 스토리텔링 기반 SNS 문구

부록 B

썸네일부터 카드 뉴스까지, 바로 써먹는 이미지 프롬프트

AI 이미지 생성은 이제 콘텐츠 제작의 필수 도구가 되었습니다. 그러나 막상 이미지를 만들려고 하면 어떤 표현을 넣어야 할지 막막한 경우가 많습니다. 부록 B는 이런 고민에 드는 시간을 줄이기 위해 상황별 바로 활용 가능한 프롬프트를 정리했습니다.

누구나 예시 프롬프트를 그대로 입력하면 톤과 구도가 일정한 이미지를 얻을 수 있도록 프롬프트 템플릿 중심으로 구성했습니다. 핵심 요소를 짧고 명확한 구문으로 정리해, 문장보다 조합식으로 설계할 수 있는 형태입니다.

👍 대표 이미지

대표 이미지는 글의 첫인상을 결정하는 중요한 요소입니다. 특히 글의 주제와 목적에 맞는 이미지를 선택하면 독자의 클릭을 유도하고, 메시지를 더 직관적으로 전달할 수 있습니다.

대표 이미지 프롬프트 템플릿

> 목적: ([이미지 활용 목적, 예: 블로그 썸네일 / 칼럼 대표 이미지 / 뉴스레터 커버])
> 스타일: ([이미지의 시각적 표현 방식, 예: 플랫 벡터 / 미니멀 일러스트 / 인포그래픽])
> 배경: ([장면이 전개되는 공간, 예: 사무실 / 카페 / 서재 / 회의실])
> 인물/오브젝트: ([중심 인물 또는 주요 대상, 예: 젊은 직장인 여성 / AI 로봇 / 책상 위 노트북])
> 행동: ([인물의 동작이나 활동, 예: 노트북 화면을 보며 글 작성 / 아이디어 구상 / 데이터 분석])
> 소품: ([장면을 보완하는 주변 오브젝트, 예: 커피잔 / 노트 / 헤드셋 / 메모장])
> 톤: ([전체 색감과 분위기, 예: 밝고 집중된 / 차분하고 전문적인 / 따뜻하고 현실적인])
> 비율: ([이미지 화면 비율, 예: 16:9 / 1:1 / 9:16])

대표 이미지 생성 프롬프트 ①

 대표 이미지를 생성해주세요.
스타일: 플랫 벡터 일러스트
배경: 카페 창가, 도시풍경
인물/오브젝트: 한국인 남성
행동: 노트북 화면을 보며 글을 작성
소품: 커피잔, 작은 노트
톤: 밝고 집중된
비율: 16:9

대표 이미지 생성 프롬프트 ②

대표 이미지를 생성해주세요.
스타일: 플랫 벡터 일러스트
배경: 사무실 책상
인물/오브젝트: 젊은 한국인 여성
행동: 노트북 화면을 바라보며 생각하는 장면
소품: 헤드셋, 커피잔
톤: 차분하고 전문적인
비율: 16:9

👍 카드 뉴스

카드 뉴스는 짧은 정보와 시각적 메시지를 한눈에 전달하는 콘텐츠 형식입니다. 글보다 빠르게 주목을 끌고, 강의·행사·제품 홍보처럼 핵심 포인트를 강조할 때 특히 효과적입니다.

카드 뉴스 이미지 프롬프트 템플릿

> 카드 뉴스용 이미지 생성해주세요.
> 스타일:([이미지의 시각적 표현 방식])
> 배경/구성:([카드 개수]개의 카드가 [가로/세로 배열]로 배치된 [배경 톤·구성 요소])
> 카드1:([아이콘1]) +([문구1])
> 카드2:([아이콘2]) +([문구2])
> 카드3:([아이콘3]) +([문구3])
> 색상 조합:([주요 색상 조합])
> 구도:([전체 이미지의 구성·스타일 방향])
> 비율:([이미지 화면 비율])

카드 뉴스 생성 프롬프트 ①

 카드 뉴스용 이미지 생성해주세요.
스타일: 플랫 인포그래픽
배경/구성: 밝은 흰색 배경, 중앙에 노트북과 펜 아이콘
텍스트: "AI 글쓰기, 지금 시작할 때입니다"
보조 문구: "생각은 당신이, 정리는 AI가"
색상 조합: 블루 + 화이트
구도: 여백이 넉넉한 중앙 집중형 레이아웃
비율: 16:9

카드 뉴스 생성 프롬프트 ②

 카드 뉴스용 이미지 생성해주세요.
스타일: 플랫 인포그래픽
배경/구성: 밝은 흰색 배경, 중앙에 마이크와 문서 아이콘
텍스트: "실습 중심으로 배우는 AI 글쓰기"
보조 문구: 노트북, 대화창, AI 챗 아이콘이 주변에 간결하게 배치
색상 조합: 파란색 포인트 + 중립 톤 회색 음영
구도: 전문적인 톤의 강의 현장감 있는 구성
비율: 16:9

카드 뉴스 생성 프롬프트 ③

 SNS 카드 뉴스용 이미지 생성해주세요.
스타일: 플랫 인포그래픽
배경/구성: 밝은 흰색 배경, 중앙에 그래프와 상승 화살표 아이콘
텍스트: "결과로 증명하는 성장"
보조 문구: "꾸준함이 데이터로 쌓이는 강의"
색상 조합: 블루 + 화이트 조합 유지
구도: 시선이 오른쪽 상단으로 향하는 상승형 레이아웃
비율: 16:9

썸네일

썸네일은 클릭을 결정하는 시각적 포스터입니다. 짧은 시간 안에 주제와 감정을 전달해야 하므로, 강한 대비와 명확한 메시지가 핵심입니다.

썸네일 이미지 프롬프트 템플릿

> 썸네일 이미지를 생성해주세요.
> 스타일:([이미지 표현 방식 - 예: 플랫 인포그래픽, 모던 벡터, 라인 일러스트])
> 주제:([영상 주제 문구 - 예: "AI 글쓰기 강의 핵심 요약" "AI 시대, 글쓰기는 변할까?"])
> 인물/오브젝트:([핵심 인물 또는 상징 요소 - 예: 한국인 남성 캐릭터, 노트북, 마이크, 책])
> 텍스트 구성:([문구 배치 방식 - 예: 왼쪽 인물, 오른쪽에 굵은 제목/중앙 배치형/상하 분할형])
> 배경:([색상 톤 및 구성 - 예: 화이트 + 블루 포인트/네이비 그라데이션/밝은 스튜디오 배경])
> 아이콘/요소:([주제를 보완하는 그래픽 - 예: 책, 전구, 그래프, 대화 아이콘])
> 톤 앤 매너:([영상의 성격 - 예: 전문적이고 집중된/따뜻하고 친근한/분석적이고 차분한])
> 비율:([이미지 비율 - 16:9, 유튜브 기본 비율])

썸네일 생성 프롬프트 ①

 (첨부된 이미지의 캐릭터의 얼굴과 복장 이미지 참조)
유튜브 썸네일 이미지를 생성해주세요.
스타일: (플랫 인포그래픽 스타일)
주제: ("AI 글쓰기 강의 핵심 요약")
인물/오브젝트: (안경 쓴 한국인 남성 캐릭터, 노트북 아이콘, 남성의 두 손은 노트북 키보드에 올려져 있음)
텍스트 구성: (왼쪽 인물, 오른쪽에 굵은 제목 'AI 글쓰기 핵심 정리')

배경: (화이트 + 블루 포인트, 단순 패턴)
아이콘/요소: (책, 전구, 메모 아이콘)
톤 앤 매너: (전문적이고 집중된)
비율: (16:9)
[첨부]

썸네일 생성 프롬프트 ②

썸네일 이미지를 생성해주세요.
스타일: (플랫 벡터 일러스트)
주제: ('AI는 나보다 나를 잘 안다')
인물/오브젝트: (노트북을 바라보는 한국인 남성 캐릭터, 주변에 전구와 메모 아이콘)

배경: (화이트 + 라이트 그레이 그라데이션)

텍스트 구성: (굵은 제목 'AI는 나보다 나를 잘 안다'/부제 'AI 시대의 자기 인식')

톤 앤 매너: (사색적이고 집중된)

비율: (16:9)

[첨부]

썸네일 생성 프롬프트 ③

(첨부된 이미지의 캐릭터의 얼굴과 복장 이미지 참조)
썸네일 이미지를 생성해주세요.
스타일: (모던 플랫 인포그래픽)
주제: ('AI 글쓰기 루틴 세팅법')

인물/오브젝트: (노트북 앞에서 체크리스트를 확인하는 남성 캐릭터, 남성 캐릭터는 손은 체크리스트 선택)
텍스트 구성: (굵은 제목 'AI 글쓰기 루틴 세팅법', 서브 문구 '매일 쓰는 자동 루틴 만들기')
배경: (화이트 톤, 블루 포인트로 원형 강조 배경)
아이콘: (그래프, 시계, 체크리스트)
톤 앤 매너: (실용적이고 집중된)
비율: (16:9)
[첨부]

👍 행사·강의·홍보 포스터

행사나 강의 포스터는 정보 전달과 참여 유도를 동시에 충족해야 하는 콘텐츠입니다.

한눈에 핵심 메시지를 전달하고, 독자가 즉시 '참여하고 싶다'는 행동으로 이어지게 만드는 것이 목적입니다.

행사·강의·홍보 포스터 이미지 프롬프트 템플릿

> SNS·강의 홍보용 포스터 이미지를 생성해주세요.
> 스타일: ([이미지의 시각적 표현 방식])
> 배경: ([배경 색상 및 분위기 설정])
> 구성: ([전체 이미지 구도 및 프레임 구조])
> 인물/오브젝트: ([등장 인물 또는 중심 오브젝트의 설정])
> 텍스트(메인 문구): ([포스터 상단에 들어갈 핵심 문구])
> 텍스트(보조 문구): ([하단 혹은 추가 설명 문구])
> 아이콘: ([정보 강조용 아이콘 구성])
> 색상 조합: ([주요 컬러 톤 조합])
> 구도: ([전체 균형감, 배치, 시선 흐름 등 구성 방향])
> 비율: ([이미지 비율 및 방향])

프롬프트 ① AI 글쓰기 강의 홍보용 포스터

 SNS·강의 홍보용 포스터 이미지를 생성해주세요.
스타일: 플랫 인포그래픽 스타일
배경: 밝은 화이트 배경
구성: 중앙에 큰 원형 프레임 구조

인물/오브젝트: 노트북 앞에서 글을 작성 중인 한국인 남성과 여성 캐릭터가 마주 앉은 모습
아이콘: 노트북, 마이크, 체크리스트 아이콘을 균형 있게 배치
텍스트(메인 상단 문구): "AI 글쓰기, 지금 시작하세요"
텍스트(보조 하단 문구): "실습 중심 강의·실전 루틴 세팅 · 결과로 증명"
CTA 버튼: 하단 중앙에 파란색 라운드 버튼, 안에 흰색 텍스트 "무료 강의 신청하기"
색상 조합: 블루와 그레이 계열 중심
구도: 단정하고 집중감 있는 전체 구성
비율: 9:16 세로형

프롬프트 ② AI 글쓰기 강의 홍보용 포스터

 SNS·강의 홍보용 포스터 이미지를 생성해주세요.
스타일: 모던 플랫 인포그래픽 스타일
배경: 화이트·블루 투톤 배경
텍스트(메인 문구): "AI로 성장하는 글쓰기"

인물/오브젝트: 모니터 앞에서 집중하는 직장인·학생 캐릭터와 노트북 속 AI 대화창 일러스트

요소(추가 그래픽): 상단에 상승 그래프 아이콘 배치

CTA 버튼: 하단 중앙에 파란색 라운드 버튼, 안에 흰색 텍스트 "무료 강의 신청하기"

디자인 효과: 부드러운 그림자와 라운드 박스를 활용해 입체감 부여

구도: 위에서 아래로 자연스럽게 이어지는 시선 흐름 중심 구성

비율: 9:16 세로형

👍 삽화

삽화는 글의 메시지를 시각적으로 확장해 독자의 이해와 몰입을 돕는 장치입니다. 글로 표현하기 어려운 감정, 상징, 아이디어를 이미지로 구체화해 텍스트의 의미를 깊이 있게 전달합니다.

삽화 프롬프트 템플릿

> 삽화용 이미지를 생성해주세요.
> 스타일: ([삽화의 표현 방식 – 예: 미니멀 라인 드로잉/플랫 벡터/감성 수묵화/디지털 수채화])
> 주제: ([그림이 전달할 중심 메시지나 개념 – 예: 생각이 현실로 이어지는 과정])
> 상징 장면: ([주제를 시각적으로 나타내는 중심 장면 – 예: 하늘로 이어지는 계단을 오르는 인물, 계단 끝에는 펜 모양의 빛])
> 오브젝트 구성: ([그림에 포함될 주요 요소 – 예: 계단, 사람, 펜, 빛])
> 공간감: ([장면의 구도와 여백 활용 방식 – 예: 중앙 여백이 넓고 상향 구도])
> 색상 조합: ([주조색 + 보조색/대비 포인트 – 예: 화이트 + 네이비 포인트])
> 분위기: ([그림이 주는 인상 – 예: 사색적이고 영감이 느껴지는 톤])
> 비율: ([가로형 16:9/세로형 9:16/정사각형 1:1 등 용도에 맞는 비율])

삽화 생성 프롬프트 ①

 삽화용 이미지를 생성해주세요.
스타일: 미니멀 라인 드로잉
주제: 생각이 현실로 이어지는 과정
상징 장면: 하늘로 이어지는 계단을 오르는 인물, 계단 끝에는 펜 모양의 빛
오브젝트 구성: 계단, 사람, 펜, 빛
공간감: 중앙 여백이 넓고 상향 구도

색상 조합: 화이트 + 네이비 포인트
분위기: 사색적이고 영감이 느껴지는 톤
비율: 16:9

삽화 생성 프롬프트 ②

삽화용 이미지를 생성해주세요.
스타일: 플랫 벡터 일러스트, 부드러운 채색
장면 설정: 아침 햇살이 비치는 창가에서 한 여성이 노트를 펼치고 글을 쓰는 장면
인물/오브젝트: 한국인 여성, 커피잔, 노트, 창가의 화분
행동/포즈: 창밖을 잠시 바라보다 다시 펜을 드는 모습
배경: 조용한 집 안, 따뜻한 빛이 들어오는 창가 공간
상징 요소: 창가의 햇살, 벽에 걸린 시계, 메모지
톤 앤 매너: 차분하고 집중된 분위기
색상 조합: 화이트 + 뉴트럴 블루 계열, 따뜻한 채도 최소화
구도: 중앙 인물 중심, 여백이 많은 구성
비율: 16:9 가로형

삽화 생성 프롬프트 ③

 삽화용 이미지를 생성해주세요.
스타일: 모던 플랫 인포그래픽
주제: 아이디어가 데이터로 연결되는 사고의 구조
인물/오브젝트: 한 인물이 노트북 앞에서 생각 중, 주변에 네트워크 노드 아이콘 확산
구성: 중앙 인물 중심, 외곽으로 데이터 라인이 퍼지는 구조
배경: 밝은 화이트·그레이 톤, 단정한 레이아웃
시각 요소: 전구, 그래프, 화살표, 네트워크 노드
톤 앤 매너: 분석적이면서도 창의적인 분위기
색상 조합: 화이트 + 네이비 + 블루 포인트
비율: 16:9

👍 캐릭터 생성

캐릭터는 브랜드나 콘텐츠의 얼굴로, 글과 이미지를 연결해 친근함과 일관된 인상을 만들어줍니다.

특히 블로그·책·SNS 전반에서 동일한 캐릭터를 활용하면, 독자는 한눈에 콘텐츠의 주체를 인식하고 신뢰감 있는 브랜드 아이덴티티를 느낍니다.

캐릭터 이미지 프롬프트 템플릿

> 캐릭터 이미지를 생성해주세요.
> 스타일: (플랫 벡터 일러스트)
> 외형 특징: (짧은 검은 머리를 가진 한국인 남성 캐릭터)
> 의상/소품: (안경 착용, 깔끔한 셔츠 차림)
> 표정: (밝게 미소 짓는 얼굴)
> 포즈/동작: (두 손을 자연스럽게 모으거나 인사하는 포즈)
> 배경: (단색 화이트)
> 구도: (캐릭터 중심, 상반신 구도)
> 디자인 특징: (둥근 라인과 은은한 그림자 표현으로 부드러운 톤 유지)
> 분위기: (따뜻하고 친근한 인상)
> 비율: (1:1 정사각형)

캐릭터 생성 프롬프트 ①

 첨부된 이미지를 기반으로 캐릭터 이미지를 생성해주세요.
스타일: 참조 이미지의 플랫 벡터 스타일 유지
외형 특징: 참조 이미지의 동일 인물 – 짧은 검은 머리, 안경, 단정한 인상
표정: 미소 대신 약간 더 밝은 웃음으로 변경

포즈/동작: 참조 이미지와 동일한 상반신 포즈, 손 모양은 인사하는 형태로 조정
배경: 화이트 단색 유지
디자인 특징: 참조 이미지의 둥근 라인과 그림자 톤 유지
분위기: 따뜻하고 친근한 인상 유지
비율: 1:1

[첨부]

캐릭터 생성 프롬프트 ②

 첨부된 이미지를 기반으로 캐릭터 이미지를 생성해주세요.
스타일: 참조 이미지의 플랫 벡터 스타일 유지

외형 특징: 참조 이미지의 동일 인물 - 짧은 검은 머리, 안경, 단정한 인상
표정: 밝게 웃으며 자신감 있는 표정
포즈/동작: 한 손으로 마이크를 들고, 다른 손은 가볍게 앞으로 내밀며 발표하는 제스처
배경: 화이트 단색 유지
디자인 특징: 참조 이미지의 둥근 라인과 그림자 톤 유지
분위기: 전문적이면서도 따뜻한 인상 유지
비율: 1:1

[첨부]

캐릭터 생성 프롬프트 ③

첨부된 이미지를 기반으로 캐릭터 이미지를 생성해주세요.
스타일: 참조 이미지의 플랫 벡터 스타일 유지
외형 특징: 참조 이미지의 동일 인물 - 짧은 검은 머리, 안경, 단정한 인상
표정: 입꼬리를 살짝 올린 부드러운 미소, 눈은 생각하는 듯한 표정
포즈/동작: 한 손은 턱을 괴고, 다른 손은 팔을 받치는 자세
배경: 화이트 단색 유지
디자인 특징: 참조 이미지의 둥근 라인과 은은한 그림자 톤 유지
분위기: 차분하고 사려 깊은 인상 유지
비율: 1:1

[첨부]

부록 C

콘텐츠 자동화를 위한
필수 AI 도구 추천

AI 시대의 콘텐츠 제작은 이전과는 사뭇 다릅니다. 블로그 글쓰기, SNS 운영, 이미지·영상 제작, 배포와 자동화까지 이어지는 전 과정은 이미 다양한 AI 도구가 대신하거나 보조할 수 있기 때문이죠. 성패는 '어떤 도구를 쓰느냐'보다 '어떻게 조합해 워크플로를 설계하느냐'에 달려 있습니다. 결국 빠르게 만들고, 일관되게 배포하며, 데이터로 개선하는 선순환을 구축하는 것이 핵심입니다.

이 부록은 콘텐츠 제작의 필수 AI 도구를 카테고리별로 정리하고, 각 도구의 목적, 핵심 기능, 강점, 한계, 워크플로 예시 그리고 리스크 체크까지 한눈에 파악할 수 있도록 구성했습니다. 콘텐츠 기획부터 이미지, 영상과 배포 그리고 리서치에 이르는 콘텐츠 제작의 전체 과정을 제시합니다. 여러분은 필요한 카테고리만 골라 바로 적용하거나 전체 흐름대로 연결해 자신만의 자동화 파이프라인을 설계할 수 있습니다.

👍 기획 & 협업

아이디어 수집부터 일정·업무를 한 화면에서 구조화해 개인과 팀의 실행력을 높이는 도구입니다.

노션 AI Notion AI

- 목적: 아이디어 수집부터 일정·작업까지 통합 관리합니다.
- 핵심 기능: 문서 작성, AI 요약, 일정 연동, 팀 협업, 데이터베이스 관리
- 강점/한계: 협업 효율이 높지만, 복잡한 구조 설정은 초기 부담이 있습니다.
- 워크플로 예시: 아이디어 기록 → AI 요약 → 주간 캘린더 자동 반영
- 리스크 체크: 외부 공유 시 문서 접근 권한을 점검합니다.
- 대안·보완 도구: 클릭업 ClickUp, 아사나 Asana
- 대상 사용자: 팀 단위 창작자, 강의·프로젝트 운영자

🔗 notion.so

워크플로위 Workflowy

- 목적: 아이디어를 계층 구조로 정리해 사고를 시각화합니다.
- 핵심 기능: 트리 구조, 드래그 정렬, 무한 확장 노트
- 강점/한계: 단순성과 집중력이 강점입니다. 대형 프로젝트엔 기능이 제한됩니다.
- 워크플로 예시: 시리즈 콘텐츠 기획 → 노드별 아이디어 세분화
- 리스크 체크: 클라우드 자동 저장 시 동기화 상태를 확인합니다.
- 대안·보완 도구: 다이널리스트 Dynalist, 노션
- 대상 사용자: 개인 작가, 기획 초안 단계 사용자

🔗 workflowy.com

👍 글쓰기 & 원고 자동화

초안 생성부터 요약·스타일 변환까지 전 과정을 자동화해 원고 제작 속도와 일관성을 높이는 도구입니다.

챗GPT ChatGPT

- 목적: 초안 작성, 요약, 스타일 변환 등 전 과정을 자동화합니다.
- 핵심 기능: 프롬프트 기반 글쓰기, SEO 수정, 문체 변환, 번역
- 강점/한계: 속도와 다양성이 강점입니다. 사실 검증은 별도 확인이 필요합니다.
- 워크플로 예시: 초안 생성 → SEO 버전 변환 → SNS 축약본 작성
- 리스크 체크: 개인정보·표절·저작권 포함 여부를 점검합니다.
- 대안·보완 도구: 클로드, 재스퍼 AI
- 대상 사용자: 블로그 운영자, 강의 원고 작성자

🔗 chatgpt.com

재스퍼 AI Jasper AI

- 목적: 마케팅 중심의 카피라이팅을 자동화합니다.
- 핵심 기능: 광고 문구, 이메일, SNS 포스트 자동 생성
- 강점/한계: 영문 마케팅에 강하지만, 한글 문체는 다소 기계적입니다.
- 워크플로 예시: 제품명 입력 → 10개 광고 카피 생성 → 반응 높은 문장 선택
- 리스크 체크: 생성된 카피의 문체·상표 사용 여부를 검토합니다.
- 대안·보완 도구: 카피 AI Copy.ai, 라이트소닉 Writesonic
- 대상 사용자: 브랜드 마케터, SNS 홍보 담당자

🔗 jasper.ai

클로드 Claude

- 목적: 긴 문서 처리와 안전한 분석 중심 글쓰기를 지원합니다.
- 핵심 기능: 긴 문서 요약, 인터뷰 분석, 보고서 자동 작성
- 강점/한계: 논리적 정리력은 우수하지만 일부 한국어 표현이 제한적입니다.
- 워크플로 예시: 인터뷰 원고 → 요약 정리 → 보고서 초안 작성
- 리스크 체크: 업로드 데이터의 민감 정보를 점검합니다.
- 대안·보완 도구: 챗GPT, 제미나이
- 대상 사용자: 리서처, 강의·출판 원고 기획자
- 🔗 claude.ai

제미나이 Gemini

- 목적: 구글 생태계에서 검색·문서 작성 자동화를 제공합니다.
- 핵심 기능: 리포트 작성, 실시간 검색, 구글 문서 통합
- 강점/한계: 검색·데이터 활용이 강점입니다. 장문 대응은 제한적입니다.
- 워크플로 예시: 구글 문서 작성 → 관련 자료 자동 검색 → 초안 보강
- 리스크 체크: 구글 계정 동기화 설정을 주기적으로 확인합니다.
- 대안·보완 도구: 퍼플렉시티, 챗GPT
- 대상 사용자: 연구 기반 창작자, 콘텐츠 기획자
- 🔗 gemini.google.com

👍 이미지 & 디자인

텍스트 중심의 콘텐츠를 시각 언어로 전환해, 메시지를 보다 직관적이고 감각적으로 전달하는 도구입니다.

캔바 Canva

- 목적: 썸네일·SNS 이미지·포스터를 간단히 제작합니다.
- 핵심 기능: 템플릿, 브랜딩 키트, 폰트 관리, AI 디자인 추천.
- 강점/한계: 접근성과 속도가 강점/세밀한 벡터 편집은 한계가 있습니다.
- 워크플로 예시: 이미지 초안 → 텍스트·레이아웃 추가 → 파일 내보내기.
- 리스크 체크: 상업용 이미지·폰트 라이선스를 확인합니다.
- 대안·보완 도구: 피그마, 어도비 익스프레스
- 대상 사용자: 블로거, 개인 창작자.
- 🔗 canva.com

미드저니 Midjourney

- 목적: 예술적 일러스트와 커버 이미지를 생성합니다.
- 핵심 기능: 텍스트 프롬프트 기반 이미지 생성, 스타일 커스터마이징
- 강점/한계: 창의성이 뛰어나지만, 인물 표현은 불안정할 수 있습니다.
- 워크플로 예시: 프롬프트 입력 → 이미지 4종 생성 → 후보 선택·보정
- 리스크 체크: 인물·브랜드 표현 시 초상권·상표권을 확인합니다.
- 대안·보완 도구: 리크래프트 Recraft, 파이어플라이 Firefly
- 대상 사용자: 책 표지 디자이너, 시각 콘텐츠 제작자
- 🔗 midjourney.com

리크래프트 Recraft

- 목적: 로고, 아이콘, 일러스트 중심의 벡터 이미지를 제작합니다.
- 핵심 기능: AI 벡터 변환, 스타일 일관성 유지, 색상 팔레트 자동 추출
- 강점/한계: 브랜드 시각화에 강하지만 복잡한 배경은 단순화가 필요합니다.
- 워크플로 예시: 로고 생성 → 색상 조정 → PNG · SVG 내보내기
- 리스크 체크: 브랜드 자산 재사용 시 상표권을 점검합니다.
- 대안 · 보완 도구: 캔바, 피그마
- 대상 사용자: 브랜드 디자이너, 1인 기업 운영자

🔗 recraft.ai

어도비 파이어 플라이 Adobe Firefly

- 목적: 포토샵 · 일러스트레이터와 연동해 전문 편집을 지원합니다.
- 핵심 기능: 이미지 생성, 배경 교체, 오브젝트 확장, 색보정.
- 강점/한계: 정교한 편집이 가능하지만 초보자에게는 인터페이스 진입 장벽이 높은 편입니다.
- 워크플로 예시: 원본 이미지 → 배경 교체 → 색상 · 조명 보정
- 리스크 체크: AI 생성물의 상업 이용 정책을 확인합니다.
- 대안 · 보완 도구: 미드저니, 리크래프트
- 대상 사용자: 전문 디자이너, 시각 콘텐츠 강사

🔗 adobe.com/products/firefly.html

👍 AI PPT & 콘텐츠 디자인

텍스트만으로 구조화된 슬라이드를 생성하고 카드 뉴스 등으로 재가공해 발표·배포 시간을 단축하는 도구입니다.

감마 Gamma

- 목적: 텍스트를 입력하면 자동으로 슬라이드를 생성합니다.
- 핵심 기능: 디자인 자동 추천, 색상 조합, 콘텐츠 구조화
- 강점/한계: PPT 생성 속도가 빠르지만, 완성도 세부 조정은 추가 편집이 필요합니다.
- 워크플로 예시: 텍스트 입력 → 자동 디자인 적용 → 슬라이드 배포
- 리스크 체크: 자동 이미지 사용 시 저작권을 확인합니다.
- 대안·보완 도구: 캔바(↔ 이미지·디자인), 뷰티풀 AI Beautiful.ai
- 대상 사용자: 강의 발표자, 블로그 운영자

🔗 gamma.app

냅킨 AI Napkin AI

- 목적: 핵심 메시지를 카드형 콘텐츠로 시각화합니다.
- 핵심 기능: 텍스트 요약, 카드 디자인, 시각 메모 자동 생성.
- 강점/한계: 정보 압축에 강하지만 자유로운 커스터마이징은 제한됩니다.
- 워크플로 예시: 핵심 문장 입력 → 카드 5종 생성 → SNS 카드 뉴스 활용
- 리스크 체크: 생성된 이미지의 저작권 상태를 확인합니다.
- 대안·보완 도구: 감마, 캔바

- 대상 사용자: 강의 기획자, 콘텐츠 마케터

🔗 napkin.ai

캔바 Canva

- 목적: 프레젠테이션, 포스터, 카드 뉴스를 제작합니다.
- 핵심 기능: AI 템플릿, 애니메이션, 팀 공유, 자동 리사이즈.
- 강점/한계: 직관적 인터페이스, 고급 애니메이션에는 한계가 있습니다.
- 워크플로 예시: 블로그 글 → 슬라이드 변환 → SNS 버전 자동 생성.
- 리스크 체크: 외부 폰트·이미지 라이선스 확인.
- 대안·보완 도구: 감마, 파워포인트
- 대상 사용자: 강의 운영자, SNS 콘텐츠 제작자

🔗 canva.com

👍 영상 제작 & 편집

배경 제거, 자막, 합성 등 반복 작업을 자동화해 숏폼부터 시네마틱까지 효율적으로 완성하는 도구입니다.

런웨이 Runway

- 목적: 영상 제작·편집을 자동화해 시각 콘텐츠를 완성합니다.
- 핵심 기능: 배경 제거, 자막 자동 생성, 장면 전환, 영상 합성
- 강점/한계: 손쉬운 자동화 기능/고급 편집은 세밀한 조정이 필요합니다.
- 워크플로 예시: 영상 업로드 → 배경 제거 → 자막·BGM 자동 추가
- 리스크 체크: 외부 음원 사용 시 저작권을 반드시 확인합니다.
- 대안·보완 도구: 캡컷, 피카 랩스 Pika Labs
- 대상 사용자: 크리에이터, 강의 영상 제작자
- 🔗 runwayml.com

클링 AI KlingAI

- 목적: 텍스트 기반으로 사실적인 영상 장면을 생성합니다.
- 핵심 기능: 인물·배경 합성, 고해상도 영상 생성, 동적 움직임 구현
- 강점/한계: 사실적 묘사에 강하지만, 영문 프롬프트 중심으로 언어 제약이 있습니다.
- 워크플로 예시: 시나리오 입력 → 인물 장면 자동 생성 → SNS 영상 활용
- 리스크 체크: 인물 묘사 시 초상권·저작권에 주의가 필요합니다.
- 대안·보완 도구: 소라, 런웨이

- 대상 사용자: 브랜드 영상·SNS 숏폼 제작자

🔗 app.klingai.com

소라 Sora

- 목적: 텍스트만으로 시네마틱 영상을 생성합니다.
- 핵심 기능: 자연스러운 카메라 워킹, 현실적 조명 표현, 장면 전환
- 강점/한계: 품질이 매우 높음/상용화 제한 및 접근 대기 중입니다.
- 워크플로 예시: 설명문 입력 → 시네마틱 영상 생성 → 홍보용 활용
- 리스크 체크: AI 학습 소스 기반 장면의 저작권 상태 확인 필요
- 대안·보완 도구: 클링 AI, 런웨이
- 대상 사용자: 책, 강의, 브랜드 홍보 영상 제작자

🔗 openai.com/sora

캡컷 CapCut

- 목적: 숏폼 중심의 영상 편집과 SNS 최적화를 지원합니다.
- 핵심 기능: 자막, 전환 효과, 음악·템플릿, SNS 연동
- 강점/한계: 모바일 편집이 강점/정교한 컷 편집은 한계가 있습니다.
- 워크플로 예시: 영상 클립 → 자동 자막 → SNS용 비율 변환
- 리스크 체크: 음원·템플릿 상업 사용 범위를 확인합니다.
- 대안·보완 도구: 런웨이, VN 에디터 VN Editor
- 대상 사용자: 숏폼 크리에이터, 블로거

🔗 capcut.com

브루 Vrew

- 목적: 음성 인식으로 자동 자막을 생성하고 편집을 단축합니다.
- 핵심 기능: 자동 받아쓰기, 자막 싱크 조정, 영상 분할 편집
- 강점/한계: 한글 인식률이 우수하지만, 시각 효과는 단순합니다.
- 워크플로 예시: 영상 업로드 → 자동 자막 생성 → 문장 교정
- 리스크 체크: 음성 데이터 보관 정책을 확인합니다.
- 대안·보완 도구: 위스퍼 Whisper, 캡컷
- 대상 사용자: 강의·교육 영상 편집자

🔗 vrew.ai/ko

헤드라 Hedra

- 목적: 정적 이미지를 움직이는 아바타 영상으로 변환합니다.
- 핵심 기능: 이미지 → 음성 기반 아바타, 인터뷰형 영상 생성
- 강점/한계: 발표·내레이션형 영상에 최적화되어 있지만, 자유 편집 기능은 제한적입니다.
- 워크플로 예시: 인물 이미지 → 음성 입력 → AI 발표 영상 생성
- 리스크 체크: 아바타 이미지 사용 시 초상권·브랜드 사용 주의
- 대안·보완 도구: 신세시아 Synthesia, D-ID
- 대상 사용자: 발표용 콘텐츠 제작자, 강사

🔗 hedra.com

👍 음성 & 음악

보이스 클로닝, TTS, AI 작곡으로 내레이션과 배경음을 신속히 제작해 멀티미디어 품질을 높이는 도구입니다.

일레븐랩스 ElevenLabs

- 목적: 자연스러운 보이스 클로닝과 내레이션을 제공합니다.
- 핵심 기능: 음성 합성, 다국어 지원, 감정 표현, 클로닝
- 강점/한계: 품질이 매우 자연스럽습니다. 상용 라이선스 사용 시 주의가 필요합니다.
- 워크플로 예시: 원고 입력 → 음성 생성 → 오디오북 변환
- 리스크 체크: 음성 데이터의 초상권 및 이용 약관을 확인합니다.
- 대안·보완 도구: 오픈 AI TTS, Play.ht
- 대상 사용자: 오디오북·강의 제작자, 영상 편집자

🔗 elevenlabs.io

Suno AI

- 목적: 텍스트 기반으로 음악을 자동 생성합니다.
- 핵심 기능: 장르 선택, 보컬·악기 조합, 배경음악 생성
- 강점/한계: 제작 속도가 빠릅니다. 세밀한 작곡 조정은 어렵습니다.
- 워크플로 예시: 텍스트 입력 → 음악 생성 → 영상 배경음 삽입
- 리스크 체크: 생성 음악의 저작권 및 배포 조건을 확인합니다.
- 대안·보완 도구: Udio AI, Mubert

- 대상 사용자: 영상 편집자, SNS 콘텐츠 크리에이터
- 🔗 suno.ai

오픈AI TTS

- 목적: 실시간 고품질 음성 내레이션을 생성합니다.
- 핵심 기능: 텍스트 음성 변환, 발음 교정, 감정 조절
- 강점/한계: 발음과 보이스가 자연스럽지만, 지원 언어가 제한적입니다.
- 워크플로 예시: 원고 입력 → TTS 적용 → 영상 내레이션 삽입.
- 리스크 체크: 사용량 제한과 상업적 활용 범위를 확인합니다.
- 대안·보완 도구: 일레븐랩스, Speechelo
- 대상 사용자: 강의 영상 제작자, 내레이션 콘텐츠 운영자
- 🔗 openai.com/research/tts

Udio AI

- 목적: 텍스트에서 음악을 생성해 브랜딩 사운드를 만듭니다.
- 핵심 기능: 장르 선택, 보컬 삽입, 짧은 테마음악 제작
- 강점/한계: 최신 음향 품질이 뛰어납니다. 커스텀 프롬프트는 제한적입니다.
- 워크플로 예시: 주제 입력 → 짧은 곡 생성 → 브랜드 영상 삽입
- 리스크 체크: 음악 배포 시 저작권 표시 필요 여부를 확인합니다.
- 대안·보완 도구: Suno AI, Beatoven
- 대상 사용자: 브랜드 마케터, 개인 크리에이터
- 🔗 udio.com

👍 배포 & 자동화

완성된 콘텐츠를 다양한 채널로 확산시키며, 반복되는 운영 과정을 자동화해 지속성을 확보합니다.

재피어 Zapier

- 목적: 여러 앱을 연결해 콘텐츠 배포를 자동화합니다.
- 핵심 기능: 워크플로 자동 실행, 트리거·액션 기반 처리
- 강점/한계: 범용성이 높지만, 무료 버전은 실행 기능이 제한적입니다.
- 워크플로 예시: 블로그 발행 → 자동 SNS 공유 → 이메일 발송
- 리스크 체크: 자동화 과정에서 민감 데이터 전송 여부를 확인합니다.
- 대안·보완 도구: 메이크 Make, IFTTT
- 대상 사용자: 1인 기업, 콘텐츠 운영자

🔗 zapier.com

버퍼 Buffer

- 목적: 여러 SNS 채널을 통합 관리하고 예약 발행합니다.
- 핵심 기능: 게시물 스케줄링, 통계 분석, 팀 협업
- 강점/한계: 관리 효율 높은 편입니다. 세부 편집은 외부 도구가 필요합니다.
- 워크플로 예시: 한 달 콘텐츠 계획 → 예약 발행 → 참여 데이터 분석
- 리스크 체크: 계정 연동·토큰 만료 시 자동화 중단 여부 확인이 필요합니다.
- 대안·보완 도구: Hootsuite, Later
- 대상 사용자: SNS 관리자, 마케팅 담당자

🔗 buffer.com

👍 글쓰기 & 원고 보조

문체, 표현, 리듬을 다듬어 글의 완성도를 높이고, 작가의 개성을 유지하면서 품질을 균형 있게 보정합니다.

Copy.ai

- 목적: 짧은 마케팅 문구와 SNS 카피를 자동 생성합니다.
- 핵심 기능: 광고 문안, 제목 제안, 이메일·SNS 텍스트
- 강점/한계: 간결한 카피 생성에 강하지만, 복합 문장 구성은 제약적입니다.
- 워크플로 예시: 캠페인 입력 → 5개 카피 생성 → 반응 테스트
- 리스크 체크: 문구 중 상표, 표현 중복 여부 점검이 필요합니다.
- 대안·보완 도구: 재스퍼, 라이트소닉
- 대상 사용자: 마케터, SNS 운영자
- 🔗 copy.ai

Sudowrite

- 목적: 소설·에세이 등 문학형 글의 표현을 보완합니다.
- 핵심 기능: 문장 확장, 묘사 강화, 스타일 제안
- 강점/한계: 감성 표현이 풍부하지만, 기술적 글에는 적합하지 않습니다.
- 워크플로 예시: 초안 입력 → 묘사 보강 → 완성본 내보내기
- 리스크 체크: 생성 문장 표절 검수가 필요합니다.
- 대안·보완 도구: 챗GPT, 노벨AI_{NovelAI}
- 대상 사용자: 에세이 작가, 문학 창작자
- 🔗 sudowrite.com

👍 AI 검색 & 리서치

아이디어의 근거를 탐색하고 새로운 통찰을 발굴해, 모든 창작 과정의 지식 기반을 구축합니다.

퍼플렉시티 Perplexity

- 목적: 출처가 명확한 대화형 검색을 제공합니다.
- 핵심 기능: 근거 표시, 실시간 검색, 주제 요약
- 강점/한계: 신뢰도 높은 답변을 제공하지만, 일부 비공개 자료 접근에는 제약적입니다.
- 워크플로 예시: 질문 입력 → 근거 포함 요약 → 참고 링크 확인
- 리스크 체크: 인용 시 원문 출처를 반드시 표기합니다.
- 대안·보완 도구: 제미나이, 젠스파크
- 대상 사용자: 연구자, 기획자, 작가
- 🔗 perplexity.ai

젠스파크 Genspark

- 목적: 복잡한 주제를 구조화된 형태로 분석합니다.
- 핵심 기능: AI 리서치, 문서 요약, 트렌드 맵 생성
- 강점/한계: 구조적 정리력은 뛰어나지만, 최신 데이터 반영 속도는 느립니다.
- 워크플로 예시: 키워드 입력 → 주제 분석 → 정리 리포트 생성
- 리스크 체크: 검색 결과의 정확도·출처를 재확인합니다.
- 대안·보완 도구: 퍼플렉시티, 챗GPT
- 대상 사용자: 콘텐츠 기획자, 리서처, 저자
- 🔗 genspark.ai

찾아보기

ㄱ

개인 맞춤 설정　49

괄호 프롬프트　122

광고 수익　385

그래픽 서머리　65

그록　148

글쓰기 스타일　157, 169

글 요약　247

금지어　161

ㄴ

내부 링크　287

네이버 애드포스트　386

노트북LM　215

ㄷ

다이어그램　257

대체어　161

대표 이미지　259

ㄹ

라인 드로잉　269

래깅　365

레뷰　389

레이아웃　333

리딩　365

리뷰　233

링크프라이스　389

ㅁ

마케팅　144

메모리　48

메모리 관리　49

메모 중심 방식　85

목차　248

문서 규칙　55, 153

ㅂ

바이브 코딩　65

보강형 수정　114

분량　81

브랜딩　144

브루　292

블로그 문서 규칙　162

빈 페이지 공포　29

ㅅ

삽화　268
상업용 라이선스　266
선택형 수정　122
스크리브너　319
스토리　339
스피치 라이터　289
실사　256
썸네일　263

ㅇ

아이디어 도출　71
아이콘　257
애드픽　389
역질문　78
연결형 수정　119
요일별 콘텐츠 루틴　359
원고 피드백　133
웹툰　271
윤문　138
윤문형 수정　117
이미지FX　396
인스타그램 문서 규칙　163
인포그래픽　257
일러스트　270

ㅈ

자동화　239
저작권　266

정보 글　235
제목　140
제휴 마케팅　388
젠스파크　67
주제 뱅크　359
주제 설정　71
주제 중심 방식　85

ㅊ

챗GPT　28
체크리스트　257
초안　84

ㅋ

칼럼　237
커서　67
쿠팡 파트너스　389
클로드　148
클로바 X　148
키워드　29

ㅌ

텐핑　389

ㅍ

페이스북 문서 규칙　165
포스터　327
프로젝트　207
프로젝트 지침　207

프로페셔널 모드   321

프롬프트 엔지니어링   66

프리픽   266

플랫 벡터 일러스트   255

피드   343

해시태그   249

A/B 테스트   365

AWS   67

CPC   386

CPM   386

DM   346

SEO   140, 281

VEO   397